Christoph Bausenwein

DEIN VEREIN. SCHALKE 04

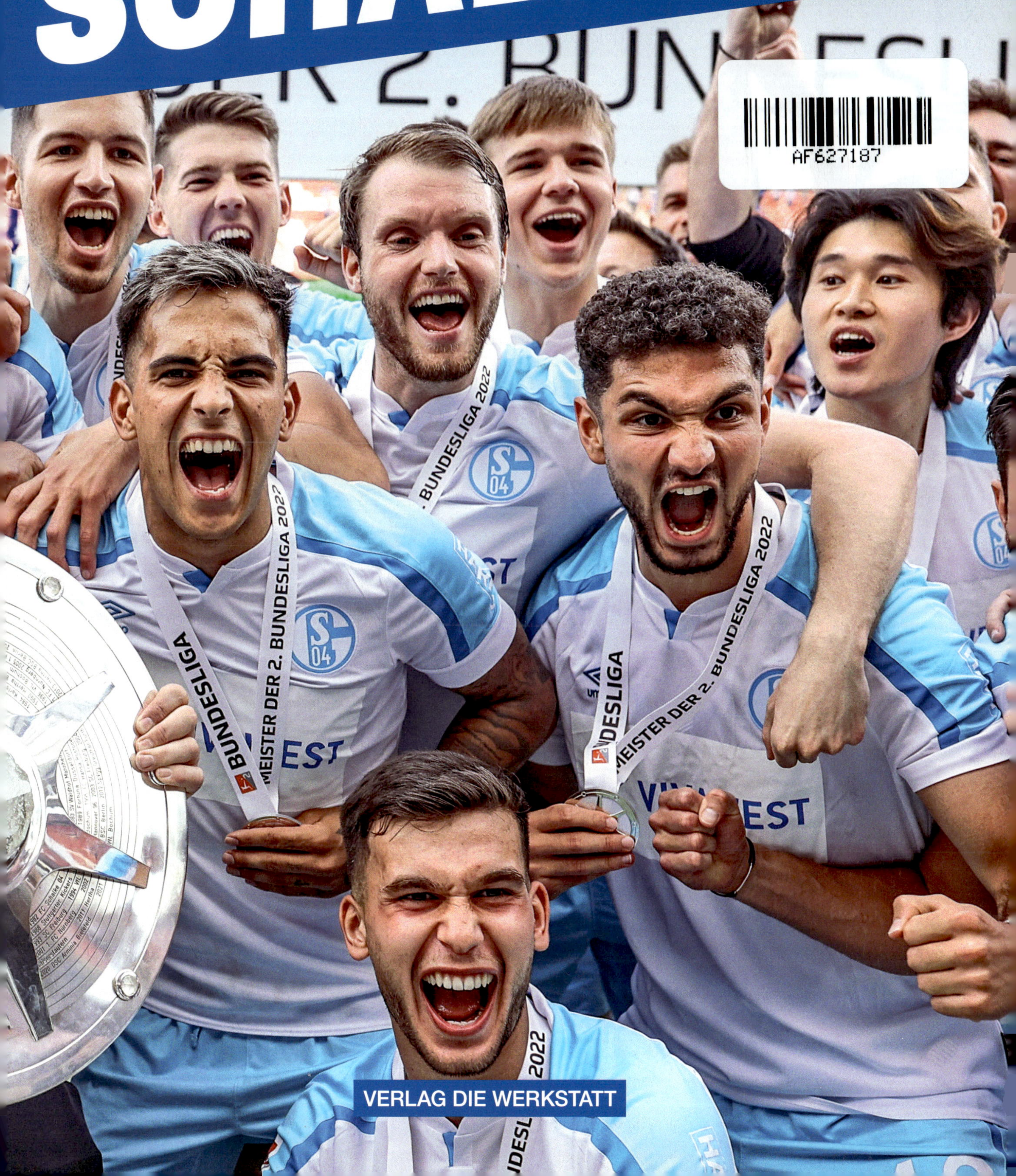

VERLAG DIE WERKSTATT

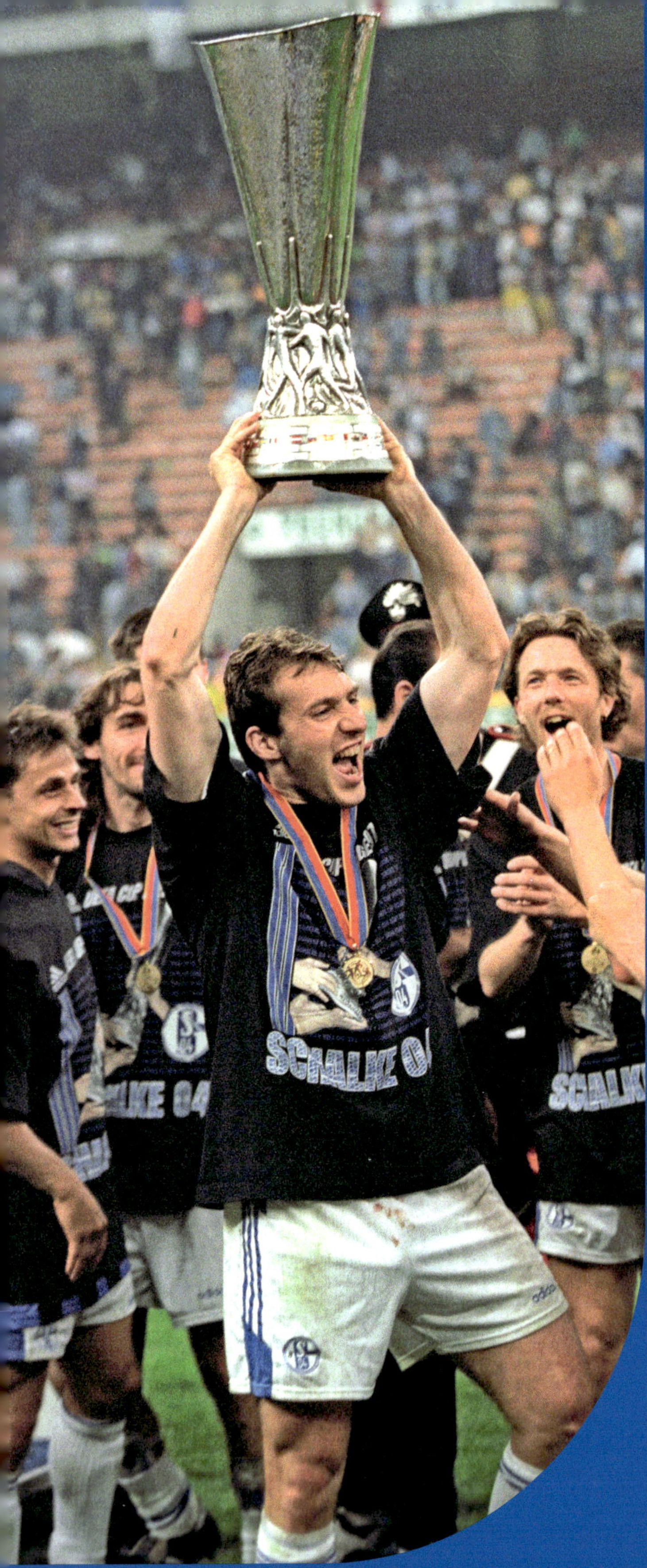

Der „Eurofighter“ Marc Wilmots präsentiert die Trophäe: UEFA-Pokalsieger 1997!

Bildnachweis
Imago: 2/3, 4, 7, 41, 49, 51, 53, 54, 57, 59, 60, 61 (3), 62, 64 (2), 65 (2), 66, 69, 70/71, 72 (2), 73, 74, 75, 76, 77, 78, 79, 81 (4), 82 (2), 83 (2), 84, 85, 86, 87, 93, 94, 95 (2), 96, 97 (3), 98, 99, 100, 101, 102, 103 (2), 105, 108/109, 110, 111 (2), 113 (3), 114, 115, 116 (2), 117, 118, 119 (3), 120 (2), 121 (2), 123 (4), 124 (2), 125, 129 (2), 132, 133, 134, 135, 137, 139, 140, 143 (2), 145, 146, 147, 148 (2), 149 (2), 153, 154, 157 (2), 158
Firo: 86, 87, 92, 105, 126/127, 134, 135, 141, 153
Horstmüller: 8544/45, 50, 55, 56, 58, 63, 67 (2), , 89/90, 91, 95, 104, 138, 140 (2), 144, 145, 154, 156 (2)
Dpa: 6
Bausenwein, Christoph: 2
Archiv Verlag die Werkstatt: 6, 8/9, 10 (2), 11 (2), 12, 13, 14 (2), 15 (2), 16 (2), 17 (2), 18/19, 20 (2), 21 (2), 22 (4), 23 (3), 24 (2), 26 (3), 27, 28, 29 (3), 30 (2), 31 (2), 32 (2), 34, 35 (2), 36 (2), 37, 38, 39 (2), 40 (2), 41, 42 (2), 43, 47, 47 (2), 48, 49 (3), 52 (2), 53 (2), 63, 68 (1), 69 (5), 73, 74, 75, 77, 78, 79, 84 (2), 87 (4), 90 (2), 117, 128, 130, 131 (2), 133 (8), 137 (8), 138 (2), 142 (2), 144, 147, 150 (2), 151 (2), 152 (3)
Archiv Hardy Grüne: 13 (2), 25, 26 (1), 27, 33, 51, 58, 132 (7)

Literaturempfehlung
Hardy Grüne: Glaube, Liebe, Schalke. Die komplette Geschichte des FC Schalke 04, 3. Auflage, Göttingen 2012

Bibliografische Information der Deutschen Nationalbibliothek: Die Deutsche Nationalbibliothek verzeichnet diese Publikation in der Deutschen Nationalbibliografie; detaillierte bibliografische Daten sind im Internet über http://dnb.d-nb.de abrufbar.

Siekerwall 21, D-33602 Bielefeld
www.werkstatt-verlag.de

Satz und Gestaltung:
Die Werkstatt Medien-Produktion GmbH
Druck und Bindung: Grafisches Centrum Cuno, Calbe

ISBN 978-3-7307-0640-4

Inhalt

Ein Mythos in

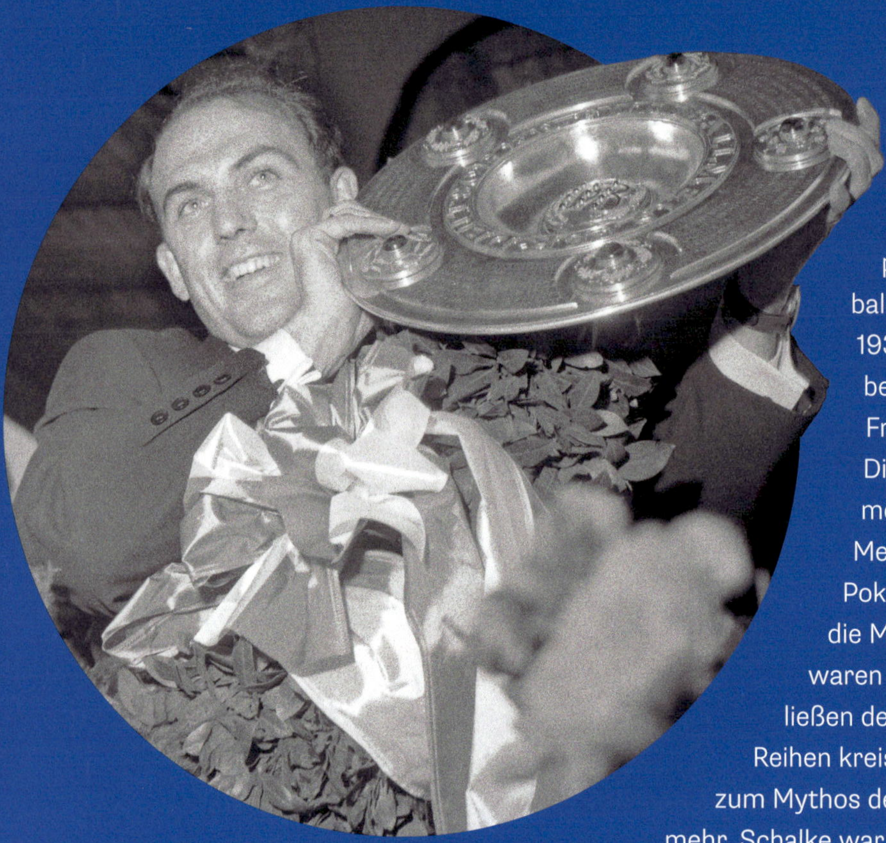

Berni Klodt präsentiert 1958 stolz die Meisterschale

Entstanden in den Jahren von 1904 bis 1924 zwischen den Zechen Gelsenkirchens, produzierte der FC Schalke 04 bald Siege am Fließband. Zwischen 1933 und 1942 war das Team um die beiden Superstars Ernst Kuzorra und Fritz Szepan ungeheuer erfolgreich. Die Mannschaft stand in 14 von 18 möglichen Endspielen um die Deutsche Meisterschaft und den deutschen Pokal und gewann sieben Titel. Und die Männer in den königsblauen Trikots waren nicht nur erfolgreich, sondern sie ließen den Ball auch besonders schön in ihren Reihen kreiseln. Zur sagenhaften Geschichte, zum Mythos des FC Schalke 04, gehört aber noch mehr. Schalke war ein Verein der kleinen Leute und hatte deswegen unter den Arbeitern des Ruhrgebiets so viele Anhänger wie kein anderer. Und das ist so geblieben, selbst in Zeiten, als man von Erfolgen nur träumen konnte.

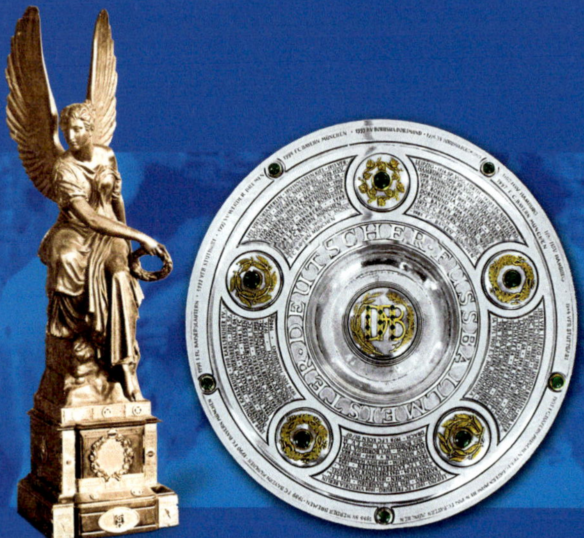

TITEL UND ERFOLGE

Deutscher Meister 1934, 1935, 1937, 1939, 1940, 1942, 1958
(dazu zehn Vizemeisterschaften)

Königsblau

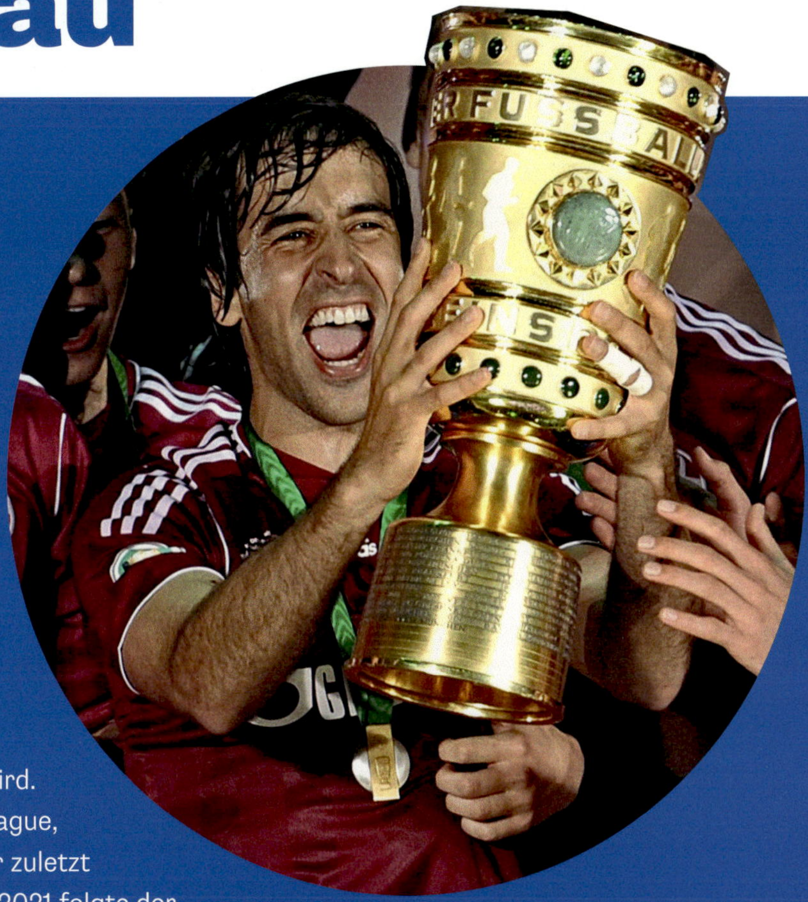

Pokalsieger 2011: Raúl.

Die Fans jubelten im Jahr 1958 über den siebten Meistertitel und sie begeisterten sich am Traumfußball der königsblauen Elf von 71/72. Aber auch als es abwärts ging, ihre Mannschaft nur zweitklassig war und der Verein von Skandalen und Schulden durchgeschüttelt wurde, standen sie treu zu S04. Umso größer war dann die Freude über neue, große Erfolge: Über die „Eurofighter" von 1997, über die „Meister der Herzen" von 2001 oder über die Pokalsiege, von denen der fünfte 2011 sicher nicht der letzte bleiben wird. Jahrelang Stammgast in der Champions League, hat der siebenfache Bundesliga-Vizemeister zuletzt wieder einen Knick bewältigt: Dem Abstieg 2021 folgte der prompte Wiederaufstieg 2022. Die Fans durften jubeln und auf einen neuen Aufschwung hoffen. Aber ganz gleich, was noch kommt - sie bleiben da und zeigen: Der Mythos Schalke lebt!

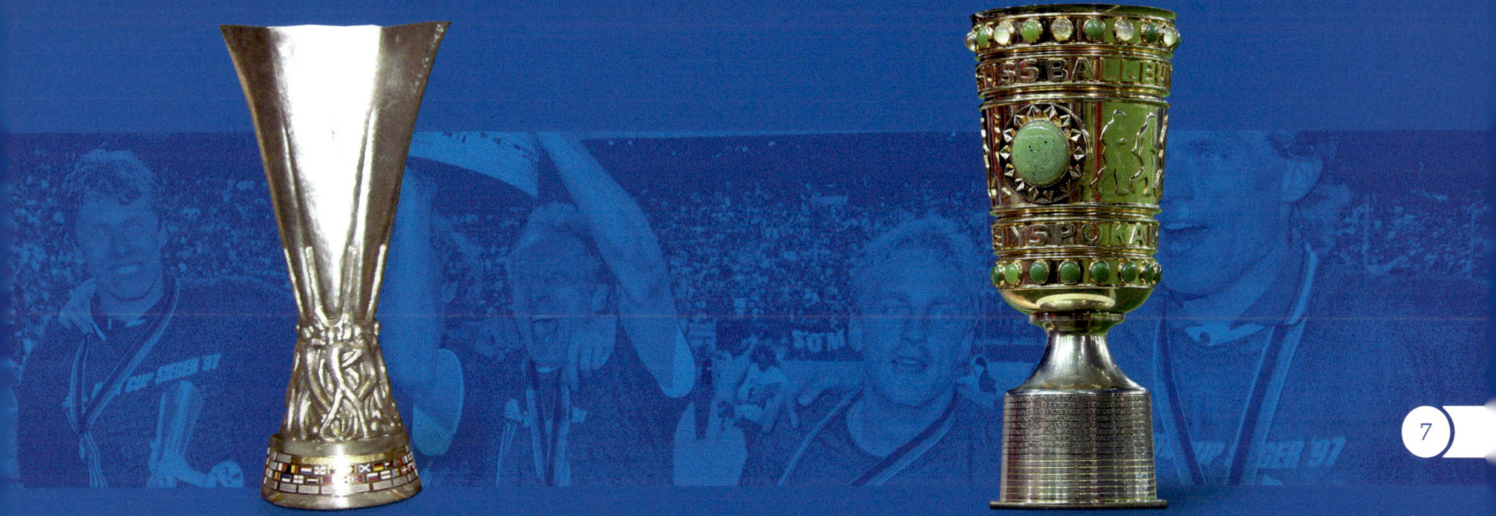

UEFA-Cup-Sieger 1997

DFB-Pokalsieger 1937, 1972, 2001, 2002, 2011
(dazu sieben weitere Finalteilnahmen)

1904-1933

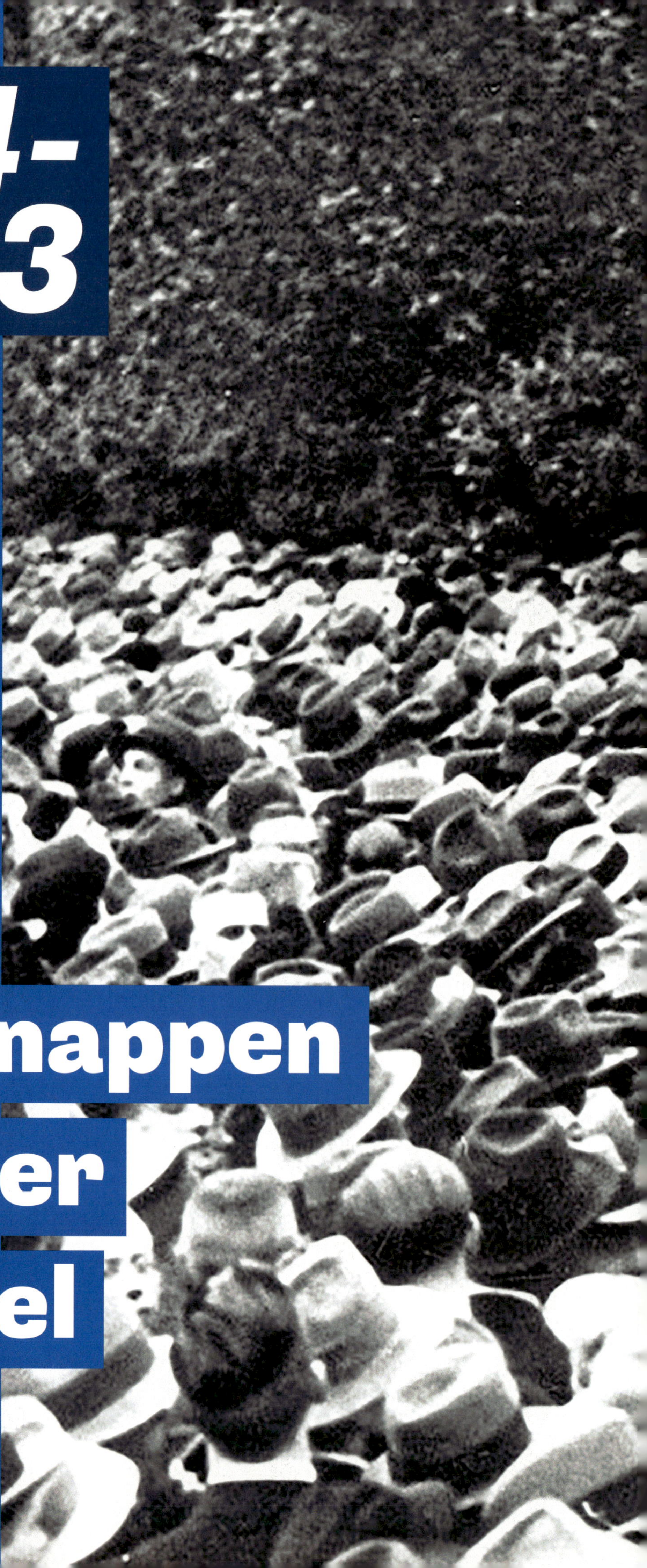

Die Knappen und der Kreisel

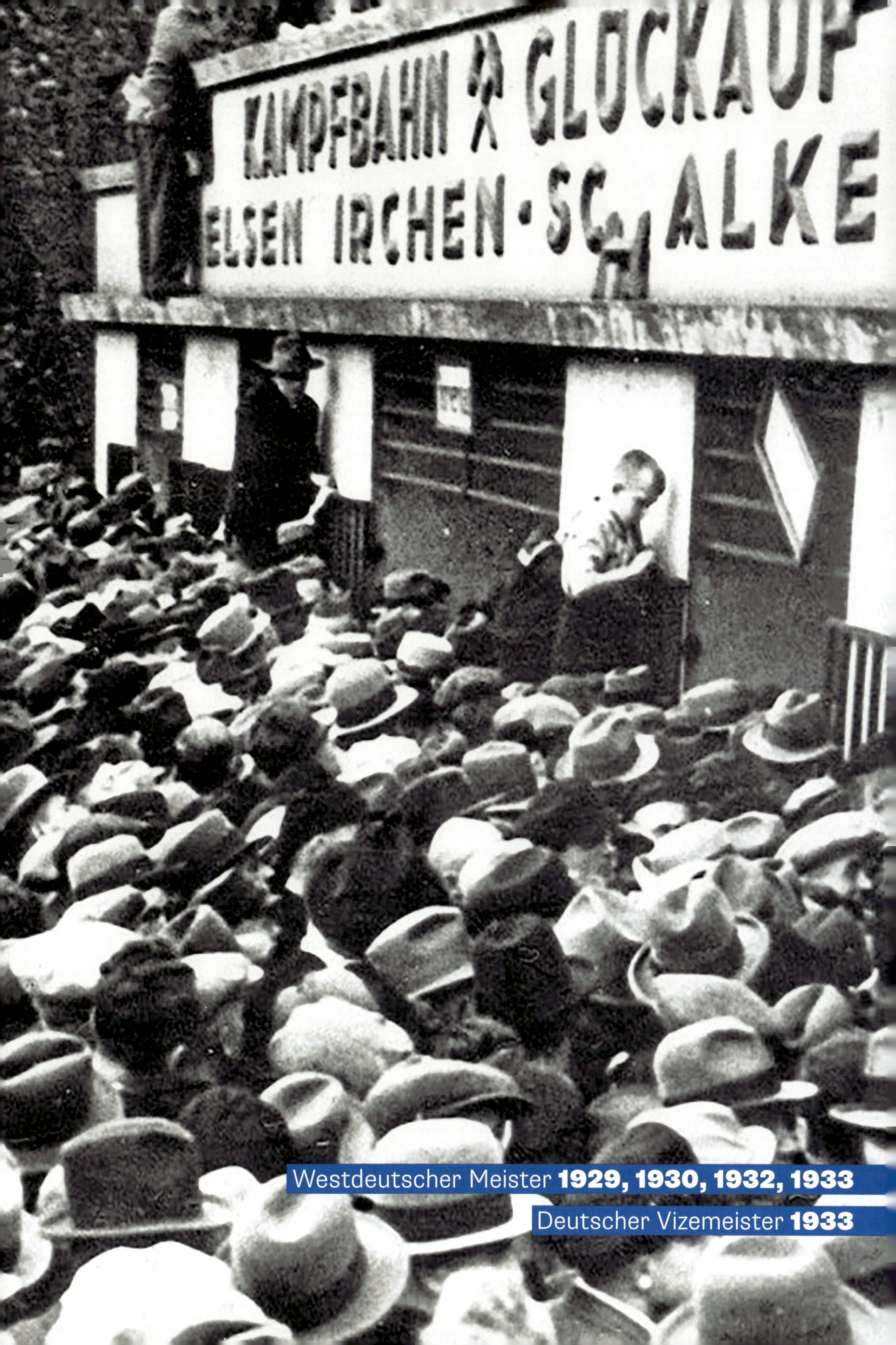

Westdeutscher Meister **1929, 1930, 1932, 1933**

Deutscher Vizemeister **1933**

1904: Die wilden Jahre von „Westfalia Schalke"

Ende des 19. Jahrhunderts wuchs das Ruhrgebiet zum wirtschaftlichen Zentrum Deutschlands. Die Bevölkerungszahl vervielfachte sich, vor allem durch Zuwanderer aus dem Gebiet des heutigen Polen. Der von Steinkohle-Bergwerken, den sogenannten „Zechen", geprägte Gelsenkirchener Stadtteil Schalke, einst ein kleines Dorf, hatte bei der Eingemeindung im Jahr 1903 bereits rund 28.000 Einwohner. Eine der größten und bekanntesten Zechen hieß Consolidation. In ihrem Schatten, auf einer holprigen Wiese nahe eines herrschaftlichen Anwesens namens „Haus Goor", begann der Mythos vom FC Schalke. Angeführt von Willy Gies, Schlosserlehring bei der Herdfabrik Küppersbusch, trafen sich hier ein Dutzend Jungs im Alter von 14 bis 16 Jahren, um gemeinsam Fußball zu spielen. Am 4. Mai 1904 gründeten sie einen Verein mit dem Namen „Westfalia Schalke".

Angeregt durch das Gastspiel eines Klubs aus den Niederlanden wählten Gies und seine Kameraden Rot und Gelb als Vereinsfarben. Aber was heißt da eigentlich „Verein"? Die Westfalia war eine „wilde" Vereinigung: Nicht offiziell registriert, nicht beim Fußballverband angemeldet und daher auch nicht zu Ligaspielen zugelassen. Gekickt wurde trotzdem eifrig, die Zahl der Mitglieder wuchs bis 1907 auf 40, die nun auch einen Monatsbeitrag zahlten: fünf Pfennig für Schüler und zehn Pfennig für Schulentlassene. Mit der Eintragung ins Vereinsregister der Stadt Gelsenkirchen zwei Jahre später wurde der Verein dann auch offiziell. Da Willy Gies und seine Freunde noch nicht volljährig waren, hatte Heinrich Hilgert, der auf der Zeche Consolidation als Wiegemeister arbeitete, nominell den Vorsitz übernommen und den Verein angemeldet.

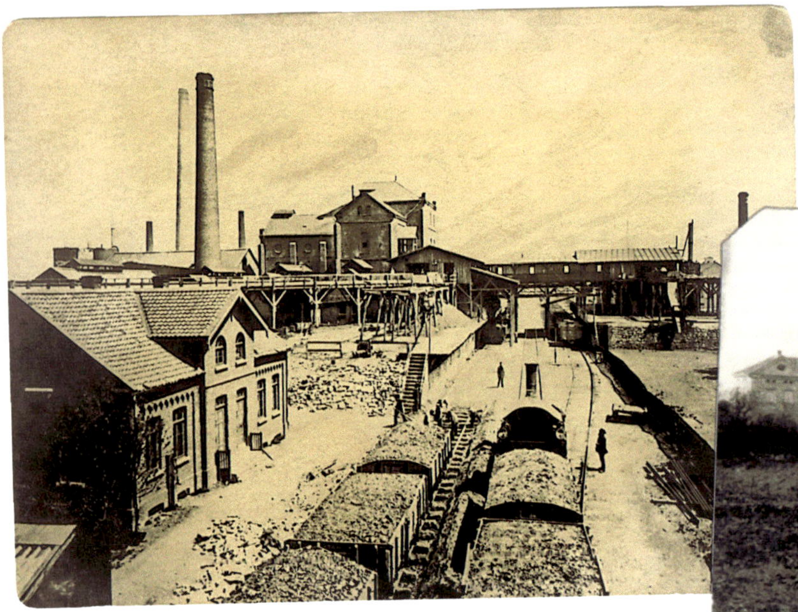

Links: Die Zeche Consolidation im Jahr 1874. Ganz in ihrer Nähe entstand Schalke 04.
Unten: Wo alles anfing: die Wiese vor Haus Goor.

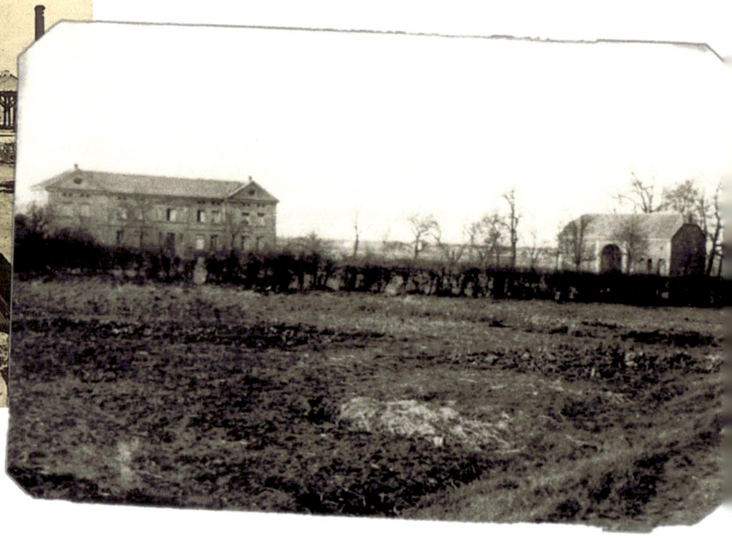

KNAPPEN, GLÜCK AUF! UND 1.000 FEUER

Viele Spieler, Funktionäre und Zuschauer von Schalke kamen aus dem Bergmannsmilieu. Da zudem die Zeche Consolidation durch die Vermittlung von Fritz Unkel den Verein immer wieder unterstützte, bürgerte sich schon früh ein Spitzname für die Schalker Fußballer ein: die Knappen. Als „Knappe" wird ein Bergmann mit abgeschlossener Lehre bezeichnet.

Glück auf! grüßten sich die Bergleute, wenn sie gemeinsam in den Schacht einfuhren und verbanden damit den Wunsch für ein gesundes Ausfahren aus dem Bergwerk nach der Schicht. Glück auf! heißt es bis heute unter Schalke-Fans und auch auf der offiziellen Webseite schalke04.de.

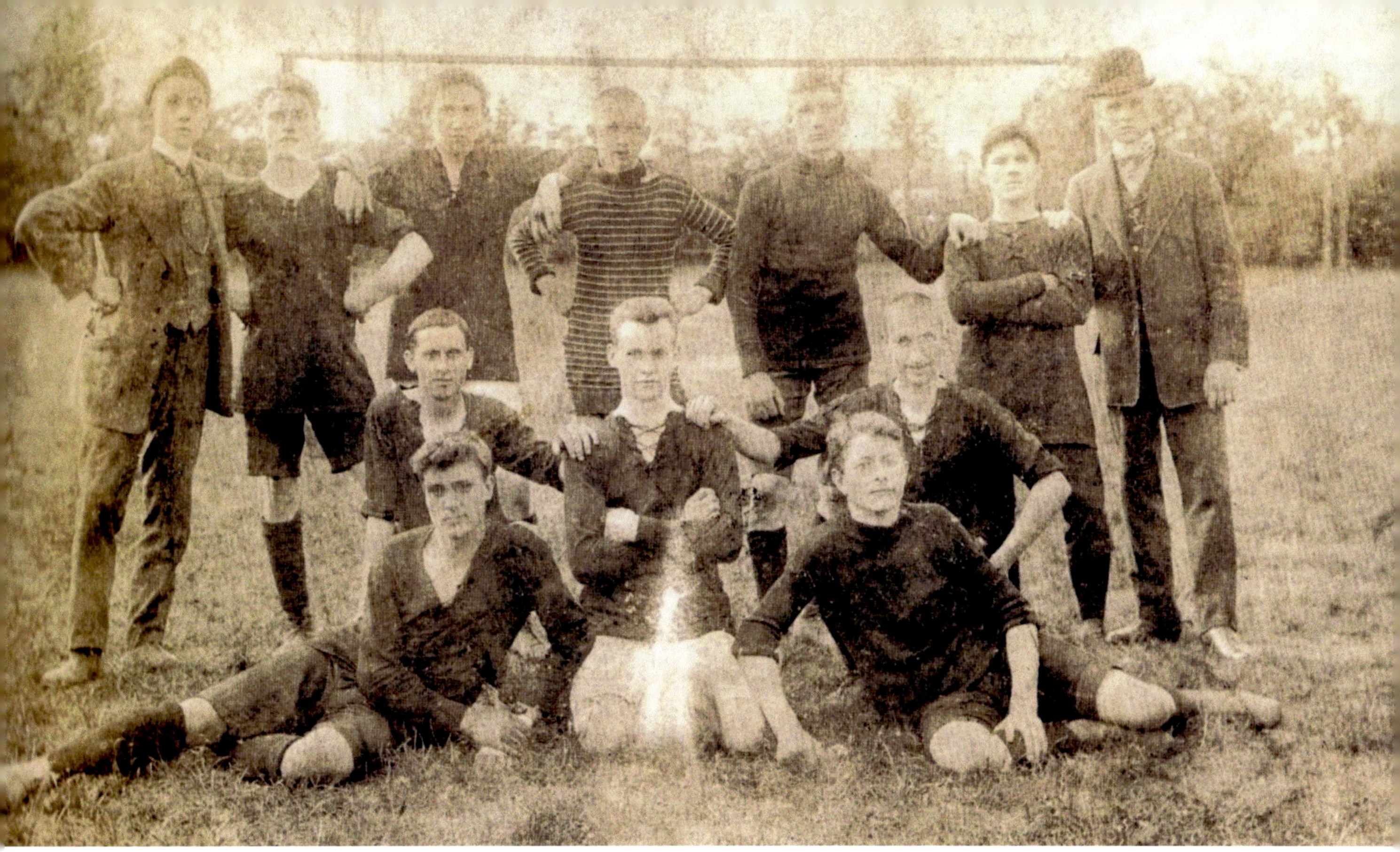

Mannschaftsfoto von Westfalia Schalke im Jahr 1908. Willy Gies ist hinten der Dritte von rechts.

1912: Schalke in der „Liga“

Der weiter stetig wachsende Verein blieb geprägt von seiner Umgebung, den Zechen und dem Bergmannsmilieu, selbst wenn bei weitem nicht alle Mitglieder eine Lehre als Bergmann abgeschlossen hatten. In ihr Umfeld gut integriert, blieben die Schalker jedoch den Funktionären des Westdeutschen Spiel-Verbands suspekt, weil sie der Arbeiterschicht und dem Kleinbürgertum entstammten. Jungen Leuten ohne höhere Schulbildung, so ihre Auffassung, sei nicht zuzutrauen, längerfristig einen Spielbetrieb zu organisieren. Die Konsequenz: Den Schalkern wurde die Aufnahme in den Verband verweigert.
Was also war zu tun, damit man endlich in einer richtigen Liga mitspielen durfte? Fritz Unkel, Materialverwalter auf der Zeche Consolidation und zugleich Präsident des Schalker Turnvereins von 1877, hatte den Schlüssel in der Hand. Er ermöglichte es, dass sich die Kicker der Westfalia im Februar 1912 dem vom Verband bereits zugelassenen TV anschlossen. So konnten die ehemaligen Westfalia-Spieler nun als Fußballabteilung des Turnvereins in der C-Klasse Gelsenkirchen antreten.

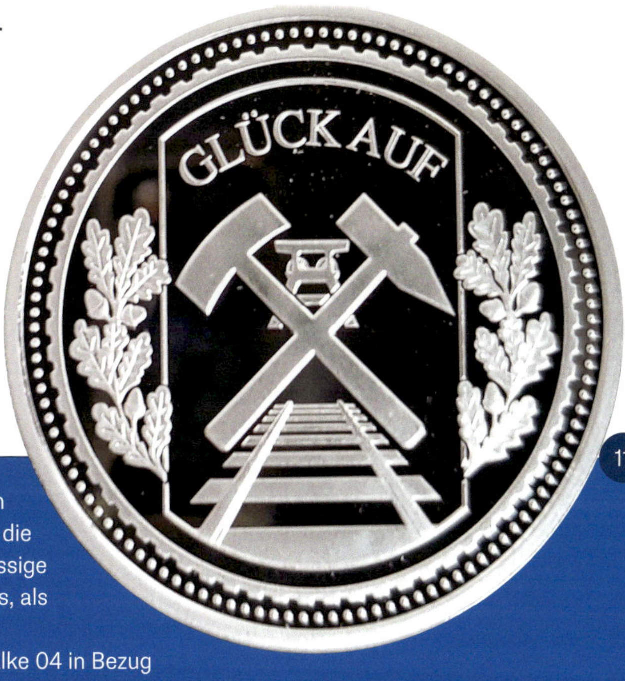

Gelsenkirchen selbst wurde „Stadt der 1.000 Feuer“ genannt. Das bezog sich auf die vielen Kokereien, die das Stadtbild prägten. Deren Aufgabe war die Umwandlung der Rohkohle in gebrauchsfertigen Brennstoff, den Koks. Die Kohle wurde dabei auf über 1.000 Grad Celsius erhitzt, um sie ausgasen zu lassen. Wenn die Kokereien dann das überschüssige Gas abfackelten, sah es so aus, als brennten „1.000 Feuer“.
Die Tradition, den Verein Schalke 04 in Bezug zu setzen zu den Kokereien, lebt bis heute im Vereinslied fort.

1919: Der Turn- und Sportverein Schalke

Die Fußballer von Schalke 1877 durften den Platz des TV an der Grenzstraße nutzen und kickten zunächst mit mittelmäßigem Erfolg. Mit Beginn des Ersten Weltkriegs im August 1914 wurden sie vor neue Probleme gestellt. Durch die vielen Einberufungen waren regelmäßige Fußball-Wettbewerbe kaum mehr möglich, viele Vereine stellten den Spielbetrieb ganz ein. Da der Fußball auch beim Turnverein ruhte, machten sich im Jahr 1915 einige Daheimgebliebene wieder als „Westfalia" selbstständig. Der neue Verein wurde diesmal sofort in den Westdeutschen Spielverband aufgenommen, und so konnte es mit dem Fußball unter Einschränkungen noch bis 1917 weitergehen.

Einige Monate nach dem Ende des Krieges, am 24. Juli 1919, schlossen sich der Turnverein und der Sportverein Westfalia schließlich erneut zusammen. Es entstand der Turn- und Sportverein Schalke 1877. Unter diesem Namen begann nun der allmähliche Aufstieg des Vereins.

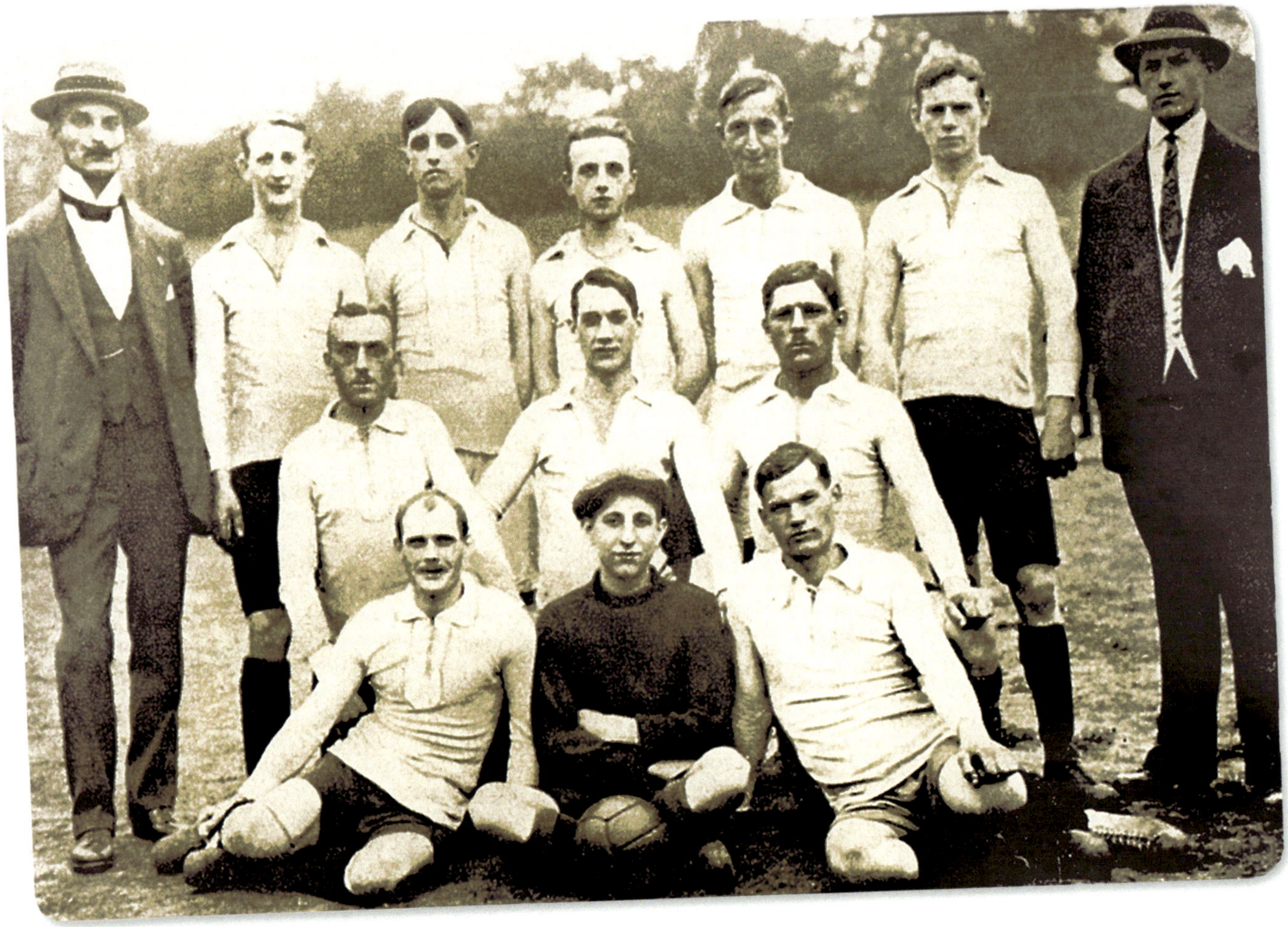

Die Schalker Fußballer im Jahr 1919. Hinten Erster von links: der Vorsitzende Robert Schuermann. Dritter von links: Thomas Student. Vorne in der Mitte: Torhüter August Sobotka.

BÜRGER GEGEN ARBEITER

„Die wollten uns nicht in ihrer höchsten Klasse dabeihaben", war Torwart August Sobotka noch Jahre später über den vom Verband verhängten Aufstiegsstopp erzürnt. Mit „die" meinte er die Funktionäre im Verband und die Vorstände von bürgerlichen Vereinen wie etwa Schwarz-Weiß Essen. Tatsache war, dass „Lackschuh-Klubs" wie Schwarz-Weiß keine Arbeiter aufnahmen und dass der Beschluss vor allem den als „Proletenverein" angefeindeten Arbeiterklub Schalke traf.

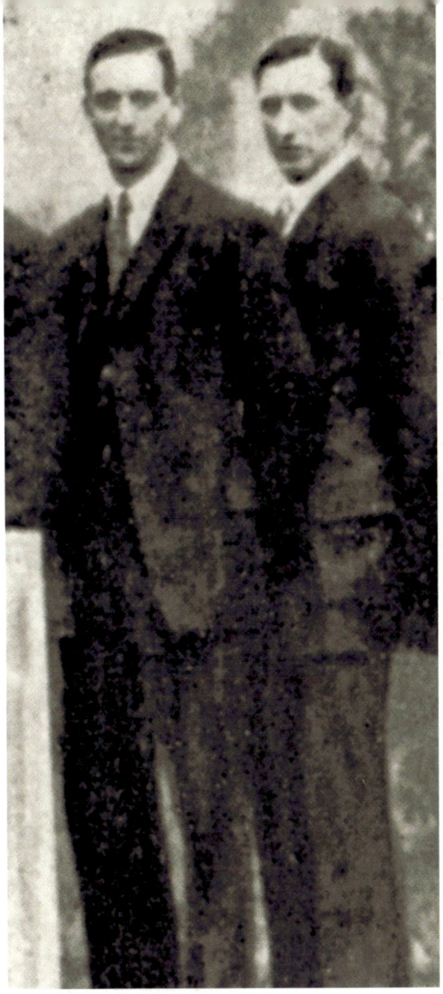

Die beiden in England aufgewachsenen Brüder Fred und Hans Ballmann führten bei Schalke das Kurzpassspiel ein.

Die Brüder Ballmann und der Kreisel

Als wichtigste Spieler in den Jahren ab 1919 gelten neben dem Mannschaftskapitän Thomas Student die Brüder Hans und Fred Ballmann. Sie waren in Deutschland geboren, aber in England aufgewachsen. Und das erwies sich als großes Glück für die Entwicklung des Schalker Fußballs. Denn auf der britischen Insel hatten die beiden den damals absolut innovativen und hochmodernen Kombinationsfußball im Stil der „schottischen Schule" kennengelernt. Während in Deutschland die meisten Teams noch ein primitives Gekicke praktizierten - der Ball wurde blind nach vorne gedroschen und dann rannten alle hinterher -, pflegte man auf Schalke bereits eine verfeinerte Spielkultur mit Flachpass-Spiel, Dribbeln, Täuschen und Freilaufen. Bald beherrschten nicht nur die Ballmanns, sondern auch ihre Mitspieler die Kunst des Sich-Langsam-nach-Vorne-Kombinierens, die dann in ihrer ausgereiften Form als „Schalker Kreisel" bekannt und berühmt werden sollte

1924: FC S04 in Blau und Weiß

Die Mannschaft des TuS 77 arbeitete sich aus den unteren Spielklassen hoch und verpasste 1922 nur knapp den Aufstieg in die höchste Klasse, die Ruhrgauliga. Bitter war, dass die einem vornehmen Amateurideal anhängenden Funktionäre des Verbandes kurz darauf eine Aufstiegssperre verhängten. Der Westdeutsche Spielverband befand sich nämlich gerade auf einem „neuen Weg". Unter diesem Namen hatte man beschlossen, eine Meisterschaft künftig über zwei Jahre auszutragen und nur alle vier Jahre einen Auf- und Abstieg zuzulassen. Die Verantwortlichen beim WSV hofften dadurch der Mentalität des Siegens um jeden Preis entgegenzutreten, also die Aggressionen auf dem Spielfeld und den Fanatismus auf den Zuschauerrängen zu dämpfen, die Protestwut einzudämmen und das Berufsspielertum zu stoppen. Im Sport, so meinten sie, dürfe es nur um die Ehre gehen und nicht allein um den Sieg. Die Folge war für die Schalker Fußballer bedrückend: Sie hatten erstmal keinerlei Chance, der Zweitklassigkeit zu entkommen. Zu den sportlichen Problemen und der wirtschaftlichen Not - in Deutschland herrschte eine galoppierende Inflation - gesellte sich auch noch interner Zwist zwischen den Fußballern und Turnern des TuS 77. Am 5. Januar 1924 trennte sich die Fußballabteilung vom Turnverein. Sie gab sich den Namen „Fußball-Club Schalke 04" und wählte als Vereinsfarben Blau und Weiß.

Aus dem Turn- und Sportverein Schalke 1877 wurde 1924 Schalke 04. Natürlich gab es nun auch ein neues Vereinslogo.

1926/27: Endlich erstklassig

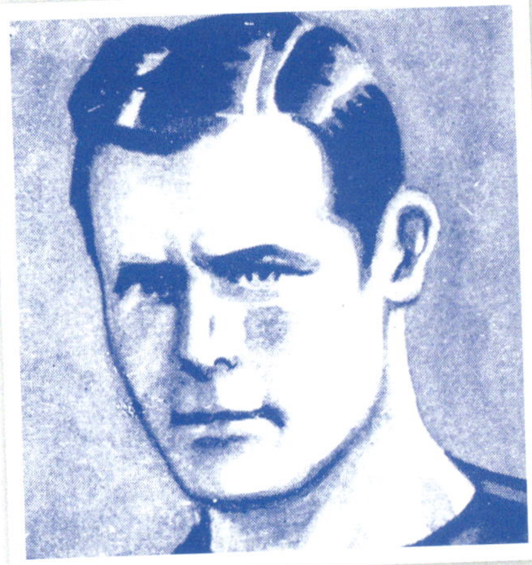

Heinz Ludewig, der erste Schalker Trainer

Im April 1925 verpflichteten die Schalker mit dem ehemaligen Duisburger Mittelläufer Heinz Ludewig erstmals einen richtigen Trainer. Ludewig hatte sich in Duisburg unter dem englischen Coach Jim Norris besondere Kenntnisse erworben und bewirkte eine weitere Verfeinerung des Kreiselspiels. „Kurz und flach wandert der Ball von Mann zu Mann", schrieb der „Dortmunder Generalanzeiger" nach dem 4:2-Sieg der Schalker am 3. Mai 1925 im ersten Derby gegen den BVB. Die noch zielstrebiger gewordene Mannschaft um Torhüter August Sobotka und die jungen Talente Ernst Kuzorra und Fritz Szepan eilte von Sieg zu Sieg. Nur: Alle Siege nützten nichts, solange die Aufstiegssperre nicht aufgehoben wurde.

1926 erfolgte endlich die Freigabe und die Schalker konnten in die 1. Ruhrbezirksklasse aufsteigen, die damals höchste Spielklasse im Westen. Anschließend marschierten die Knappen ohne Niederlage durch die Saison 1926/27 und holten sich durch drei Kuzorra-Tore in den Entscheidungsspielen gegen den BV Altenessen (1:0 und 2:2) die Meisterschaft im Ruhrbezirk. In der anschließenden Runde um die Westdeutsche Meisterschaft wurde Schalke hinter dem Duisburger Spielverein Zweiter und hatte damit erstmals die Endrunde um die Deutsche Meisterschaft erreicht. Hier hingen die Trauben allerdings noch zu hoch. Das Aus kam bereits im ersten Spiel durch ein 1:3 vor 30.000 Zuschauern in Dortmund (!) gegen 1860 München. Lange betrübt war jedoch niemand. Die Mannschaft hatte tollen Fußball gezeigt und Tausende von Zuschauern angelockt. Außerdem würde man schon bald nicht mehr auf fremde Spielstätten ausweichen müssen: Im August 1927 begann der Bau eines eigenen Stadions.

Beim Spitzenspiel um die Westdeutsche Meisterschaft zwischen dem Duisburger Spielverein und Schalke 04 (2:2) am 10. April 1927 gab es ein Verkehrschaos. 40.000 Zuschauer wollten das Spiel sehen.

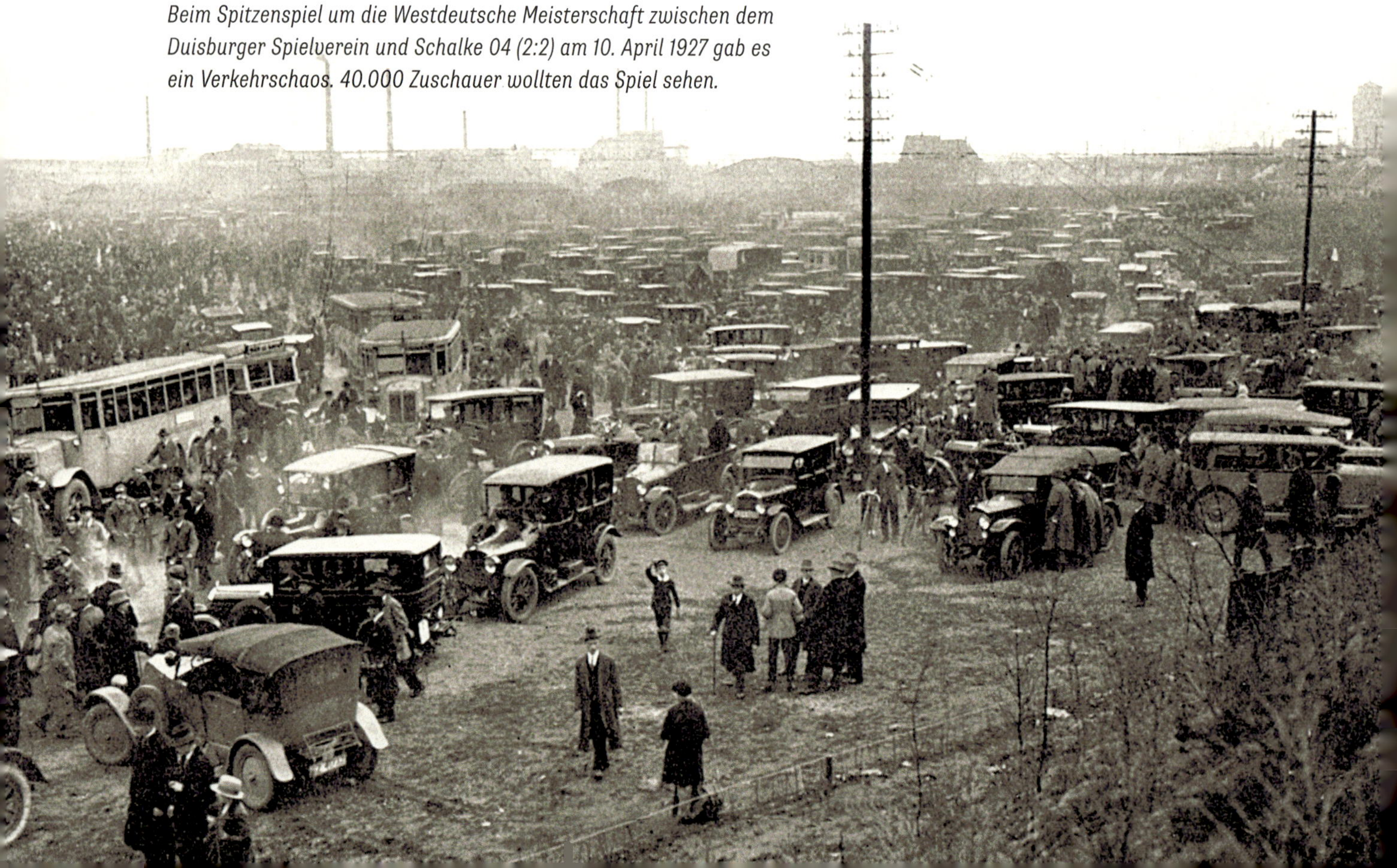

1929: „Glückauf" für den Westmeister

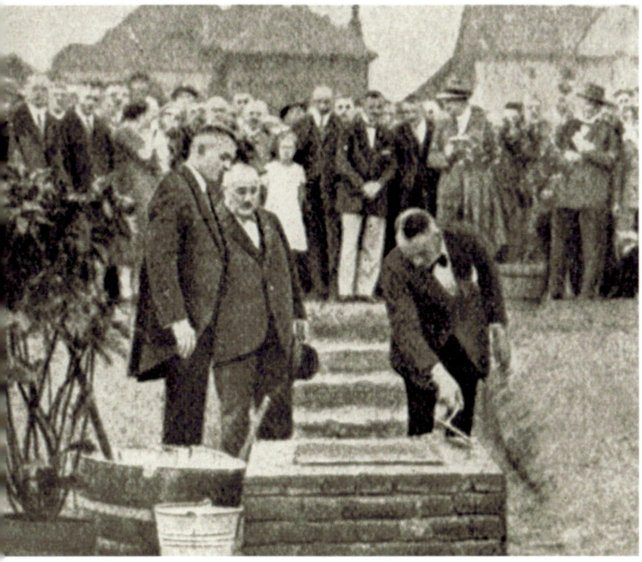

Am 8. August 1927 wurde der Grundstein für den Bau der „Glückauf-Kampfbahn" gelegt.

In der Saison 1927/28 gewann Schalke erneut die Ruhrbezirksmeisterschaft. Obwohl es anschließend in der Westdeutschen Meisterschaft nur zum dritten Platz reichte, schafften es die Königsblauen durch ein 2:1 im Qualifikationsspiel gegen Schwarz-Weiß Essen in die Endrunde um die Deutsche Meisterschaft. Wie im Jahr zuvor war diese nach nur einem Spiel schon wieder beendet. Schalke verlor 2:4 gegen den späteren Meister Hamburger SV. Dafür konnte man aber zur Saison 1928/29 das neue Stadion, die Kampfbahn Glückauf, beziehen.

Der Vereinsname wurde zu diesem Anlass in „FC Gelsenkirchen-Schalke 04" geändert - aus Dankbarkeit dafür, dass die Stadt beim Bau der Arena finanzielle Hilfe geleistet hatte. Am Ende der Spielzeit, zu deren Beginn ein Trainerwechsel erfolgt war - der österreichische Ex-Profi Gustav Wieser hatte Ludewig abgelöst -, gab es erneut Grund zum Feiern. Der Bezirksmeister Schalke stand nach den Gruppenspielen um die Westdeutsche Meisterschaft gleichauf mit dem Meidericher Spielverein und entschied das Entscheidungsspiel mit 2:1 für sich.

Auf diesen ersten Meistertitel im Westen folgte der erste Sieg in der Deutsche-Meisterschaft-Endrunde, ein 5:1 gegen Wacker Leipzig. Dann aber kam mit einem 1:4 im Viertelfinale gegen Hertha BSC das Aus. Ähnlich lief es in der Saison 1929/30 mit dem jungen Trainer Kurt Otto, der kurz noch an der Seite des späteren Reichs- und Bundestrainers Sepp Herberger bei Tennis Borussia Berlin gekickt hatte. Als Sieger einer Finalrunde mit drei Spielen gegen den VfL Benrath, der SpVgg Sülz 1907 (ein Vorläuferverein des 1. FC Köln) und dem Homberger Spielverein holten die Blau-Weißen erneut den westdeutschen Titel und starteten mit einem famosen 6:2 gegen Arminia Hannover in die deutsche Endrunde. Der nächste Gegner war der damalige Rekordmeister 1. FC Nürnberg, und der erwies sich für die aufstrebende Mannschaft aus dem Ruhrpott als noch zu stark. 2:6 lautete das ernüchternde Ergebnis.

In der Mannschaft von 1929 kickten schon viele spätere Meisterspieler, v.l.n.r.: Fritz Szepan, Walter Badorek, August Sobotka, Ernst Kuzorra, Ferdinand Zajons, Heinrich Simon, Valentin Valentin, Alfred Jatzek, Paul Böke, Hans Tibulsky, Emil Rothardt.

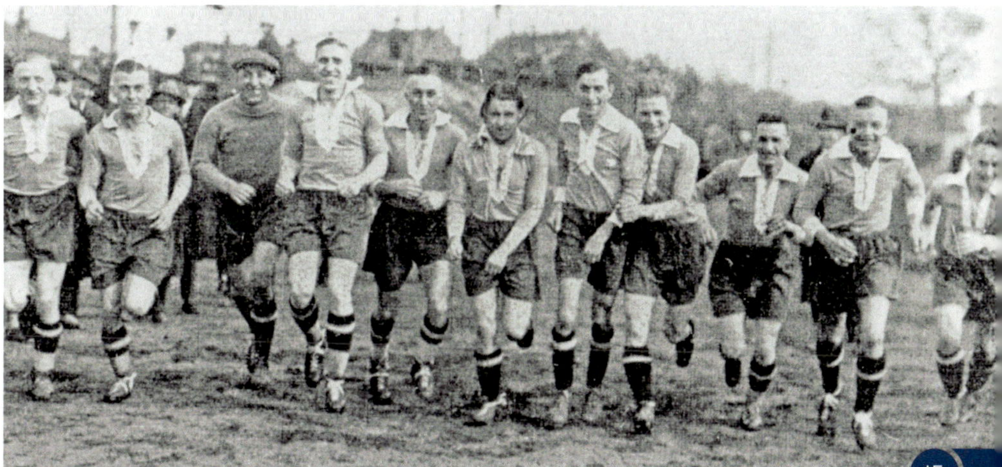

DER MYTHOS SCHALKE

Dass Schalke schon 1927 die Zuschauermassen anzog, hatte mehrere Gründe. An erster Stelle stand der Erfolg: Innerhalb von wenigen Jahren hatten sich die Blau-Weißen von der untersten in die oberste Liga hochgesiegt. Außerdem spielten sie schönen Kombinationsfußball. Und schließlich fühlten sich Spieler und Fans als „Knappen" eng miteinander verbunden. Nur das „Königsblau" war noch nicht Teil des Mythos. „Blau und Weiß ist ja der Himmel nur, Blau und Weiß ist unsere Fußballgarnitur", hieß es im Vereinslied, von dem bereits damals erste Versionen im Umlauf waren.

1930: Sperre für angebliche Profis

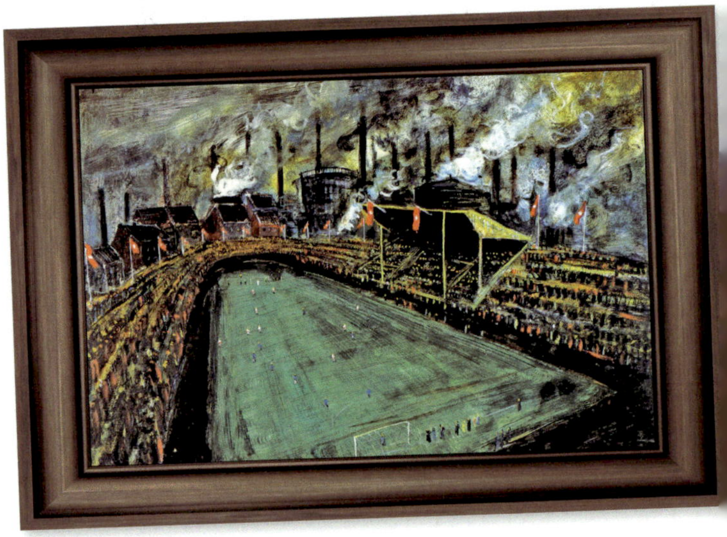

Eine Spielstätte, auf die alle Knappen stolz waren: die von Industrieanlagen umgebene Glückauf-Kampfbahn (Ölgemälde von 1935).

Schon in den 1920er-Jahren wurde die Berufsspielerfrage heftig diskutiert. Artikel „Pro“ und und Artikel „Contra“ füllten die Sportgazetten. Während in England schon seit Jahrzehnten Profis kickten, sperrten sich die einem strengen Amateurideal verpflichteten Funktionäre des Deutschen Fußball-Bundes und seiner Landesverbände beständig und heftig dagegen, Fußballern einen legalen Verdienst zu ermöglichen. Im November 1924 hatte der DFB bei seinem Bundestag sogar beschlossen, Spiele gegen ausländische Berufsspielermannschaften nur noch in Ausnahmefällen zu genehmigen. Hintergrund der Entscheidung war die Einführung einer Profiliga in Österreich zur Saison 1924/25. Lange durchhalten ließ sich das Verbot nicht, da es bald auch in Ungarn und der Tschechoslowakei Berufsspieler gab und die führenden deutschen Klubs auf Einnahmen bei Freundschaftsspielen gegen solche Gegner angewiesen waren.

Da die Vereine durch die während der 1920er-Jahre ständig wachsenden Zuschauerzahlen immer mehr Geld einnahmen, profitierten davon - mehr oder weniger verdeckt - natürlich auch die Spieler. Das geschah nicht nur in Gelsenkirchen, aber die Wächter über das Amateurideal im Westdeutschen Spielverband suchten sich ganz gezielt den populärsten Arbeiterverein des Westens aus, um ein Exempel zu statuieren. Das geschah ausgerechnet zu einem Zeitpunkt, als Deutschland längst in den Strudel der sich aus dem Zusammenbruch der New Yorker Börse am 29. Oktober 1929 („Schwarzer Freitag“) entwickelnden Weltwirtschaftskrise geraten war.

Am 25. August 1930 sorgte folgende Schlagzeile für Aufruhr: „14 Spieler und acht Funktionäre des FC Schalke 04 durch den WSV gesperrt!“ Die Begründung: Der Verein habe durch überhöhte Zahlungen an die Spieler gegen die Amateurbestimmungen verstoßen. Bis zu 20 statt der vom WSV erlaubten fünf Mark sollen Kuzorra, Szepan & Co. pro Spiel erhalten haben. Die Sperre, die gegen die aufstrebenden Schalker verhängt wurde, sollte andere Spieler und Vereine abschrecken. Dabei wurde aber übersehen, dass der Spitzenfußball schon längst kein reiner, nur so zum Spaß betriebener Amateursport mehr war, nicht nur beim WSV, sondern auch in allen anderen Landesverbänden des DFB.

Wegen der Sperren musste in der nächsten Saison eine Notelf aus Reservespielern antreten. Sie konnte gerade so den Abstieg aus der Bezirksliga vermeiden. Entsprechend groß war der Jubel, als die Stars nach Aufhebung der Sperre zurückkehrten. 70.000 Zuschauer versuchten, sich in die Kampfbahn Glückauf zu drängen. Diejenigen, die es in den Innenraum geschafft hatten, sahen am 1. Juni 1931 das erste Spiel: einen Freundschaftskick (!) gegen Fortuna Düsseldorf. Schalke gewann durch ein Tor von Hans Tibulsky mit 1:0.

LOCKERE ARBEIT

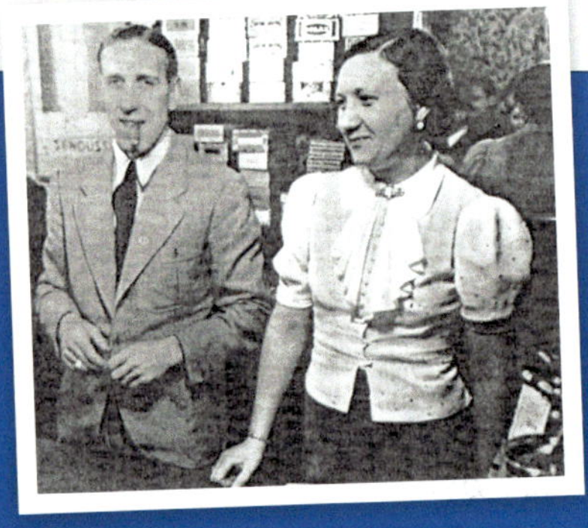

Ernst Kuzorra mit seiner Frau in seinem Tabakwarenladen (1937).

Ernst Kuzorra arbeitete zu Beginn seiner Karriere als Bergmann unter Tage auf der Zeche Consolidation. Er bekam seinen Lohn, wurde jedoch geschont und durfte sich oft ausruhen. Später sagte er einmal: „Mit den Kohlen, die ich gehauen habe, hätte ich noch nicht einmal einen Kessel Wasser heiß gekriegt.“ Ähnlich lief es in den 1920er-Jahren auch bei anderen Spitzenfußballern. Sie erhielten leichte Jobs und wurden großzügig für Training und

1933: Erstmals im Finale

In der Saison 1931/32 schaffte es die Schalker „Berufsspielerelf", durch einen 5:1-Finalsieg gegen Borussia Fulda erneut Titelträger im Westen geworden, wieder in die DM-Endrunde. Die Bilanz: ein mühsamer 5:4-Verlängerungssieg in Dortmund (!) gegen Plauen, ein überzeugendes 4:2 in Bochum gegen einen starken Hamburger SV und ein unglückliches 1:2 im Dresdner Ostragehege gegen Eintracht Frankfurt. 1932/33 lief es unter dem nach einer einjährigen Pause zurückgekehrten Trainer Kurt Otto noch besser. Während sich die politische Situation

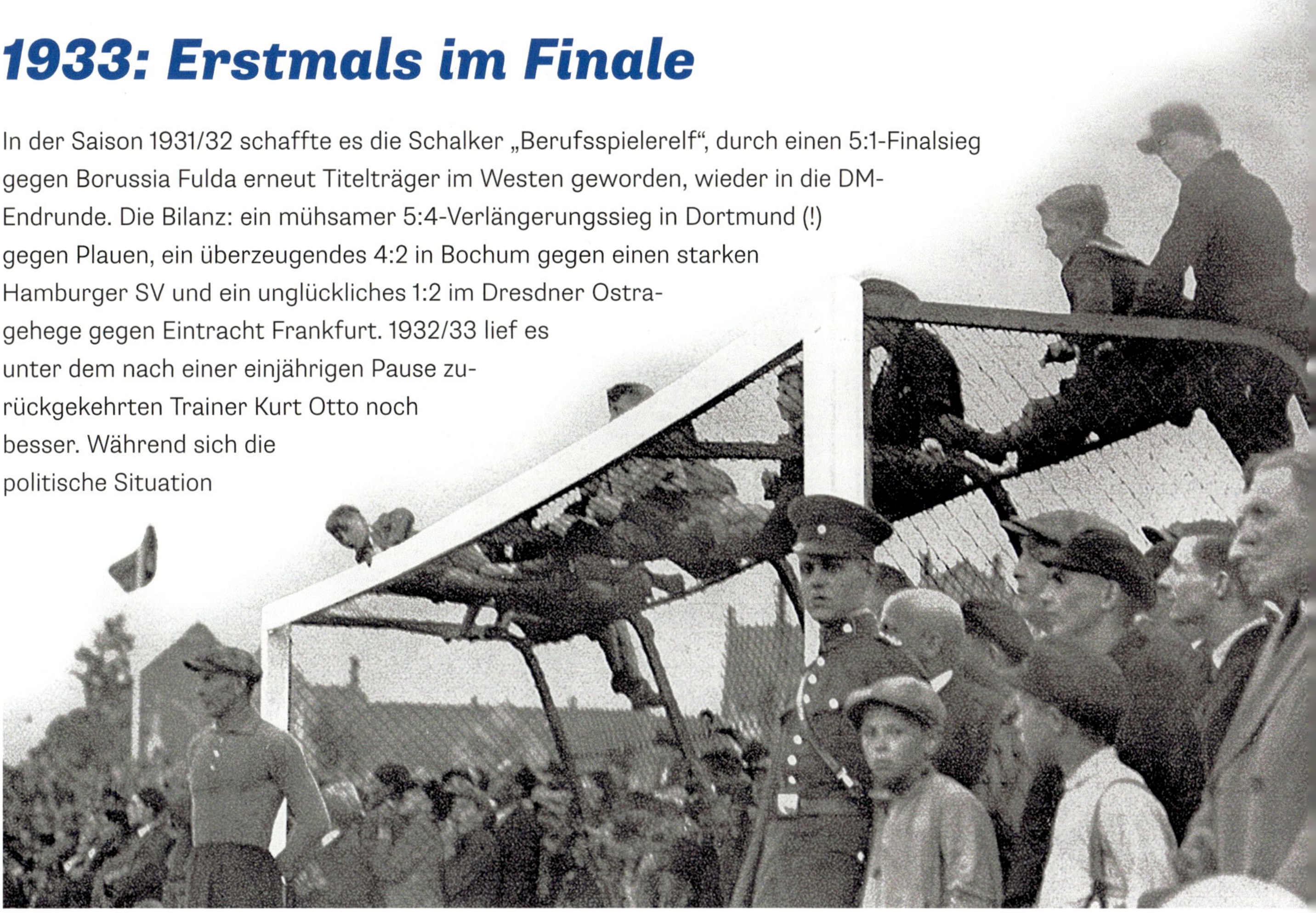

Nach der Rückkehr der „Profis" platzte die Kampfbahn Glückauf am 1. Juni 1931 aus allen Nähten. Vor den Kassen stauten sich die Massen, und innen saßen die Zuschauer sogar auf den Toren.

in Deutschland zuspitzte und die Nationalsozialisten nach der Macht griffen, sicherten sich die Schalker erneut die Tabellenspitze im Ruhrbezirk und kamen über Hamborn 07 sowie Hüsten 09 locker ins westdeutsche Finale. Am 30. April 1933 hieß der Gegner Fortuna Düsseldorf, und das Spiel endete so wie das legendäre Rückkehr-Spiel zwei Jahre zuvor: Schalke gewann mit 1:0. Die Ergebnisse in der deutschen Endrunde lauteten: 4:1 gegen Viktoria 89 Berlin, 1:0 gegen den FSV Frankfurt, 4:0 gegen 1860 München. Es war geschafft: Schalke stand erstmals im Finale! Vor 60.000 Zuschauern in Köln gingen die Fußballkönige des Ruhrpotts am 11. Juni 1933 als Favorit in das Spiel. Denn der Gegner war der westdeutsche Vizemeister Fortuna Düsseldorf, und diesen hatte man ja erst wenige Wochen zuvor bezwungen. Doch die Zuversicht, den Rivalen vom Rhein erneut niederhalten zu können, verflog rasch. Bereits nach zehn Minuten hieß es 0:1. Danach beherrschten Kuzorra & Co. zwar das Geschehen, aber sie brachten nichts Zählbares zustande. Und als sie müde geworden waren, kassierten sie noch zwei weitere Treffer. Die Knappenelf verlor ihr erstes Endspiel mit 0:3. Es folgte das, was bis heute üblich ist: Trainer Kurt Otto musste gehen.

Spiele von der Arbeit freigestellt. Später griffen ihnen die Vereine oder vermögende Gönner unter die Arme, indem sie ihnen zu großzügigen Bedingungen Tabakwarenläden oder Ähnliches besorgten. Und selbstverständlich wurden ihnen regelmäßig, aber unter der Hand, ein paar Scheine zugesteckt.

Bedröppelte Schalker müssen zuschauen, wie der neue „Reichssportführer" Hans von Tschammer und Osten nach dem Finale von 1933 dem Fortuna-Kapitän Theo Breuer den Meisterkranz überreicht.

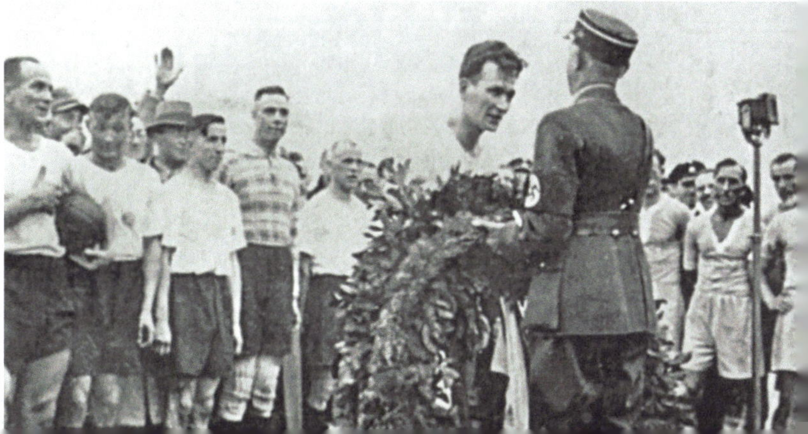

1934-1945

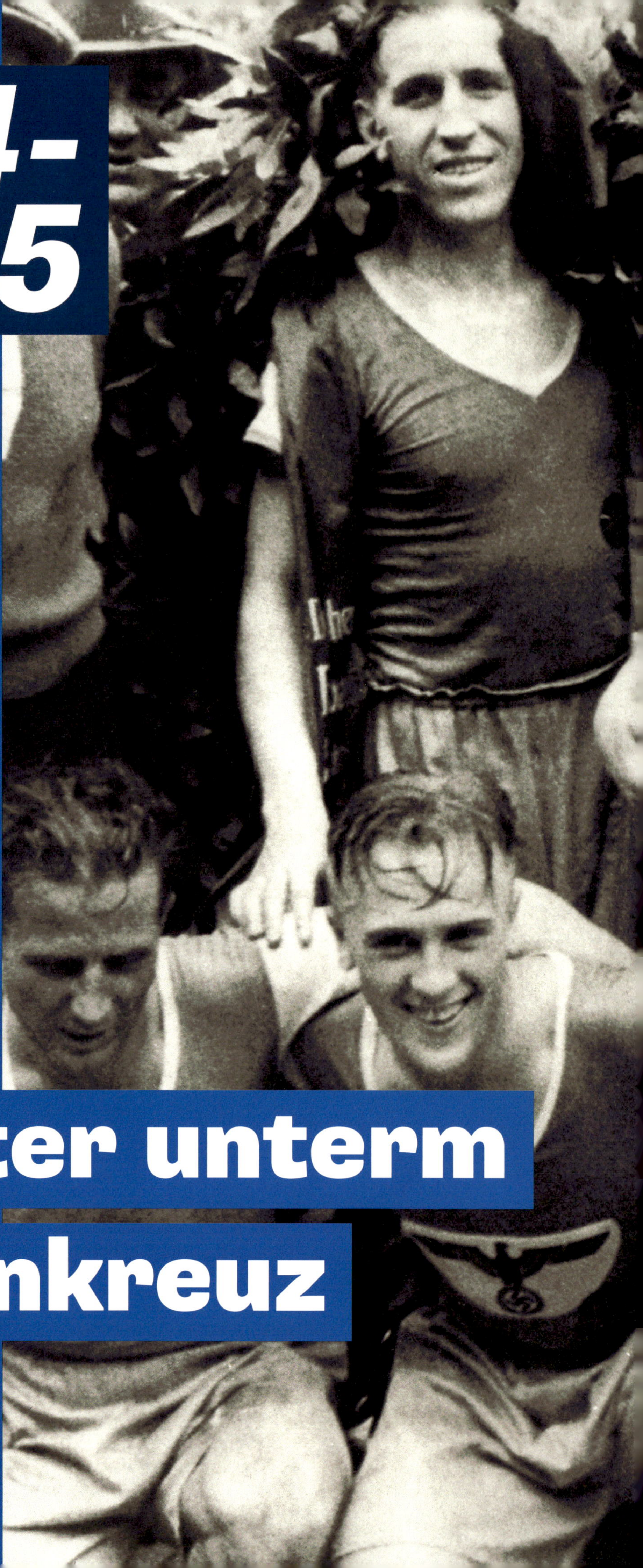

Meister unterm Hakenkreuz

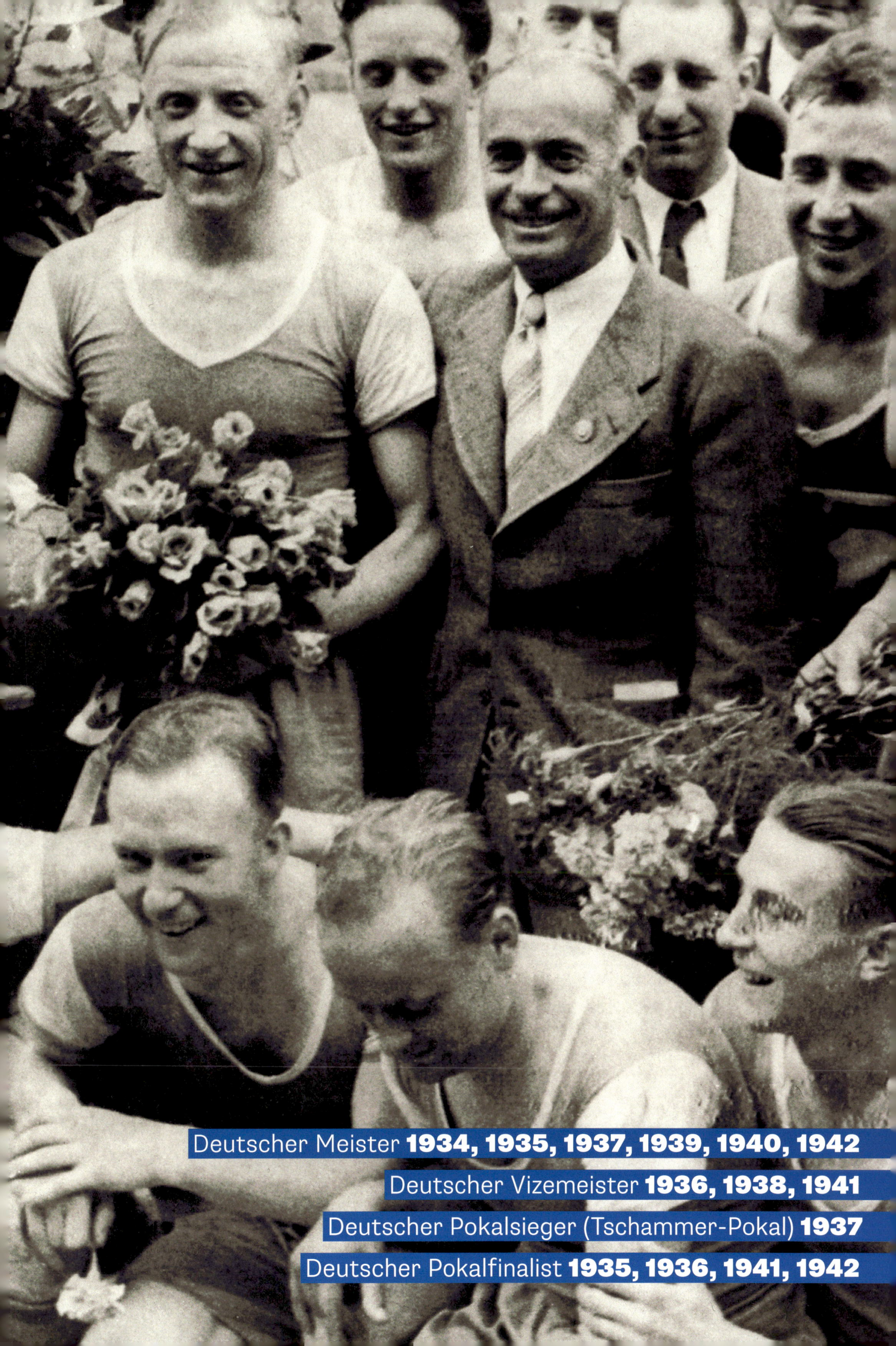

Deutscher Meister **1934, 1935, 1937, 1939, 1940, 1942**

Deutscher Vizemeister **1936, 1938, 1941**

Deutscher Pokalsieger (Tschammer-Pokal) **1937**

Deutscher Pokalfinalist **1935, 1936, 1941, 1942**

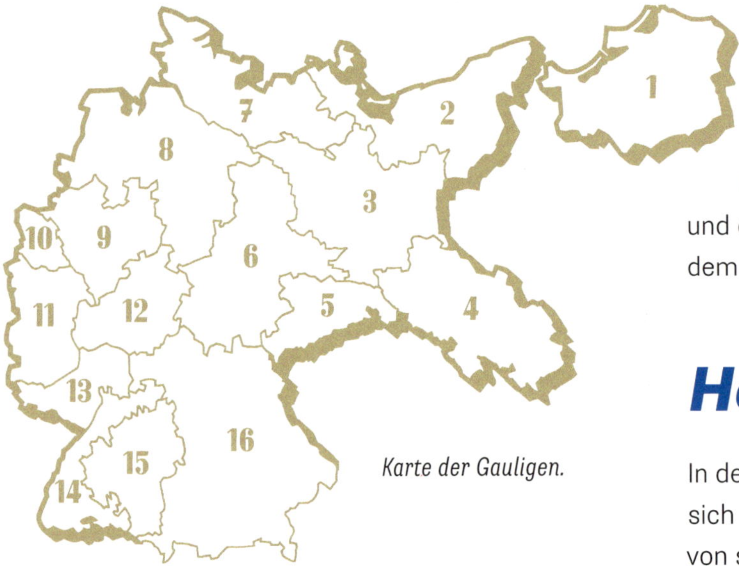

Karte der Gauligen.

sel-Künstler nicht nur konditionell und mental auf Trab, sondern trimmte sie auch in Sachen taktische Disziplin. Die Blau-Weißen verloren nur ein einziges Spiel und erreichten mit zehn Punkten Vorsprung vor dem SV Höntrop den ersten Platz.

1933: Siege in der Gauliga

Die Machtergreifung der Nationalsozialisten im Januar 1933 ließ auch den Sport nicht unberührt. Nach der Auflösung der bisherigen Landesverbände wurden von einem zentralen „Fachamt Fußball", das den DFB beerbt hatte, 16 Gaue eingerichtet. Jeder Gau bekam eine höchste Liga mit zehn Vereinen. Deren Sieger sollten in einer Endrunde mit vier Vierergruppen den Deutschen Meister ausspielen.

Schalke 04 begann die Saison 1933/34 im Gau 9 Westfalen. Die Gegner waren SV Höntrop, SuS Hüsten 09, Germania Bochum, Spielverein Herten, DSC Hagen, Viktoria Recklinghausen, Preußen Münster, Sportfreunde Dortmund sowie Arminia Bielefeld. Von den Borussen aus Dortmund sprach damals noch niemand: Die kickten noch in der Bezirksklasse (= 2. Liga) und sollten erst 1936 den Aufstieg schaffen ...

Für professionelle Unterstützung der seit der Finalteilnahme im Vorjahr gewachsenen Ambitionen war gesorgt: Man hatte Hans „Bumbes" Schmidt, einen ehemaligen Nationalspieler und mehrmaligen Meister mit dem 1. FC Nürnberg und der SpVgg Fürth, der sich beim FSV Frankfurt und zuletzt bei Schwarz-Weiß Essen seine ersten Sporen als Trainer verdient hatte, mit dem Versprechen eines stattlichen Gehalts an den Schalker Markt gelockt. Für 8.400 Reichsmark - also ungefähr dem Vierfachen eines damaligen Durschnittsgehaltes - brachte der brummig-kumpelige Franke die Krei-

Holprig ins Finale

In den Gruppenspielen der DM-Endrunde taten sich die Knappen etwas schwerer. Nach fünf von sechs Spieltagen hatten sie einer Gruppe mit dem VfL Benrath, Werder Bremen und dem Eimsbüttler TV lediglich 6:4 Punkte auf dem Konto: Neben einer sensationellen 0:1-Heimniederlage in der Kampfbahn Glückauf gegen den mit zwei Nationalspielern angetretenen Düsseldorfer Stadtteilklub VfL Benrath hatten sie sich auch noch in Hamburg-Eimsbüttel eine 2:3-Auswärtsschlappe geleistet. Also musste gegen den Tabellenführer Benrath (7:3 Punkte) unbedingt ein Sieg her, um die Qualifikation für das Halbfinale klarzumachen. Die Bumbes-Schmidt-Elf ließ nichts anbrennen: Vor 40.000 Zuschauern gewann sie das am 13. Mai in Duisburg angesetzte Spiel mit 2:0.

Im letzten Schritt auf dem Weg ins Finale ging es am 17. Juni im Rheinstadion von Düsseldorf gegen den SV Waldhof. Vor 45.000 Zuschauern, darunter 2.000 Mannheimer, taten sich die Schalker sehr schwer gegen die Mannheimer, die mit Otto Siffling einen der besten Stürmer der Zeit in ihren Reihen hatten. Bis zehn Minuten vor Schluss stand es 2:2, dann erst vermochten die Kreisel-Künstler den Widerstand zu brechen - Endstand 5:2.

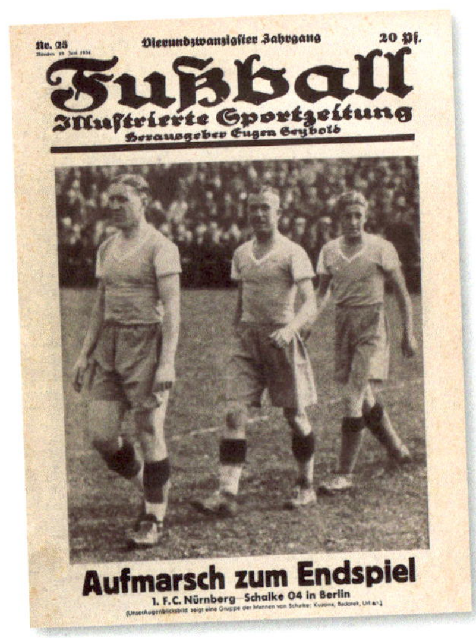
Nr. 25 Vierundzwanzigster Jahrgang 20 Pf.

Fußball

Illustrierte Sportzeitung

Herausgeber Eugen Seybold

Aufmarsch zum Endspiel

1. F.C. Nürnberg · Schalke 04 in Berlin

Endspiel-Ankündigung in der Fachzeitschrift „Fußball".

1934: Der erste Meistertitel

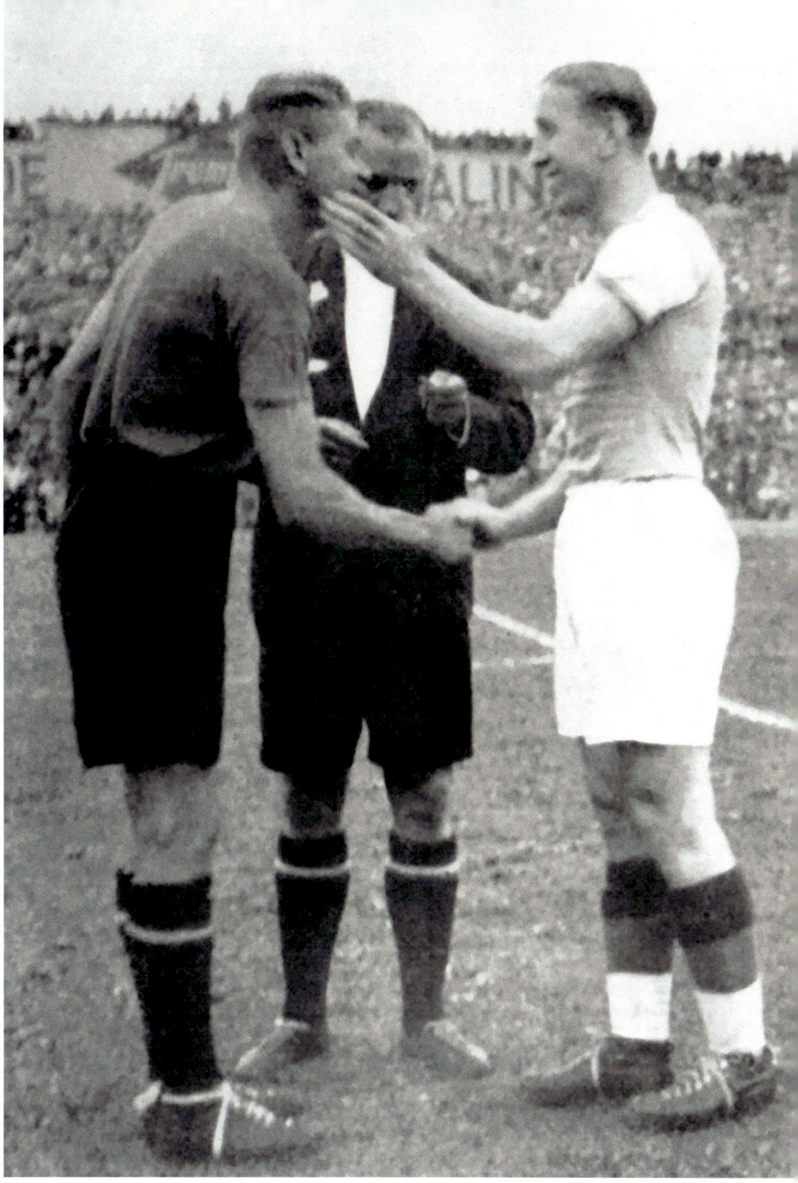

Die Spielführer Luitpold Popp und Ernst Kuzorra vor dem Anpfiff, dazwischen Schiedsrichter Alfred Birlem.

Am 24. Juni 1934 fieberten 45.000 Zuschauer im Poststadion von Berlin dem Endspiel entgegen. Es war ein echtes Traumfinale: Schalke, die Mannschaft der Stunde, gegen den ruhmreichsten Verein der vergangenen Jahre, den von dem ehemaligen Superstar Alfréd Schaffer gecoachten „Club" aus Nürnberg.

Beide Teams traten in Bestbesetzung an. Auch Ernst Kuzorra war dabei, obwohl der von den Ärzten wegen eines Leistenbruchs ein Spielverbot erhalten hatte. Schwere Gewitterwolken lagen über dem Stadion, als Schalke zu kreiseln begann und die etwas schwerfälligen Franken schwindlig zu spielen drohte. Richtig zwingende Torchancen aber sprangen nicht heraus, und so ging es mit 0:0 in die Pause. Acht Minuten nach dem Wiederanpfiff herrschte dann Entsetzen bei den Schalker Anhängern, als die Nürnberger einen Angriff durchbrachten und Georg Friedel zur Führung für den Club einnetzte. Sollte Schalke wie im Vorjahr wieder in Schönheit sterben? Doch noch war ja Zeit. Die Männer in den blauen Trikots erhöhten den Druck, und die Weinroten begannen zu wanken. Als Trainer Schmidt seinen Mittelfeld-Spielmacher Szepan in den Sturm beorderte, erhöhte sich die Schlagzahl der Chancen. Es lief bereits die 88. Minute, als die Schalker Bemühungen endlich fruchteten: Szepan stieg nach einer Rothardt-Ecke zum Kopfball hoch und wuchtete den Ball ins Netz. In der Schlussminute dann die Entscheidung: Kalwitzki startete nach einer Ecke der Nürnberger über die rechte Seite einen Konterangriff und spielte den Ball Kuzorra in den Lauf. Der setzte sich gegen die Nürnberger Popp und Kreißel durch und vollstreckte ins rechte untere Eck. Club-Towart Köhl streckte sich vergeblich. Was für ein Finale! Schalke 04 war erstmals Deutscher Meister!

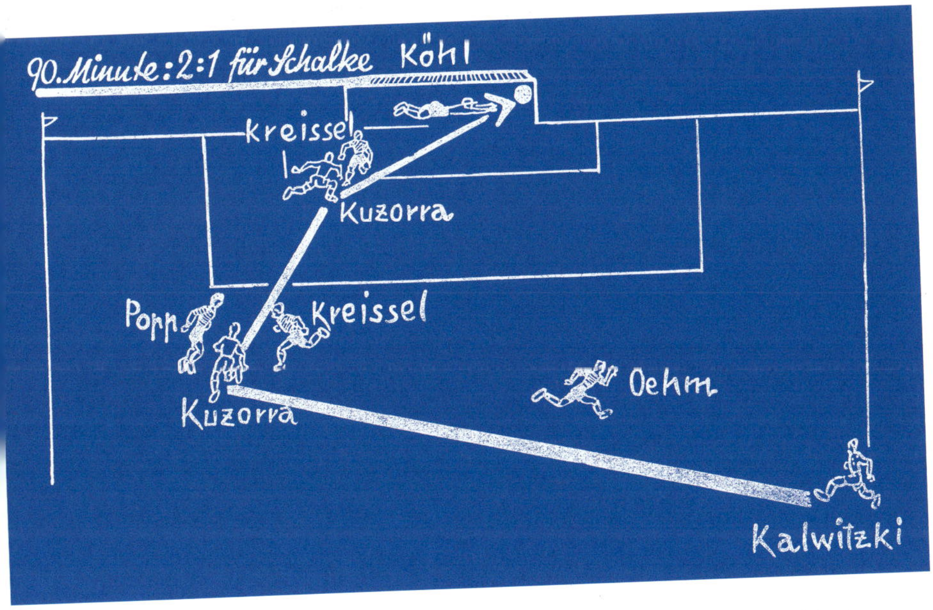

So rekonstruierte der „Kicker" den entscheidenden Treffer im Finale.

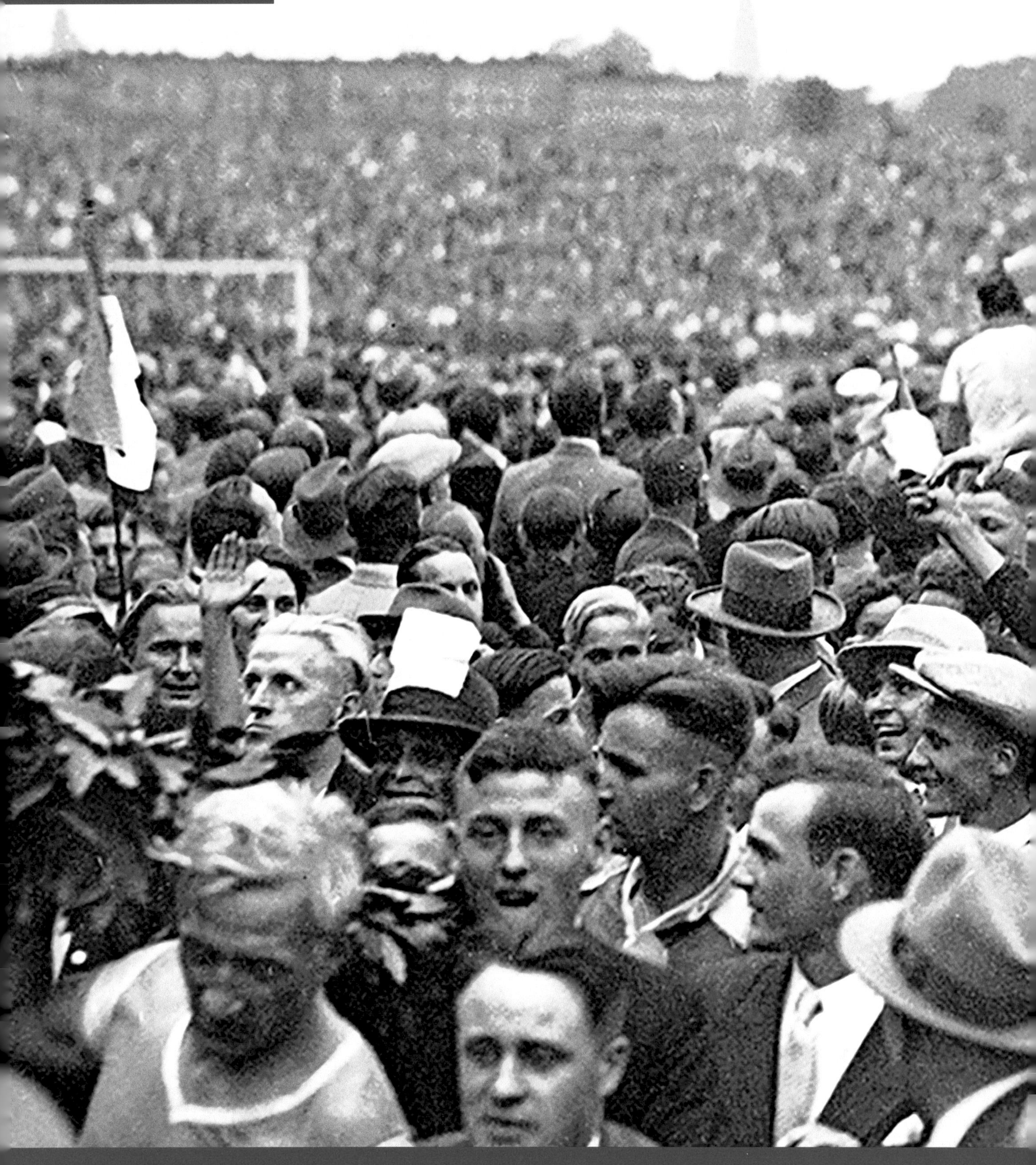

Kuzorra vergibt einige Chancen ...

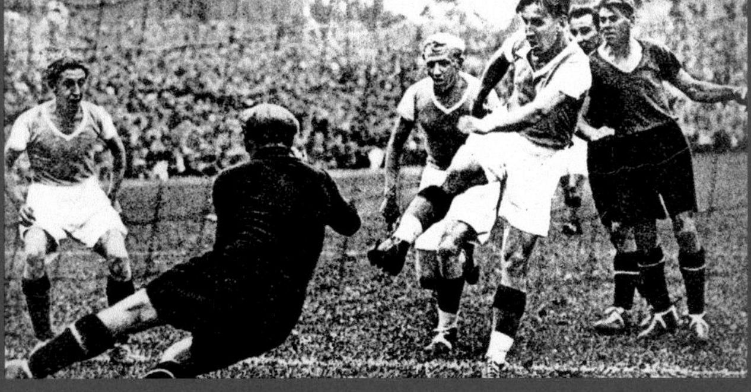

...dann sorgt Szepan als Stürmer für Druck ...

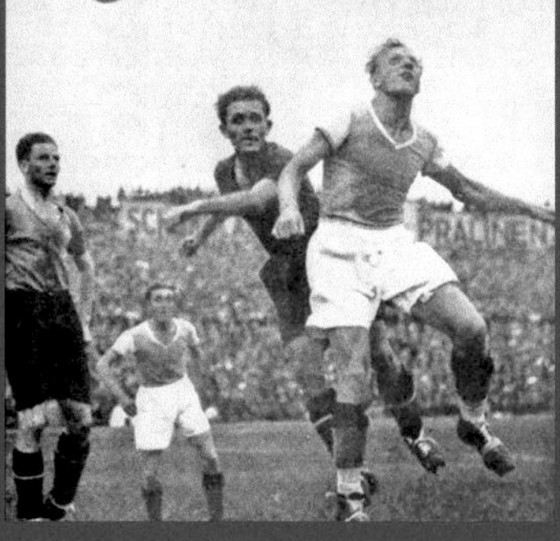

... Szepan trifft per Kopf zum 1:1 ...

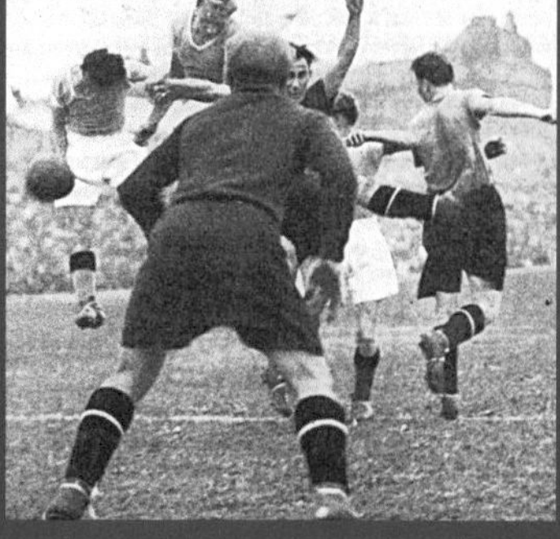

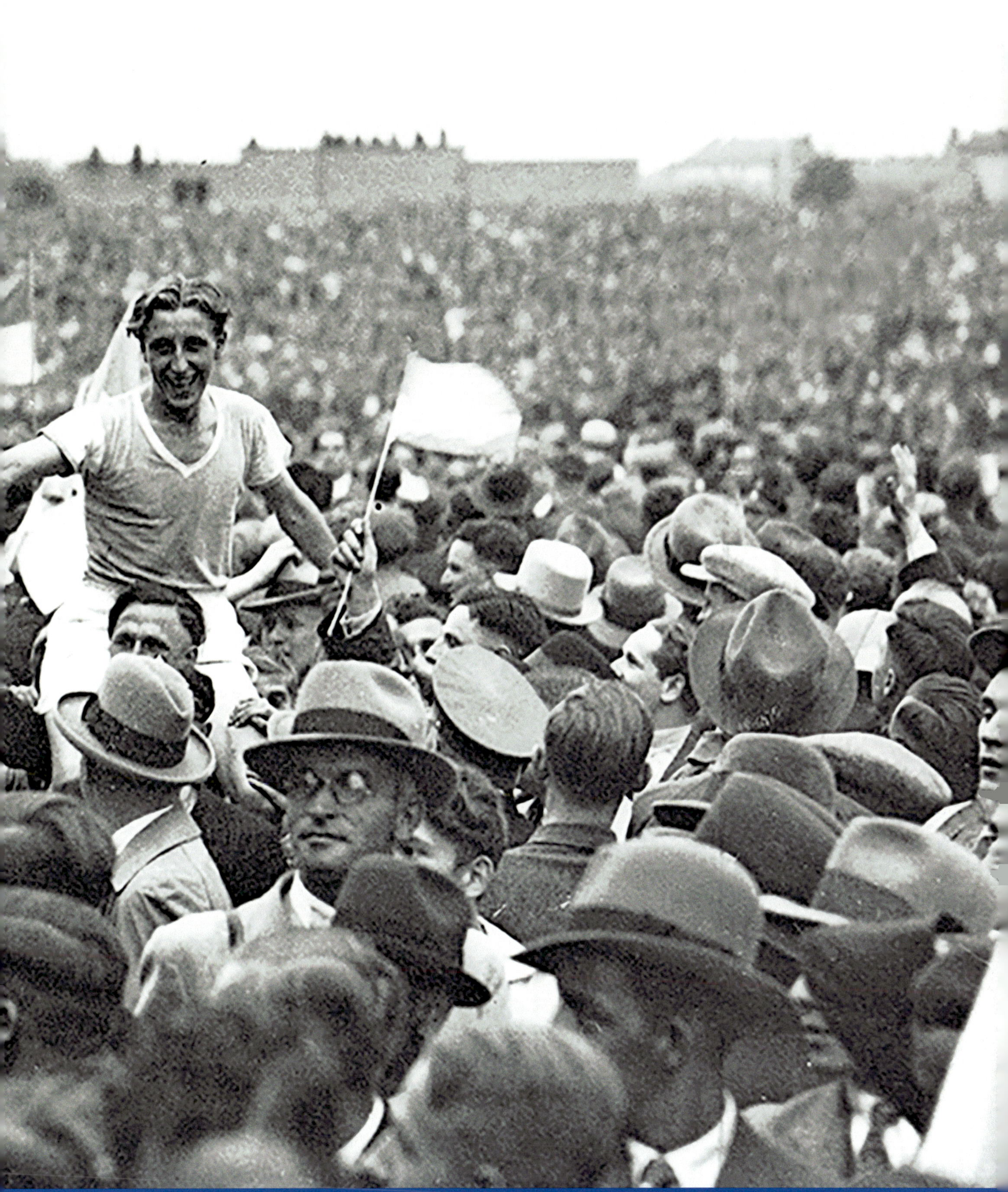

... und die Schalker dürfen zum ersten Mal jubeln.

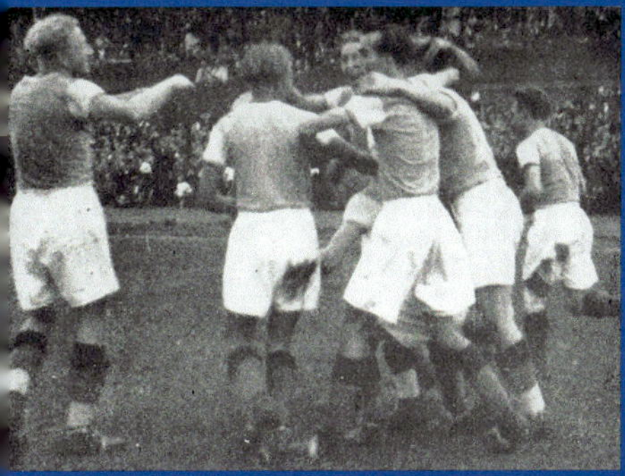

Nach Kuzorras Treffer steht es 2:1, Abpfiff ...

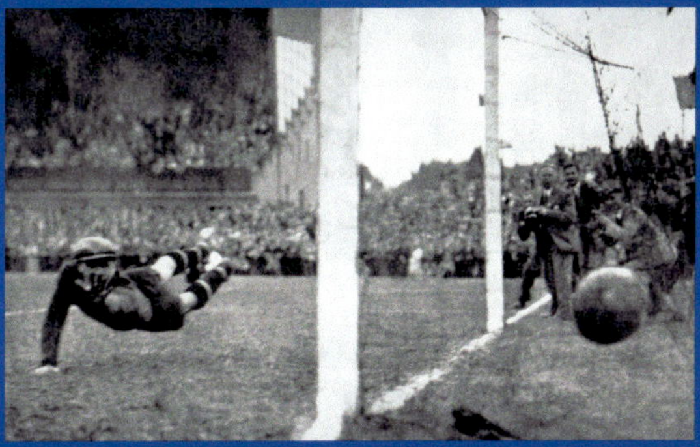

... und Schalke hat den Meisterkranz.

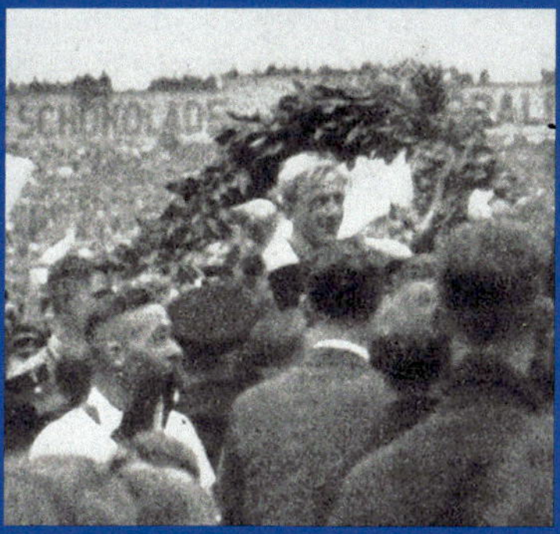

1935: Meistertitel Nr. 2

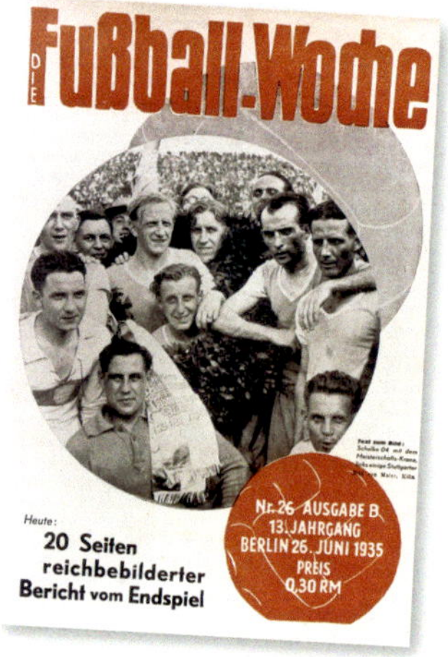

Die „Fußball-Woche" feiert den Deutschen Meister von 1935: Schalke 04!

Im Jahr darauf wiederholten die Schalker den Triumph. Wieder beherrschten sie die Gauliga Westfalen ohne Mühe und konnten auch in der DM-Endrunde von Hannover 96, Eimsbüttel und Stettin nicht gestoppt werden. Über ein 3:2 in Düsseldorf gegen den sächsischen Gaumeister Polizei Chemnitz gelang der Sprung ins Finale nach Köln, wo der VfB Stuttgart wartete. Schalke gewann überlegen 6:2. Der bisherige Halbrechte Ala Urban, von Trainer Schmidt nach dem Ausfall des etatmäßigen Außenstürmers Emil Rothardt auf der linken Seite aufgestellt, eröffnete den Torreigen mit einem perfekt abgeschlossenen Sololauf. Neuzugang Ernst Poertgen, ein Altenessener, der über den Umweg Nürnberg in Gelsenkirchen gelandet war, krönte sein überragendes Endspiel-Debüt mit drei blitzsauberen Treffern.

Nach der zweiten Meisterschaft hätte am 8. Dezember 1935 gleich der nächste Titel folgen können. Im erstmals ausgespielten, nach dem „Reichssportführer" benannten „Tschammer-Pokal", dem Vorläufer des DFB-Pokals, hatte sich Schalke über SVG Göttingen, SV 06 Kassel, Hannover 96, VfL Benrath und den Freiburger FC ins Finale gesiegt. Dort kam es im Düsseldorfer Rheinstadion unter unwirtlichen Bedingungen – es herrschte dichtes Schneetreiben – erneut zu einem Duell gegen den 1. FC Nürnberg. Der Club war diesmal stärker, Schalke verlor 0:2.

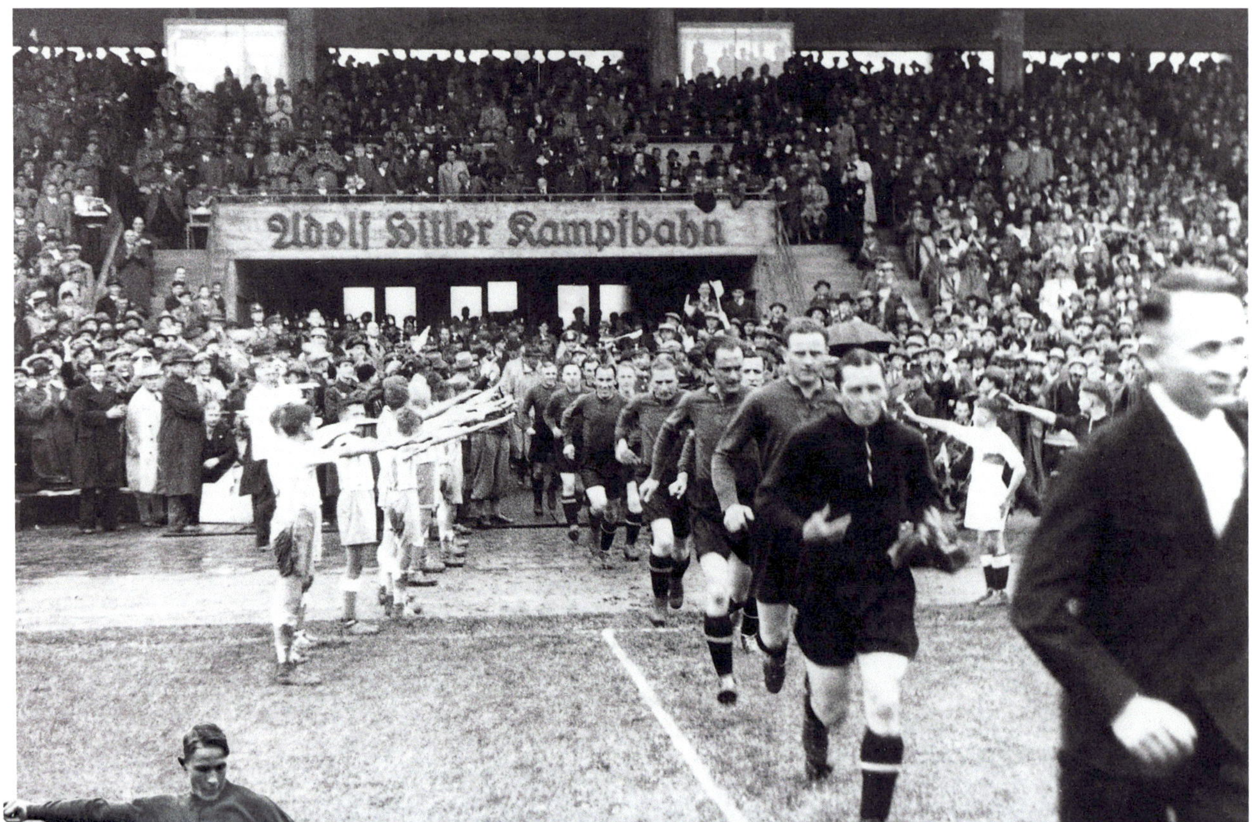

Oben: Bereits beim Einlaufen zum Halbfinale 1936 in Stuttgart wirken die Nürnberger wild entschlossen.

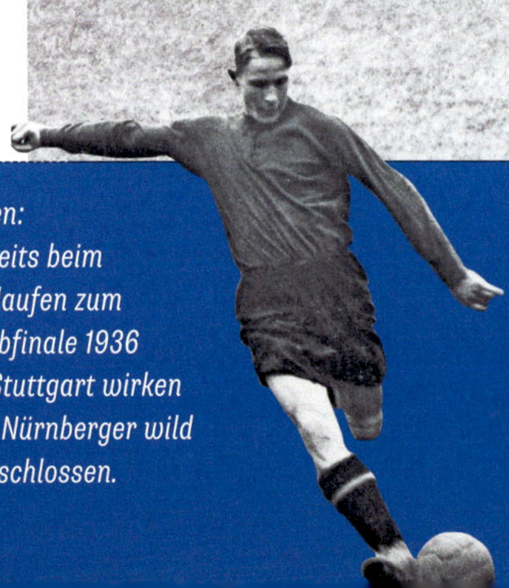

DER „SCHALKE-SCHRECK"

Nachdem sich Club-Stürmer Georg Friedel bereits im Endspiel von 1934 als Torschütze ausgezeichnet hatte, machte er im Pokalfinale am 8. Dezember 1935 mit seinem Treffer zum 2:0 den Sieg der Franken perfekt. Als er dann im Meisterschafts-Halbfinale von 1936 mit zwei Toren quasi im Alleingang für das Schalker Aus sorgte, erkor ihn die Presse zum „Schalke-Schreck".

1936: Neue Rolle für Tibulsky

Der Berliner SV 92 und Hindenburg Allenstein gaben der Mannschaft von Bumbes Schmidt in der Endrunde 1935/36 keine Rätsel auf. Weil sie sich gegen Polizei Chemnitz, den spielstarken Halbfinal-Gegner des Vorjahres, eine 2:3-Heimniederlage geleistet hatte, wurde es am Ende aber eng. 55.000 Zuschauer im Dresdner Ostragehege sahen einen knappen 2:1-Sieg der Stars aus dem Ruhrpott gegen die sächsischen Polizisten.

Im Halbfinale wartete erneut Altmeister Nürnberg. Vor 80.000 Zuschauern in der prall gefüllten „Adolf-Hitler-Kampfbahn" von Stuttgart zeigten sich die Franken wild entschlossen, Revanche für die Niederlage von 1934 zu nehmen. Die zu verhalten auftretenden Knappen hatten gegen den willensstarken Club nichts zu bestellen und verloren mit 0:2.

Trainer Bumbes Schmidt erkannte, dass es nicht rund lief im Schalker Spiel. Und er hatte eine Idee. Im Spiel um den dritten Platz am 20. Juni in Berlin gegen Vorwärts-Rasensport Gleiwitz beorderte er den technisch versierten und spielintelligenten „Ötte" Tibulsky in die Mittelfeld-Zentrale, die zuvor von Hermann Nattkämper oder Fritz Szepan besetzt worden war. Tibulsky spielte beim 8:1-Triumph groß auf. Er blieb fortan als entscheidendes Schwungrad im Schalker Kreiselspiel gesetzt und wurde selbst dann nicht infrage gestelllt, wenn es mal nicht lief. So wie im erst am 3. Januar 1937 ausgetragenen Pokalendspiel 1936, als die Schalker gegen den VfB Leipzig einen 1:2-Halbzeitrückstand trotz aller Bemühungen nicht zu drehen vermochten.

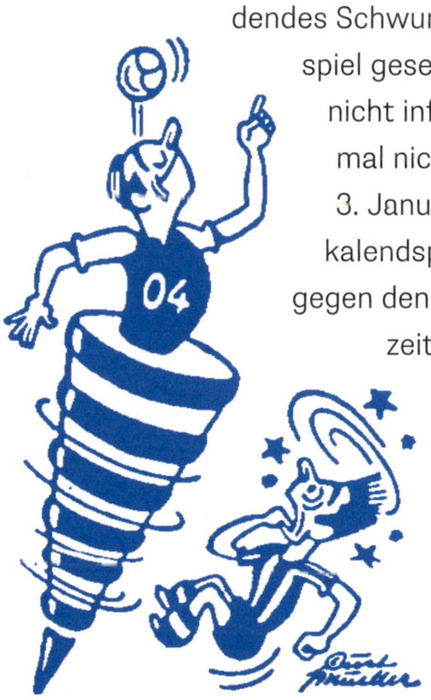

Karikatur des bekannten Sportpresse-Zeichners Curt Müller zum Schalker Kreisel.

So funktionierte der Schalker Kreisel

Der Meisterspieler Hans Bornemann erklärte das Prinzip des Kreisels so: „In direktem Flachpassspiel lief der Ball von Mann zu Mann. Es stand nicht immer einer frei, sondern wir huldigten dem Grundsatz, dass, wenn ein Spieler im Ballbesitz war, sich mindestens drei Mann freilaufen müssten, damit der Ballführende auch Gelegenheit zum Abspiel hätte. Nicht der, der in Ballbesitz war, bestimmte das Spiel, sondern die, die freigelaufen waren, zwangen den Ballführenden zum Abspiel." Trainer Bumbes Schmidt, der die Kunst des schottischen Flachpassspiels als Spieler unter dem ehemaligen Blackburn-Profi William Townley in Fürth von der Pike auf erlernt und in Nürnberg an der Seite des berühmten Mittelläufers Hans Kalb perfektioniert hatte, wusste natürlich auch, wie man den Ball laufen lässt.

Ausgangspunkt des Schalker Kreiselspiels war das aus England stammende W-M-System. Kurt Otto, der sich auch als Autor eines Fußball-Lehrbuches hervortat, hatte es beim FC Schalke eingeführt. Zuvor hatte man im sogenannten Pyramidensystem mit zwei Verteidigern, drei Läufern und fünf Stürmern gespielt (2-3-5). Mit dem W-M-System ergab sich eine 3-2-2-3-Anordnung. Der Mittelläufer, der bis dahin das Spiel bestimmte, wurde als Stopper zurückgezogen. In der Defensive standen somit drei Verteidiger und zwei Läufer (= „M"). Die Offensive wurde aus zwei Halbstürmern und drei Sturmspitzen gebildet (= „W").

Diese Aufstellung verstärkte zunächst die Defensive. Entsprechend interpretiert erlaubte sie aber auch ein vielfältigeres Kombinationsspiel. Der Ball kreiselte vor allem im „magischen Viereck", das von den Läufern und den beiden Halbstürmern gebildet wurde. Während die Läuferpositionen im Lauf der Schalker Erfolgsjahre wechselten – zur Saison 1936/37 vertraute Trainer Schmidt auf Rudolf Gellesch und Walter Berg – waren für die Halbpositionen stets die ballgewandten Führungsspieler Ernst Kuzorra und Fritz Szepan die erste Wahl. Die entscheidende Innovation im Schalker Spiel war jedoch die Art und Weise, wie „Ötte" Tibulsky seine – ja eigentlich defensiv angelegte – Position interpretierte. Er habe nie wie ein Stopper gespielt, bemerkte der geschmeidige Supertechniker rückblickend, „dafür war ich viel zu sehr Spieler und in den Ball verliebt". Dass er als aufrückender erster Ballverteiler der eigentliche Taktgeber im Schalker Kreisel war, gab später sogar Ernst Kuzorra zu, der ansonsten nicht dafür bekannt war, seine Mitspieler überschwänglich zu loben.

„Ötte war in seiner Art einmalig. Er beteiligte sich an unseren Kombinationen mit der Eleganz und der Klugheit eines Franz Beckenbauers. Er rundete den Schalker Kreisel ab und behielt die Ruhe …"

– Ernst Kuzorra

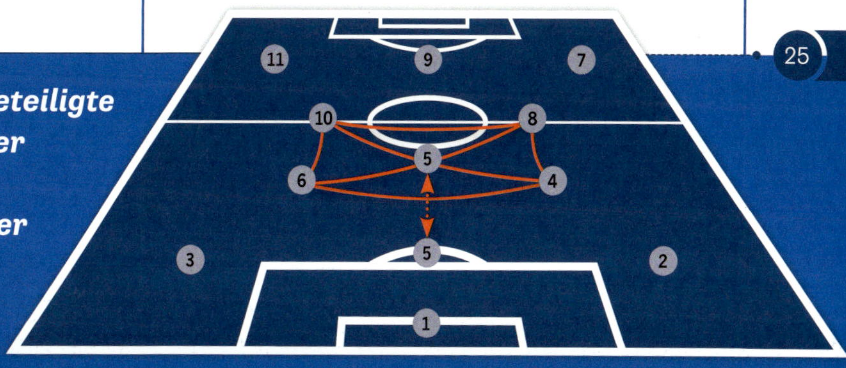

1937: Ein Double für Himmelblau

1936/37 blieb Schalke in der Gauliga Westfalen ohne Niederlage und erzielte in 18 Spielen sagenhafte 103 Tore. Die Presse war sich einig: Der nun bereits vierfache Gaumeister Schalke ist der einzige Verein, der in seinem Gau keinerlei Konkurrenz zu fürchten hat. In einem Sonderheft zur DM-Endrunde wurde der Meister von 1934 und 1935 so vorgestellt: „Deutschlands populärste Mannschaft des letzten Jahrfünftes mit den Vorbildern Szepan und Kuzorra und deren getreuen ‚Abbildern' Gellesch und Urban". Diese Mannschaft galt vor der Endrunde der letzten sechzehn Teams als klarer Favorit.

Tatsächlich sollten die Knappen ihre Siegesserie fortsetzen. Überraschend schwer - wohl auch, weil Kuzorra verletzungsbedingt passen musste - taten sie sich im Kölner Halbfinale gegen den VfB Stuttgart. Schalke ging durch einen von Poertgen verwandelten Handelfmeter zwar in Führung, doch die Schwaben blieben dran und schafften den Ausgleich. Als Szepan in der zweiten Hälfte per Freistoß erneut die Führung erzielte, schien alles in die Gänge zu kommen. Doch da Bornemann im Schalker Strafraum den Ball mit der Hand berührte, brachte ein verwandelter Strafstoß den VfB wieder heran. Die Entscheidung fiel erst durch zwei späte Treffer von Gellesch und Szepan. Schalke habe nur matt gekreiselt, Stuttgart habe den Westfalen „schwere Rätsel" aufgegeben, kommentierte die „Deutsche Sport-Illustrierte". Aber Schalke war eben trotzdem besser gewesen und hatte sich erneut für das Finale qualifiziert.

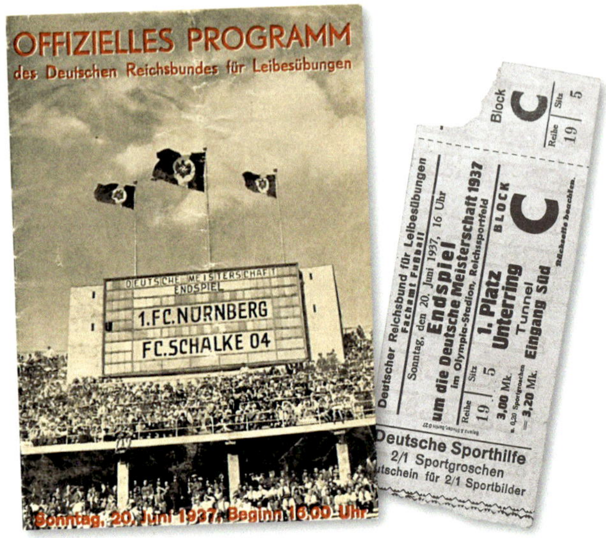

Programmheft und Eintrittskarte zum Endspiel 1937.

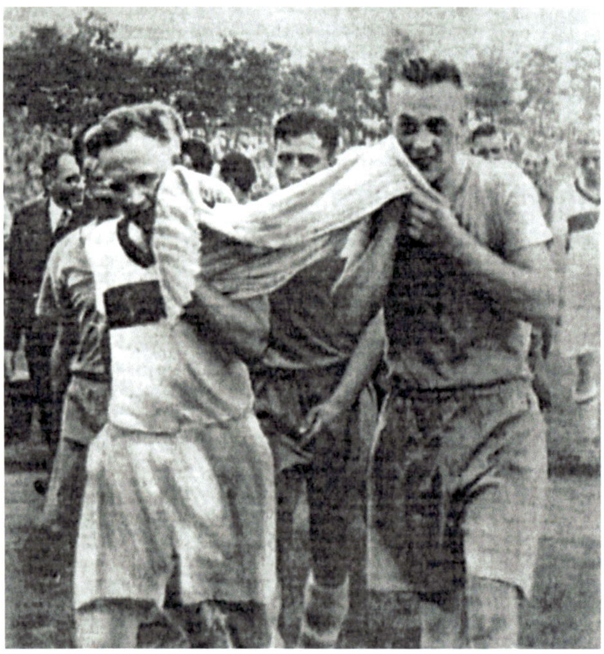

Heiß war's im DM-Halbfinale im Köln-Müngersdorfer Stadion. „Gemeinsam wischen Haaga und Schweißfurth die ‚Hitze des Gefechtes' vom Halse", lautete die Bildunterschrift zu diesem Zeitungsfoto. Die Journalisten wurden sich nie einig, ob sie den Schalker Abwehrspezialisten mit „s" oder mit „ß" schreiben sollten - aber in diesem Fall passte das „ß" bestens.

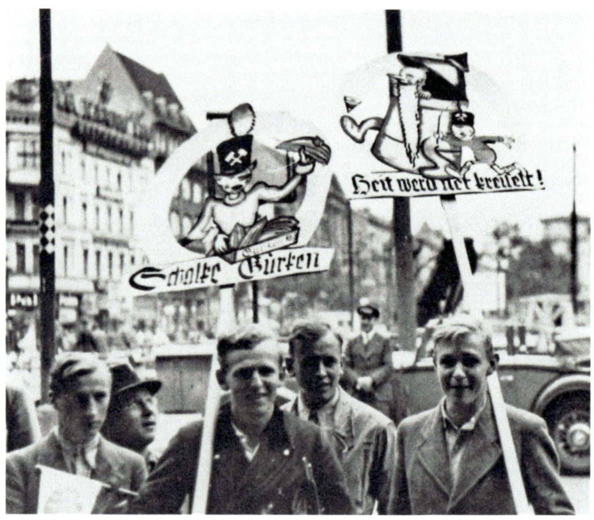

Heute werde nicht gekreiselt, gaben sich die Club-Anhänger vor dem Endspiel zuversichtlich. Pustekuchen. Die auf der Tribüne anwesenden Altmeister des 1. FCN gaben sich hernach zerknirscht: Die dümmere Mannschaft habe an diesem Tag verloren, beim Club seien nur die Spieler gelaufen, bei Schalke aber der Ball.

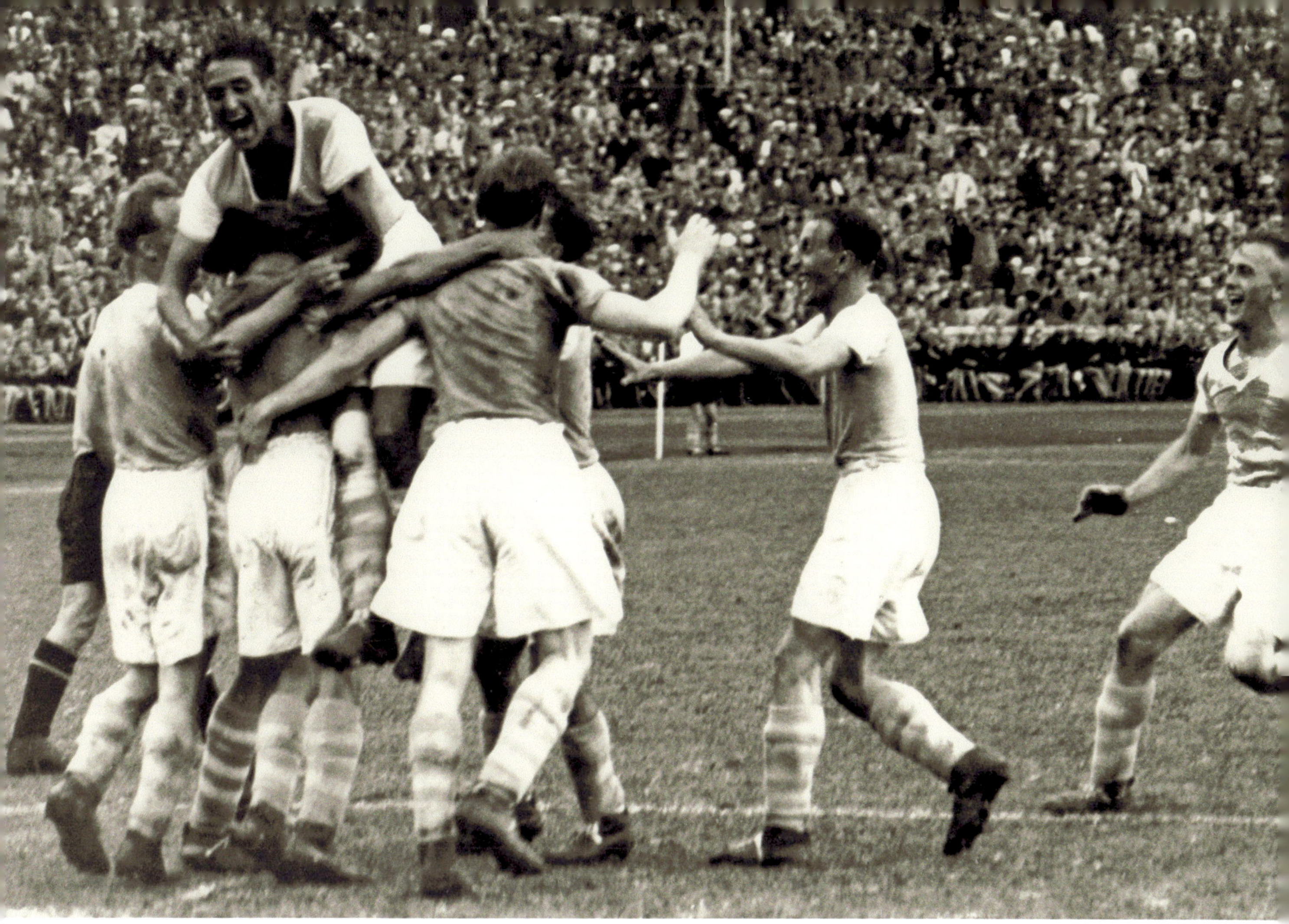

Jubel über Ala Urbans Treffer zum 1:0 gegen Nürnberg.

Beim Endspiel, in dem es abermals gegen den 1. FCN ging, bildeten 100.000 Zuschauer im Berliner Olympiastadion eine neue Rekordkulisse im deutschen Fußball. Die beiden mit Nationalspielern gespickten Spitzenteams boten trotz des regnerischen Wetters beste Unterhaltung. Schalke hatte mehr vom Spiel und ging in der 26. Minute durch einen Treffer von „Ala" Urban in Führung. In der zweiten Hälfte hielten die sichtlich ermattenden Nürnberger mit hartem Spiel dagegen und waren nach einem Platzverweis ihres Kapitäns Seppl Schmitt schließlich nur noch zu zehnt. In der 81. Minute entschied Ernst Kalwitzki mit seinem Treffer zum 2:0-Endstand das Spiel für die Männer in den blauen Trikots.

Blaue Trikots? Welcher Blauton war das eigentlich? Königsblau? „Himmelblau ... trotz Regenwetter" titelte eine Zeitung stimmig. Einig waren sich alle Kommentatoren darüber, dass man einen gerechten Sieg der besseren Mannschaft gesehen hatte.

Im dritten Anlauf triumphierte Schalke dann endlich auch im Pokal. Der Weg ins Finale führte über Kickers Frankenthal (3:1), Rot-Weiß Oberhausen (2:1), Eintracht Braunschweig (1:0 n.V.), Berliner SV 1892 (3:1) und Waldhof Mannheim (2:1). Im Kölner Endspiel gegen den alten Westrivalen Fortuna Düsseldorf sorgten Kalwitzki und Szepan mit einem Doppelschlag kurz nach dem Anpfiff der zweiten Halbzeit für die Vorentscheidung. Am Ende hieß es 2:1, und die Knappen hatten sich als erster deutscher Verein überhaupt das Double aus Meisterschaft und Pokal gesichert!

Gau Westfalen

	Sp.	gew.	une.	verl.	Tore	Punkte
Schalke 04 **	18	17	1	0	103:14	35:1
Westfalia Herne	18	10	1	7	42:33	21:15
Bor. Dortmund *	18	9	1	8	39:36	19:17
SpVgg Herten	18	8	3	7	39:37	19:17
Hüsten 09	18	6	5	7	32:33	17:19
Rotthausen 1912 *	18	7	3	8	32:44	17:19
SV Höntrop	18	6	4	8	32:37	16:20
Germ. Bochum	18	7	2	9	26:33	16:20
Erle 08	18	4	3	11	28:63	11:25
TuS Bochum	18	3	3	12	20:63	9:27

Tabelle der Gauliga Westfalen 1936/37.

1938: Mal ohne Titelgewinn

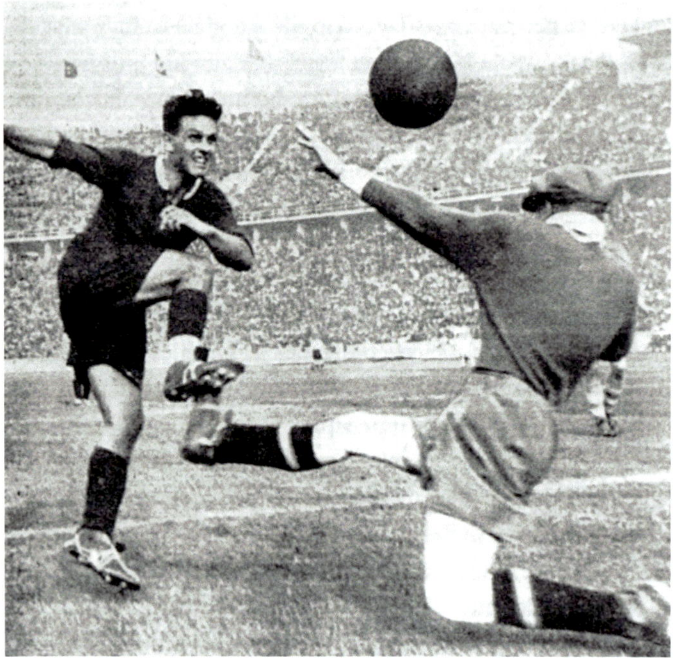

Die Entscheidung im Endspiel von 1938 fällt, als Schalke-Keeper Klodt nach einem scharfen Schuss den Ball nicht festhalten kann: Gegen den energisch nachsetzenden Hannoveraner Erich Meng ist er chancenlos.

1937/38 nahmen sich die Schalker Stars eine kleine Titelpause. Im Pokal schieden sie frühzeitig durch ein 3:4 bei Viktoria Hamburg aus, in der Meisterschaft gelangten sie erneut ins Endspiel, verloren dort aber in der Gesamtabrechnung mit 6:7 gegen den krassen Außenseiter Hannover 96.

Es war eine dramatische, ja epische Auseinandersetzung mit Wiederholungsspiel und zwei Verlängerungen. Das erste Treffen im Berliner Olympiastadion endete 3:3, nach torloser Verlängerung ging es eine Woche später am gleichen Ort weiter. Vor einer erneut traumhaften Kulisse von 95.000 Zuschauern bekamen die Schalker die kampftstarken Hannoveraner - vor allem die famos aufspielenden Brüder Richard und Erich Meng - wieder nicht in den Griff. Wie sieben Tage zuvor stand es nach 90 Minuten 3:3, dann nutzte Hannovers Erich Meng in der 117. Minute einen Fehler von Schalkes Keeper Hans Klodt und setzte den entscheidenen Treffer.

1939: Triumph über Admira Wien

Trainer Bumbes Schmidt, dessen Verdienste im Schatten der Stars Szepan und Kuzorra stets etwas unterbelichtet geblieben waren, schmiss nach dem Pleitenjahr das Handtuch und schloss sich dem VfR Mannheim an. Ohne ihn und ohne den Torjäger Ernst Poertgen, die sich ebenfalls verabschiedet hatte, verlief der Start in die Saison 1938/39 etwas zäh. Es setzte eine Erstrunden-Niederlage im Pokal - 2:3 beim VfL Osnabrück - und eine Serie von Unentschieden in der Gauliga. Nun verpflichtete die Vereinsführung um Fritz Unkel den ehemaligen 800-Meter-Läufer Otto Faist als neuen Trainer. Der Leichtathletik-Experte sollte den lahmenden Kickern frische Beine machen. Tatsächlich rappelte sich die mit dem jungen Hermann Eppenhoff ergänzte Mannschaft auf und siegte wieder wie gewohnt.

> **„Mehr kann ich euch nicht beibringen."**
>
> – Trainer **Bumbes Schmidt** bei seinem Abschied 1938

Nach einem knappen Erfolg im DM-Halbfinale gegen den starken Dresdner SC, der nach einem 3:3-Unentschieden erst im Wiederholungsspiel mit 2:0 bezwungen werden konnte, stand Schalke am 18. Juni 1939 in Berlin wieder im Endspiel. Gegen Admira Wien. Wien? Ja! Denn die Wiener Vereine durften nun auch mitmachen. Nach dem sogenannten „Anschluss" Österreichs an das nationalsozialistische Deutschland im März 1938 hatten die NS-Sportfunktionäre einen neuen „Fußballgau Ostmark" geschaffen. Und dessen Meister, nämlich Admira Wien, hatte die Berechtigung, an der nun als „Großdeutsche Meisterschaft" angekündigten DM-Endrunde teilzunehmen.

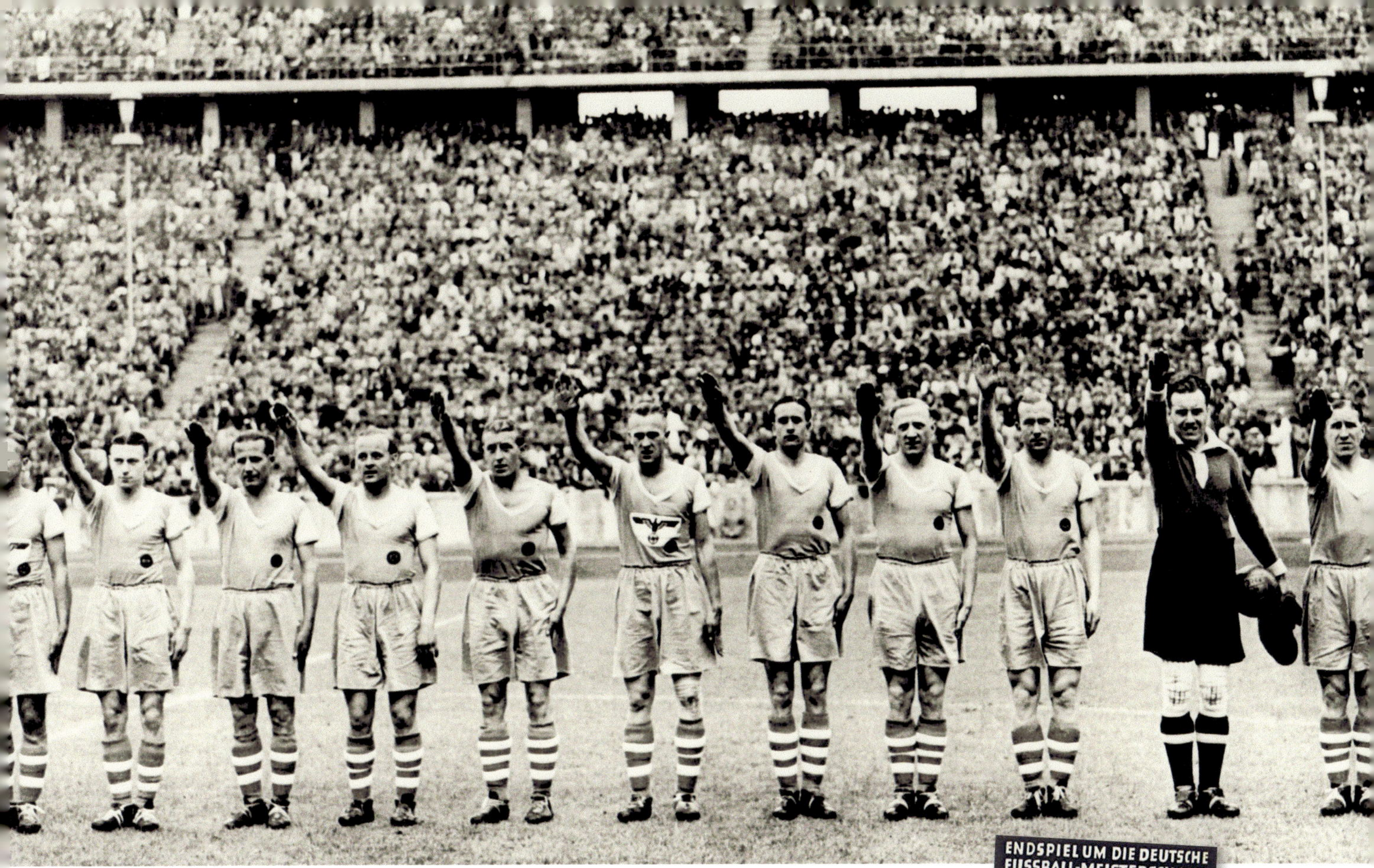

Die Schalker Mannschaft zeigt vor dem Endspiel gegen Admira Wien den damals üblichen Hitlergruß. Von links: Berg, Eppenhoff, Kalwitzki, Tibulsky, Urban, Schweisfurth, Gellesch, Szepan, Bornemann, Klodt, Kuzorra. Berg und Schweisfurth tragen den Reichsadler auf dem Trikot, das Zeichen für Angehörige der Wehrmacht: Der Krieg steht vor der Tür!

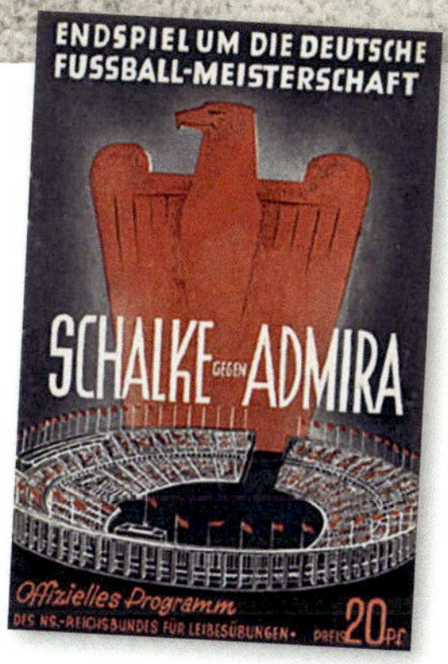

Programmheft zur Meisterschaft 1939.

Die neue Sturmreihe – mit Kalwitzki als Mittelstürmer und Eppenhoff als Rechtsaußen – wirbelte die läuferisch unterlegenen Österreicher durcheinander, dass es eine Freude war. Bis zur 53. Minute schossen die Blau-Weißen ein 5:0 heraus. Bei dem frustrierten Wiener Klacl lagen daraufhin die Nerven so blank, dass er Kuzorra mit einem Faustschlag niederstreckte. Es folgten ein Platzverweis, ein vergebener Strafstoß für die Wiener und noch vier weitere Tore für Schalke. Der Endstand von 9:0 – allein der überragende Kalwitzki hatte fünfmal getroffen – bedeutete den höchsten Sieg aller Zeiten in einem DM-Finale. Es war ein beispielloser Triumph!

„Ihr hobts uns ruiniert."

– Admira-Spieler **Willi Hahnemann** nach der 0:9-Pleite von 1939

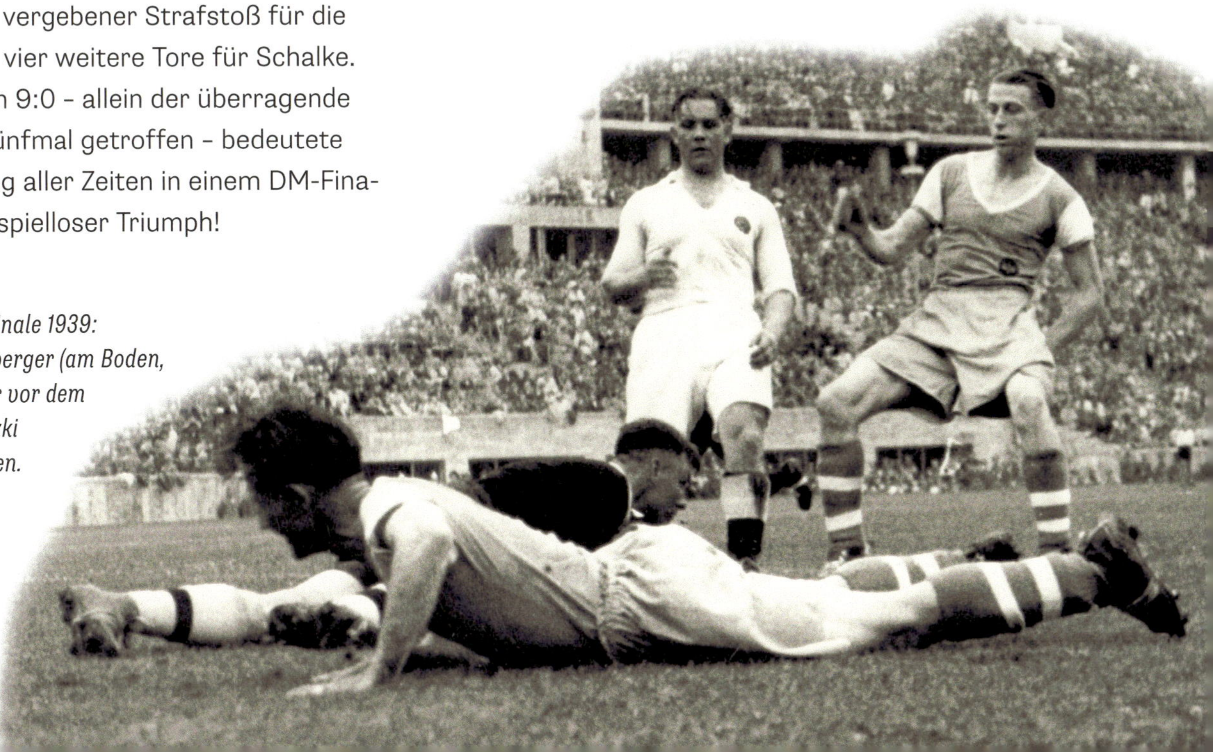

Szene aus dem DM-Finale 1939: Wiens Torwart Buchberger (am Boden, hinten) hat das Leder vor dem angreifenden Kalwitzki (vorn) an sich gerissen. Eppenhoff (rechts) sowie sein Wiener Gegenspieler Urbanek schauen zu.

1940: Meisterschaft im Krieg

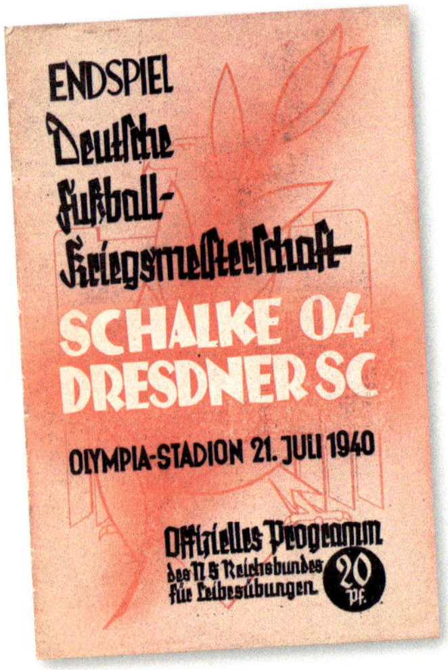

Programmheft zur „Fußball-Kriegsmeisterschaft" 1940.

Am 1. September 1939 begann mit dem Überfall der deutschen Wehrmacht auf Polen der Zweite Weltkrieg. Trotzdem rollte der Ball weiter. In der verspätet gestarteten Gauliga-Saison musste Schalke allerdings auf viele Stammspieler verzichten, die zum Kriegsdienst einberufen worden waren. Stattdessen spielten junge Nachwuchstalente wie Herbert Burdenski, „Natz" Füller und Heinz Hinz. Sie machten ihre Sache gut.

Schalke schied zwar wie gewohnt im Pokal aus - 1:2 im Achtelfinale gegen die SpVgg Fürth -, schaffte aber den Sprung ins Meisterschafts-Finale. Trotz Krieg strömten 95.000 Zuschauer ins Olympiastadion von Berlin, um das Spiel der Knappen gegen den neuen Stern am deutschen Fußballhimmel zu sehen, den Dresdner SC mit seinen Stürmerstars Richard Hofmann und Helmut Schön. Trotz so vieler Klassespieler auf beiden Seiten gab es aber kaum Fußballkunst, sondern viel Kampf und Krampf. Einer der wenigen Höhepunkte war ein Steilpass von Kuzorra, den Mittelstürmer Kalwitzki zum spielentscheidenden 1:0 nutzte.

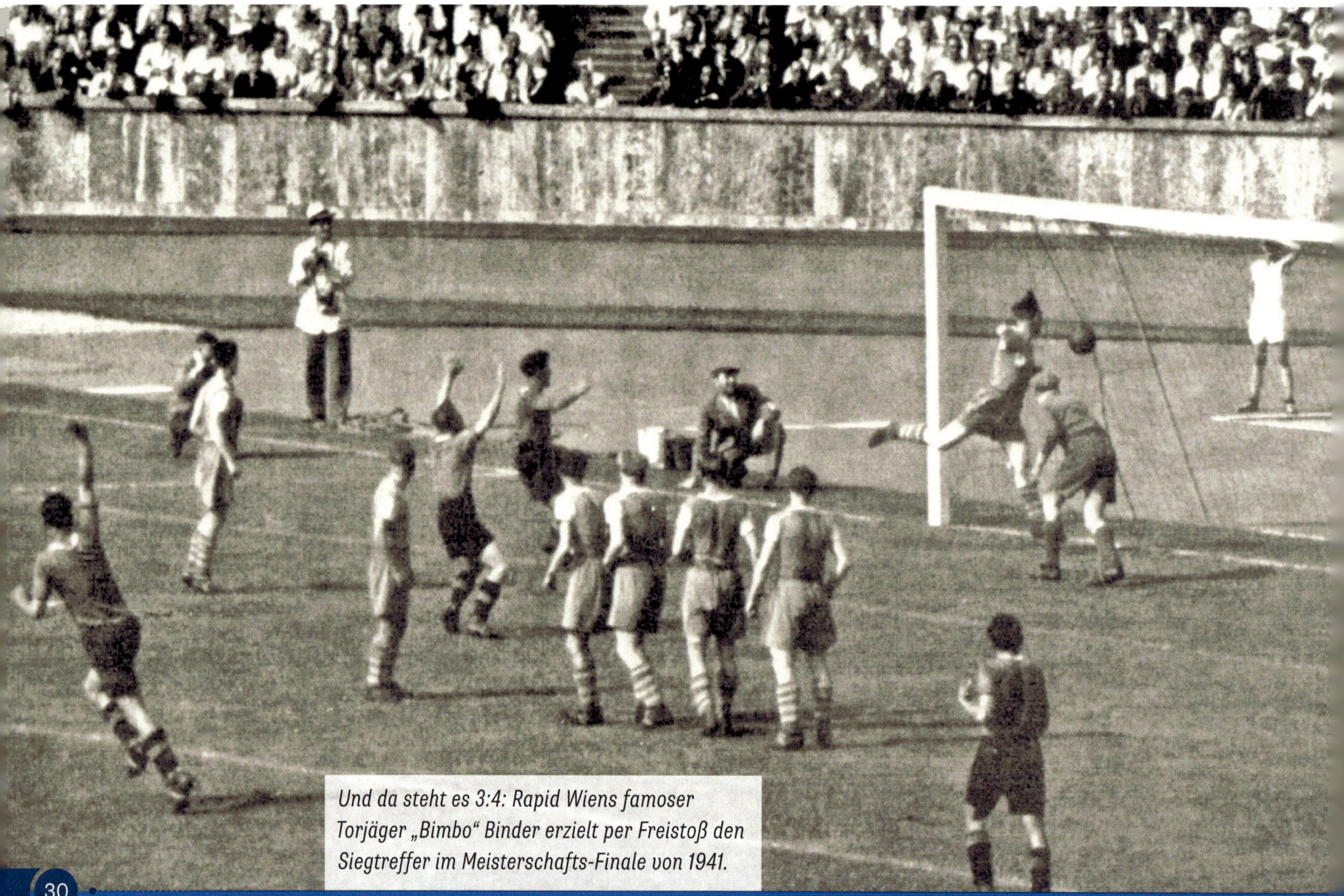

Und da steht es 3:4: Rapid Wiens famoser Torjäger „Bimbo" Binder erzielt per Freistoß den Siegtreffer im Meisterschafts-Finale von 1941.

SCHIEBUNG?

Bereits nach der Finalniederlage von 1938 gegen Hannover hatten sich die Schalke-Spieler über zwei nicht gegebene Treffer und einen umstrittenen Handelfmeter geärgert. Es wurde gemunkelt, die Nazi-Führung habe bestimmt, dass mal eine andere Mannschaft den Titel gewinnen soll, damit die Meisterschaft spannend bleibt. Ein ähnlicher Verdacht kursierte 1941 nach der Niederlage gegen Rapid Wien. Ob tatsächlich Schiebung vorlag, konnte allerdings nie bewiesen werden. Umgekehrt hat sich bisher auch keine Bestätigung für die von Schalke-Gegnern (und Neidern) kolportierten Gerüchte gefunden, dass eine Nazi-Größe oder gar der Führer selbst den Titelgewinn von Schalke befohlen hätte.

1941: Bittere Finalniederlage gegen Rapid

In der Saison 1940/41 hatte Schalke einmal mehr die Gauliga hoch überlegen mit 43:1 Punkten und 101:13 Toren gewonnen und galt nach einem glatten Durchmarsch durch die Endrunde vor dem Finale gegen den SK Rapid aus Wien als klarer Favorit.

Im prall gefüllten Berliner Olympiastadion kreiselten die Schalker bei tropischer Hitze von 40 Grad wie aufgezogen und gingen durch Tore von Hinz (6.), Eppenhoff (7.) und erneut Hinz (57.) mit 3:0 in Führung. Alles erledigt, dachten sich die Schalker auf dem Platz und ihre Fans auf den Rängen. Falsch gedacht. Denn ab der 60. Minute krempelten die Wiener plötzlich die Ärmel hoch. Innerhalb von drei Minuten schafften sie gegen eine schläfrige Schalke-Abwehr den Ausgleich zum 3:3. Und wiederum kaum zwei Minuten später erzielte Rapids Starstürmer „Bimbo“ Binder, bereits zweifacher Torschütze, per sehenswertem Freistoß das 3:4. Es folgten noch ein Lattentreffer für Rapid, ein Pfostenschuss für Schalke und ein Foul an Kuzorra im Wiener Strafraum, das vom Schiedsrichter nicht geahndet wurde - danach waren die Meister des Kreiselspiels geschlagen! „Binder gewann das Spiel!“ vermeldete die Presse. Wenig später verloren die Mannen um Kuzorra und Szepan auch das als Gipfeltreffen des deutschen Fußballs angekündigte Berliner Finale des Tschammer-Pokals gegen den Dresdner SC mit 1:2. Weil das Rezept der Sachsen aufgegangen war - sie hatten Kuzorra und Szepan mit knallharter Manndeckung ausgeschaltet und auf schnelle Konter gesetzt -, ging im Jahr 1941 ausnahmsweise mal kein Titel ins Ruhrgebiet.

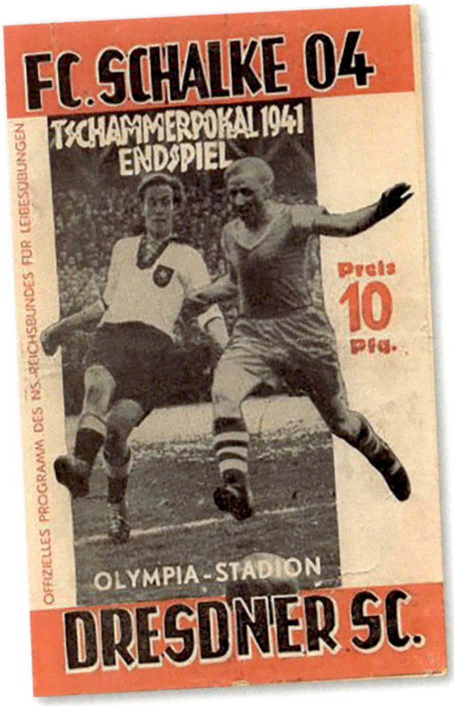

Programmheft zum Pokalfinale 1941. Auf dem Titel neben Fritz Szepan: Dresdens Star-Torjäger Helmut Schön.

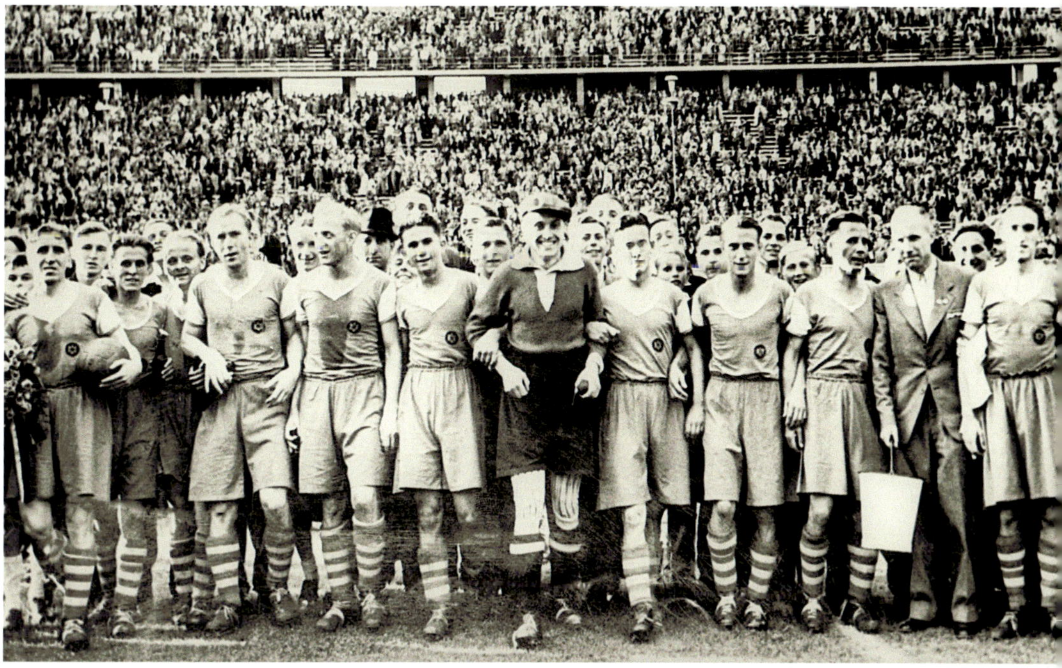

„Wer will uns schlagen?“, suggeriert diese entschlossene Aufstellung. Von links: Kuzorra, Hinz, Tibulsky, Bornemann, Szepan, Burdenski, Klodt, Schuh, Eppenhoff, Kalwitzki, Füller.

„TRUPPENBETREUUNG“

Im Zweiten Weltkrieg kamen immer mehr Soldaten in Uniform in die Stadien. So auch am 21. September 1941 in die Glückauf-Kampfbahn, als der FC Schalke 04 im Viertelfinale des Tschammer-Pokals Austria Wien mit 4:1 besiegte (Foto). Die Meisterspieler machten aber auch selbst Gastspielreisen in die von der deutschen Wehrmacht besetzten Gebiete. Dort traten sie mehrmals gegen Soldatenmannschaften an, etwa vor 40.000 uniformierten Zuschauern im Pariser Prinzenparkstadion gegen die „Soldatenelf Paris“. Einige Schalker kickten selbst in solchen Teams, etwa Hermann Eppenhoff an der Seite von Fritz Walter bei den berühmten „Roten Jägern“ des Luftwaffen-Offiziers Hermann Graf.

1942: Der sechste Meistertitel

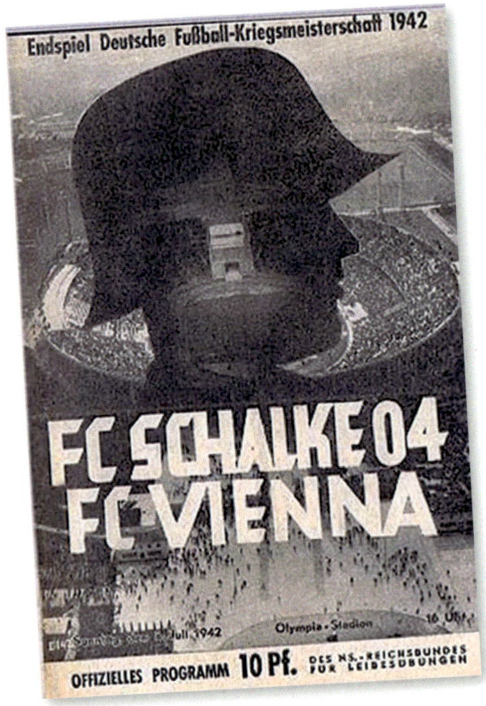

Zeichen des Krieges: Auf dem Programmheft zum Endspiel 1942 prangt ein Stahlhelm.

Im Spieljahr 1941/42 hatte Schalke wegen des Krieges immer größere Probleme, eine spielstarke Mannschaft aufzustellen. Wegen der vielen Abstellungen zur Wehrmacht war es kaum möglich, eine Stammbesetzung zu bilden. Trotzdem gelang wie gewohnt der Durchmarsch bis ins DM-Finale, wo wieder eine österreichische Mannschaft wartete. Gegen die Vienna aus Wien konnten die Blau-Weißen sogar in Bestbesetzung antreten, da die Soldaten im Team Sonderurlaub erhalten hatten. Im Tor ersetzte Heinz Flotho den nicht einsatzfähigen Hans Klodt. Kalwitzki und Szepan schossen am 4. Juli vor 90.000 Zuschauern im Olympiastadion von Berlin in der ersten Halbzeit ein 2:0 heraus, das dank Flothos Paraden bis zum Schlusspfiff hielt. Am 15. November stand an gleicher Stelle vor ähnlich vielen Zuschauern bereits das nächste Finale an, nämlich das im Pokalwettbewerb. Die Mannschaft von Otto Faist hatte sich gegen teils schwere Gegner wie Eintracht Frankfurt und Werder Bremen durchgesetzt und traf nun auf den TSV München 1860. Das Ergebnis war frustrierend: Schalke 0, Sechzig 2.

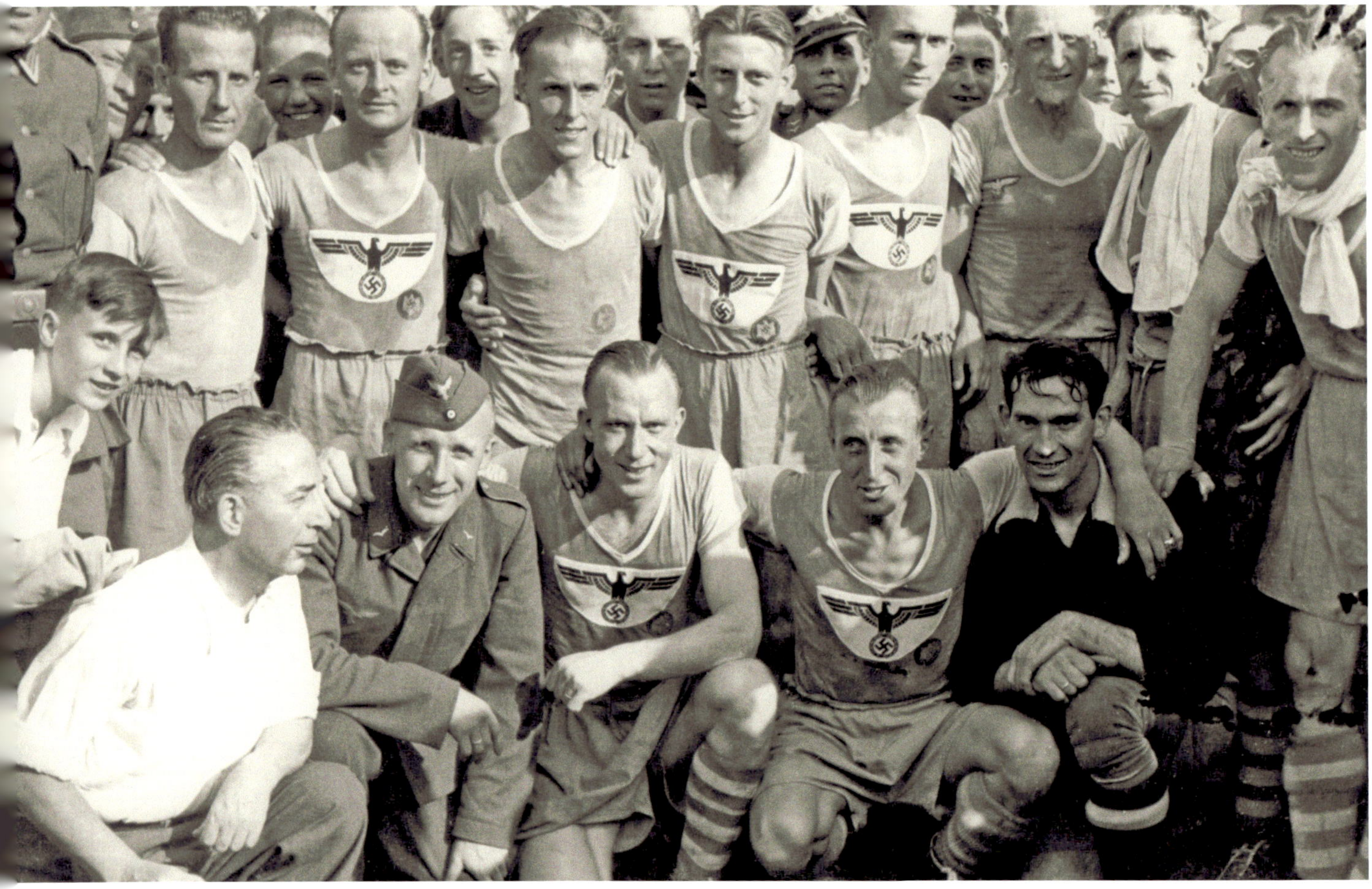

Die Schalker Mannschaft nach dem sechsten Finalsieg im Jahr 1942: Die Zahl der Wehrmachtsangehörigen mit dem hakenkreuzgeschmückten Adler-Emblem hat zugenommen.

Während die Superstars Kuzorra und Szepan das Privileg hatten, ihren Wehrdienst bei der Flugabwehr in Essen-Katernberg abzuleisten, mussten andere Schalker an die Front. Eine systematische Schonung bei Einberufungen gab es offensichtlich nicht. Viele kehrten nicht zurück. Den Tod des international bekannten Nationalspielers Ala Urban zeigte der „Kicker“ in seiner Kriegsausgabe vom September 1944 an, selbst die BBC brachte eine Meldung.

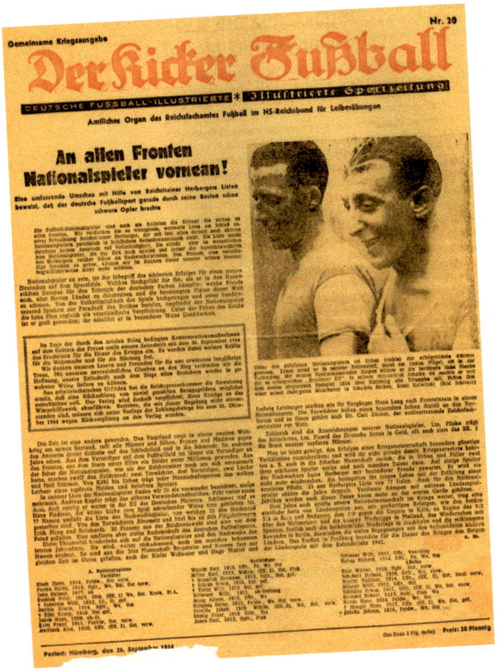

Gemeinsame Kriegsausgabe

Nr. 20

Der Kicker Fußball

DEUTSCHE FUSSBALL-ILLUSTRIERTE * Illustrierte Sportzeitung

Amtliches Organ des Reichsfachamtes Fußball im NS-Reichsbund für Leibesübungen

An allen Fronten Nationalspieler voran!

Eine umfassende Umschau mit Hilfe von Reichstrainer Herbergers Listen beweist, daß der deutsche Fußballsport gerade durch seine Besten schon schwere Opfer brachte

1943: Vienna First und Pokal-Trauma

Zwar im Gau Westfalen weiterhin konkurrenzlos - das 0:1 gegen Borussia Dortmund, die erste Pleite gegen die Schwarz-Gelben, blieb die einzige Niederlage -, deutete sich in der Meisterschaftsendrunde am 30. Mai 1943 beim 1:4-Viertelfinal-Debakel in Kiel gegen die „Störche“ von Holstein an, dass für die in die Jahre gekommenen Stars in Blau-Weiß die Zeit der selbstverständlichen Siege allmählich vorbei sein könnte. Zu einem Abgesang auf die alte Schalker Größe geriet am 17. Oktober 1943 die 2:6-Halbfinal-Pleite gegen Vienna Wien im Tschammer-Pokal. Die Blau-Weißen zeigten im Frankfurter Waldstadion zunächst trotz einiger Nachlässigkeiten noch einmal alle Facetten ihres Könnens. Der gut aufgelegte Szepan konnte die Führung der Wiener zweimal egalisieren. In der 70. Minute spitzte sich bei einem Spielstand von 2:3 das Geschehen zu: Der Schiedsrichter versagte einem Schalker Treffer wegen Abseits die Anerkennung, anschließend nutzte der als sogenannter „Kriegsgastspieler“ in Wien weilende Hamburger Rudi Noack die vorübergehende Unaufmerksamkeit der Schalker zum vorentscheidenden 2:4. Die geknickten Ruhrpottkicker, nun völlig mutlos, ergaben sich ohne weitere Gegenwehr in die Niederlage. Die saftige Pleite setzte dem Schalker Pokal-Trauma die Krone auf. Der Tschammer-Pokal war einfach nicht das richtige Format für Kuzorra und Szepan: Neunmal teilgenommen, fünfmal bis ins Finale gekommen und dabei ein einziges Mal den Titel geholt, und nun zum vierten Mal vorzeitig mehr oder weniger blamabel ausgeschieden.

1944: Die letzten Kriegsspiele

Die Kriegswirren machten einen normalen Spielbetrieb immer schwieriger. Bernhard Füller und Adolf Urban starben 1943 als Soldaten an der Front in Russland. Mit aus jeweils gerade verfügbaren Spielern zusammengewürfelten Teams blieb Schalke in der Gauliga Westfalen dominant wie gewohnt, die Austragung überregionaler Wettbewerbe aber gestaltete sich bald als unmöglich. Die Schlussrunde des Tschammer-Pokals wurde 1943/44 gar nicht mehr ausgetragen, und im Achtelfinale der Endrunde um die Deutsche Meisterschaft schied Schalke gegen ein Team namens „Kriegssportgemeinschaft Duisburg“ mit 1:2 aus. Im Gau 9 Westfalen begann noch der Spielbetrieb zur Runde 1944/45, musste aber bereits im September 1944 abgebrochen werden. Die zahlreichen Luftangriffe der Alliierten hatten das Ruhrgebiet so schwer getroffen, dass an regelmäßige Fußballspiele nicht mehr zu denken war.

Schalke im Nationalsozialismus

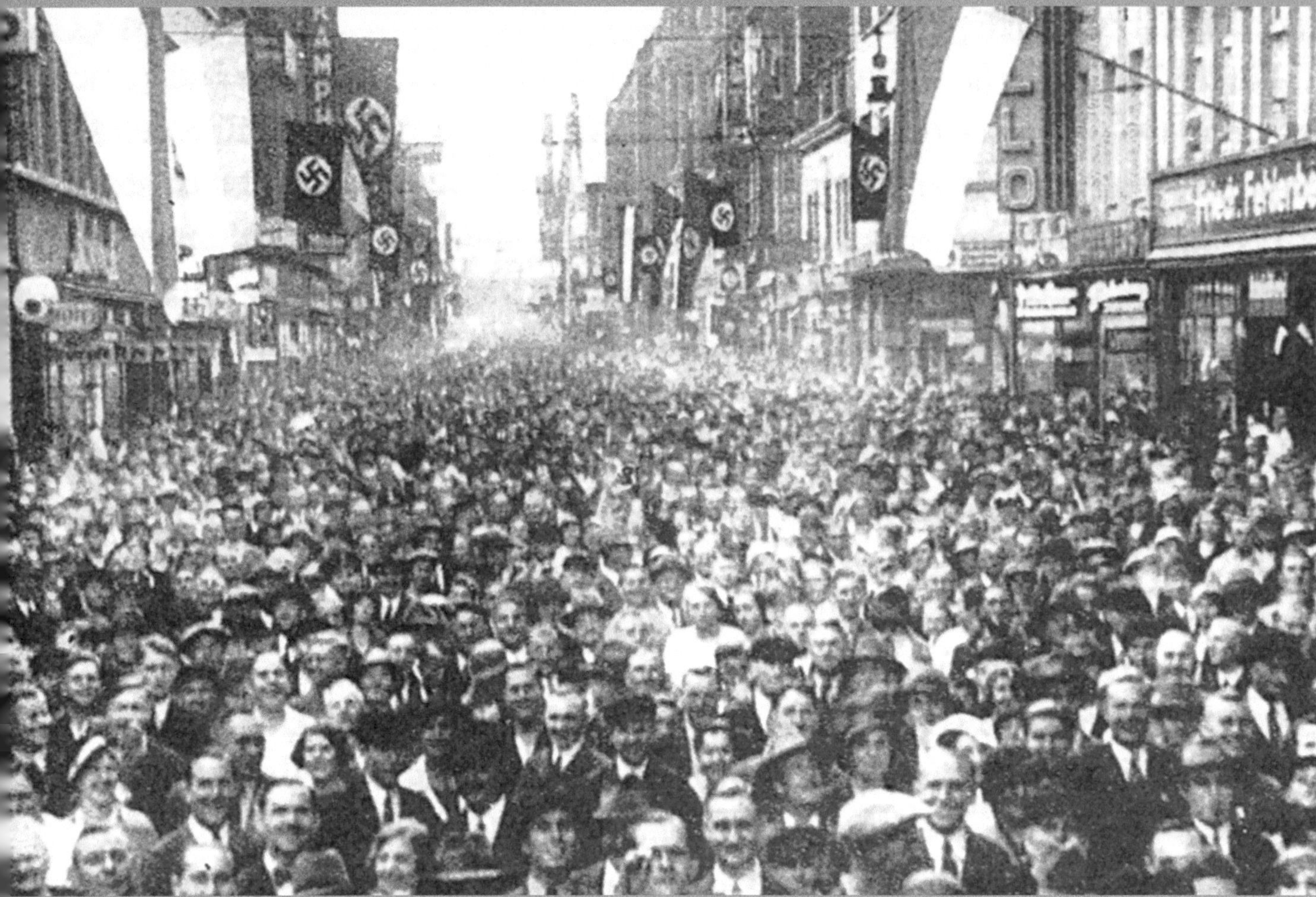

Beim Empfang der Meistermannschaft von 1934 in Gelsenkirchen hatten die NS-Verantwortlichen dafür gesorgt, dass die Straßen der Stadt nicht nur mit blau-weißen Vereinsfahnen, sondern auch mit schwarz-weiß-roten Hakenkreuzfahnen geschmückt wurden.

Sich vor dem Anpfiff zum „Deutschen Gruß" aufzustellen war bei den Fußballspielen im „Dritten Reich" gang und gäbe. Für den FC Schalke 04 galt in der Zeit des Nationalsozialismus auch in anderen Hinsichten zunächst genau dasselbe wie für alle anderen Vereine. Im Zuge der verordneten „Gleichschaltung" musste sich jeder Verein in die neuen Strukturen einfügen, an dessen Spitze nun das Reichssportamt und der in ein „Fachamt Fußball" umgewandelte DFB standen. Nicht linientreue Personen wurden aus ihren Ämtern entfernt, Juden wurden ausgeschlossen und verfolgt. Bei Schalke wurden der Vereinsvorsitzende Wilhelm Münstermann und weitere Funktionäre, unter ihnen sein jüdischer Stellvertreter, der Zahnarzt Dr. Paul Eichengrün, entlassen. Nach einer kurzen Übergangszeit mit dem parteilosen Georg Stolze wurde auf einer Generalversammlung am 24. Juni 1933 ein neuer Vorsitzender bzw. „Vereinsführer" gewählt. Der „neue" war der alte, nämlich der Ur-Schalker Fritz „Papa" Unkel, der sein Amt im Juli 1932 aus Altersgründen niedergelegt hatte.

Während der bereits 67-jährige Unkel vor allem repräsentative Funktionen übernahm, regelte sein Stellvertreter Heinrich Tschenscher, ein NSDAP-Mitglied, das Tagesgeschäft. 1939 stieg Tschenscher selbst zum Vereinsführer auf, nach seinem frühen Tod im Jahr 1940 übernahm der bisherige 2. Vorsitzende Heinrich Pieneck. Dieser

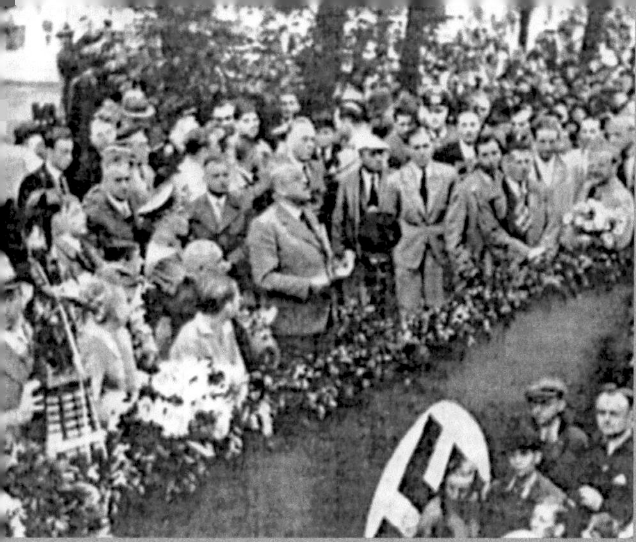

Gelsenkirchens Oberbürgermeister bei seiner Ansprache auf dem Schalker Markt nach dem Meisterschafts-Triumph von 1937. Rechts neben ihm die Schalker Spieler und Trainer Hans Schmidt.

wird später behaupten, dass er und andere Vorstandsmitglieder im Jahr 1934 nur deswegen der Partei beigetreten seien, weil man die Übernahme des Vereins durch eingefleischte Nationalsozialisten verhindern wollte.

Ein spezieller „Naziverein" war Schalke nicht, denn vergleichbare Vorgänge gab es in dieser Zeit bei fast allen Klubs. Das sagen auch Zahlen. Von 224 Mitgliedern des Vereins, die Stefan Goch und Norbert Silberbach in ihrer Studie „Zwischen Blau und Weiß liegt Grau" überprüften, traten insgesamt 21 Prozent der NSDAP bei. Dies liegt sogar noch etwas unter dem Durchschnitt: Anfang 1945 gehörten etwa ein Viertel aller männlichen Erwachsenen im Deutschen Reich der Partei an.

Nationalsozialistische Politiker versuchten aber, die Popularität der Knappen für sich zu nutzen und den Glanz der herausragenden Fußball-Erfolge auch auf sich zu lenken, nicht nur bei den zahlreichen Meisterschafts-Erfolgen. Nach einem Propagandaspiel während des Reichsparteitages 1937 - Schalke schlug den VfB Leipzig mit 4:0 - wurden die Sieger ehrenhalber in die SA aufgenommen. Im Oktober desselben Jahres empfing Adolf Hitler unter den Begleitung der Presse neben anderen Sportlern auch den Schalke-Star und Nationalmannschaftskapitän Fritz Szepan in der Reichskanzlei.

In Gelsenkirchen wurde die übliche Siegesfeier am Schalker Markt schon nach dem Titelgewinn 1934 von den örtlichen Parteimitgliedern unter Führung des NSDAP-Kreispropagandaleiters Wilhelm Bunse organisiert - samt Hitlergruß und dem gemeinsamen Absingen von Deutschland- und Horst-Wessel-Lied. Ähnliches passierte bei allen weiteren Erfolgen. Bei den obligatorischen Triumphzügen marschierten allerlei Gruppierungen der NSDAP und der SA mit, dazu wurden Lobreden auf den Führer, die Partei und die NS-Ideologie gehalten. Nach dem 9:0-Sieg über Admira Wien 1939 versprach der SA-Oberführer Jackstien den Schalker SA-Kickern eine Beförderung. Auch während des Krieges ging es mit den Umzügen, Gesängen und Lobreden weiter. 1942 stellte der NSDAP-Oberbürgermeister Carl Engelbert Böhmer in seiner Rede eine Parallele zwischen den Tugenden im Krieg und auf dem Platz her. Damit war wohl der entscheidende Punkt bei der Vereinnahmung der erfolgreichen Fußballer des FC Schalke 04 für die NS-Propaganda angesprochen: Die Sportlermoral, die sie bei ihren Siegen auf den Platz brachten - Siegeswillen, Kameradschaft, Opferbereitschaft - ließ sich durch Verweise auf die NS-Ideologie umstandslos in einen Gleichklang mit der Propaganda des Regimes bringen und als Erfolg des nationalsozialistischen Menschen vermarkten. Und die Funktionäre und Spieler des Vereins machten dabei als Mitläufer und Opportunisten mehr oder weniger eifrig mit - genauso wie andere Menschen in anderen Positionen auch.

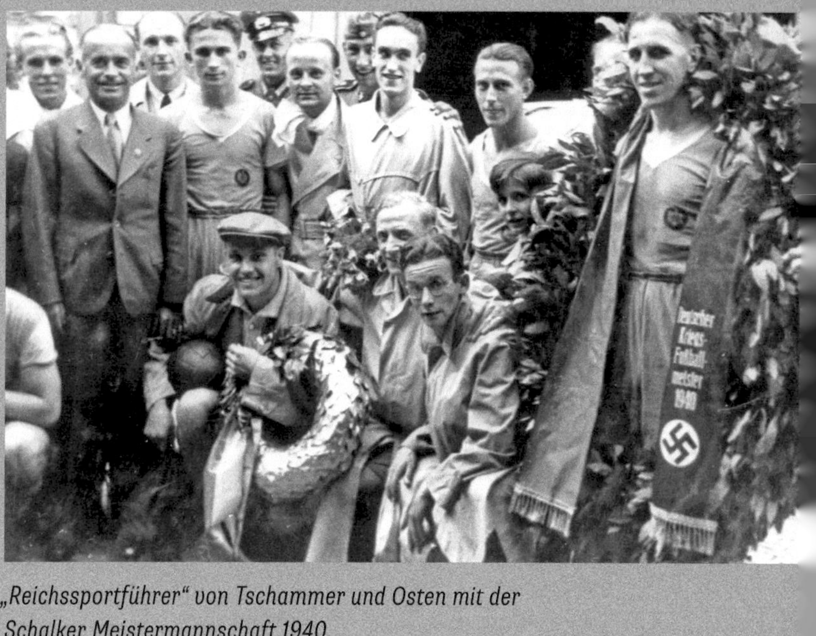

„Reichssportführer" von Tschammer und Osten mit der Schalker Meistermannschaft 1940.

Spieler und Trainer während der NS-Zeit

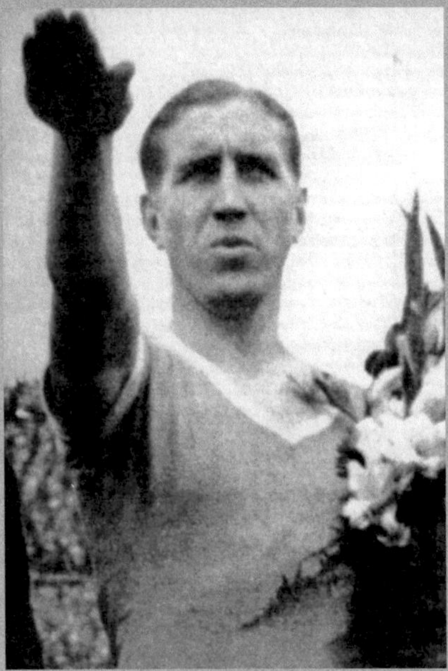

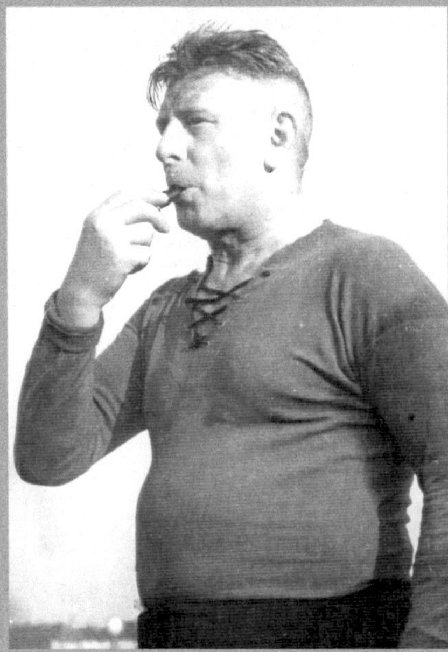

Auch der politisch nicht besonders interessierte Ernst Kuzorra ließ sich von der NSDAP vereinnahmen. Sein strammer Hitlergruß etwa - hier im Jahr 1936 - war durchaus im Sinne des Regimes vermarktungsfähig und hätte auf jedes Propaganda-Plakat gepasst. Entsprechend fiel auch der Untertitel der Fachzeitschrift „Fußball" aus: „Stark der Arm und frei der Blick."

Der Erfolgstrainer Hans „Bumbes" Schmidt konnte trotz seiner NSDAP-Vergangenheit nach dem Krieg seine Karriere fortsetzen. Mit dem VfR Mannheim holte er 1949 einen weiteren Meistertitel.

Schalker Spieler ließen sich nicht nur vom NS-System hofieren. Etliche - unter ihnen Ernst Kuzorra, Fritz Szepan, Hermann Nattkämper und Hans Bornemann - traten im Mai 1937 in die NSDAP ein, weitere sollten noch folgten. Die beiden prominenten Stars Kuzorra und Szepan scheuten sich auch nicht, als NS-Propagandisten aktiv zu werden. Wiederholt riefen sie - etwa vor den Reichstagswahlen 1938 in der Gelsenkirchener Zeitung - dazu auf, die NSDAP zu wählen und „geschlossen hinter dem Führer" zu stehen. Besonders eng waren die Verbindungen Fritz Szepans zum NS-Regime. 1939 wurde er in den sogenannten „Führerrat" des Reichsamtes für Fußball berufen. Außerdem zog er ohne Skrupel Vorteile aus den sogenannten Arisierungen, indem er für einen lächerlich geringen Preis ein am Schalker Markt 9 gelegenes Wäsche-Kaufhaus erwarb. In der Stadtchronik vom 5. November 1938 heißt es: „Das bisherige jüdische Kaufhaus Julius Rode und Co. am Schalker Markt ist in arische Hände übergegangen. Es wird geführt von Fritz Szepan, dem Schalker Mittelstürmer, der ein Spezialgeschäft für Textilwaren in den Verkaufsräumen eingerichtet hat." Die jüdischen Besitzer des Textilgeschäftes, Sally Meyer und Julie Lichtmann, wurden im Januar 1942 aus Gelsenkirchen nach Riga deportiert. Lichtmann ist verschollen, Meyer wurde mit seiner Frau im KZ Kaiserwald ermordet.

Belangt wurde Szepan wegen seines Verhaltens nicht, im Entnazifizierungsverfahren nach dem Krieg wurde er als „Mitläufer" eingestuft. Das geschah auch bei vielen anderen ehemaligen Parteimitgliedern regelmäßig, so etwa beim Schalker Erfolgstrainer Hans „Bumbes" Schmidt. Bei der Verhandlung erklärte Schmidt zu seiner Parteimitgliedschaft, er habe sich wegen seiner exponierten Stellung im öffentlichen Sportleben gegen eine Aufnahme in die NSDAP „nicht mehr erfolgreich wehren" können. Für seine unpolitische Einstellung spreche darüber hinaus, dass er seinen Sohn Emil im Jahr 1935 aus der Hitlerjugend genommen habe.

Schmidt hatte wie damals üblich zu seiner Entlastung auch etliche „Persilscheine" - Aussagen unbelasteter Zeitgenossen - gesammelt. Besonders wichtig war sicher die Stellungnahme von Fritz Lewisohn (alias Fritz Lenig). Der Arzt, Geschäftsführer der Metallwerke Seppelfricke und seit dem 25. Juni 1946 Erster Vorsitzender des FC Schalke 04, war ab 1933, als er sich für die DDP bzw. Deutsche Staatspartei engagierte, von den Nazis als „Halb- und Vierteljude" verfolgt und diffamiert worden. Im Januar 1939 in die Niederlande geflohen, dort im Widerstand aktiv, verhaftet und im KZ Amersfoort inhaftiert, konnte er fliehen und untertauchen, um dann bereits 1945 nach Gelsenkirchen zurückzukehren, wo er seine früheren Tätigkeiten wieder aufnahm. Er war bereit, dem ehemaligen Schalke-Trainer mit der Aussage beizustehen, dass dieser sich nie im NS-Sinne politisch betätigt habe. Die Spruchkammer Nürnberg stufte Schmidt am 21. November 1946 als „Mitläufer" ein und argumentierte: „Der frühe Eintritt in die Partei lässt zwar vermuten, dass er die Nazi-Ideologie für richtig hielt. Jedoch muss auch als mildernder Grund sein Beruf als Fußballlehrer in Betracht gezogen werden."

Schmidts Nachfolger Otto Faist, der am 1. Mai 1933 in die NSDAP eingetreten war, als „überzeugter Anhänger Adolf Hitlers" galt und noch im März 1945 als Frontsoldat vom „Glauben an unseren Endsieg" schrieb, musste sich keinem Entnazifizierungsverfahren unterziehen. Er geriet in sowjetische Kriegsgefangenschaft und starb, an Typhus erkrankt, im Februar 1946 im Gefangenenlager Kowel (Ukraine).

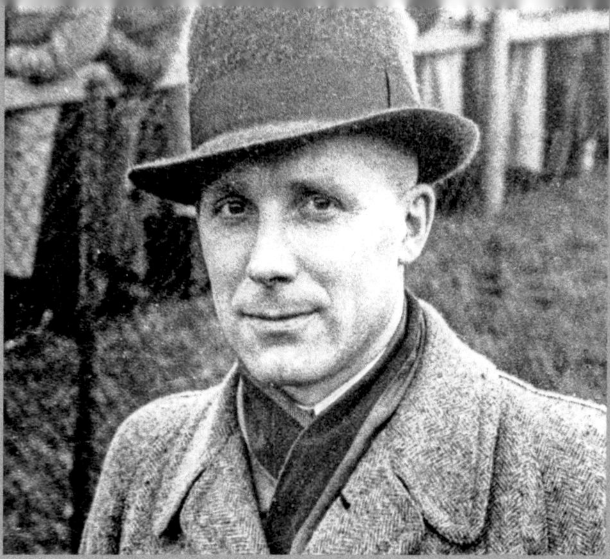

Hatte Sympathien für die Nazis: Schalke-Trainer Otto Faist.

Der verloren gegangene Parteigenosse

Hans Schmidt, damals noch Trainer von Schwarz-Weiß Essen, trat am 1. Mai 1933 der NSDAP bei (NSDAP-Mitgliedsnummer: 2.254.167). Sein Umzug nach Gelsenkirchen im April 1934 hatte dann ungeahnte Folgen: Er wurde von der Ortsgruppe Essen-Rüttenscheid „als unbekannt verzogen abgemeldet" und in der Reichskartei gestrichen. Im Archiv der NSDAP hat sich ein kurioser Briefwechsel der Parteistellen vom November und Dezember 1935 erhalten, in dem über den Wiedereintritt Schmidts in die Partei verhandelt wurde.

Zunächst meldete die Gauleitung Essen an die Karteiabteilung der NSDAP in München: „Schmidt, welcher augenblicklich Trainer des Fußball-Clubs Schalke 04 ist, ist aus beruflichen Gründen dazu gezwungen, öfter seine Wohnung zu wechseln, ohne vorher die zuständige Ortsgruppe von seinem Weggang verständigen zu können. Wir bitten Sie, die seinerzeit erfolgte Abmeldung als nicht geschehen zu betrachten und den Pg. Schmidt unter seiner neuen Anschrift Gelsenkirchen-Schalke, Schalker Str. 143 (Gau Westfalen-Nord) weiterzuführen, da der Genannte großen Wert auf die Wiederherstellung seiner Mitgliedschaft legt ... ." Die Karteiabteilung bat nun die Gauleitung Westfalen-Nord der NSDAP, zu klären, ob der Genannte „sich bereits bei der zuständigen Ortsgruppe gemeldet hat und seiner Beitragsverpflichtung restlos nachgekommen ist. Der Nachweis ist vorzulegen (Mitgliedskarte mit geklebten Beitragsmarken)." Auf eine entsprechende Anfrage erklärte die Ortsgruppe Schalke-Hessler zum Sachverhalt: „Pg. Schmidt wurde Mitte vergangenen Jahres bei der Ortsgruppe Schalke-Hessler zwecks Anmeldung vorstellig. Eine Überweisung von der Ortsgruppe Essen-Rüttenscheid lag nicht vor, wie er auch nicht im Besitze einer Mitgliedskarte, die ihm noch nicht ausgehändigt worden ist, war. Aus diesem Grunde musste unsererseits eine Führung in unserer Mitgliederkartei abgelehnt werden, da nach den bestehenden Bestimmungen Parteianwärter ‚schwarz' nicht geführt werden dürfen. ... Pg. Schmidt hat sich bereit erklärt, seine rückständigen Beiträge sofort zu zahlen, wenn seine Mitgliedschaft in Ordnung geht. Ein Verschulden wegen der Nichtzahlung liegt sowohl bei ihm wie auch bei uns nicht vor, da wir zur Annahme von Parteibeiträgen nicht berechtigt waren."

Die Gauleitung Westfalen-Nord bat daraufhin die Karteiabteilung in München, „die Streichung zurückzunehmen und den Pg. Schmidt bei der Ortsgruppe Gelsenkirchen-Schalke als Mitglied zu führen." Die Karteiabteilung gab dem statt und nahm die Streichung zum 11. Januar 1936 zurück. Bedingung sei aber selbstverständlich, ließ die Gauleitung Westfalen-Nord wissen, „dass die Beiträge nunmehr restlos nachbezahlt werden".

Bilanz der Dominanz: Die Schalke-Statistik bis 1944

Die Bilanz der großen Schalker Jahre ist beeindruckend. Zwischen 1929 und 1933 bereits viermal Westdeutscher Meister und einmal Deutscher Vizemeister, gewannen die Knappen von 1934 bis 1944 elfmal hintereinander - also durchgängig - den Titel im Gau Westfalen. In den zwölf unter der Regie des NS-Regime ausgetragenen Endspielen um die Deutsche Meisterschaft fehlte Schalke nur dreimal. Dreimal verloren die Königsblauen und sechsmal holten sie den Titel. Es ist also nicht verwunderlich, dass die Titeljäger aus Gelsenkirchen auch in der Endrundenstatistik herausragend platziert sind. Und ebenso klar ist, dass Schalker Spieler die Einsatzstatistik in der DM-Endrunde dominieren. Nur in dem seit 1935 ausgetragenen Pokalwettbewerb (Tschammer-Pokal) kamen die Knappen nicht so gut zurecht: Von fünf Endspielen in neun Spielzeiten konnten sie nur ein einziges gewinnen.

DM-Endrundenstatistik 1933-1944

Pl	Verein	Sp.	g	u	v	Punkte	Tore
1.	Schalke 04	76	57	11	12	121:31	290:88
2.	Dresdner SC	41	31	5	5	67:15	118:38
3.	1. FC Nürnberg	41	27	5	9	59:23	100:42
4.	Fort. Düsseldorf	35	19	8	8	46:18	78:43
5.	Hamburger SV	31	19	3	8	41:21	91:50

Einsätze/Tore in der DM-Endrunde (bis 1944)

1	Fritz Szepan (FC Schalke 04, 1927-44)	87/55
2	Ernst Kuzorra (FC Schalke 04, 1927-44)	79/48
3	Otto Tibulsky (FC Schalke 04, 1933-44)	77/7
4	Hans Bornemann (FC Schalke 04, 1933-43)	68/1
5	Ernst Kalwitzki (FC Schalke 04, 1934-43)	66/54
6	Rudi Gellesch (FC Schalke 04, 1935-44)	52/11
7	Otto Schweisfurth (FC Schalke 04, 1935-44)	48/0
8	Josef Schmitt (1. FC Nürnberg, 1927-40)	47/24
9	Adolf Urban (FC Schalke 04, 1934-42)	47/30
10	Hans Klodt (FC Schalke 04, 1937-44)	44/0
11	Hanne Sobek (Hertha & Alem. Berlin, 1924-37)	41/33
12	Willi Billmann (1. FC Nürnberg, 1932-44)	41/0
13	Stanislaus Kobierski (Fort. Düsseldorf, 1931-40)	39/10
14	Willibald Kreß (Dresdner SC, 1934-44)	39/0
15	Richard Hofmann (Dresdner SC, 1929-44)	38/18
16	Helmut Schön (Dresdner SC, 1934-44)	38/38

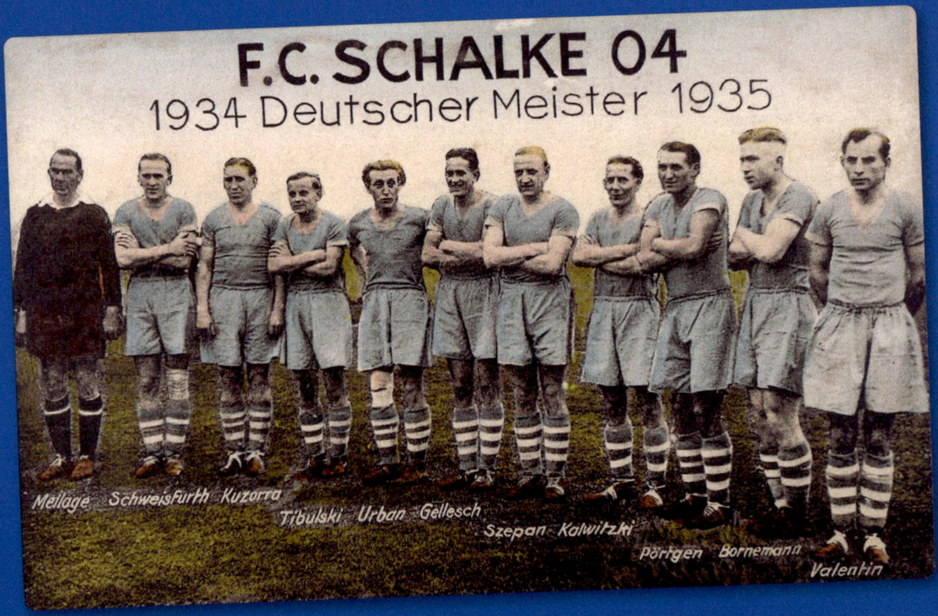

Postkarte des Schalker Meisterteams von 1935.

Die Meistermannschaften 1934-1942

Endspiel 24. Juni 1934
Poststadion Berlin, 45.000 Zuschauer
FC Schalke 04 - 1. FC Nürnberg 2:1 (0:0)
Tore: 0:1 Friedel (54.), 1:1 Szepan (88.), 2:1 Kuzorra (90.)
Rothardt Kuzorra Nattkämper Urban Kalwitzki
Valentin Szepan Tibulsky
Zajons Bornemann
Mellage
Trainer: Schmidt

Endspiel 23. Juni 1935
Müngersdorfer Stadion Köln, 70.000 Zuschauer
FC Schalke 04 - VfB Stuttgart 6:4 (3:0)
Tore: 1:0 Urban (6.), 2:0 Poertgen (36.), 3:0 Gellesch (41.), 4:0 Poertgen (54.), 4:1 Bökle (55.), 4:2 Bökle (57.), 5:2 Kalwitzki (65.), 5:3 Koch (78.), 6:3 Poertgen (79.), 6:4 Rutz (86.)
Urban Kuzorra Poertgen Gellesch Kalwitzki
Valentin Szepan Tibulsky
Nattkämper Bornemann
Mellage
Trainer: Schmidt

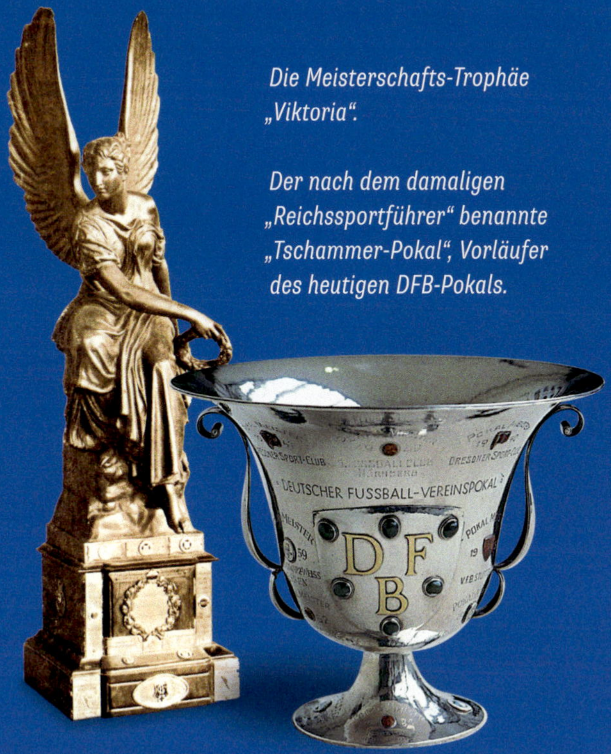

Die Meisterschafts-Trophäe „Viktoria".

Der nach dem damaligen „Reichssportführer" benannte „Tschammer-Pokal", Vorläufer des heutigen DFB-Pokals.

Endspiel 20. Juni 1937
Olympiastadion Berlin, 101.000 Zuschauer
FC Schalke 04 - 1. FC Nürnberg 2:0 (1:0)
Tore: 1:0 Poertgen (26.), 2:0 Kalwitzki (81.)
Urban Kuzorra Poertgen Szepan Kalwitzki
Gellesch Tibulsky Berg
Schweisfurth Bornemann
Klodt
Trainer: Schmidt

Endspiel 18. Juni 1939
Olympiastadion Berlin, 100.000 Zuschauer
FC Schalke 04 - Admira Wien 9:0 (4:0)
Tore: 1:0 Kalwitzki (7.), 2:0 Urban (12.), 3:0 Kalwitzki (25.), 4:0 Kalwitzki (30.), 5:0 Tibulsky (53.), 6:0 Kalwitzki (61.), 7:0 Kalwitzki (80.), 8:0 Kuzorra (84.), 9:0 Szepan (89.)
Urban Kuzorra Kalwitzki Szepan Eppenhoff
Berg Tibulsky Gellesch
Schweisfurth Bornemann
Klodt
Trainer: Faist

Endspiel 21. Juli 1940
Olympiastadion Berlin, 95.000 Zuschauer
FC Schalke 04 - Dresdner SC 1:0 (1:0)
Tore: 1:0 Kalwitzki (27.)
Schuh Kuzorra Kalwitzki Szepan Eppenhoff
Burdenski Tibulsky Füller
Hinz Bornemann
Klodt
Trainer: Faist

Endspiel 22. Juni 1941
Olympiastadion Berlin, 95.000 Zuschauer
SK Rapid Wien - FC Schalke 04 - 4:3 (0:2)
Tore: 0:1 Hinz (6.), 0:2 Eppenhoff (7.), 0:3 Hinz (57.), 1:3 Schors (60.), 2:3 Binder (62.), 3:3 Binder (Elfmeter, 63.), 4:3 Binder (70.)
Hinz Kuzorra Eppenhoff Szepan Burdenski
Gellesch Tibulsky Füller
Schweisfurth Bornemann
Klodt
Trainer: Faist

Endspiel 5. Juli 1942
Olympiastadion Berlin, 90.000 Zuschauer
FC Schalke 04 - Vienna Wien - 2:0 (2:0)
Tore: 1:0 Kalwitzki (12.), 2:0 Szepan (42.)
Urban Kuzorra Eppenhoff Szepan Kalwitzki
Burdenski Tibulsky Bornemann
Schweisfurth Hinz
Flotho
Trainer: Faist

Pokalendspiel 9. Januar 1938 (Titel von 1937)
Müngersdorfer Stadion Köln, 72.000 Zuschauer
FC Schalke 04 - Fortuna Düsseldorf - 2:1 (0:0)
Tore: 1:0 Kalwitzki (46.), 2:0 Szepan (47.), 2:1 Janes (83., Handelfmeter)
Urban Kuzorra Poertgen Szepan Kalwitzki
Berg Tibulsky Gellesch
Bornemann Sontow
Klodt
Trainer: Schmidt

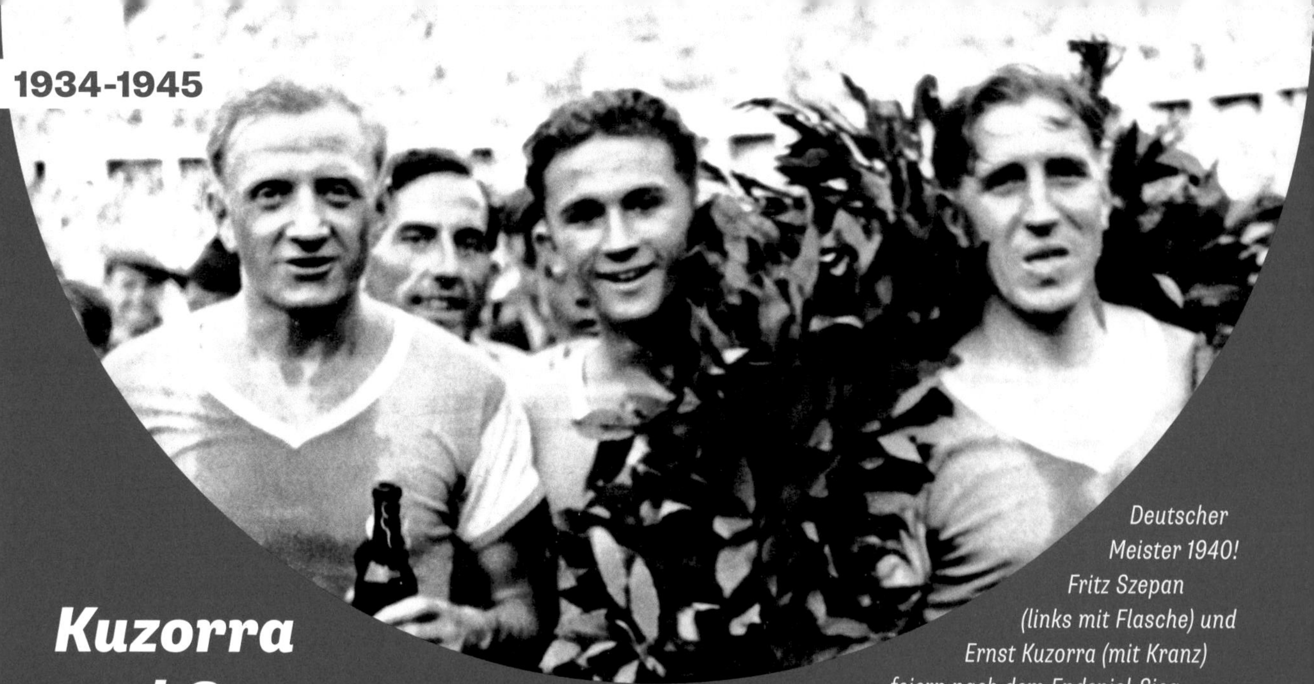

Deutscher Meister 1940! Fritz Szepan (links mit Flasche) und Ernst Kuzorra (mit Kranz) feiern nach dem Endspiel-Sieg gegen den Dresdner SC.

Kuzorra und Szepan

Um Ernst Kuzorra und Fritz Szepan drehte sich der Schalker Kreisel. Sie waren in den großen Schalke-Jahren zwischen 1933 und 1942 die überragenden Spieler des blau-weißen Erfolgsteams.

Ernst Kuzorra war schon als kleiner Junge ein begnadeter Dribbler und als Straßenfußballer eine lokale Berühmtheit. 1920 wurde er als Jugendlicher Mitglied von Schalke, bereits mit 17 Jahren spielte er in der ersten Mannschaft. Der Ball klebte ihm förmlich am Fuß, und mit seinen überraschenden und punktgenauen Pässen konnte der schussgewaltige Linksfuß das Spiel seiner Schalker so gestalten, dass die Gegner kaum mehr eine Chance zum Eingreifen hatten.

Kuzorra, Spitzname „Clemens", war ein Führungsspieler, der stets und überall den Anspruch hatte, auf das Geschehen einzuwirken. Auch wenn Schalke immer einen Trainer hatte, bestimmte er als Mannschaftskapitän, (Ober-)Trainer, Manager und Talentsichter die Geschicke des Vereins maßgeblich mit. Außerdem galt der Halbstürmer, seit er sein Team im Finale 1934 mit letzter Kraft zur ersten Deutschen Meisterschaft geschossen hatte, als ein Symbol für die Schalker Willensstärke. Schon zu Lebzeiten hatte er als genialer Spieler, unverwüstlicher Vollblutstürmer und vorbildlicher Kämpfer den Status einer Schalker Legende.

Fritz Szepan wurde am 7. Mai 1924 Mitglied von Schalke. Kurz darauf stieß er auf Betreiben seines Freundes Ernst Kuzorra als 18-Jähriger zum Kader der ersten Mannschaft. 1931 heiratete er Kuzorras Schwester Elise. Während das Schwagerpaar eine Zeit lang gemeinsam ein Tabakgeschäft am Schalker Markt betrieb, entwickelte es sich auf dem Platz zu einem der berühmtesten Duos der Fußballgeschichte. Zwar war der „blonde Fritz", der als Mittelläufer und als Halbstürmer gleichermaßen überzeugen konnte, ein relativ langsamer Spieler. Aber er wusste

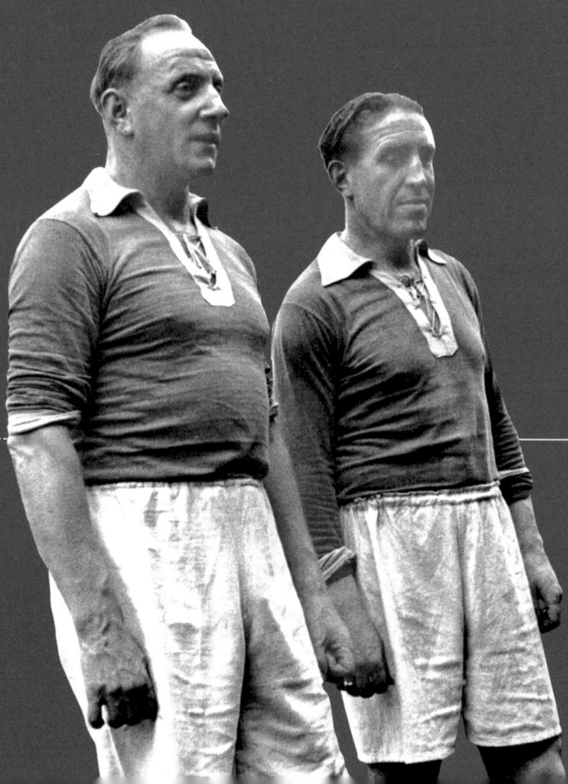

Szepan und Kuzorra vor ihrem Abschiedsspiel 1950.

KEINE EHRUNG FÜR SZEPAN

Während es bei der Veltins-Arena einen Ernst-Kuzorra-Weg und weitere nach Schalker Stars – Ötte Tibulsky, Herbert Burdenski, Adolf Urban – be-

Kuzorra-Sprüche

– Auf die Frage des schwedischen Königs Gustav Adolf, wo Schalke liege:

„Anne Grenzstraße, Majestät!"

– Zum Kreiselspiel:

„Wir sind zwar immer gelaufen, aber nie gerannt."

– Zur Bedeutung der Trainer:

„Wir hatten immer einen Trainer, aber die Aufstellung habe ich gemacht."

– Zum schönsten Erfolg seiner Karriere:

„Das ist ja ganz selbstverständlich die erste Deutsche Meisterschaft gegen Nürnberg und wie ich dann noch mit Leistenbruch spielte und mach' in der letzten Minute das siegbringende Tor. ... Ein Bombentor von 20 Metern. ... Ich wusste nicht wohin mit dem Ball, da hab ich ihn einfach reingewichst."

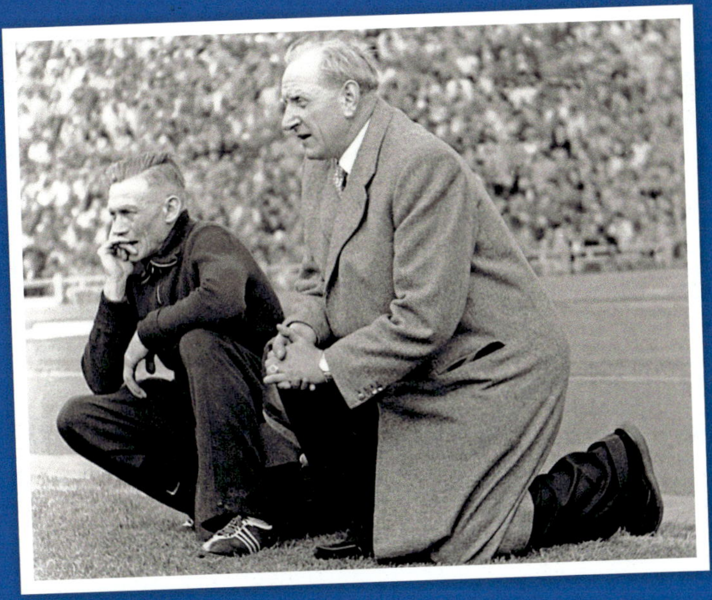

Fritz Szepan (rechts) 1955 als Trainer von Rot-Weiss Essen.

diesen Mangel an Spritzigkeit durch Spielintelligenz, Übersicht, exzellente Balltechnik und ein überragendes Stellungsspiel mehr als auszugleichen. Mit einem einzigen Pass konnte der ideenreiche Spielmacher die ganze Abwehr des Gegners durcheinanderwirbeln. Und dazu war er auch noch torgefährlich: Mit 55 Toren in den Endrundenspielen um die Deutsche Meisterschaft stellte er einen Rekord auf!

Anders als Kuzorra, der in der Nationalmannschaft wenig Glück hatte, spielte Szepan auch dort eine tragende Rolle und war lange deren Kapitän. Sowohl Kuzorra als auch Szepan hatten Mitte der 1940er-Jahre ihre beste Zeit hinter sich. Nach dem Ende des Zweiten Weltkriegs halfen sie noch beim Aufbau einer neuen Schalker Mannschaft mit. Ende 1950 gab es für beide in der Glückauf-Kampfbahn ein Abschiedsspiel gegen den brasilianischen Meister Belo Horizonte. Beide spielten noch einmal eine halbe Stunde, dann gingen der mittlerweile 45-jährige Ernst Kuzorra und sein zwei Jahre jüngerer Schwager Fritz Szepan Arm in Arm vom Platz.

Ihre Bilanz: Kuzorra erzielte in gut 350 Pflichtspielen 265 Tore, Szepan brachte es auf 342 Pflichtspiele und 234 Tore. Beide blieben Schalke auch nach ihrer aktiven Karriere verbunden: Kuzorra vor allem als Berater und Manager, Szepan als Trainer und von 1964 bis 1967 als Präsident.

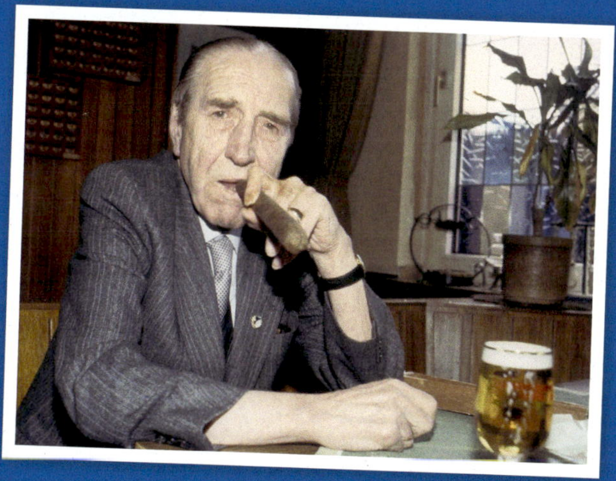

Ernst Kuzorra, die lebende Legende, 1985 im Vereinsheim von Schalke. Immer dabei: die Zigarre.

nannte Wege gibt, sucht man vergebens eine Fritz-Szepan-Straße. Der Verein und die Stadt Gelsenkirchen nahmen von einer solchen Ehrung Abstand, weil Szepan in den Jahren 1933 bis 1945 eine zu große Nähe zu den Nationalsozialisten gezeigt und sich selbst im Zuge der Arisierungen bereichert hatte. Wegens des Textilgeschäftes, das er sich 1938 angeeignet hatte, kam es nach dem Krieg zu einem Gerichtsverfahren mit der Jewish Trust Corporation. Szepan zahlte eine Entschädigung und konnte das Geschäft noch bis 1972 weiterführen. Zwei Jahre später starb er nach langer Krankheit im Alter von 67 Jahren.

DIE BESTEN SCHALKER

Die Stars der Meisterjahre

Hermann Mellage war die erste Nummer 1 der Schalker Meisterteams. Der Mann mit den langen Armen glänzte weniger durch atemberaubende Paraden, sondern zeichnete sich vor allem durch Ruhe und Übersicht aus. 1936 löste ihn der acht Jahre jüngere **Hans Klodt** ab, der mit souveräner Strafraumbeherrschung und enorm weiten Abschlägen beeindruckte. Als der zwölf Jahre ältere Bruder des späteren Schalke-Stars **Berni Klodt** 1942 wegen einer Kriegsverletzung passen musste, vertrat ihn der sprungkräftige und gewandte „schwarze Panther“ **Heinz Flotho** mit bestechender Eleganz.

Auf Rechtsaußen begann **Otto Tibulsky,** als echter Schalker Junge in der S04-Jugend fußballerisch groß geworden, eine Karriere im blau-weißen Trikot, in dem er über 1.000 Spiele absolvierte. Seine große Zeit hatte der kleine „Ötte“ aber als eleganter und erstaunlich kopfballstarker Mittelläufer bzw. als „spielender“ Stopper. Er gilt neben Kuzorra und Szepan als dritter Pfeiler des Kreiselspiels. Oft glänzte er mit klugen Pässen, gelegentlich war er aber auch mal etwas umständlich und verspielt. Nach seiner Karriere betrieb er das Vereinsheim in der Kampfbahn Glückauf.

Unerbittliche Zweikampf- und Kopfballstärke wurden zum Markenzeichen von **Otto Schweisfurth.** Er bildete mit dem stets ruhig und überlegt handelnden **Hans Bornemann,** dem einzigen Abiturienten im Team, ein gefürchtetes Abwehrduo. Als Dauerbrenner auf der rechten Abwehrseite stand Bornemann zwischen 1933 und 1942 in allen neun Endspielen der Schalker auf dem Rasen.

Der rothaarige **Hermann Nattkämper,** robust und torgefährlich, bestach durch seine enorme Vielseitigkeit: Er brachte das Kunststück fertig, erst als Mittelstürmer und dann als Verteidiger einen Meistertitel zu holen und machte auch in der Mittelfeld-Zentrale eine gute Figur. **Rudi Gellesch,** groß und schlank, begann zunächst als Torwart, dann glänzte

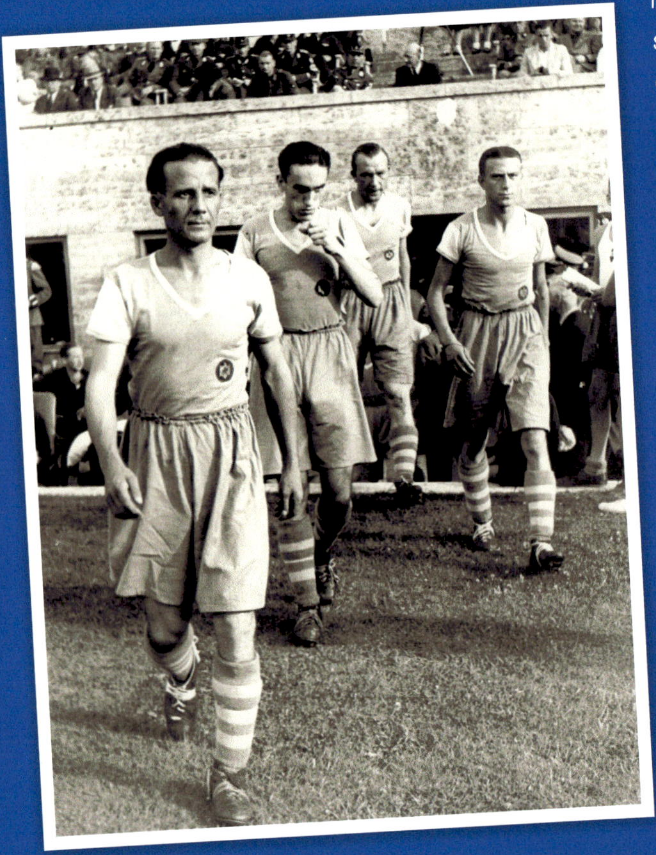

Berliner Olympiastadion, 1940: Ernst Kalwitzki, Bernhard Füller, Hans Bornemann und Hermann Eppenhoff betreten vor dem DM-Endspiel gegen den Dresdner SC das Spielfeld.

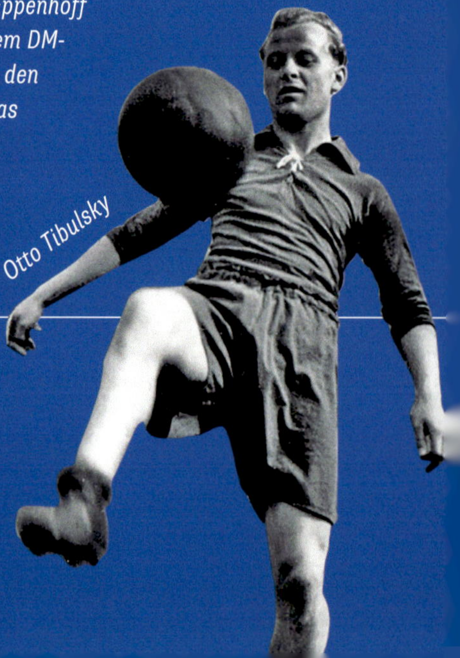

Otto Tibulsky

DER „POLACKENVEREIN“ SCHALKE

Viele Schalker Spieler der 1930er-Jahre hatten polnisch klingende Namen, weshalb der Klub oft als „Polackenverein“ beschimpft wurde. Doch anders als später Lukas Podolski waren diese Fußballer nicht in Polen geboren. Sie waren Kinder von Zuwanderern, vor allem aus der Region Masuren im heutigen Polen, die damals zu Ostpreußen gehörte. Die Einwanderer-Generation

„Als der Kuzorra damals den Raum betrat, war es ungefähr so, als würde mich der Papst heute in meiner Wohnung besuchen."

– Hermann Eppenhoff

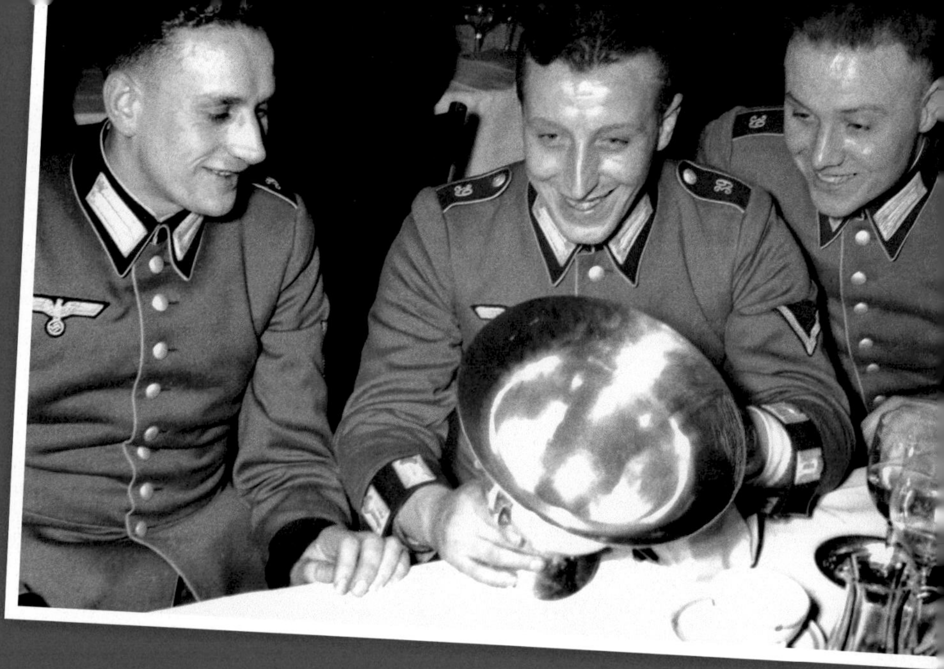

Rudi Gellesch, Adolf Urban und Hans Klodt freuen sich über den Gewinn des Tschammer-Pokals 1938.

er als dynamischer Läufer, Halbstürmer und Spielgestalter. Wegen seiner erstaunlichen Geschmeidigkeit und Wendigkeit bekam er den Spitznamen „Gazelle" verpasst. Oft bildete er mit dem schnellen und konditionsstarken Walter Berg das Läuferpaar im Mittelfeld.

Bernhard Füller war wie der von Ernst Kuzorra bei den Stadtmeisterschaften der Gelsenkirchener Schulen entdeckte **Herbert Burdenski** einer aus der jungen Generation der Schalker Meisterspieler. Beide nahmen 1940 und 1941 die Läuferpositionen von Berg bzw. Gellesch ein. Während „Natz" Füller 1943 als Soldat in Russland starb, überlebte der technisch starke Allrounder „Budde" Burdenski den Krieg und setzte seine Karriere ab 1949 bei Werder Bremen fort. Dennoch blieb er Schalke immer treu und wurde später Leiter des Vereinsarchivs.

Adolf Urban gilt als einer der besten Spieler aller Zeiten des FC Schalke 04. Der blonde „Ala" war ein technisch begabter Offensivspieler, der mit Dynamik, Spielwitz, tollen Dribblings und angeschnittenen Schüssen begeisterte. Eine besondere Torgefährlichkeit à la Arjen Robben entwickelte der Rechtsfüßer dadurch, dass ihn sein Trainer Bumbes Schmidt seitenverkehrt, nämlich auf Linksaußen, antreten ließ.

„Für ihn gibt es im Spiel keine Rätsel."

– Der „Kicker" über Adolf „Ala" Urban

Beim Endspiel 1940 als Soldat im Fronteinsatz und nicht abkömmlich, wurde er von **Willi Schuh** ersetzt. Der abseits des Platzes ungemein plauderfreudige und bei den Fans sehr beliebte Außenstürmer fiel am 27. Mai 1943 in Russland.

Ernst Poertgen, nach einem Bayern-Nationalspieler „Pöttinger" genannt, war ein technisch brillanter und schusstarker Mittelstürmer, zudem glänzte er als Elfmeterspezialist. Nach 59 Toren in 59 Gauliga-Partien für S04 schloss er sich 1938 dem Bonner FV an. Seinen Platz im Team nahm der junge **Hermann Eppenhoff** ein. Der flinke und trickreiche Stürmer, bald nur noch als Rechtsaußen eingesetzt, stellte 1940/41 mit 42 Saisontreffern einen Vereinsrekord auf und ging noch bis 1955 für Schalke auf Torejagd. Insgesamt noch torgefährlicher war der ab 1939 zumeist als Mittelstürmer eingesetzte **Ernst Kalwitzki.** Stets schnell und geradlinig auf Torejagd, erzielte er in der Gauliga in 143 Einsätzen 113 Treffer, zudem war „Kalli" mit 54 Toren hinter Fritz Szepan zweitbester Endrunden-Torschütze aller Zeiten. Nach dem Krieg, aus dem er schwer verwundet zurückkehrte, wurde der gelernte Elektriker Platzwart der Kampfbahn Glückauf.

war von den Arbeitsplätzen im Bergbau angelockt worden. Um nicht mehr als „Polacken" verspottet zu werden, verdeutschten manche Spieler ihre Namen. Aus Sczepan wurde so Szepan, aus Czerwinski Rothardt und aus Valentin Przybylski schlicht Valentin bzw., wie manche Sportzeitschriften schrieben, „Valentin Valentin".

„Sie spielten wie die Götter!"

– Aus einem Spielbericht zum 9:0 der Schalker gegen Admira Wien im DM-Finale von 1939

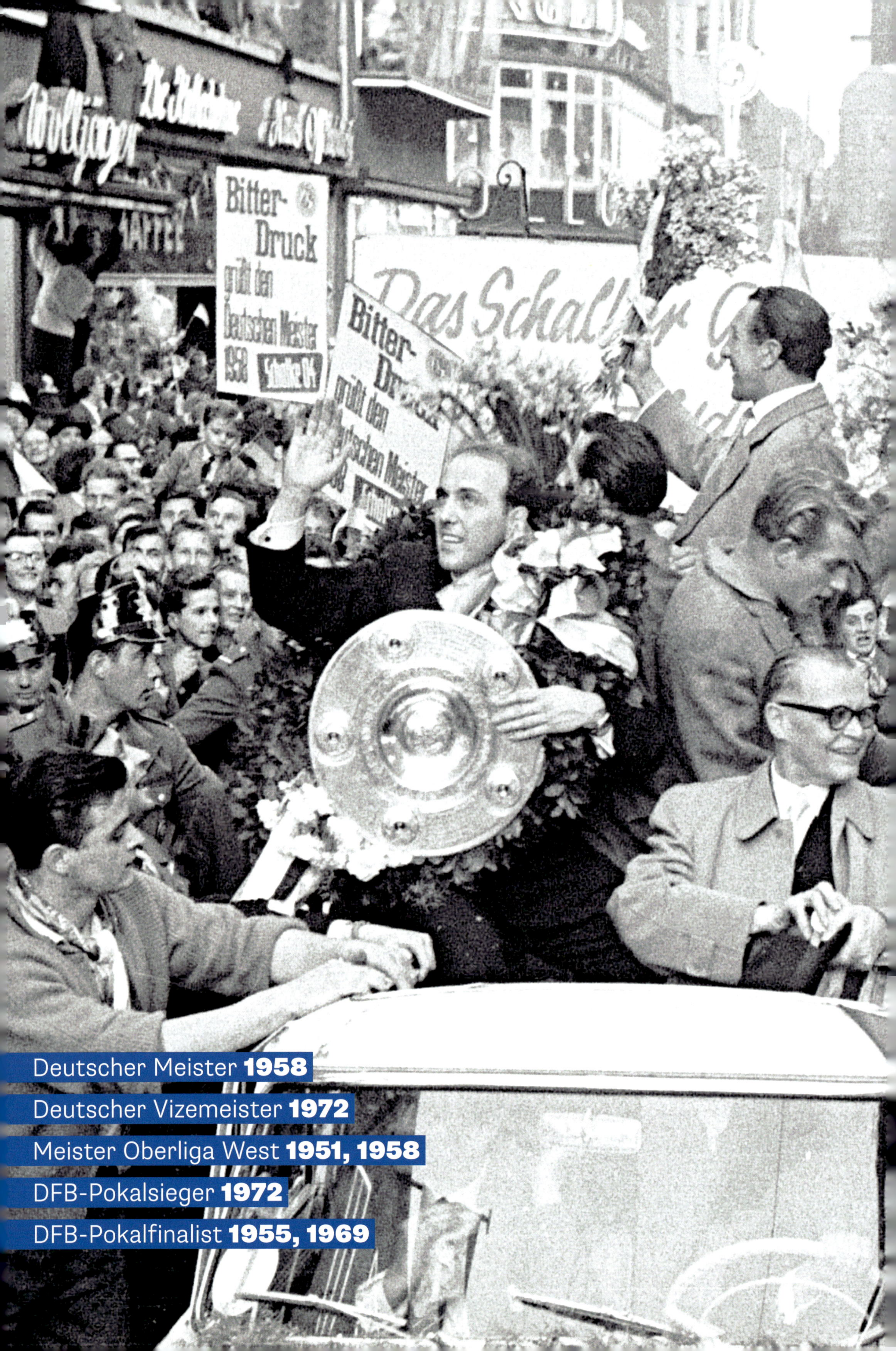

Deutscher Meister **1958**

Deutscher Vizemeister **1972**

Meister Oberliga West **1951, 1958**

DFB-Pokalsieger **1972**

DFB-Pokalfinalist **1955, 1969**

1946-1981

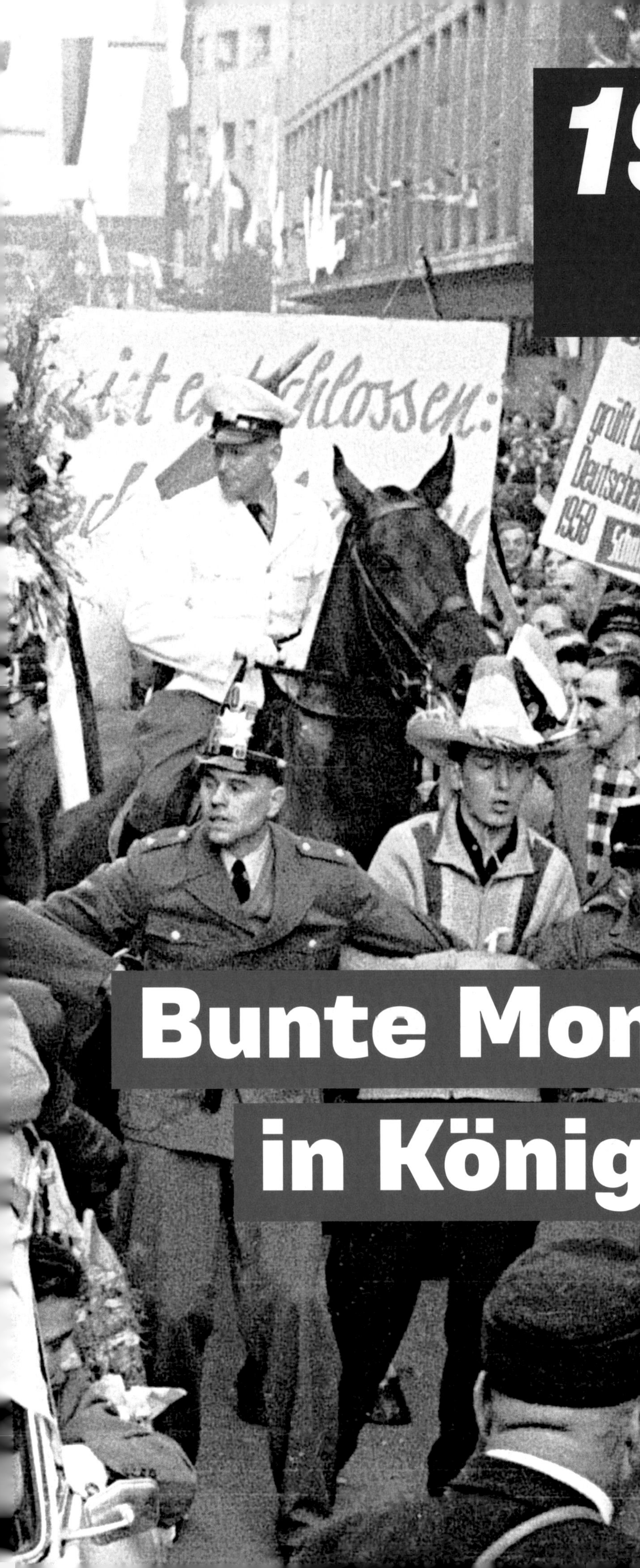

Bunte Momente in Königsblau

1945–1949: Neustart mit Fast-Abstieg

Als der Zweite Weltkrieg am 8. Mai 1945 endete, waren die Stadt Gelsenkirchen und auch die Kampfbahn Glückauf von Bombeneinschlägen schwer gezeichnet. Westfalen wurde von britischen Truppen besetzt. Dennoch rollte schon bald wieder der Ball. 1946/47 wurde in einer zweigeteilten Liga eine Westfalenmeisterschaft ausgespielt, Schalke erzielte den höchsten Pflichtspielsieg seiner Geschichte - 20:0 gegen den Spielverein Herten 12 -, erreichte den Gruppensieg und unterlag dann im Entscheidungsspiel gegen Borussia Dortmund mit 2:3.

Zur Saison 1947/48 startete in der britischen Besatzungszone mit zunächst 13 Mannschaften die Oberliga West als eine von fünf Oberligen, die nun die höchste Spielklasse im deutschen Fußball bildeten. Mit den beiden Altmeistern Fritz Szepan und Ernst Kuzorra, der zunächst auch als Spielertrainer fungierte, startete Schalke am 19. September 1947 in Hamborn mit einem 2:2. Anstelle von Hans Klodt stand der gebürtige Schalker Heinrich Kwiatkowski im Tor, vorne stürmte Klodts jüngerer Bruder Bernhard. Die Spielzeit, in der nach wenigen Wochen Willi Schäfer das Training übernommen hatte, nahm ein für Schalke ungewohntes Ende: Die Blau-Weißen landeten hinter Rot-Weiß Oberhausen, Hamborn 07, Horst-Emscher, Katernberg und Meister Borussia Dortmund nur auf dem sechsten Platz.

Unter den Trainern Theo Lang und Ferdinand Swatosch kam es 1948/49 sogar zu einem regelrechten Absturz: Rang zwölf, noch hinter Rhenania Würselen! Dieser vorletzte Tabellenplatz hätte eigentlich den Abstieg bedeutet. Vermieden werden konnte er nur durch die Aufstockung der Spielklasse von 13 auf 16 Vereine und Siegen in den Relegationsspielen gegen Bayer Leverkusen (1:0) und VfL Benrath (9:0). Zum Einsatz kamen dabei auch Hermann Eppenhoff und Walter Zwickhofer, die beide erst im März 1949 aus sowjetischer Kriegsgefangenschaft zurückgekehrt waren.

„Die Fußballer bringen heute nicht mehr die Lust und Liebe und die Begeisterung beim Training auf wie wir früher.“

– **Ernst Kuzorra**, Schalke-Obmann

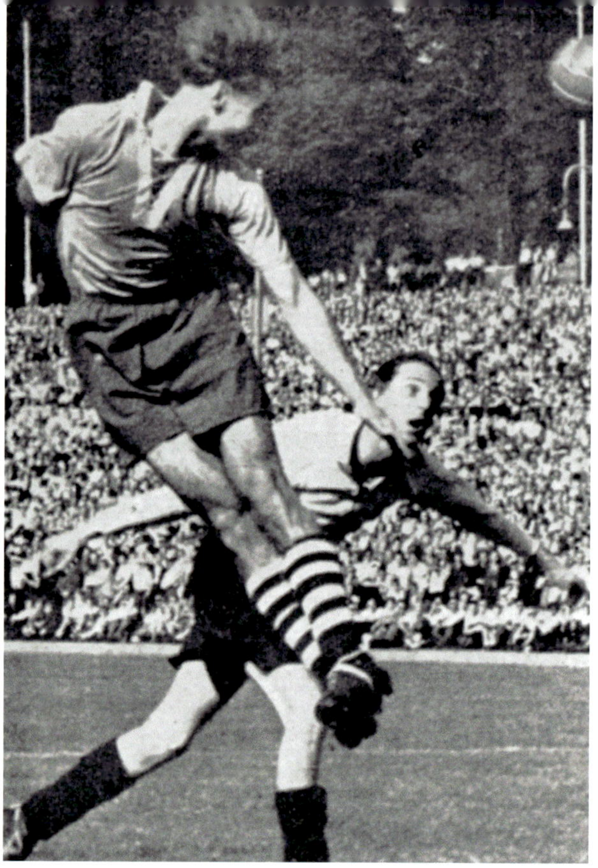

1949 entging Schalke nur knapp dem Abstieg. Hier erzielt Mittelstürmer Werner Groß einen der neun Treffer im Entscheidungsspiel gegen den VfL Benrath.

1950-1954: Mit Szepan an der Seitenlinie

Ende August 1949 übernahm Fritz Szepan das Traineramt. Ernst Kuzorra wurde wenig später Manager, was damals noch „Obmann“ hieß. Die beiden Schalke-Idole leiteten eine Verjüngung der Mannschaft ein, die dadurch wieder an Spielstärke gewann. 1949/50 leistete sich die Szepan-Elf nur eine einzige Heimniederlage, am Ende sprang ein sechster Platz heraus bei nur sechs Punkten Rückstand auf den Meister Borussia Dortmund. Und bereits 1950/51 war die erste Meisterschaft in der Oberliga West fällig bei einem bzw. drei Punkten Vorsprung auf die Verfolger Preußen Münster und BVB. Mit 25 Treffern wurde Hans Kleina Torschützenkönig im Westen und trug damit wesentlich zum Titelgewinn bei. In der Endrundengruppe I reichte es dann nur zu einem zweiten Platz, trotz eines 3:2-Sieges in der Kampfbahn Glückauf gegen den späteren Meister 1. FC Kaiserslautern, bei dem Hermann Eppenhoff in der 88. Minute der entscheidende Treffer gelang.

Guter Zweiter hinter Rot-Weiss Essen, chancenloser Vierter in der Endrundengruppe I und abgeschlagener Sechster in der Liga hießen die Endergebnisse in den nächsten Spielzeiten. Zumindest ehemalige Schalker kamen aber zu Titeln: Heinrich Kwiatkowski stand 1951/52 für Rot-Weiss Essen und 1952/53 für den Westmeister Borussia Dortmund im Tor. Trainiert wurden die Schwarz-Gelben vom ehemaligen Schalker Meistertrainer Bumbes Schmidt. Mit einem dritten Platz endete 1954 die Schalker Trainerära von Fritz Szepan, der nun nach Essen wechselte und RWE 1955 zum deutschen Meistertitel führte.

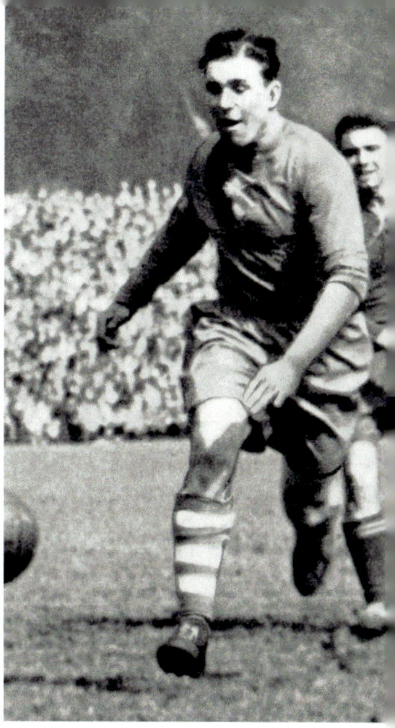

Hans Kleina, einziger Torschützenkönig des FC Schalke in der Oberliga West. Nach seinem Lauf von 1950/51 brachte er es nur noch zu wenigen weiteren Treffern im Trikot von Schalke (68 Spiele). Zum VfL Bochum gewechselt, musste er bereits Mitte 1954 wegen gesundheitlicher Probleme seine Karriere beenden.

1955 und 1956: Zweimal knapp gescheitert

Zu einem sportlichen Aufschwung bei Schalke führte erst die Verpflichtung des österreichischen Trainers Edi Frühwirth zur Saison 1954/55. In der Liga blieb die Mannschaft um Kapitän Hermann Eppenhoff zwar hinter dem Meister RWE, Sodingen, Leverkusen und dem BVB nur der fünfte Platz, aber im Pokal kämpfte sie sich bis ins Finale vor. Zweimal musste Schalke in die Verlängerung und ins Wiederholungsspiel – gegen Jahn Regensburg und Schweinfurt 05 –, dann gelang durch ein 2:0 gegen Bremerhaven 93 und ein 2:1 gegen die Offenbacher Kickers der Einzug ins Endspiel. 25.000 Zuschauer in Braunschweig sahen ein kampfstarkes Schalker Team gegen den Karlsruher SC ackern. Helmut „Catcher" Sadlowski konnte die zweifache Führung der Badener zwar zweimal egalisieren, ein drittes Mal aber gelang es ihm nicht. Das 2:3 des KSC-Rechtsaußen Traub in der 86. Minute war auch der Endstand des Spiels, in dem Hermann Eppenhoff seinen letzten großen Auftritt hatte.

In der Saison 1955/56 bestätigten die Schalker als Vizemeister der Oberliga West ihr gestiegenes Leistungsvermögen. In den Gruppenspielen der DM-Endrunde scheiterten sie aber erneut am Karlsruher SC, der nur aufgrund eines etwas besseren Torverhältnisses ins Halbfinale einzog. Sehr ärgerlich war: Deutscher Meister wurde der Rivale von nebenan, Borussia Dortmund.

Während des Höhentrainings im Juli 1951 bei Oberstdorf im Allgäu posiert der amtierende Westdeutsche Meister vor prächtiger Alpenkulisse. Der Sturm auf weitere Meistergipfel gelang dann aber erstmal nicht.

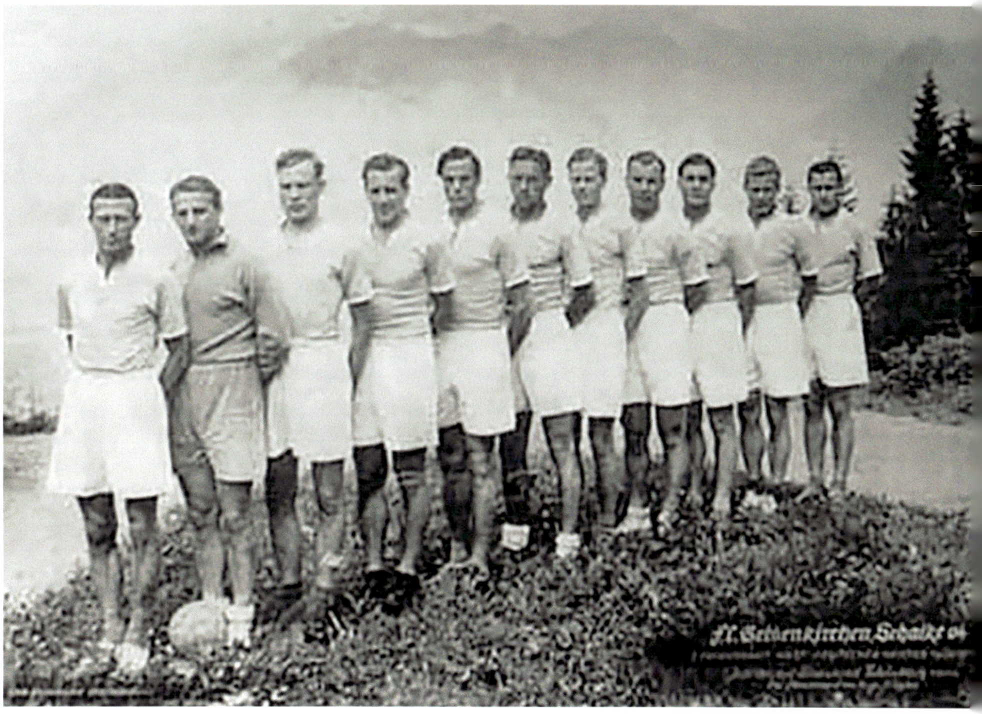

1958: Endlich wieder Meister!

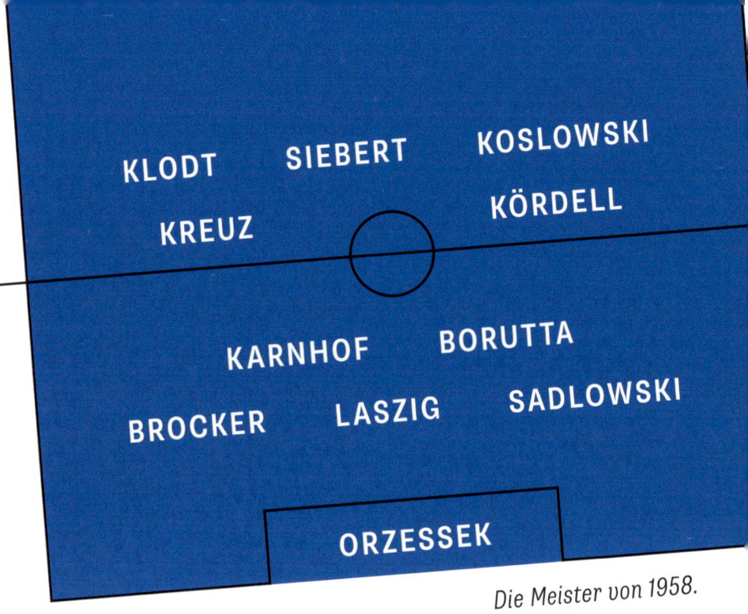

Die Meister von 1958.

Nachdem ihre Mannschaft 1956/57 in der Oberligarunde hinter Köln, Duisburg und Dortmund nur Vierter geworden war und die Schwarz-Gelben dann abermals die Deutsche Meisterschaft geholt hatten, fragten sich die Fans auf Schalke bang: Wann ist denn endlich mal wieder S04 dran?

Trainer Edi Frühwirth präsentierte ihnen die Lösung. Er hatte im Lauf der Zeit ein äußerst kampfstarkes Team um Altstar Berni Klodt zusammengestellt, das zum größten Teil aus einheimischen Nachwuchstalenten bestand. Nicht zaubern, sondern zweckmäßig spielen, lautete das Motto des Trainers, der nicht nur fachlich kompetent war, sondern es zudem mit seiner freundlichen Art geschafft hatte, einen besonderen Teamgeist zu entfachen.

Die Frühwirth-Elf legte mit drei Siegen gleich gut los, ließ dann etwas nach, um mit fünf Erfolgen zwischen dem zwölften und dem 16. Spieltag erneut die Tabellenspitze zu erobern. Dortmund und Essen spielten diesmal nicht die ganz große Rolle, aber durch ein paar Unentschieden zuviel und ein 2:3 im Heimspiel gegen den unmittelbaren Konkurrenten 1. FC Köln am 29. Spieltag wurde es nochmal eng. Willi Soya sorgte zum Saisonfinale mit seinem Treffer zum 1:0 beim SV Sodingen für die Erlösung: Schalke hatte sich einen Punkt Vorsprung auf die Kölner gerettet und war damit zum zweiten Mal Meister der Oberliga West!

Jetzt hatten Berni und seine junge Bande Blut geleckt. In der Endrunde trumpften die Männer in den mittlerweile eindeutig dunkelblauen Trikots ganz groß auf. Sie fertigten Eintracht Braunschweig, Tennis

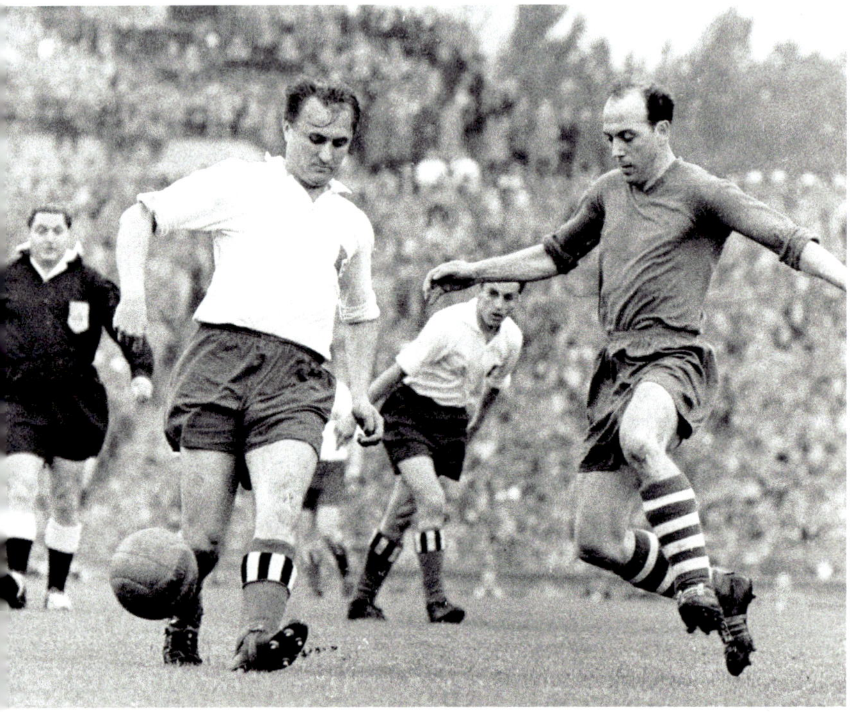

Berni Klodt (rechts, hier gegen Hamburgs Weltmeister Jupp Posipal) war im DM-Endspiel 1958 gegen den HSV der Dreh- und Angelpunkt im Schalker Spiel.

„Wir kamen aus Amateurvereinen und haben in den Jahren vorher noch zweit- und drittklassig gespielt. Nicht nur Willi [Koslowski] und ich kamen aus kleinen Vereinen, von Buer 07 und Röhlinghausen, auch Manni Orzessek aus ‚Unser Fritz‘, Kalli Borutta aus Wanne, Manni Kreuz aus Hassel. Uns hat doch keiner auf der Rechnung gehabt. Aber der Trainer hat sich bestimmte Spieler herausgepickt und diese Mannschaft geformt.“

– **Heiner Kördell** über den Anteil des Trainers **Edi Frühwirth** am Meistertitel von 1958

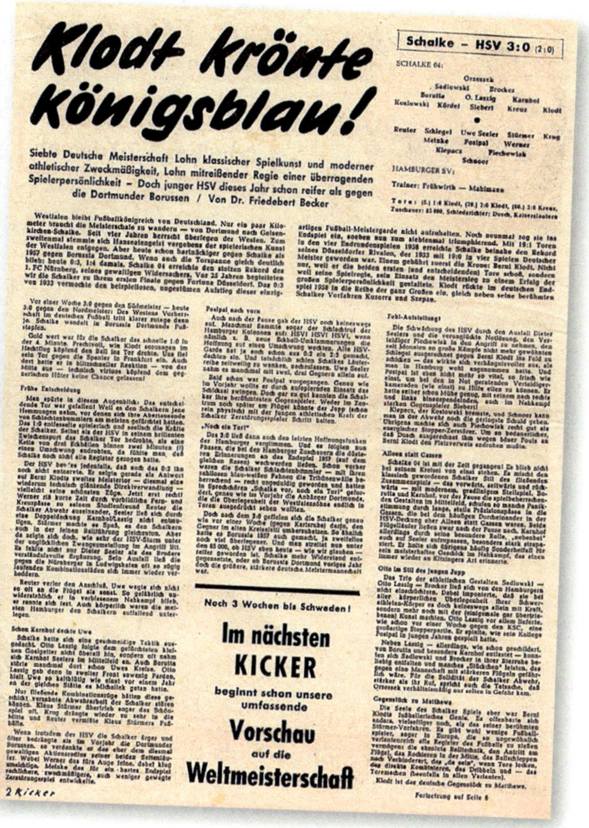

Klodt krönte Königsblau!

Siebte Deutsche Meisterschaft Lohn klassischer Spielkunst und moderner athletischer Zweckmäßigkeit, Lohn mitreißender Regie einer überragenden Spielerpersönlichkeit – Doch junger HSV dieses Jahr schon reifer als gegen die Dortmunder Borussen / Von Dr. Friedebert Becker

Schalke – HSV 3:0 (2:0)

SCHALKE 04:

Orzessek
Sadlowski Brocker
Borutta O. Laszig Karnbel
Koslowski Kördel Siebert Kreuz Klodt

Reuter Schlegel Uwe Seeler Störmer Krug
Meinke Posipal Werner
Klepacz Piechowiak
Schnoor

HAMBURGER SV:

Trainer: Frühwirth — Mahlmann

Tore: (5.) 1:0 Klodt, (29.) 2:0 Klodt, (88.) 3:0 Kreuz. Zuschauer: 85 000, Schiedsrichter: Dusch, Kaiserslautern

Westfalen bleibt Fußballkönigreich von Deutschland. Nur ein paar Kilometer braucht die Meisterschale zu wandern — von Dortmund nach Gelsenkirchen-Schalke. Seit vier Jahren herrscht überlegen der Westen. Zum zweitenmal stemmte sich Hanseatengeist vergebens der spielerischen Kunst der Westfalen entgegen. Aber heute schon hartnäckiger gegen Schalke als 1957 gegen Borussia Dortmund. Wenn auch die Torspanne gleich deutlich blieb: heute 0:3, 1:4 damals. Schalke 04 erreichte den stolzen Rekord des 1. FC Nürnberg, seines gewaltigen Widersachers. Vor 25 Jahren begleiteten wir die Schalker zu ihrem ersten Finale gegen Fortuna Düsseldorf. Das 0:3 von 1933 vermochte den beispiellosen, ungestümen Aufstieg dieser einzigartigen Fußball-Meistergarde nicht aufzuhalten. Noch neunmal zog sie ins Endspiel ein, soeben nun zum siebtenmal triumphierend. Mit 19:1 Toren in den vier Endrundenspielen 1958 erreichte Schalke beinahe den Rekord seines Düsseldorfer Rivalen, der 1933 mit 19:0 in vier Spielen Deutscher Meister geworden war. Einem gebührt zuerst die Krone: Berni Klodt. Nicht nur, weil er die beiden ersten (und entscheidenden) Tore schoß, sondern weil seine Spielregie, sein Einsatz den Meistersieg zu einem Erfolg der großen Spielerpersönlichkeit gestaltete. Klodt rückte im deutschen Endspiel 1958 in die Reihe der ganz Großen ein, gleich neben seine berühmten Schalker Vorfahren Kuzorra und Szepan.

Noch 3 Wochen bis Schweden!

Im nächsten KICKER beginnt schon unsere umfassende Vorschau auf die Weltmeisterschaft

Bericht des „Kicker" zum Finale.

Borussia Berlin und den Karlsruher SC locker mit einem Torverhältnis von 16:1 ab. 4:1, 9:0 und 3:0 – es war ein Paukenschlag nach dem anderen. Am 18. Mai 1958 lief dann auch im Endspiel gegen den Hamburger SV vor 80.000 Zuschauern in Hannover alles glatt. Schalke spielte wie im Rausch, Otto Laszig nahm als Kettenhund den HSV-Star Uwe Seeler fast vollständig aus dem Spiel, und Berni Klodt gelang auf Linksaußen das Spiel seines Lebens. In der fünften Spielminute erzielte er nach Flanke von Willi Koslowski per Flugkopfball das 1:0, noch vor dem Halbzeitpfiff erhöhte er mit einem satten Schuss auf 2:0, schließlich legte er kurz vor dem Spielende für Manfred Kreuz auf, der zum 3:0-Endstand vollstreckte. Der siebte Meistertitel war perfekt!

„Klodt krönte Königsblau!", titelte Friedebert Becker hernach im „Kicker". „Westfalen bleibt Fußballkönigreich von Deutschland. Nur ein paar Kilometer braucht die Meisterschale zu wandern, von Dortmund nach Gelsenkirchen-Schalke." Gut so, jubelten die Fans der Königsblauen.

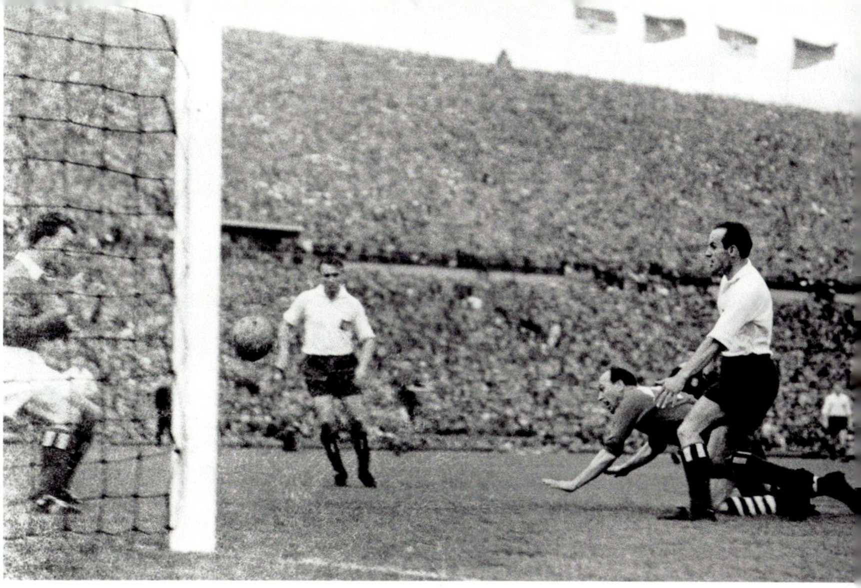

Berni Klodt erzielt per Flugkopfball das 1:0 …

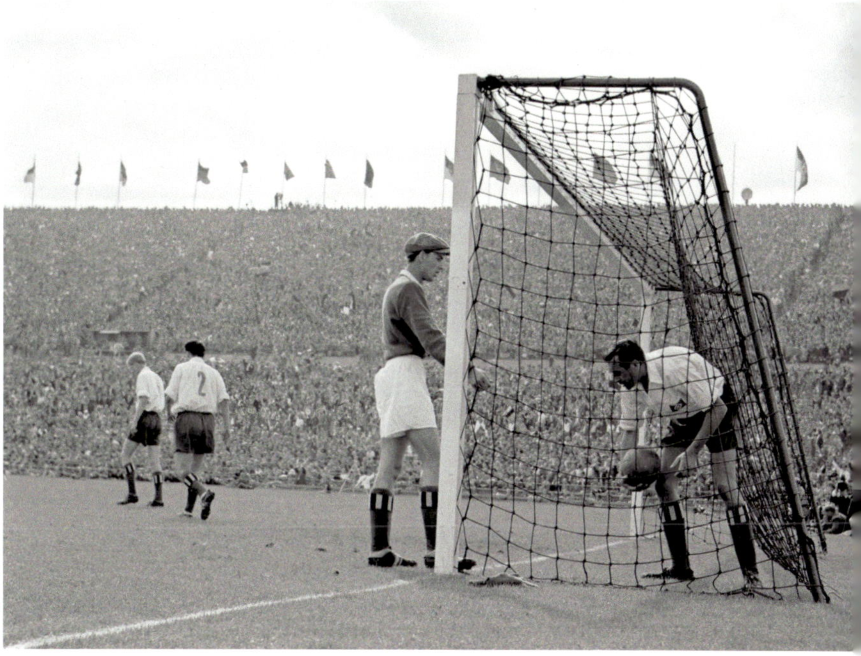

… und dann müssen die Hamburger noch zweimal den Ball aus dem Netz fischen.

Otto Laszig, hier im erfolgreichen Zweikampf gegen Uwe Seeler, war der zweite Garant des Schalker Erfolgs. „Uwe gestoppt – HSV gestoppt", kommentierte der „Kicker".

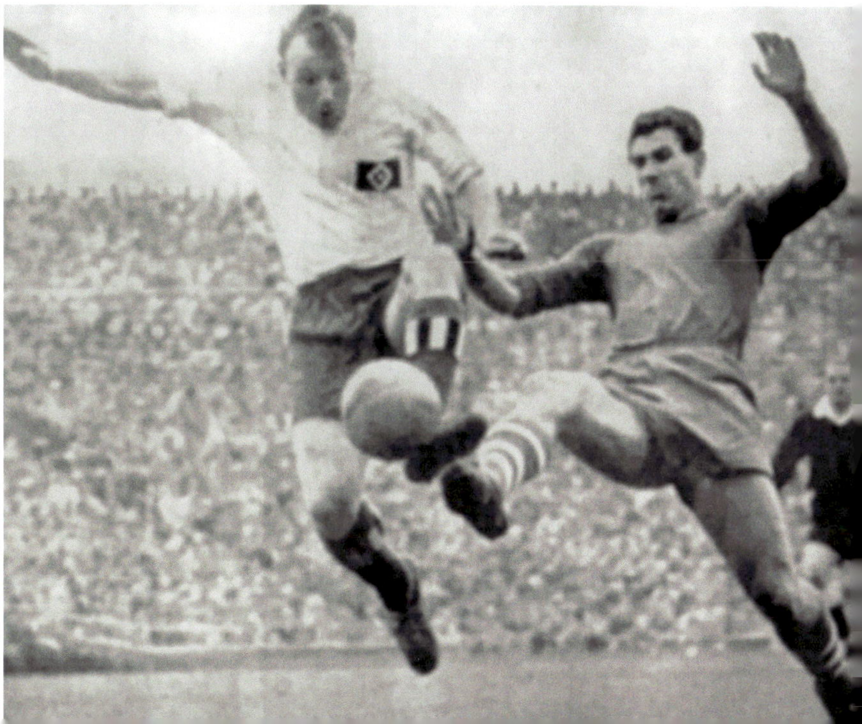

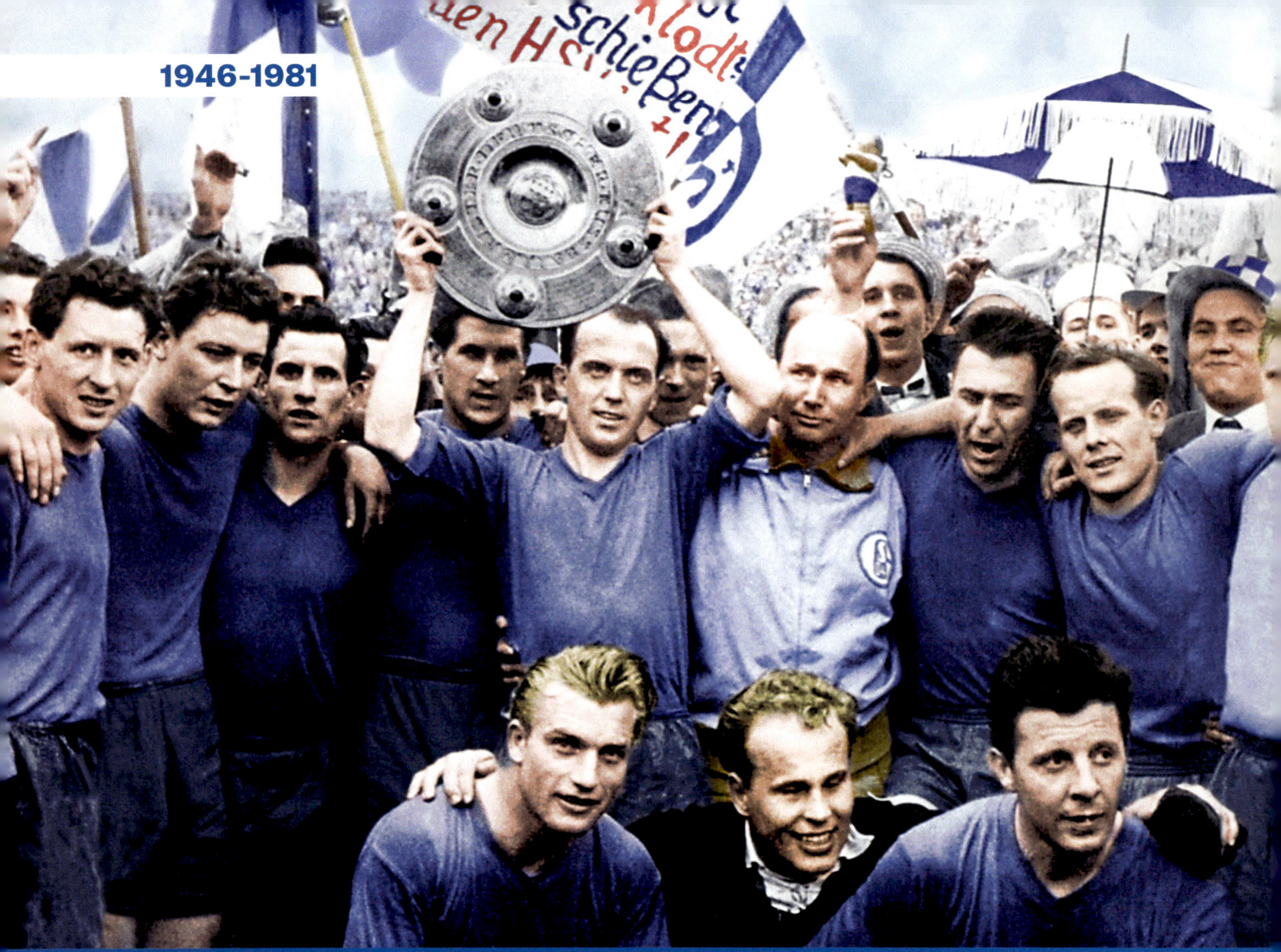

Die Meister von 1958, schön aufgefrischt in Königsblau. Stehend von links: Heiner Kördell, Manfred Kreuz, Willi Koslowski, Otto Laszig, Berni Klodt (mit Schale), Trainer Frühwirth, Günter Siebert, Günter Karnhof. Vorne: Helmut Sadlowski, Manfred Orzessek, Günter Brocker.

Warum eigentlich Königsblau?

Königsblau, früher auch Preußischblau, Kobaltblau oder Azurblau genannt und als äußerst vornehm geltend, unterlag einst einem komplizierten Herstellungsprozess.

Zur Erzeugung des spezifischen leicht rötlichen Schimmers mussten die Stoffe zunächst mit Purpur oder Karmin behandelt werden, bevor sie mit Lapislazuli-Pigmenten blau getönt wurden. Diese einst exklusiv dem Adel vorbehaltene Kleiderfarbe wirkt eigentlich nicht so recht passend für einen Fußballverein aus dem Ruhrgebiet. Aber vielleicht war sie zum Zeitpunkt des neuerlichen Herrschaftsantritts im „Fußballkönigreich von Deutschland“ (siehe den Endspiel-Artikel von Friedebert Becker im „Kicker“) genau die richtige Farbe. Im übertragenen Sinn steht Königsblau für edle Fußballkunst, für souverän-gelassene Noblesse und Überlegenheit, wie sie in den 1930er-Jahren Kuzorra, Szepan und Tibulsky demonstriert und in dem 1973 erschienenen Buch von Wilhelm Herbert Koch verherrlicht wurde: „Die Königsblauen - Das Phänomen Schalke 04“.

Und wie kickten die Titelträger von 1958 in Wirklichkeit? Berni Klodt erklärte dazu: „Gegen die Hamburger lief alles wie am Schnürchen. Unsere Mannschaft war mit 22,5 Jahren im Schnitt noch sehr jung. Aber sie war auch sehr hart, konnte richtig hinlangen. Das war sicherlich nicht mehr der Stil der alten Schalker Meisterelf, unsere Stärken lagen auf anderem Gebiet.“ Heißt: Sie waren eher derbe Kämpfer als edle Künstler und scheuten sich nicht, ihre königsblauen - bzw. in Wahrheit wohl eher ultramarinblauen (RAL-Farbcode 5002) - Trikots auch mal schmutzig zu machen.

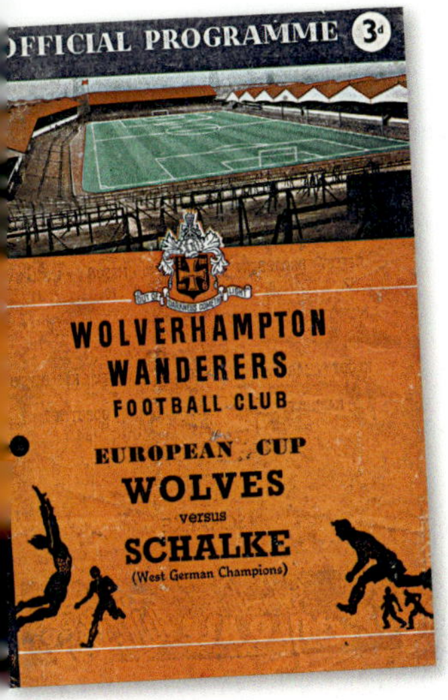

Debüt im Europapokal

Als Deutscher Meister durfte Schalke 1958/59 erstmals am Europapokal teilnehmen. Über Kopenhagen gelangten die Königsblauen ins Achtelfinale, wo sie bei den Wolverhampton Wanderers ein Unentschieden erreichten und dann zuhause - ganz in Weiß gekleidet, da dunkelblaue Trikots im damals trüben Flutlicht kaum erkennbar gewesen wären - durch Tore von Heinz Kördell und Günter Siebert einen 2:1-Sieg gegen den englischen Meister holten. Im Viertelfinale gegen Atlético Madrid fand das Abenteuer Europa dann sein Ende. Nach einer 0:3-Niederlage im Hinspiel vor 110.000 Zuschauer im Bernabéu-Stadion gelang beim Rückspiel in der Glückauf-Kampfbahn die Wende nicht mehr. Ein 1:1 war zu wenig. Zu wenig war auch das, was der amtierende Meister in der Oberliga ablieferte. Als Schalke auf den elften Platz abrutschte, verließ Trainer Edi Frühwirth den Verein.

1962: Letztes Hurra in der Oberliga

Es gab nun einige Veränderungen. Auch Kuzorra hatte keine Lust mehr und trat von seinem Amt als „Obmann“ zurück. Nach einem kurzen Gastspiel des Ungarn Nándor Lengyel mit einem vierten Platz lieferte die Mannschaft unter dem ehemaligen DFB-Trainer Georg Gawliczek wieder sehenswertere Leistungen ab und wurde Dritter. Die Saison 1961/62 stand im Zeichen eines Zweikampfes zwischen dem amtierenden Doppelmeister 1. FC Köln um die Nationalspieler Karl-Heinz Schnellinger und Hans Schäfer und dem FC Schalke 04, für den immer noch Berni Klodt und Willi Koslowski stürmten und neuerdings die jungen Willi Schulz und Hans Nowak die Defensive verstärkten. Trotz eines Endspurts mit vier Siegen reichte es nicht ganz zur Westmeisterschaft. Schalke wurde mit einem Punkt Rückstand auf die Kölner Zweiter. Die Chance auf eine Teilnahme an der DM-Endrunde war damit aber nicht dahin. Durch ein 4:1 nach Verlängerung gegen den Nordzweiten Werder Bremen qualifizierten sich die Königsblauen für die Gruppenspiele. Ein 1:1 gegen Tasmania Berlin und eine 1:3-Niederlage gegen den alten Rivalen 1. FC Nürnberg bedeuteten jedoch das Ende der Titelträume.

Nach der letzten Oberligasaison 1962/63, die Schalke auf dem sechsten Platz beendete, verabschiedete sich Berni Klodt. Eine Ära war damit zu Ende: Berni war der letzte Spieler, der noch mit Kuzorra und Szepan gemeinsam auf dem Platz gestanden hatte.

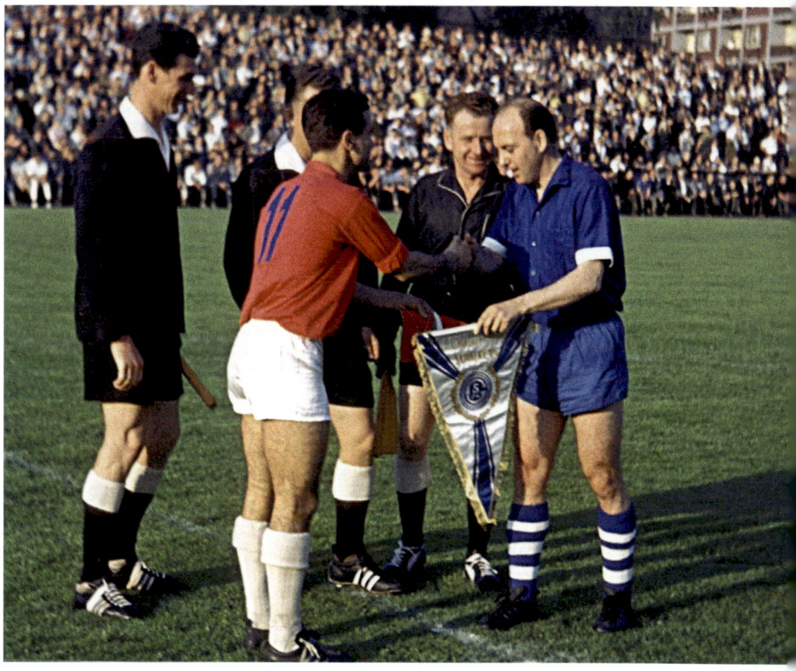

Berni Klodt begrüßt zu seinem Abschiedsspiel 1963 den Kapitän der bulgarischen Nationalmannschaft.

BILANZ IN DER OBERLIGA WEST

Zusammen mit Borussia Dortmund und Alemannia Aachen ist der FC Schalke 04 einer von nur drei Vereinen, die der Oberliga West in allen 16 Spielzeiten durchgängig angehörten (1947-1963). Mit zwei Meisterschaften im Westen (1951, 1958) bleibt Schalke 04 in der Titel-Endabrechnung nur der dritte Platz, gleichauf mit Rot-Weiss Essen und hinter dem 1. FC Köln (5 x) und Borussia Dortmund (6 x). In der Ewigen Tabelle reicht es trotz einiger schwächerer Spielzeiten bei 555:381 Punkten zum zweiten Platz hinter Borussia Dortmund (600:336).

Die Stars der Oberliga 1947-1963

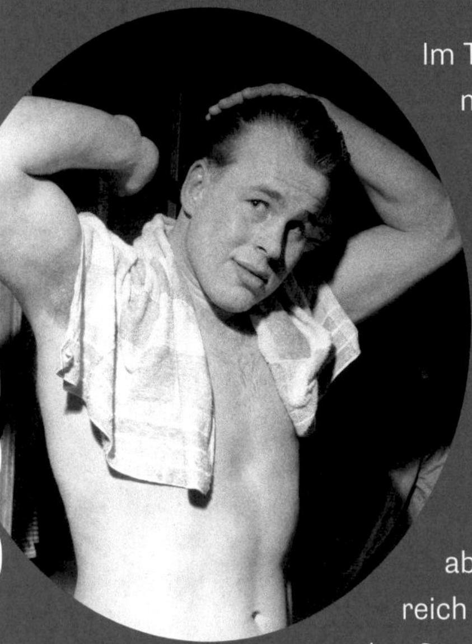

Nicht ganz schlank, aber ein guter Torwart: Manfred Orzessek.

Im Tor der Meistermannschaft von 1958 stand **Manfred Orzessek**. Der stämmige und nicht besonders große Torhüter wurde als „Dicker" bespöttelt. Weil er aber meist erfolgreich war, wenn er sich den Gegnern mit seiner ungeheuren Sprungkraft mutig entgegenwarf, verpassten ihm seine Mitspieler auch den respektvollen Spitznamen „Löwe".

Die Abwehr bildeten der zweikampfstarke Offensivverteidiger **Günter Brocker** und der stets mit vollem Körpereinsatz dazwischenfegende **Helmut Sadlowski**, der in den Jahren zuvor noch als Mittelstürmer die gegnerischen Verteidiger aus dem Weg geräumt hatte. Wegen seiner draufgängerischen Spielweise wurde er auch „Catcher" genannt.

Als rechter Läufer überzeugte **Karl Borutta**. Der unermüdliche Antreiber, der in seiner Freizeit leidenschaftlich gern angelte, verrichtete seine Arbeit still und zurückhaltend. Auf der linken Seite ackerte der fleißige **Günter Karnhof**, der außergewöhnlich laufstark war, obwohl er rauchte. Fast wie einst Szepan konnte **Otto Laszig** das Spiel der Schalker lenken. Im Endspiel 1958 schaltete der besonnene und robuste Regisseur, der stets grimmig dreinschaute, als defensiver Stopper Uwe Seeler aus.

Das Talent des Halbrechten **Heiner Kördell**, der als Sohn eines Bergmanns gut zu den Knappen passte, wurde von Ernst Kuzorra entdeckt. 1956 lotste er den unermüdlichen Ballschlepper von der SpVgg Röhlinghausen zu Schalke.

Auf halblinks stand im Meisterteam von 1958 der wuchtige Linksfuß **Manfred Kreuz**. Der Finanzbeamte war wegen seiner extrem harten Schüsse bei allen gegnerischen Torhütern gefürchtet.

In Gelsenkirchen-Buer geboren, erlernte **Willi Koslowski** ab 1952 auf der Zeche „Hugo" den Beruf des Bergmanns und erhielt am 29. März

„Kultur war für uns damals, eine Toilette in der Wohnung zu haben."

– Heiner Kördell

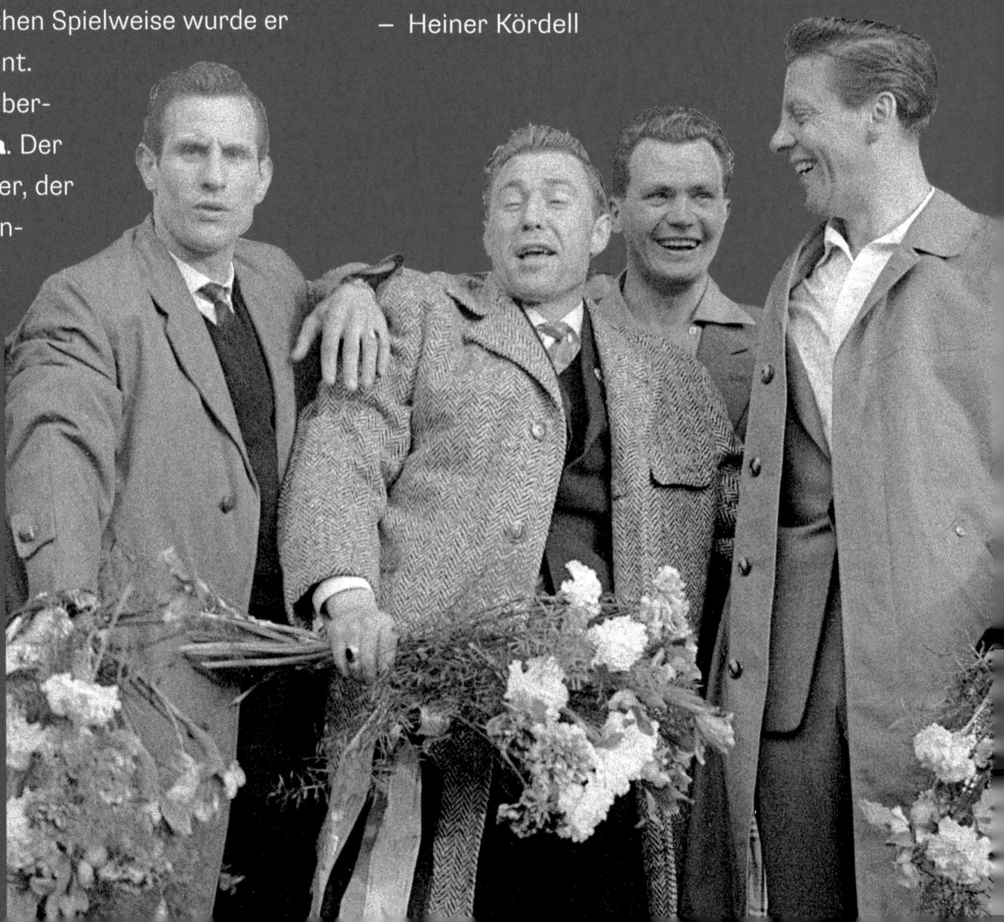

So sehen Meister aus. Von links: Koslowski, Siebert, Karnhof und Brocker.

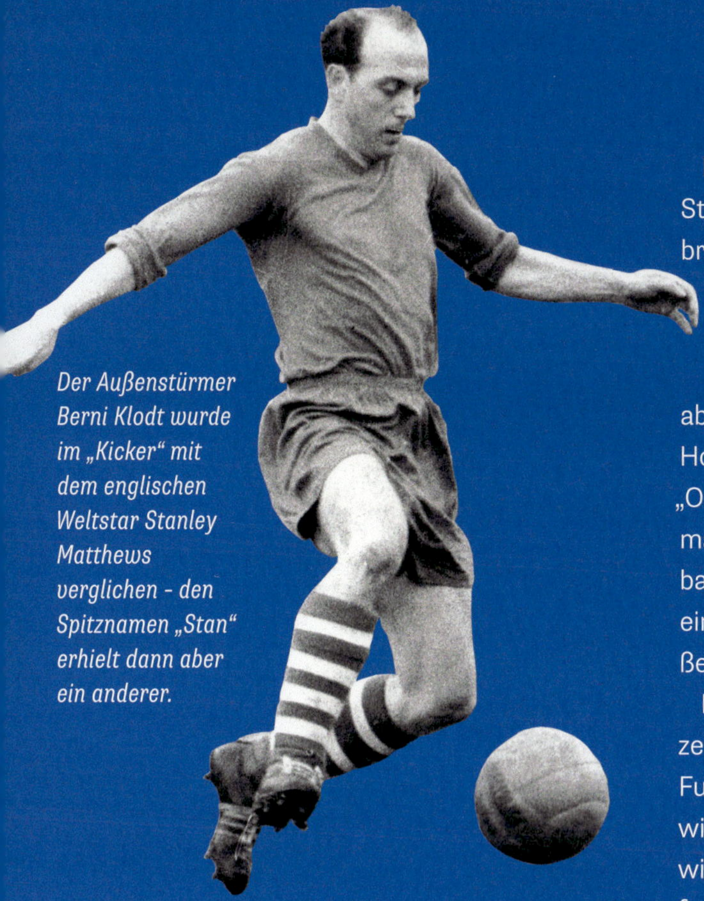

Der Außenstürmer Berni Klodt wurde im „Kicker" mit dem englischen Weltstar Stanley Matthews verglichen – den Spitznamen „Stan" erhielt dann aber ein anderer.

1955 nach bestandener Prüfung den Knappenbrief. Eigentlich war der pfeilschnelle „Schwatte" Mittelstürmer, in der Meistersaison 1957/58 sorgte er aber als Rechtsaußen für Angriffswirbel. **Günter Siebert** kam 1951 von Hessen Kassel zum FC Schalke 04. Dort wurde der quirlige Spaßvogel zu einem der erfolgreichsten Stürmer seiner Zeit in der Oberliga West. Weil er von den Gegnern kaum zu halten war, wenn er durch den Strafraum wuselte, nannte man den späteren Schalke-Präsidenten auch „Forelle".

„Jetzt hat er sogar das Rauchen aufgegeben, um seine Höchstleistung zu erreichen und zu konservieren."

– Die Zeitschrift „Fußball-Sport" im Jahr 1964 über Günter Karnhof

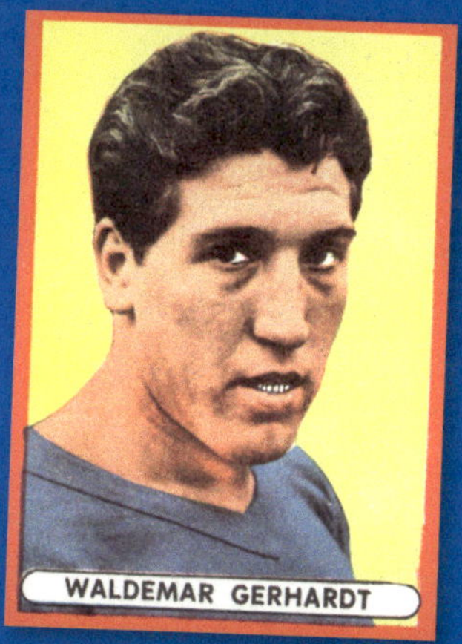

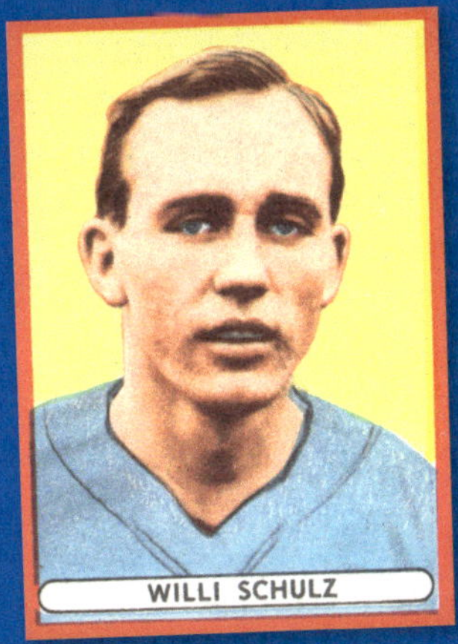

Bernhard Klodt wuchs im Gelsenkirchener Stadtteil Bismarck auf und wurde von seinem Stiefbruder Hans in die Schalker Jugendabteilung gelockt. Im September 1943 kam er als 16-Jähriger gegen die Sportfreunde Katernberg zu seinem ersten Einsatz in der ersten Mannschaft, aber nach dem Krieg kickte er erstmal für die STV Horst-Emscher. Angeblich hatte ihn Kuzorra als „Oma" beschimpft. 1950 kehrte der vielseitige Spielmacher und beidfüßige Torjäger zurück und wurde bald Kapitän. Im Endspiel 1958 war der vorbildhaft einsatzfreudige und immer faire Berni als Linksaußen überragend.

Neben den Meisterspielern gab es in der Oberligazeit natürlich auch noch weitere bemerkenswerte Fußballer. Vor 1958 überzeugten noch einige „Alte" wie **Hermann Eppenhoff** oder Stammkräfte wie der Torwart **Heinz Kwiatkowski**, der Läufer **Walter Zwickhofer** oder der schusskräftige Offensivmann **Paul Matzkowski**. Spitzenspieler nach dem Meisterjahr waren etwa der kampf- und schussstarke Außenstürmer und Kapitän **Waldemar Gerhardt**, der Offensivverteidiger **Hans Nowak** oder **Willi Schulz**, die spätere Stopper-Legende des Hamburger SV.

„Früher war das mehr Feierabendfußball, wir sind alle unserem Beruf nachgegangen. Wir haben uns drei- bis viermal in der Woche nach der Arbeit getroffen und trainiert. Die meisten Spieler kamen ja noch mit dem Fahrrad. Früher gab es ja nur Vertragsspieler, die haben maximal 320 Mark verdient. So einen Vertrag bekamen aber nur die ältesten Spieler."

– Willi Koslowski

Kohlekrise

Ende der 1950er-Jahre setzte im Ruhrgebiet die Kohlekrise ein. Ursachen waren die Konkurrenz durch die billige Kohle aus Nordamerika sowie die Umstellung auf das günstigere Erdöl. Infolgedessen konnten die Zechen die Fußballklubs nicht mehr länger unterstützen. Kleine Arbeitervereine wie der von Kumpeln der Zeche Nordstern gegründete STV Horst-Emscher, der Anfang der 1950er-Jahren in der Oberliga noch groß aufgespielt hatte, verschwanden in den unteren Spielklassen. In der Bundesliga überleben konnten nur Klubs mit großer Anhängerschaft, die neue Geldquellen erschlossen. Einer davon war Schalke 04.

Das Zechensterben selbst zog sich quälend lange hin. Noch im ersten Bundesliga-Jahr 1963/64 herrschte vielerorts richtig dicke Luft. So klebten sich etwa die Spieler des Überraschungsvizemeisters Meidericher Spielverein als Schutz vor den Kohlenstaub im Training mit Leukoplast Mullbinden unter die Nase. Eine Zukunft aber hatte die Kohle da schon nicht mehr. Bereits 1967 zitierte der „Spiegel" einen Berufsberater des Arbeitsamtes Gelsenkirchen, der ehemals Steiger und Ausbildungsleiter der Zeche „Graf Bismarck" war und sich hatte umschulen lassen: „Privat würde ich auf keinen Fall einem Jungen den Rat geben, in den Bergbau zu gehen."

Als Ende 2018 die letzte Zeche im Ruhrgebiet geschlossen wurde, liefen die Schalker Spieler zur Würdigung des Bergbau-Endes mit Sondertrikots auf, die jeweils einen Zechennamen trugen. Besonders verbunden blieb der Verein der Zeche Hugo in Buer. Fördergerüst und Fördermaschine von Schacht Hugo 2 wurden nicht abgebrochen und beherbergen heute ein Museum, das die Verbindung des FC Schalke 04 zu den Zechen thematisiert. Sie ist Geschichte. Geblieben sind nur Ruhrpott-Nostalgie und Knappen-Folklore und Fans, die unverdrossen den Mythos von den kleinen (Berg-)Arbeiterhelden leben, die von unten kommen und die „Großen" besiegen.

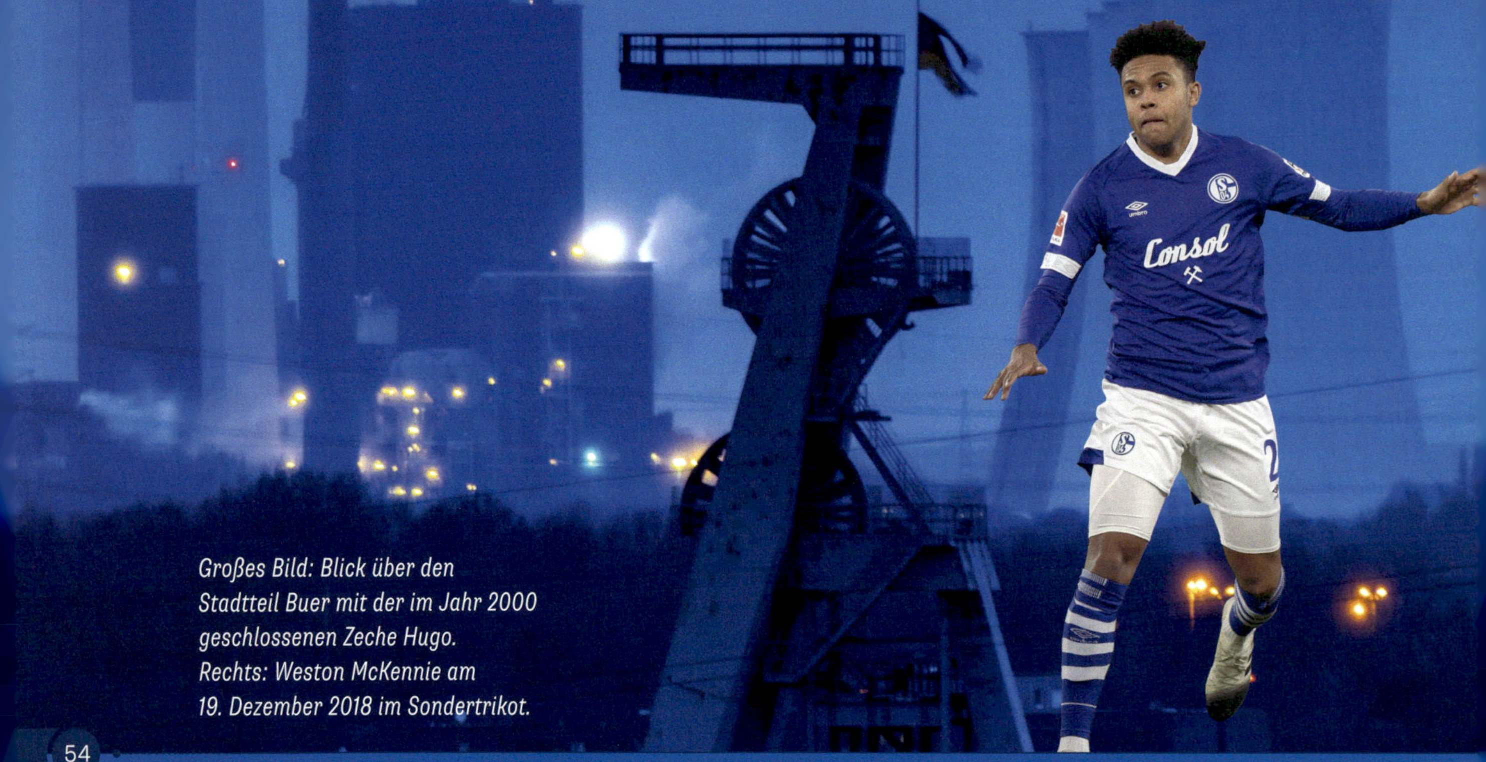

Großes Bild: Blick über den Stadtteil Buer mit der im Jahr 2000 geschlossenen Zeche Hugo. Rechts: Weston McKennie am 19. Dezember 2018 im Sondertrikot.

LIZENZSPIELER

Zum Start der Bundesliga führte der DFB das sogenannte Lizenzspielerstatut ein. Die Spieler durften nun immerhin 1.200 DM monatlich verdienen. Das war natürlich immer noch viel zu wenig, um die Spitzenspieler von einer Abwanderung in die südeuropäischen Gehaltsparadiese abzuhalten. Auch die bald erfolgte Aufstockung der Bezüge, etwa durch Prämien, war nicht so großzügig, dass man von einem Vollprofitum hätte sprechen können. Das Problem versteckter Zahlungen wurde genauso ausgeblendet wie das Risiko, dass unterbezahlte Kicker für Bestechungsversuche anfällig sein könnten.

1963–1966: Schwieriger Start in die Bundesliga

Es war längst überfällig, die besten deutschen Fußballer in einer einzigen höchsten Spielklasse zu konzentrieren, um die Spielqualität zu erhöhen und den immer sichtbarer gewordenen Rückstand gegenüber anderen europäischen Ländern aufzuholen. Die 1963/64 startende Bundesliga umfasste zunächst 16 Vereine, fünf davon aus dem Westen. Der FC Schalke war als Zweitbester der Ewigen Tabelle der Oberliga West natürlich mit von der Partie.

Das erste Bundesliga-Tor für S04 erzielte Willi Koslowski am 24. August 1963 beim 2:0-Sieg in der Kampfbahn Glückauf gegen den VfB Stuttgart. Der Start war also gut, und es ging zunächst auch sehr zufriedenstellend weiter. Nach einem 4:1-Heimsieg gegen den 1. FC Saarbrücken am 15. Spieltag lag die Mannschaft von Georg Gawlicek auf Rang zwei. In der Rückrunde aber folgte ein Einbruch, so dass es am Ende nur für einen Mittelfeldplatz reichte.

Jetzt wollte es der Verein mit einem sogenannten „harten Hund“ probieren und verpflichtete zur Saison 1964/65 den als gnadenlosen Einpeitscher gefürchteten Fritz Langner als Trainer. Der Versuch hätte beinahe in einer Katastrophe geendet. Die Knappen stürzten bis ans Tabellenende ab. Nach einem 1:2 gegen den Meidericher Spielverein im letzten Heimspiel der Saison schien der Abstieg bereits besiegelt. Doch Schalke hatte Glück. Da der DFB wegen des Ärgers um Skandalsünder Hertha BSC die Liga von 16 auf 18 Vereine aufstockte, durften die Königsblauen erstklassig bleiben. Groß genug war der Schaden dennoch: Willi Koslowski, der Dribbelkönig „Stan“ Libuda und einige weitere Stammkräfte hatten bereits bei anderen Vereinen unterschrieben. Genervt von den rüden Methoden des Trainers kehrten insgesamt zehn Spieler Schalke den Rücken.

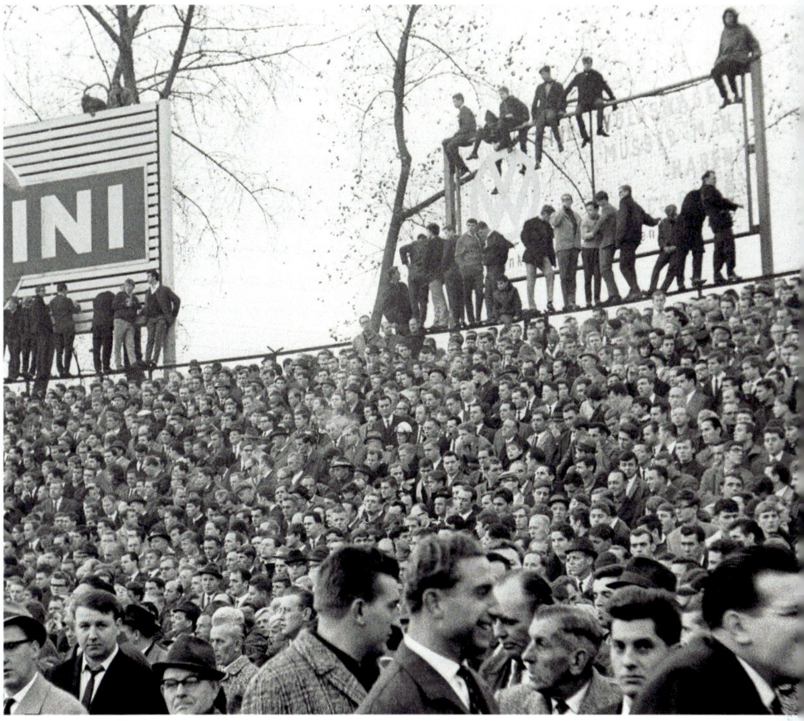

Im Abstiegskampf 1965/66 strömten so viele Zuschauer wie nie zuvor - und nie wieder - in die Kampfbahn Glückauf.

So musste der Neuaufbau mit einer jungen und unerfahrenen Mannschaft erfolgen. „Feldwebel“ Langner kam mit jungen „Rekruten“ offensichtlich besser zurecht. Die unerfahrene Mannschaft, in der sich der vom Amateurklub Arminia Ickern gekommene Klaus Fichtel besonders bewährte, rangierte zwar immer bedrohlich am Tabellenende, bewältigte aber die komplett im Zeichen von Abstiegskampf und Geldnot stehende Saison 1965/66 am Ende erfolgreich. Nach dem entscheidenden 2:0 im vorletzten Heimspiel gegen Borussia Neunkirchen, das den Klassenerhalt bedeutete, stimmten 33.000 Fans einen leidenschaftlichen Siegeschor an, der kilometerweit zu hören war: „Aber eins, aber eins, das bleibt bestehen, der FC Schalke wird nie untergehen.“

„Wildfremde Menschen lagen sich in den Armen. Es war ein Jubel und eine Begeisterung, als wären wir zum achten Mal Deutscher Meister geworden.“

– **Klaus Fichtel** über den Jubelchor am 14. Mai 1966 nach dem dramatischen 2:0 gegen Borussia Neunkirchen

1967-1968: Das Schalke-Tor als Schießbude

Das immer noch von Langner trainierte Schalker Team krebste auch 1966/67 am Tabellenende herum und musste schlimme Pleiten wie etwa eine 0:11-Rekordniederlage gegen Borussia Mönchengladbach einstecken. Das Debakel im kalten Nebel auf dem schneebedeckten Bökelberg war wohl nicht nur auf fußballerische Mängel oder etwa eine verweichlichte Warmduscher-Mentalität zurückzuführen: Das Team stand noch unter Schock, weil zwei Tage zuvor die Frau von Mannschaftskapitän Manfred Kreuz gestorben war. Am Ende der Spielzeit standen die Königsblauen auf einem ernüchternden 15. Platz und hatten die schlechteste Tordifferenz aller Bundesligisten (-26). So war es wenig überraschend, dass die Zeit von Schleifer Langner nun endlich abgelaufen war.

Der von Schalke-Präsident Fritz Szepan zur Saison 1967/68 verpflichtete Nachfolger Karl-Heinz Marotzke machte es aber nicht besser. Er schaffte in den ersten 13 Bundesliga-Spielen lediglich einen Sieg. Entlassen wurde er von dem soeben zum neuen Präsidenten gewählten Ex-Spieler Günter Siebert, der ihn am 18. November durch seinen kurz zuvor bei Werder Bremen geschassten ehemaligen Mannschaftskameraden Günter Brocker ersetzte. Dank einer stark verbesserten Defensive um den jungen Torhüter Norbert Nigbur musste Schalke diesmal nicht zittern, mit 48 Gegentoren hatte man drei weniger zugelassen als der Vizemeister Bremen.

Obwohl mit starken Neuzugängen wie Heinz van Haaren, Herbert Lütkebohmert und dem aus Dortmund zurückgekehrten Stan Libuda in die Runde 1968/69 gestartet, stand die Brocker-Mannschaft nach einer 1:4-Niederlage in Aachen am 15. Spieltag bei einem Punktestand von 10:20 auf dem vorletzten Tabellenplatz. Brocker musste gehen und Präsident Siebert fahndete nun nach einem Mann mit besonderen Qualitäten. Er fand ihn in dem Globetrotter Rudi Gutendorf, der gerade auf den Bermudas tätig war. Wenige Jahre zuvor hatte sich der gebürtige Koblenzer beim Nachbarn Duisburg durch eine hervorragende Arbeit auszeichnen können. Er kannte sich

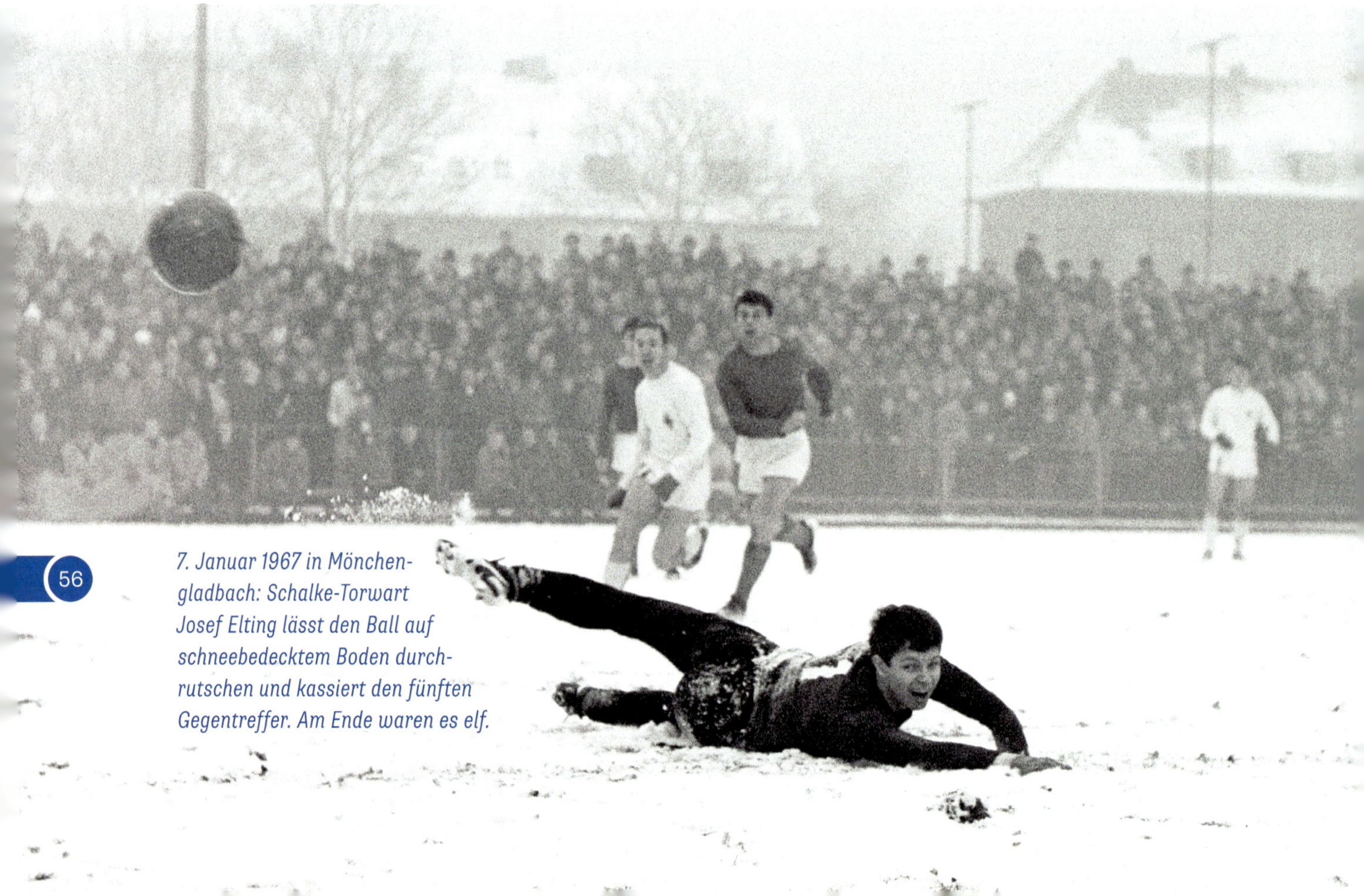

7. Januar 1967 in Mönchengladbach: Schalke-Torwart Josef Elting lässt den Ball auf schneebedecktem Boden durchrutschen und kassiert den fünften Gegentreffer. Am Ende waren es elf.

also auch im Ruhrpott aus, doch als der weltläufige und etwas exzentrische Fußballexperte mit seiner schönen Frau anreiste, wirkte er in der „Stadt der 1.000 Feuer“ fast ein wenig deplatziert.

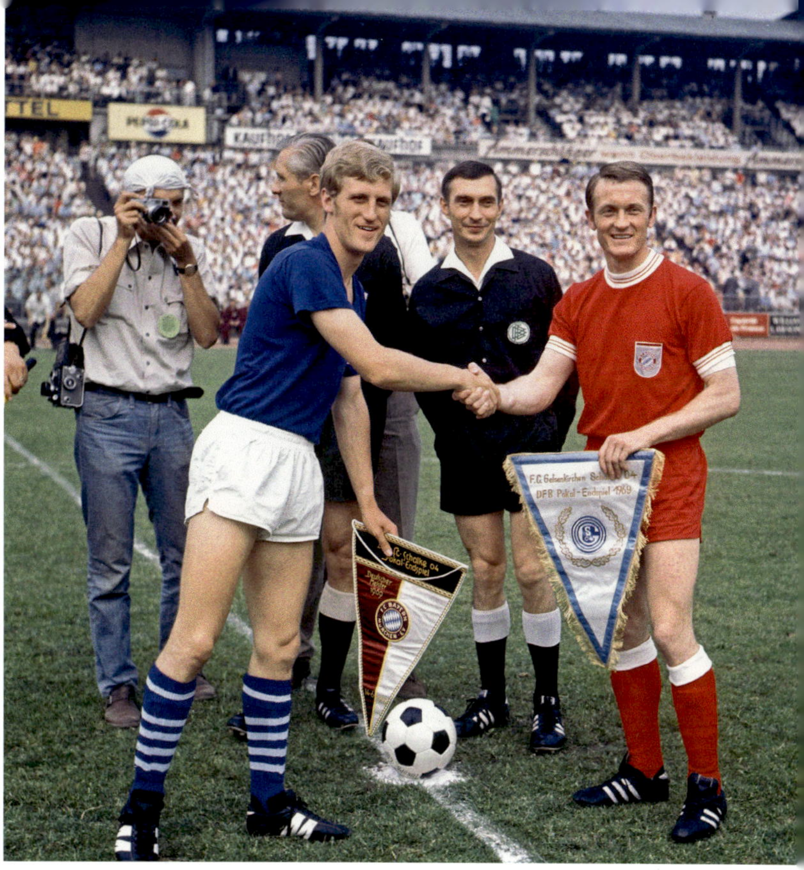

Shakehands und Wimpeltausch der Kapitäne Klaus Fichtel (links) und Werner Olk vor dem Anstoß des Pokalfinales am 14. Juni 1969 in Frankfurt.

1969-1970: Mit Gutendorf ins Pokalfinale

Gutendorfs erstes Spiel ging zwar in die Hose – 0:1 bei Hertha BSC –, doch es wurde rasch besser. In den restlichen Spielen holte Schalke noch 25:11 Punkte, war damit die beste Rückrundenmannschaft und lief auf dem siebten Platz ein. Das war erfreulich, doch der eigentliche Saison-Coup gelang mit dem Einzug in das DFB-Pokalfinale. Rot-Weiß Oberhausen, SV Alsenborn, Alemannia Aachen und 1. FC Kaiserslautern hießen die auf dem Weg dorthin besiegten Gegner. Als letzter wartete nun der FC Bayern München, der gerade seinen ersten Meistertitel in der Bundesliga klargemacht hatte.

Am 16. Juni waren bei sehr sommerlichen Temperaturen 60.000 nach Frankfurt gekommen und wunderten sich, dass der eigenwillige Gutendorf seine Mannschaft offensichtlich völlig umgekrempelt hatte. Die Bayern durchschauten allerdings schnell, dass es sich nur um Nummernsalat handelte. So trug der Abwehrspieler Klaus Senger zwar die „10“, hatte aber nichtsdestotrotz die Aufgabe, Gerd Müller auszuschalten. Es gelang ihm nicht. Bereits nach zwölf Minuten vollstreckte Müller zur Bayern-Führung. Acht Minuten später brachte Manfred Pohlschmidt die Schalker mit einem spektakulären Schuss zwar wieder heran, doch noch vor der Pause stand es nach einem weiteren Müller-Tor 1:2. Dabei blieb es, da es Schalke nicht gelang, gegen die überlegen Bayern Druck zu entwickeln und eine unverhoffte Großchance von Jürgen Wittkamp kurz vor Schluss von Franz Beckenbauer noch vereitelt wurde.

Das erste Double für die Bayern war zugleich für Schalke die bereits sechste Endspiel-Niederlage in diesem verhexten Wettbewerb! Doch es gab nach dem Abpfiff trotzdem Grund zur Freude: Da die Münchner als Deutscher Meister für den Pokal der Landesmeister qualifiziert waren, durfte Schalke am Europapokal der Pokalsieger teilnehmen.

TRAINING VOR DEN ZECHENTOREN

Als Rudi Gutendorf im November 1968 nach Gelsenkirchen kam, stand Schalke auf dem vorletzten Tabellenplatz. Oft erzählte er später, wie er gleich an seinem ersten Trainingstag die Spieler bei ihrer Ehre gepackt habe. „Schämt ihr euch nicht? Ich bin nicht daran schuld, sondern ihr. Wir müssen jetzt etwas Besonderes machen. Morgen früh [...] seid ihr alle um sechs Uhr hier. Wir laufen an den Zechentoren vorbei, damit die Arbeiter sehen, dass ihr auch malochen könnt. Meine Frau meinte, ich sei verrückt und würde alleine da stehen. Aber alle Spieler kamen, und ich hatte genau ausgerechnet, wann die Kumpels einfahren und einen Wegeplan gemacht, damit die uns auch alle beim Schichtwechsel sehen konnten. Sogar die Presse und das Fernsehen berichteten über diese Aktion. Die hatte ich natürlich auch vorher angerufen ...“

1970: Abenteuer Europapokal

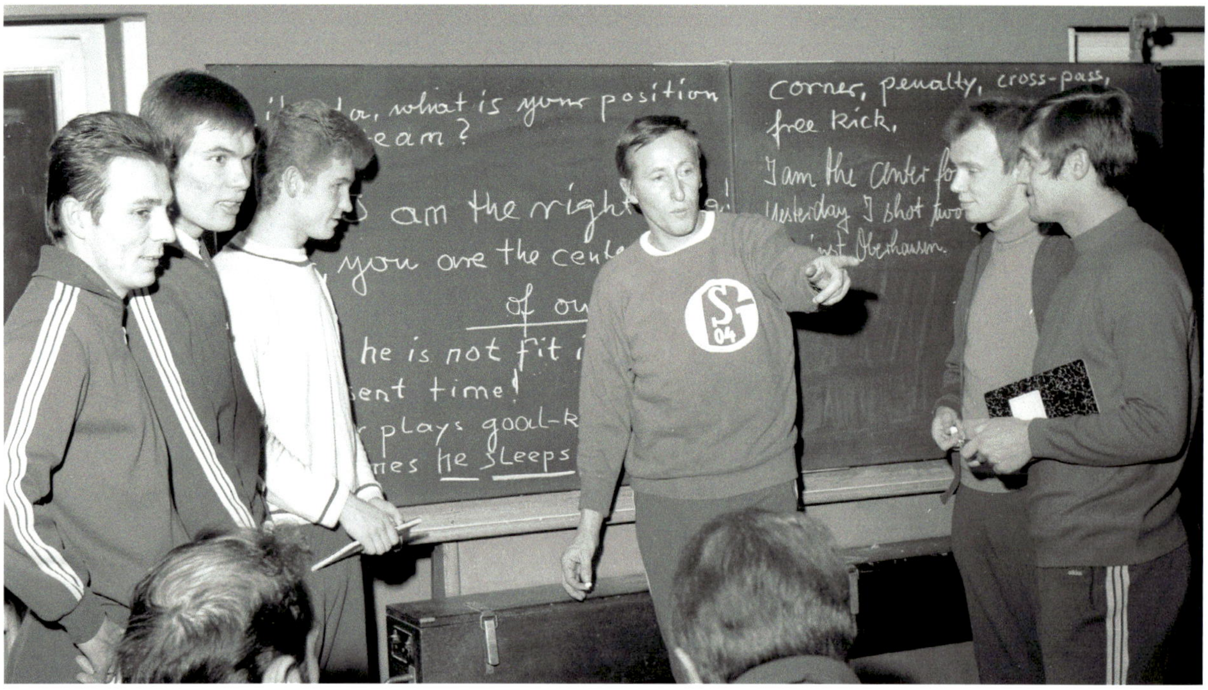

Trainer Rudi Gutendorf bereitet seine Spieler sogar mit Englischunterricht auf die Europapokal-Runde vor (v.l.n.r. Reinhard Libuda, Norbert Nigbur, Jürgen-Michael Galbierz, Hans-Jürgen Wittkamp, Friedel Rausch). Durchgängig erfolgreich war er damit nicht. Als Stan Libuda vor dem Europapokal-Spiel gegen die Shamrock Rovers von einem irischen Reporter gefragt wurde, auf welcher Position er spiele, antwortete er: „I am the white ring."

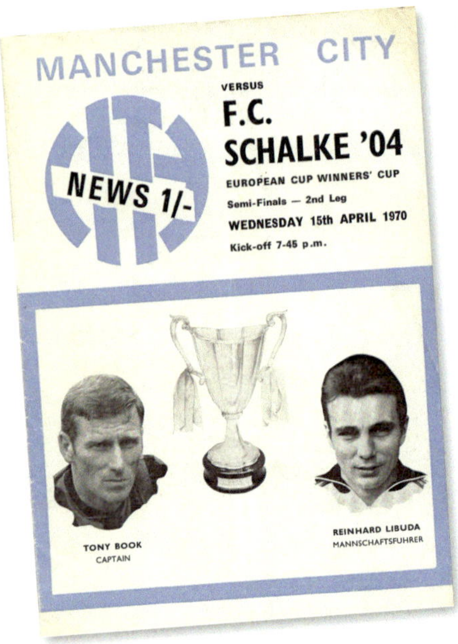

Programmheft zum Schalker Europapokal-Spiel bei Manchester City.

Während Gutendorf 1969/70 in der Bundesliga seinem Spitznamen „Riegel-Rudi" alle Ehre machte, mit seiner Defensivtaktik aber nicht nur Freunde gewann - elf Siege, zwölf Unentschieden und elf Niederlagen bedeuteten am Ende 34:34 Punkte und Platz neun -, sorgte die Europapokal-Runde für neue Abenteuer und Freude. Nachdem zwei leichtere Aufgaben erledigt waren - Shamrock Rovers und IFK Norrköping -, ging es im Viertelfinale gegen Dinamo Zagreb. Das war eine ganz andere Hausnummer. Die junge Schalke-Elf lieferte eine brillante Vorstellung ab: schnelle Kurzsprints, „angeschnittene" Flankenbälle, Doppelpässe, tolle Tore (Pirkner, Fichtel und Becher) - alles war beim 3:1 gegen die starken Kroaten dabei. Im Halbfinal-Hinspiel gelang gegen den englischen Pokalsieger Manchester City durch ein Libuda-Tor ein 1:0-Sieg. Das war dann zu wenig. Im Rückspiel, als einige Stammspieler verletzt fehlten, waren Gutendorfs Schützlinge chancenlos, sie verloren deutlich mit 1:5.

Das stets schwierige Verhältnis zwischen dem Trainer und dem Präsidenten, der sich immer wieder in sportliche Belange einmischte, war danach auf einem Tiefpunkt. Wenige Stunden nach der Pleite erklärte Günter „Oscar" Siebert in einer Journalisten-Runde, dass mit Gutendorf, dessen falsche Taktik in die Katastrophe geführt habe, jetzt Schluss gemacht werden müsse. Man einigte sich friedlich. Gutendorf erhielt ein Bündel Geld, und Siebert erklärte, dass sich der Trainer um Schalke 04 verdient gemacht habe.

Göttlicher Dribbler

Reinhard Libuda, Sohn eines Bergmanns, wuchs in der Gelsenkirchener Zechensiedlung Haverkamp auf. Seinen Spitznamen „Stan" verdankte er einem Engländer. Stanley Matthews, legendärer Rechtsaußen, 1956 Europas erster „Fußballer des Jahres" und von der Queen geadelt, begeisterte mit dem „Matthews-Trick": Gegner anlaufen, links antäuschen, rechts vorbeiziehen. Auch der Rechtsaußen Libuda beherrschte das wie im Schlaf. Und genau darauf bezieht sich eine berühmte Geschichte, die mit dem Werbeplakat eines Predigers begann. War es von Billy Graham? Oder vom Evangelisten Werner Heukelbach? Stand darauf: „An Jesus kommt keiner vorbei"? Oder: „An Gott kommt keiner vorbei?" - Egal. Jedenfalls soll ein Schalke-Fan handschriftlich hinzugesetzt haben: „Außer Libuda." Und bald war der Spruch „An Gott kommt keiner vorbei - außer Stan Libuda" in aller Munde.

Außergewöhnlich war das fußballerische Talent Libudas, außergewöhnlich war auch, dass er sowohl im königsblauen wie im schwarz-gelben Trikot Kultstatus erreichte: In der Schalke-Jugend groß geworden, mit Dortmund 1966 ein geniales Bogenlampen-Tor erzielt und den Europapokal geholt, und dann wieder ein Dribbel-Held in der Kampfbahn Glückauf bzw. im Parkstadion sowie Pokalsieger-Kapitän. 342 Pflichtspiele insgesamt, davon 257 in Königsblau, stehen für ihn zu Buche. Kurz: Der Mann war eine Legende, und legendär wurde auch das Skandieren der Fans: „LI-BU-DA! - LI-BU-DA! ...!"

Dass der sensible Kicker die ganz große Weltkarriere verfehlte, oft zu verspielt war und nur in Heimspielen sein ganzes Können auf den Platz brachte - geschenkt. Dass er am Bundesliga-Skandal beteiligt war und dadurch aus der Bahn geriet - sehr bedauerlich. Nach dem Karriereende wurde es tragisch: Alkoholprobleme und Scheidung, verarmt, arbeitslos und einsam, Krankheit, 1996 früher Tod nach einem Schlaganfall im Alter von 52 Jahren. Als Stans alte Grabstätte eingeebnet werden sollte, wurden seine sterblichen Überreste im Januar 2022 auf das Schalker Fan-Feld umgebettet. Er erhielt die Grabnummer 7.

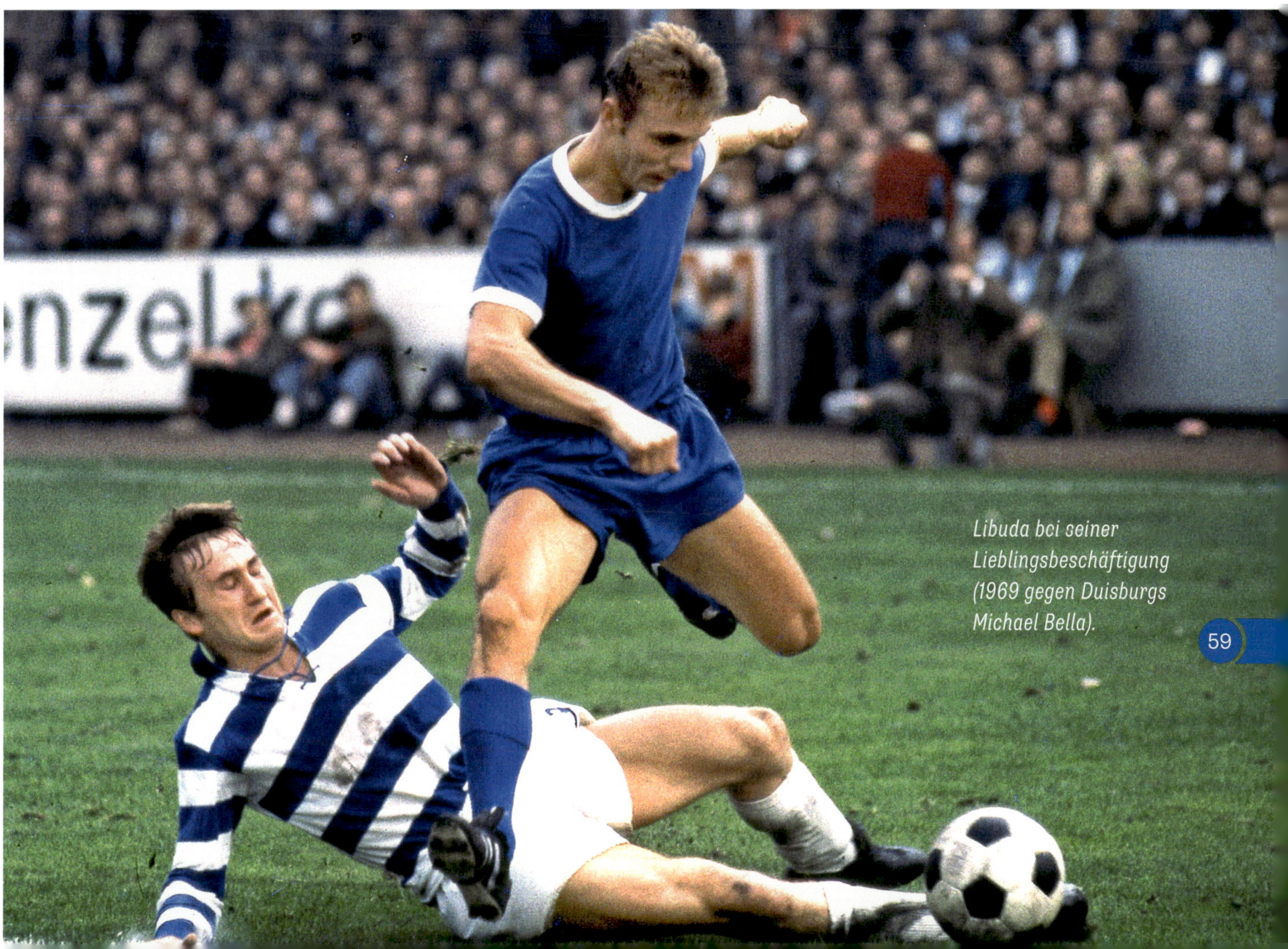

Libuda bei seiner Lieblingsbeschäftigung (1969 gegen Duisburgs Michael Bella).

1971/72: Traumfußball

Nach einer mittelmäßigen Saison, in deren Verlauf der bisherige Assistent Slobodan Cendic das Traineramt übernommen hatte, durfte sich ab August 1971 mit dem ehemaligen jugoslawischen Nationalspieler Ivica Horvat schon wieder ein neuer Übungsleiter versuchen. Es war eine gute Wahl. Unter ihm spielten die Königsblauen ganz stark auf. 1971/72 entwickelte sich zu einer sagenhaften Saison, in der gleich drei Teams - der amtierende Pokalsieger Bayern München mit der Achse Maier, Beckenbauer und Müller, der amtierene Meister Borussia Mönchengladbach mit Günter Netzer und Jupp Heynckes und eben Schalke 04 - im vollen Saft ihres Könnens standen und immer wieder Traumfußball zelebrierten.

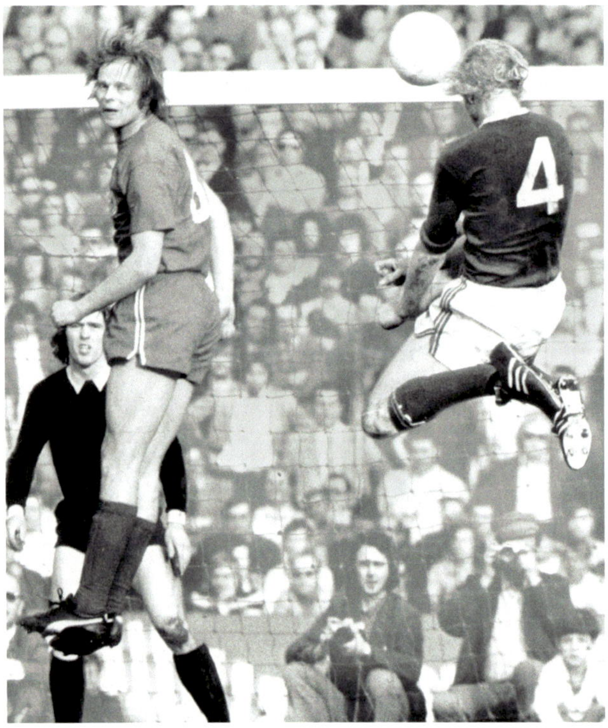

18. März 1972: Durch ein 3:0 gegen Fortuna Düsseldorf - hier das 2:0 von Rolf Rüssmann - behauptete der FC Schalke am 25. Spieltag die Tabellenspitze und lag im Meisterschaftsrennen voll auf Kurs.

Die Kremers-Zwillinge Erwin und Helmut aus Offenbach, die zu Saisonbeginn bei den Knappen angeheuert hatten, rundeten das starke königsblaue Team ab, das sich in den letzten Jahren gebildet hatte: Norbert Nigbur war ein Torhüter der Extraklasse; „Tanne“ Klaus Fichtel, der eisenharte Rolf Rüssmann und Jürgen Sobieray machten die Abwehr zu einem Bollwerk und waren bei Vorstößen stets gefährlich; im Mittelfeld führten Herbert Lütkebohmert und Heinz van Haaren brillant Regie; vorne schoss der aus dem bayerischen Zwiesel gekommene Klaus Fischer Tor um Tor, und auf Rechtsaußen entzückte Stan Libuda mit seinen Tricks die Fans.

Schon am ersten Spieltag schnalzten die Schalke-Fans mit der Zunge, als die Königsblauen in der Kampfbahn Glückauf Hannover 96 mit 5:1 zerlegten. Bis zum zwölften Spieltag hatte sich die Elf um Kapitän Fichtel lediglich auswärts in Frankfurt eine Niederlage geleistet, musste nun als Tabellenführer zum Meister Gladbach, der bereits fünf Punkte zurücklag - und kassierte auf dem Bökelberg unfassbare sieben Tore! Das war ein herber Rückschlag, aber noch nicht das Ende des Traums von der achten Meisterschaft. Schalke stürmte unwiderstehlich an die Tabellenspitze zurück, schlug am 17. Spieltag in der Kampfbahn Glückauf durch einen Treffer von van Haaren auch Bayern München mit 1:0 und wurde mit 28:6 Punkten Herbstmeister.

Nach dem 25. Spieltag - Schalke gewann gegen Fortuna Düsseldorf mit 3:0 durch Tore von Fischer (2) und Rüssmann - hielt die Tabellenführung zwar immer noch, der ursprüngliche Drei-Punkte-Vorsprung war aber auf einen geschmolzen. Nach einem 0:3 der Königsblauen in Berlin gegen die Hertha zogen die Bayern vorbei. Doch die Knappen blieben dran, verloren kein Spiel mehr und lagen vor dem letzten Spieltag nur einen einzigen Punkt hinter den Münchnern. Der Meistertitel war also noch drin. Und sogar das

JAHRHUNDERTSPIELER OHNE MEISTERTITEL

24 Siege und vier Unentschieden in 34 Spielen und 76:35 Tore lautete die tolle Bilanz des Schalker Klasseteams von 1971/72. Das wäre in einer normalen Bundesliga-Spielzeit die Bilanz eines Meisters gewesen. Und gäbe es für schöne Spielweise Punkte, hätten die glorreichen „Horvat-Löwen“ sicher einen Spitzenplatz in der Ewigen Tabelle verdient. So ist es wohl kein Wunder, dass die Schalker Fans 1999 gleich fünf Spieler aus dieser Mannschaft in die S04-Jahrhundertelf wählten: Norbert Nigbur, Klaus Fichtel, Rolf Rüssmann, Stan Libuda und Klaus Fischer.

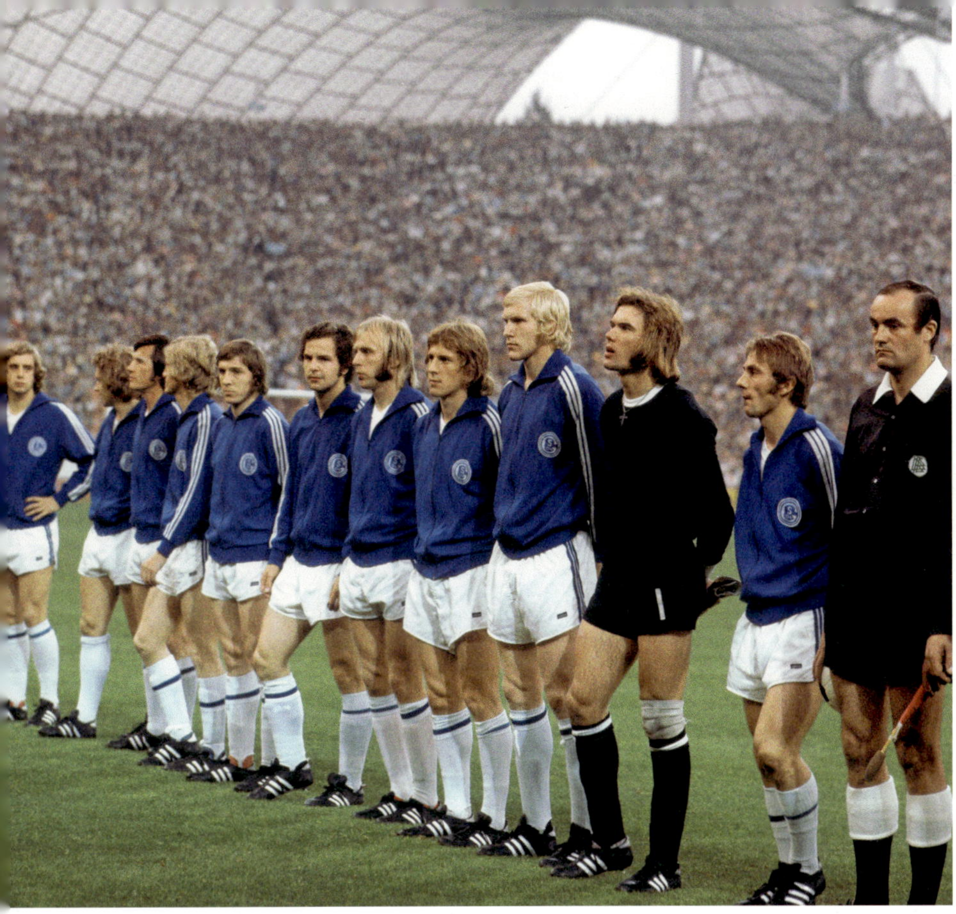

Das Schalker Dreamteam vor dem „Endspiel" am 34. Spieltag 1971/72 in München. Von links: E. Kremers, H. Kremers, van Haaren, Fichtel, Fischer, Huhse, Scheer, Lütkebohmert, Rüssmann, Nigbur, Libuda.

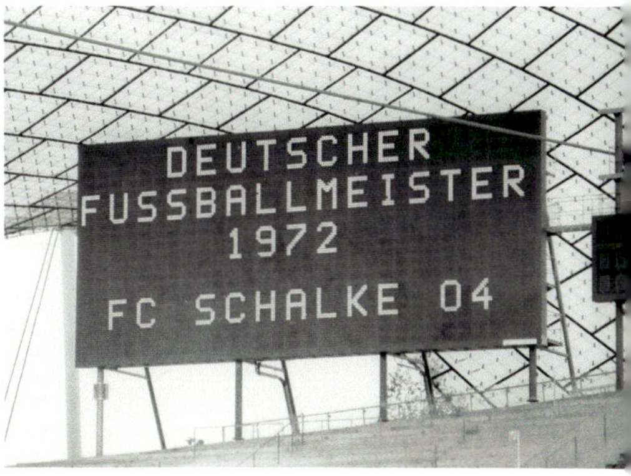

Vor dem „Endspiel" in München: Bei einem Probelauf der Anzeigetafel werden alle Möglichkeiten durchgespielt.

Double: Denn in einem heiß umkämpften Halbfinale gegen den 1. FC Köln war den Schalkern der Sprung ins Pokalendspiel gelungen.

Da zwischen dem 32. und 33. Spieltag die EM in Belgien angesetzt war, wo sich die mit dem Schalker Erwin Kremers angetretene deutsche Elf durch ein grandioses 3:0 im Finale gegen die Sowjetunion den Titel holte, fand der letzte Bundesliga-Spieltag erst am 28. Juni statt. An diesem Mittwoch war um 20:00 zur Bundesliga-Premiere im neuen Münchner Olympiastadion alles perfekt angerichtet: Ein Quasi-Endspiel unter Flutlicht vor ausverkauftem Haus – 79.000 Zuschauer waren gekommen – auf einem Rasen wie ein Teppich, der zum Tricksen nur so einlud.

Die Zuschauer im Stadion und die vor den Mattscheiben – das Match wurde vom BR live übertragen – sahen, wie die ganz in Weiß angetretenen Gäste gegen die rot-weiß gestreiften Hausherren ins Schlingern gerieten. Sehr souverän wirkende Bayern legten bis zum Halbzeitpfiff zwei Treffer vor: 1:0 Hansen, 2:0 Breitner prangte zum Halbzeitpfiff auf der riesigen Anzeigetafel. Als Klaus Fischer in der 55. Minute der Anschluss gelang, keimte noch einmal Hoffnung auf bei den Schalke-Fans. Es trafen aber nur noch die Hausherren. Nach den Toren von Willi Hoffmann und Uli Hoeneß setzte Franz Beckenbauer per Freistoß in der 90. Minute mit dem 101. Saisontreffer der Münchner den Schlusspunkt: Das Schalker Dreamteam hatte zum Saisonfinale fünf Treffer kassiert und damit auch den Meistertitel verloren.

Es war enorm bitter: Nur Vizemeister, und dann auch noch mit so einer derben Abschluss-Klatsche. Dass über die gesamte Saison hinweg betrachtet nicht nur die Roten, sondern auch die Königsblauen Überragendes geboten hatten, konnte da kaum trösten. Und dann gab es da ja noch die Sache mit dem Bundesliga-Skandal ...

Schlusspunkt im Münchner Olympiastadion: Beckenbauers Schuss schlägt hinter Nigbur ein.

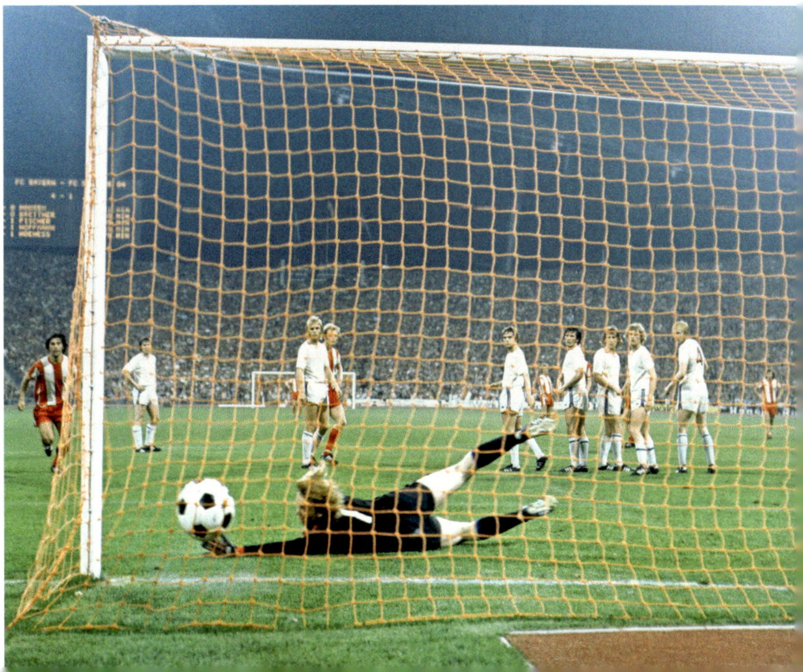

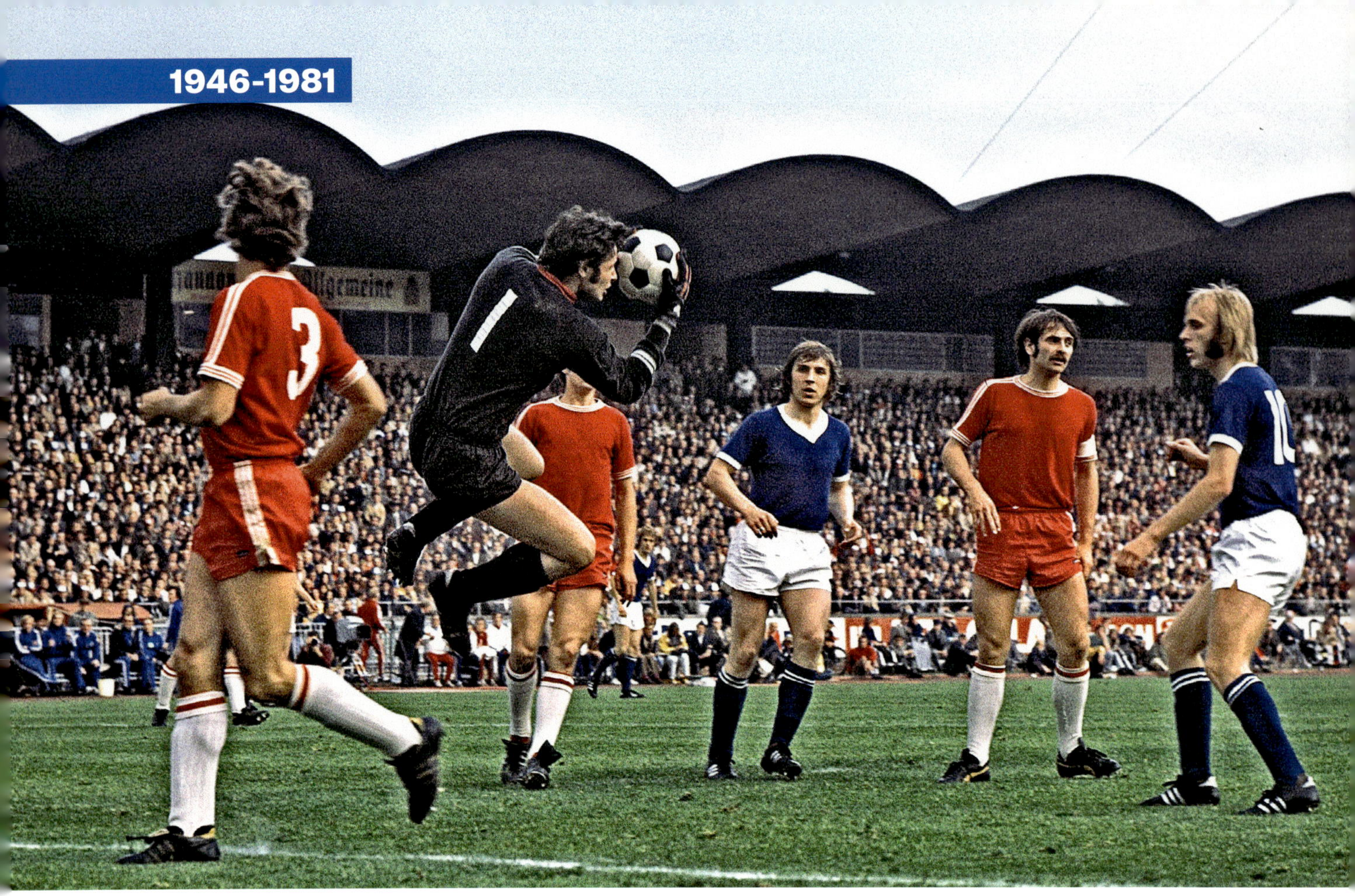

Die S04-Torschützen Klaus Fischer und Klaus Scheer beim Angriff auf das von dem Ex-Schalker Jupp Elting gehütete Tor des 1. FC Kaiserslautern.

1. Juli 1972: Triumphale Pokalsieger

Drei Tage nach dem Schock von München zeigten sich die Knappen vor 61.000 Zuschauern in Hannover gegen den 1. FC Kaiserslautern wie ausgewechselt und völlig fokussiert auf die Aufgabe, die Saison mit einem Titelgewinn abzuschließen. Selbstverständlich war das nicht: Denn es stand bereits fest, dass die Mannschaft wegen des Bundesliga-Skandals auseinanderbrechen würde, Libuda und van Haaren, die bereits ins Ausland zu Racing Straßburg gewechselt waren, hatten nur mit speziellen „Ein-Tages-Verträgen" antreten können.

Die Spieler hatten alle Nervosität erfolgreich abgeschüttelt und ließen von Beginn an keinerlei Zweifel an ihrem Siegeswillen aufkommen. Schon in der 13. Minute eröffnete Helmut Kremers nach einem Sololauf den Torreigen. Klaus Scheer köpfte noch vor der Pause eine Lütkebohmert-Flanke ins Netz. In der zweiten Hälfte setzte sich das brillante Fußball-Feuerwerk fort. Wenige Minuten nach dem Wiederanpfiff war Lütkebohmert mit einem Distanzschuss erfolgreich. Klaus Fischer erhöhte auf Pass des spielfreudigen Stan Libuda auf 4:0. Und schließlich setzte Helmut Kremers in der 82. Minute mit einem direkt verwandelten Freistoß den Schlusspunkt. 5:0 und endlich, endlich der zweite Titelerfolg in diesem verfluchten Wettbewerb, den der FC Schalke seit 1937 (!) nicht mehr hatte gewinnen können. Es war nicht nur ein Trostpflaster für die entgangene Meisterschaft, sondern ein Triumph, der ausgelassen gefeiert werden durfte. Ja musste: Denn die Zukunft dieser Pokalsiegermannschaft war ja schon wieder vorbei. Jammerschade.

„Ballett gegen Bleisoldaten."

– Schlagzeile der „Westfalenpost" zum Pokalfinale

ELFMETERFLUT

Im Halbfinale des DFB-Pokals verlor der FC Schalke in Köln mit 1:4, war damit aber noch nicht raus, da die Pokalspiele damals mit Hin- und Rückspiel ausgetragen wurden. Im Rückspiel in der Glückauf-Kampfbahn am 10. Juni 1972 stand es nach 120 Minuten 5:2, also in der Addition 6:6. Das dramatische Match, in dem es insgesamt 21 (!) Elfmeter gab, wurde durch ein 6:5 im Elfmeterschießen entschieden.

Hier die Torfolge:

1:0 Fischer (15.)
2:0 Rüssmann (32.)
3:0 Scheer (41.)
3:1 Löhr (42.)
3:2 Löhr (59., Elfmeter)
Beverungen verschießt Elfmeter (80.)
4:2 H. Kremers (83., Elfmeter)
5:2 E. Kremers (90., Elfmeter)
Nigbur hält Elfmeter von Biskup (105.)

Elfmeterschießen:

1:0 Fischer
1:1 Löhr
Libuda verschießt
Overath verschießt
2:1 Nigbur
2:2 Thelen
3:2 H. Kremers
3:3 Biskup
4:3 E. Kremers
4:4 Kapellmann
5:4 Fichtel
5:5 Simmet
Beverungen verschießt
Glowacz verschießt
6:5 van Haaren
Cullmann verschießt

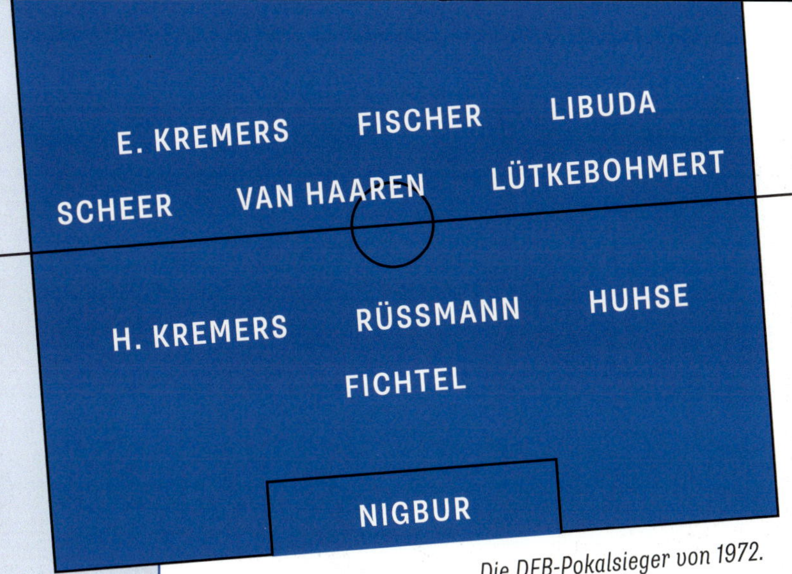

Die DFB-Pokalsieger von 1972.

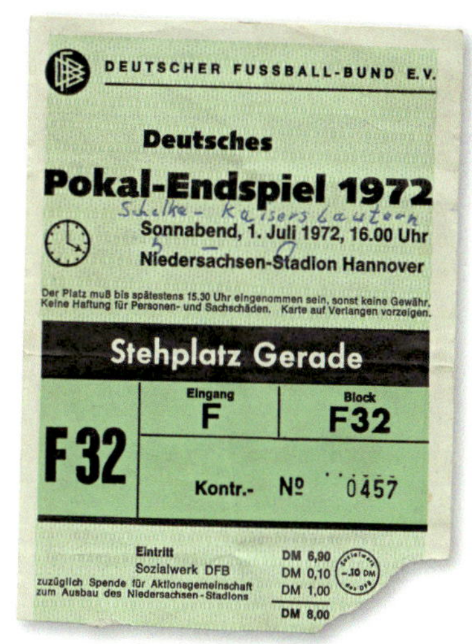

100.000 Fans bereiten den Pokalsiegern in Gelsenkirchen einen triumphalen Empfang.

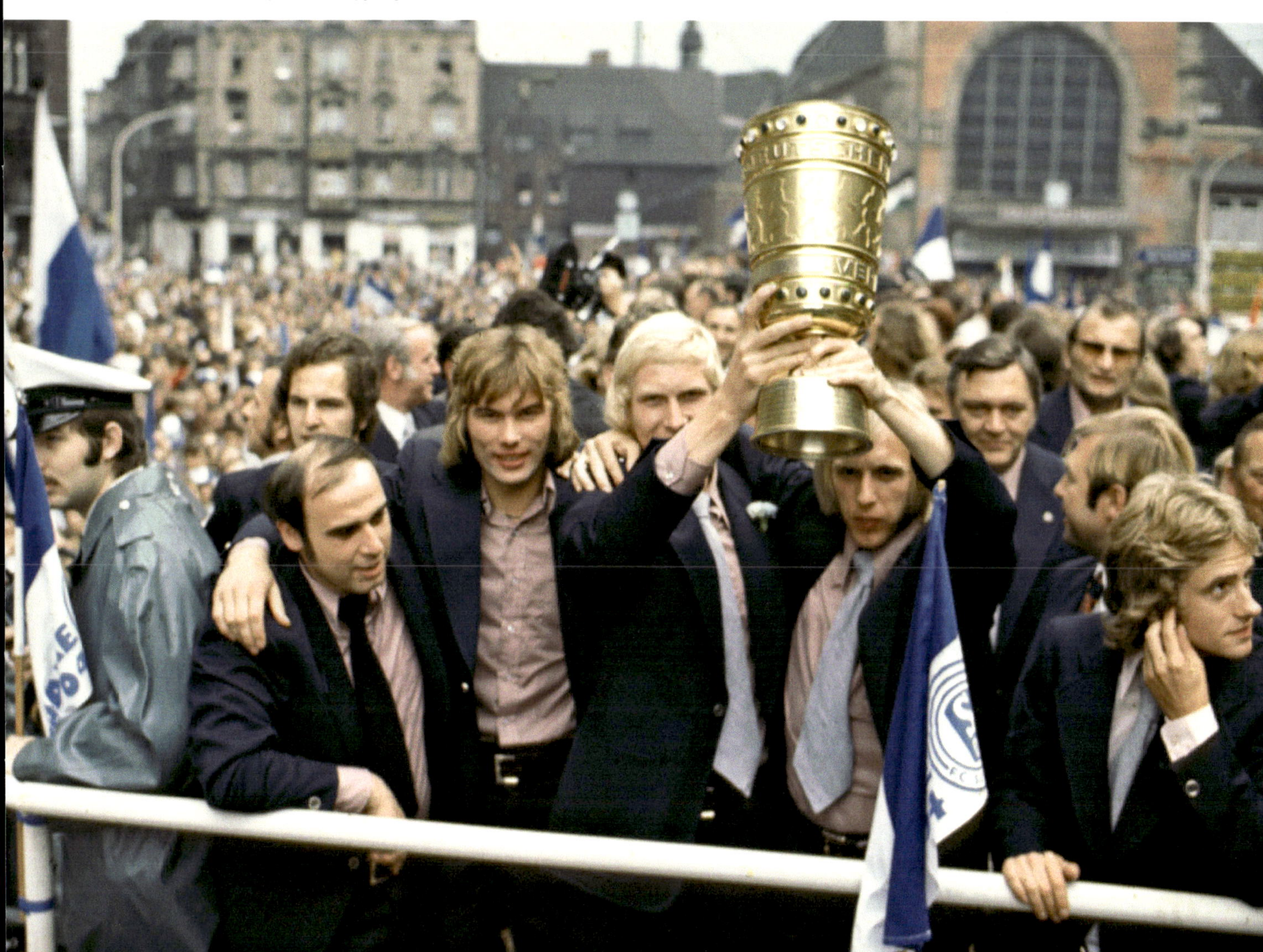

Der Bundesliga-Skandal

Das „Geldspiel"

Im deutschen Spitzenfußball kam es immer wieder mal vor, dass Spieler aus einer „schwarzen Kasse", also am Finanzamt vorbei, bezahlt wurden. So etwas war jedoch noch ziemlich harmlos im Vergleich zu den Betrügereien, die als „Bundesliga-Skandal" berühmt wurden. An die Öffentlichkeit kamen sie, als am 6. Juni 1971, einen Tag nach der Meisterfeier von Borussia Mönchengladbach, Horst-Gregorio Canellas, Präsident des Absteigers Kickers Offenbach, den an seinem 50. Geburtstag anwesenden Gästen Tonbandaufnahmen präsentierte, die Spielmanipulationen bewiesen.

Es stellte sich heraus, dass insgesamt 18 Spiele in der Endphase der Saison 1970/71 gekauft worden waren, darunter das 0:1 der Königsblauen gegen das abstiegsbedrohte Arminia Bielefeld am 14. April 1971. Für 40.000 DM - also rund 2.300 DM pro Spieler -, überbracht von dem Bielefelder Spieler Waldemar Slomiany, einem ehemaligen Schalker, hatten die Knappen das Spiel absichtlich verloren. Hans Kindermann, Vorsitzender des Kontrollausschusses des DFB, ermittelte zwei Jahre lang gegen verdächtige Spieler. Am Ende wurde 53 Spielern, zwei Trainern und sechs Funktionären von neun Vereinen eine Beteiligung an Spielmanipulationen nachgewiesen. Den FC Schalke 04 kostete der Skandal weit über 1 Mio. DM an Strafen und Prozesskosten. Insgesamt 13 Spieler, die 1970/71 das Schalke-Trikot getragen hatten, wurden zu Geldbußen und Sperren verdonnert. Später wurden zahlreiche Sünder begnadigt oder erhielten eine Freigabe für das Ausland. Besonders hart traf es Manfred Pohlschmidt und Reinhard Libuda, die beide mit einer Sperre auf Lebenszeit belegt wurden. Libuda wurde im Januar 1974 begnadigt, Pohlschmidt erst vier Jahre später.

„FC Meineid 04"

Die Schalker Spieler hatten zunächst eigentlich nur eine Nebenrolle in der Affäre, denn anderswo waren wesentlich höhere Summen geflossen. Hätten sie gestanden, wären sie wohl glimpflich davongekommen. Da sie aber ihre Verge-

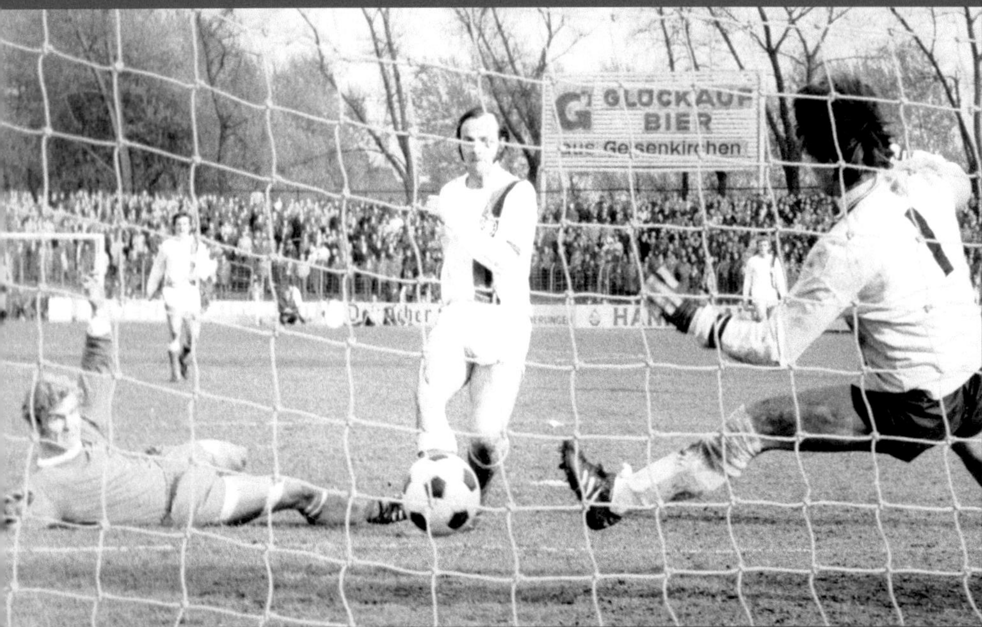

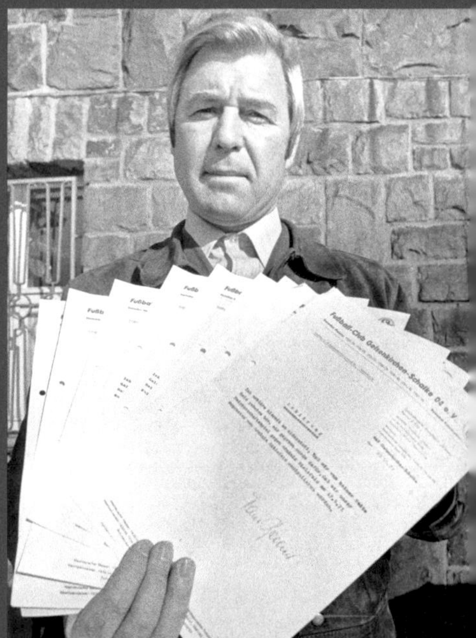

Bilder von links nach rechts:

17. April 1971: Bielefelds Gerd Roggensack erzielt gegen Jürgen Galbierz und Torwart Dieter Burdenski (beide FC Schalke 04) das vorab vereinbarte Tor zum 1:0-Auswärtssieg in der Glückauf-Kampfbahn.

7. Februar 1973: Schalke-Präsident Günter Siebert, wie Schatzmeister Heinz Aldenhoven selbst in den Bestechungsskandal verwickelt, präsentiert eidesstattliche Erklärungen der Schalker Spieler.

2. Oktober 1975: Beim Meineid-Prozess in Essen auf der Anklagebank (v.l.n.r.): Manfred Pohlschmidt, Herbert Lütkebohmert, Klaus Fichtel, Jürgen Wittkamp, Reinhard Libuda, Rolf Rüssmann, Klaus Fischer, Jürgen Sobieray (verdeckt).

Lichtblick in dunklen Zeiten: „Kicker"-Redakteur Dieter Ueberjahn überreicht Klaus Fischer die Torjägerkanone 1975/76.

hen hartnäckig bestritten und ihre Unschuld vor einem Zivilgericht sogar unter Eid beschworen, traf es sie am Ende besonders hart. Nachdem die Lüge, ausgelöst durch das Geständnis von Torhüter Dieter Burdenski, ans Tageslicht gekommen war, landeten Ende 1975 acht wegen Meineids angeklagte Schalker vor dem Landgericht Essen. Da sie die Gegenbeweise nicht entkräften konnten, schrammten sie nur knapp an Gefängnisstrafen vorbei und konnten froh sein, dass sie lediglich zu Geldstrafen verdonnert wurden; im Schnitt waren es 8.300 Mark pro Spieler. Schlimmer war der Nebeneffekt für den Verein: Im öffentlichen Trubel um den Prozess war aus dem Bestechungsskandal ein Skandal des „FC Meineid 04" geworden.

Der Zerfall des Schalker Dreamteams

Die Auswirkungen des Skandals zerstörten die große Mannschaft von 1971/72, die so viele Hoffnungen geweckt hatte. Wegen der zahlreichen Sperren für Stammspieler musste in der Saison 1972/73 eine „Notelf" antreten, deren Durchschnittsalter gerade mal 22 Jahre betrug. Getragen von der Unterstützung der Fans landeten die Jung-Schalker auf dem 15. Platz und sicherten sich damit den Klassenerhalt. Danach brachte jedoch weder die Rückkehr der gesperrten Spieler noch der Umzug ins moderne Parkstadion den erhofften großen sportlichen Aufschwung. Immerhin: Die nach und nach eintröpfelnden „Sünder" - zunächst Fischer und Sobieray, dann Libuda, schließlich Ende Januar 1974 auch Fichtel, Rüssmann und Lütkebohmert - sorgten dafür, dass die Mannschaft vom Tabellenende wegkam und sowohl 1973/74 wie 1974/75 einen einstelligen Platz erreichte.

Auch die Ablösung von Trainer Ivica Horvat durch den „Meistermacher" Max Merkel im Sommer 1975 verpuffte. Da die Mannschaft weiterhin nicht aus dem Niemandsland der Tabelle herausfand, wurde der Österreicher im März 1976 von seinem Assistenten, dem ehemaligen Schalke-Spieler Friedel Rausch, abgelöst. Dank ihm, dank tauglicher neuer Spieler wie dem Libuda-Nachfolger Rüdiger Abramczik und dem Mittelfeld-Ass Hannes Bongartz, vor allem aber dank Klaus Fischer, der sich mit 29 Treffern die Torjägerkanone sicherte, gab es auf Schalke endlich mal wieder Grund zum Feiern. Als Sechster sicherten sich die Knappen die Teilnahme am UEFA-Pokal.

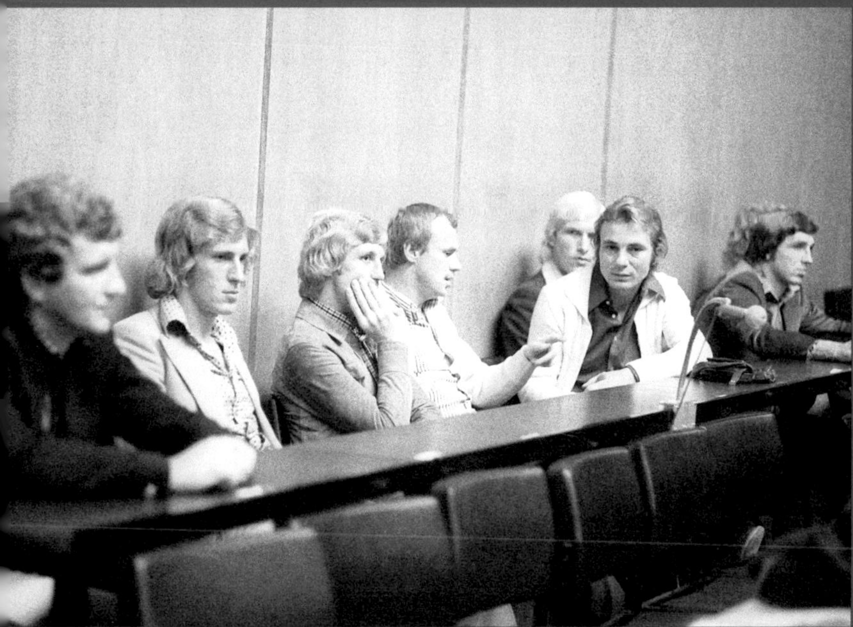

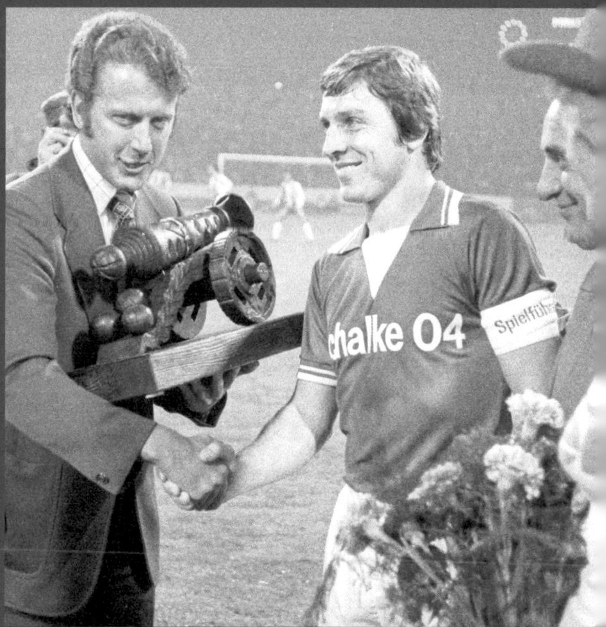

„Mein Gott, was waren wir damals dumm. Für 2.300 Mark pro Mann ein Spiel zu verlieren, blöder kann man nicht sein. Eine Siegprämie betrug damals 2.000 Mark."

– Kommentar von **Klaus Fischer** zum Bundesliga-Skandal

„SCHALKE 05"

Am 21. Juli 1973 machte ein Versprecher Geschichte: Carmen Thomas, Moderatorin des Aktuellen Sportstudios, sprach von „Schalke 05". Es hagelte Proteste. Erst über 30 Jahre später erhielt sie vor einem Bundesliga-Heimspiel der Königsblauen am 28. August 2004 die Gelegenheit, sich offiziell bei allen Schalke-Fans für ihren Fehler zu entschuldigen.

1977: Mit Rausch auf Fohlenjagd

Während international nicht viel zu holen war – im UEFA-Pokal war bereits nach der dritten Runde gegen den belgischen Klub Molenbeek Schluss –, kickten die Knappen 1976/77 in der Bundesliga unter ihrem neuen Trainer zuweilen wie gedopt. So etwa am neunten Spieltag beim sensationellen 7:0 im Olympiastadion von München gegen den FC Bayern, zu dem Klaus Fischer vier Tore beisteuerte. Danach blies Trainer Friedel Rausch zur Jagd auf die „Fohlen" aus Mönchengladbach, die auf dem besten Wege schienen, nahezu unangefochten ihre dritte Meisterschaft in Folge einzufahren. Doch da sie immer häufiger strauchelten, wurde es am Ende tatsächlich eng. Als die Königsblauen im Endspurt eine Serie von vier Siegen und einem Unentschieden hinlegten, war der Vorsprung der Gladbacher vor dem letzten Spieltag auf zwei Punkte geschmolzen. Für Spannung beim Saisonfinale war also gesorgt: Die Gladbacher mussten nach München und dort mindestens einen Punkt holten, und Schalke, das im Torverhältnis (+25) mit einem Treffer vorne lag, musste sein Heimspiel gewinnen. Der Gast hieß: Borussia Dortmund!

Für die Borussen ging es sportlich um nichts mehr, aber natürlich waren sie darauf erpicht, den Meisterschaftstriumph der Königsblauen zu verhindern. Die Gastgeber wollten sich ihre Chance aber natürlich nicht entgehen lassen: Vor 70.600 Zuschauern im Parkstadion legte Schalke durch Treffer von Rüdiger Abramczik und Klaus Fischer bis zur 26. Minute eine 2:0-Führung vor. Doch aus München kamen schlechte Nachrichten: Auch Gladbach hatte bereits zweimal getroffen. Nur wenige Fans glaubten wohl noch an ein Wunder. In der zweiten Hälfte sahen sie vier Tore, jeweils zwei für jede Partei, als letztes den 24. Saisontreffer von Klaus Fischer zum 4:2-Endstand. Es war ein schöner Derbysieg nach einem flotten Spiel, aber er nützte nichts. Zwar fiel ihn München in der Schlussminute noch ein Tor zum 2:2-Ausgleich, für den Siegtreffer aber, der den Knappen die Meisterschale beschert hätte, blieb den Bayern keine Zeit mehr.

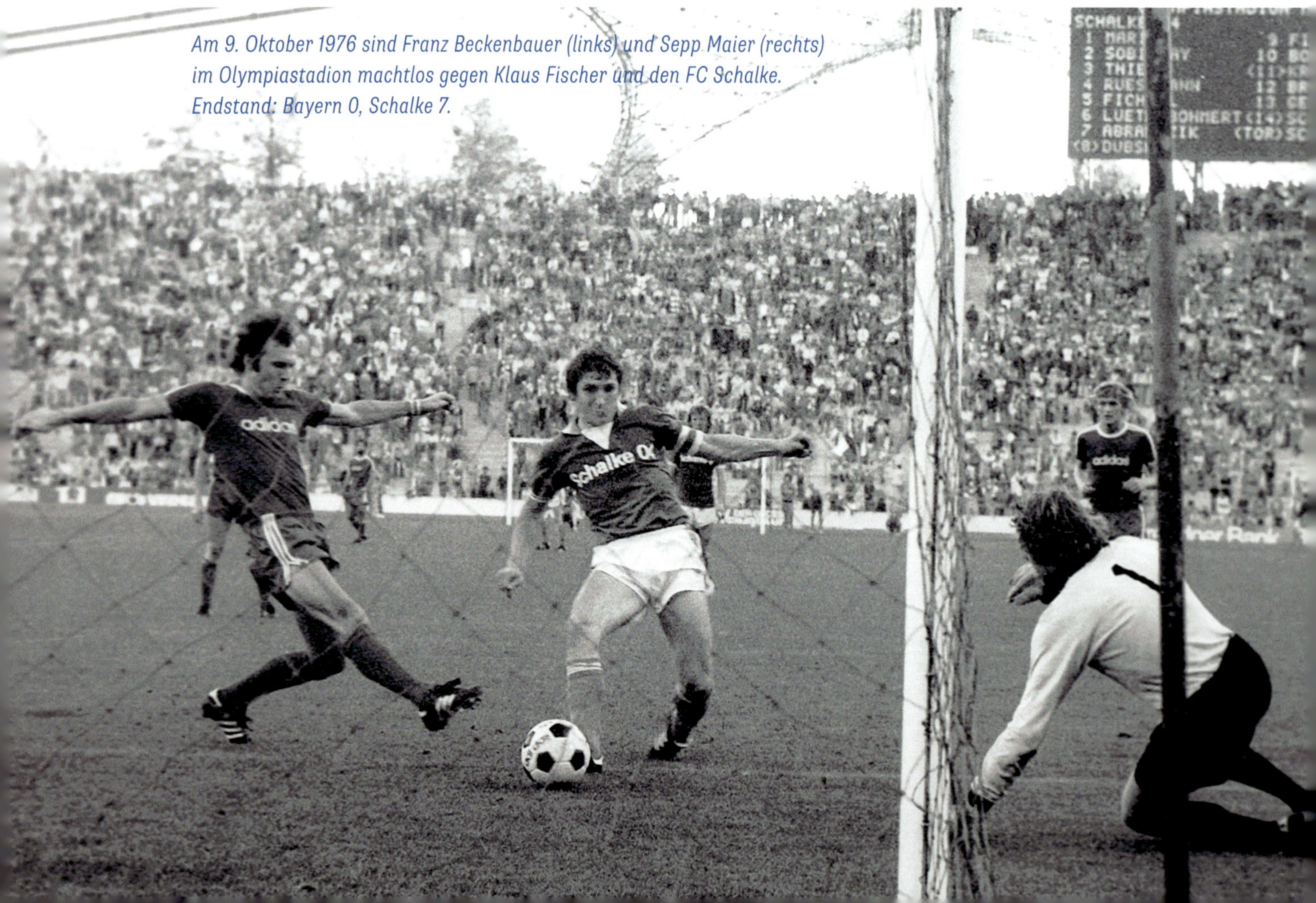

Am 9. Oktober 1976 sind Franz Beckenbauer (links) und Sepp Maier (rechts) im Olympiastadion machtlos gegen Klaus Fischer und den FC Schalke. Endstand: Bayern 0, Schalke 7.

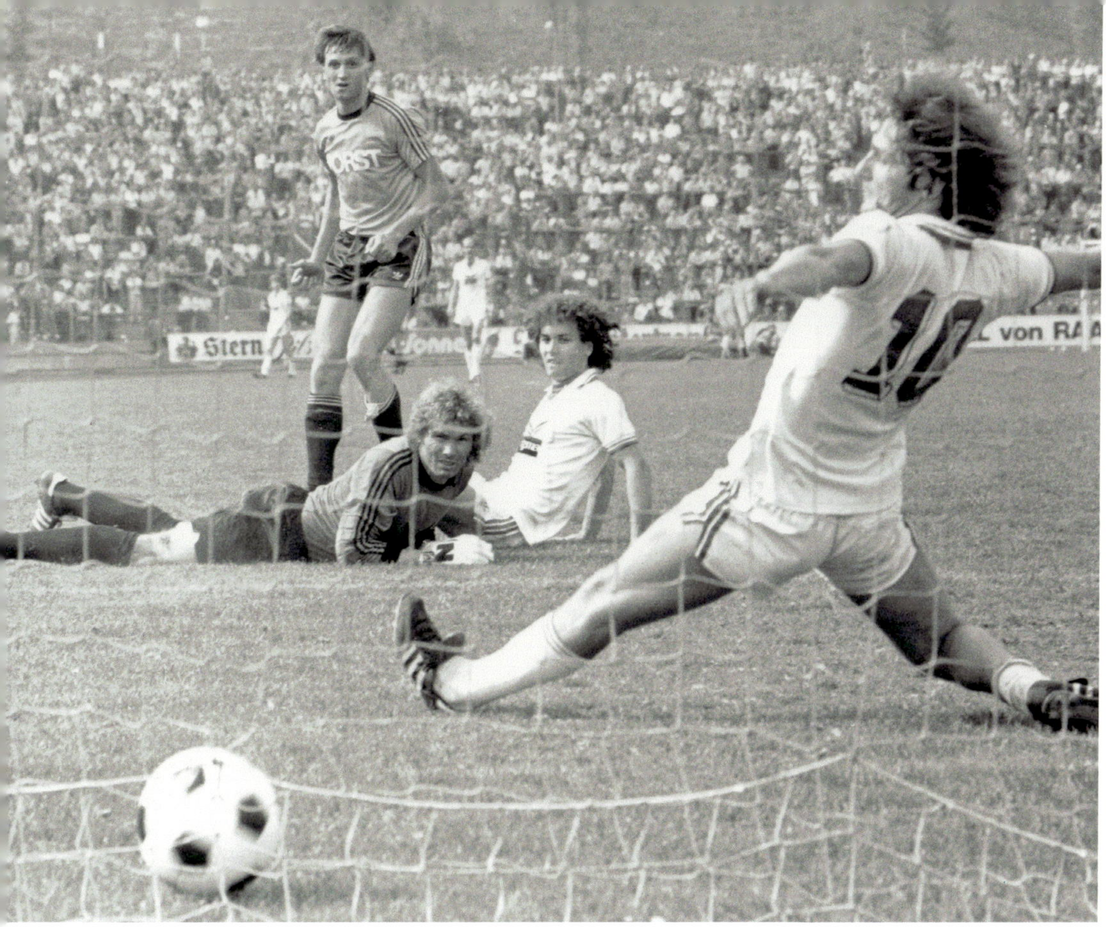

Am 9. Mai 1981 rutschte Schalke nach einem 0:6 im Heimspiel gegen den VfL Bochum (hier das 0:5) sogar ans Tabellenende. Torwart Norbert Nigbur und Jürgen Täuber können dem Schuss des Bochumers Abel nur noch hinterherschauen, der Österreicher Kurt Jara grätscht vergeblich.

1978-1981: Abstieg mit Ansage

Beim neuerlichen Europacup-Gastspiel kam der deutsche Vizemeister über den AC Florenz (0:0, 2:1) in die zweite Runde, wo sich dann aber der DDR-Vertreter 1. FC Magdeburg als zu stark erwies (2:4, 1:3). Niemand dachte daran, dass das der für lange Zeit letzte Europapokal-Auftritt gewesen sein könnte. In der Bundesliga lief es 1977/78 zunächst noch passabel, als dann aber Trainer Friedel Rausch nach vier Niederlagen in Folge Anfang Dezember entlassen und durch Uli Maslo ersetzt wurde, begann alles zu kippen. Schalke hielt sich zwar in den nächsten drei Jahren noch einigermaßen sicher im Mittelfeld, geriet aber immer mehr in Geldnöte. Ein Klassespieler nach dem anderen wurde verkauft, erfolglose Trainer gaben sich die Türklinke in die Hand, und auch in der Führungsetage begann ein personelles Wechselspiel, das die Unruhe noch vergrößerte.

Der Absturz kündigte sich also lange an. In der Saison 1980/81, als Schalke von Beginn an ganz unten herumkrebste und am 30. Spieltag sogar die Schlusslaterne übernahm, war es dann so weit: Am 13. Juni 1981 verloren die Königsblauen vor nur noch 12.000 Unentwegten ihr letztes Saisonheimspiel gegen den 1. FC Köln mit 1:2 und stiegen – nach 55 Jahren der Erstklassigkeit – als Tabellenvorletzter in die Zweite Liga ab. Die Bilanz dieser Horrorsaison: Nur acht Siege, aber 88 Gegentore und eine Tordifferenz von -45.

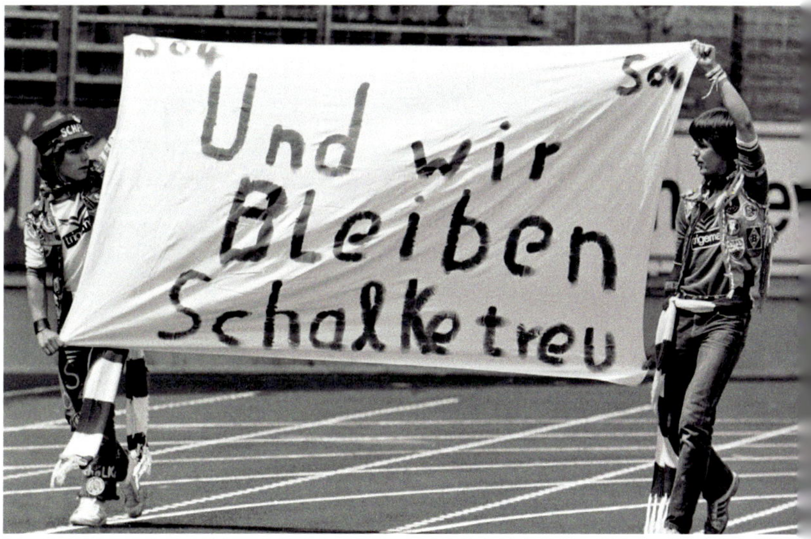

Einziger kleiner Trost beim Abstieg: Ein Häufchen besonders tapferer Fans bekundet unverdrossen seine Treue.

Die Stars der 1970er-Jahre

Akteure wie der bissige Verteidiger **Friedel Rausch**, der nimmermüde Mittelfeld-Motor **Gerhard Neuser** oder der Stürmer **Manfred Pohlschmidt** hatten das Pech, dass sie in den wenig erfolgreichen 1960er-Jahren das königsblaue Trikot trugen. Als Schalker berühmt geworden sind hingegen jene Spieler, die Fußball-Deutschland 71/72 mit Traumfußball begeisterten.

Norbert Nigbur, bereits als 18-Jähriger Stammtorhüter auf Schalke, glänzte als geschmeidige „Wildkatze“ mit tollen Paraden. Zum Höhepunkt seiner Karriere wurde die Saison 1971/72, als er die wenigsten Gegentore aller Bundesliga-Keeper hinnehmen musste. Über 555 Minuten in Folge hielt er dabei seinen Kasten sauber und stellte damit einen Rekord auf. Seinen Ruf als Elfmetertöter erwarb er sich auf dem Weg zum Pokalsieg im selben Jahr, als er im Halbfinale dreimal parierte. Nach einem dreijährigen Ausflug zu Hertha BSC kehrte er 1979 noch einmal für fünf Jahre ins Schalke-Tor zurück. Dass der Klassemann Nigbur nur zu sechs Länderspielen kam, lag allein an dem legendären Sepp Maier, der damals als Nationaltorhüter gesetzt war.

Als der gelernte Bergmann **Klaus Fichtel** im Alter von 20 Jahren zu Schalke kam, setzte er sich sofort als überragender Abwehrorganisator durch. Weil er so unverrückbar stand wie ein Baum, wurde er in Anspielung auf seinen Namen bald „Tanne“ gerufen. Trotz seiner Sperre infolge des Bundesliga-Skandals und einer Zwischenstation bei Werder Bremen (1980-84) hält er mit 477 Bundesliga-Spielen den Vereinsrekord von S04. Er beendete seine Karriere 1988 im Alter von 43 Jahren und ist damit bis heute der älteste Bundesliga-Spieler aller Zeiten. Neben Fichtel fegte der kopfballstarke **Rolf Rüssmann** kompromisslos den Strafraum leer. Elegant sah der „Rolli“, der laut Trainer Rudi Gutendorf „Bügeleisen in den Schuhen“ hatte, allerdings nicht immer aus. **Jürgen Sobieray** startete 1969/70 seine Karriere bei Schalke und galt als Talent mit großer Zukunft. Seine wenig profihafte Lebensführung und seine Verwicklung in den Bundesliga-Skandal verhinderten, dass aus dem trickreichen Verteidiger ein ganz Großer wurde.

Heinz van Haaren wusste als fleißiger und abgeklärter Regisseur mit seinem guten Auge zu überzeugen und lief auch viel, nur besonders schnell war der Niederländer nicht.

Herbert Lütkebohmert hatte als jüngstes von elf Kindern schon früh gelernt, sich durchzusetzen. Seine Karriere als „Laufwunder“ im Schalker Mittelfeld begann er 1968. Sie dauerte, unterbrochen von einer Sperre, elf Jahre lang.

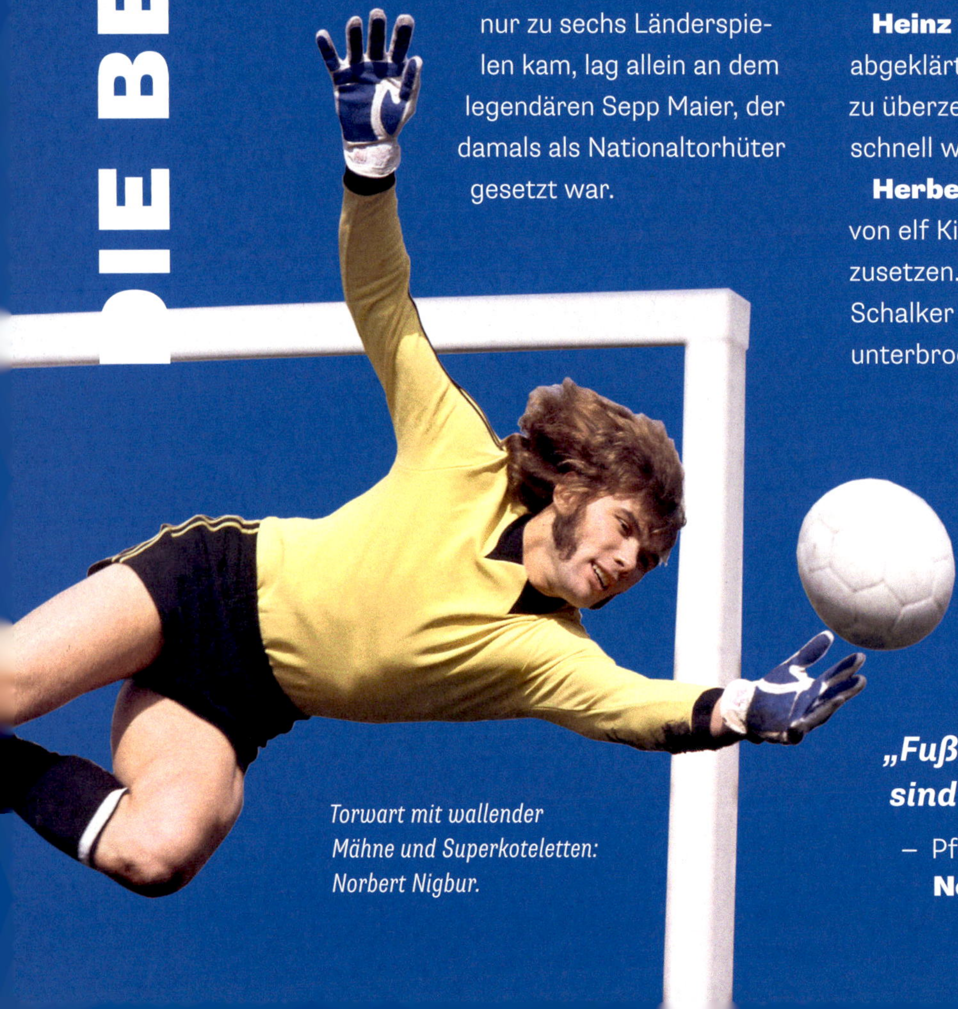

Torwart mit wallender Mähne und Superkoteletten: Norbert Nigbur.

„Wenn wir hier nicht gewinnen, dann treten wir ihnen wenigstens den Rasen kaputt.“

– **Rolf Rüssmann**

„Fußball und Trabrennen sind nichts für Frauen.“

– Pferdenarr und Trabrenn-Fahrer **Norbert Nigbur**

Klaus Scheer war ein zuverlässiger Mittelfeld-Arbeiter und auch für manches Tor gut.

Klaus Fischer, der Mittelstürmer aus dem bayerischen Zwiesel, gelernter Glasbläser und Meister im Eisstockschießen, fand über 1860 München den Weg ins Ruhrgebiet. Über ein Jahrzehnt, bis zum Abstieg 1981, hielt der Torjäger Schalke die Treue. Mit 182 Bundesliga-Treffern hält der Meister des akrobatischen Fallrückziehers noch immer die Bestmarke bei den Königsblauen. Für die Vorlagen auf Fischer war nach Libudas Karrierende der als „Flankengott" gefeierte **Rüdiger Abramczik** zuständig. Bei seinem Debüt im August 1973 war der 17-Jährige Straßenfußballer der bis dahin jüngste Spieler aller Zeiten in der Bundesliga. Wie Libuda wechselte auch er nach Dortmund und kehrte noch einmal zurück. Auf Linksaußen wirbelte der flinke **Erwin Kremers**, der als Europameister von 1972 vor einer großen Nationalmannschaftskarriere stand, sich aber die Teilnahme an der WM 1974 durch eine Schiedsrichter-Beleidung am letzten Spieltag der Bundesliga-Saison versaute.

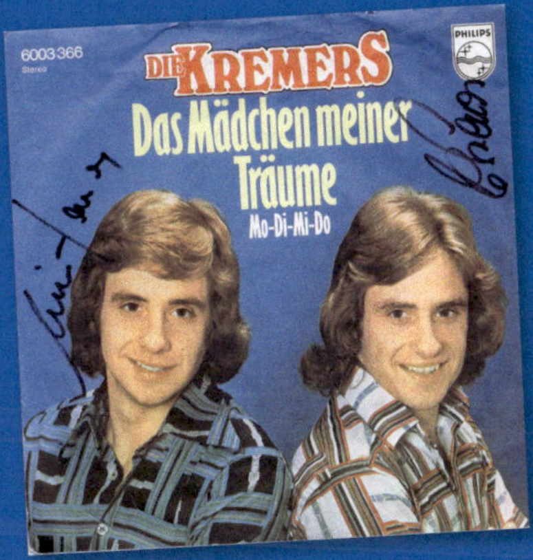

Sein Zwillingsbruder, der technisch gewandte Abwehr- und Mittelfeldspieler **Helmut Kremers**, zählte ebenfalls zu den Leistungsträgern. Das Duo mit den langen blonden Haaren sorgte nicht nur auf dem Platz mit hoher Fußballkunst für Aufmerksamkeit. Als Gesangs-Duett lieferten „Die Kremers" 1974 mit dem Titel „Das Mädchen meiner Träume" einen Hit.

Über den Publikumsliebling **Reinhard „Stan" Libuda**, der seine Karriere bei Schalke 1962 begann, nach einem Intermezzo beim BVB wieder zurückkehrte und dann die große Mannschaft von 1971/72 als Spielführer anführte, muss an dieser Stelle nichts mehr gesagt werden.

Ein Bayer im Ruhrpott: Stürmer Klaus Fischer.

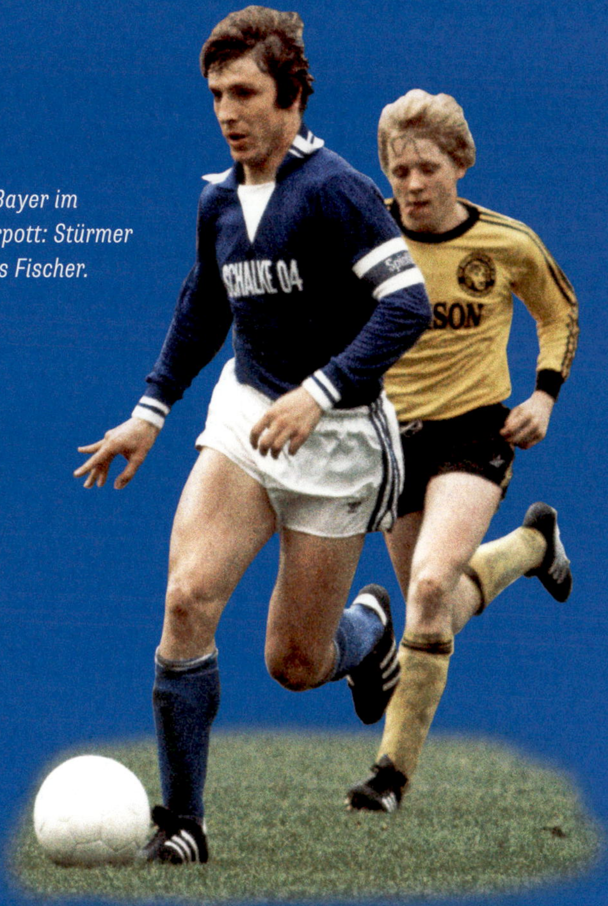

„Ich lese keine Bücher."

– **Klaus Fischer** auf die Frage nach seinem Lieblingsbuch

„Blöde Sau!"
„Blöde Sau!"
„Noch einmal für Doofe: Sie sind eine blöde Sau!"

– Ansagen von **Erwin Kremers** am 34. Spieltag 1973/74 an Schiedsrichter Max Klauser, der zweimal nicht hingehört hatte und schließlich an einem Platzverweis nicht mehr vorbeikam

„Der Wald stirbt, die Tanne steht."

– Plakat der Fans bei der Rückkehr von **Klaus Fichtel** im Jahr 1984

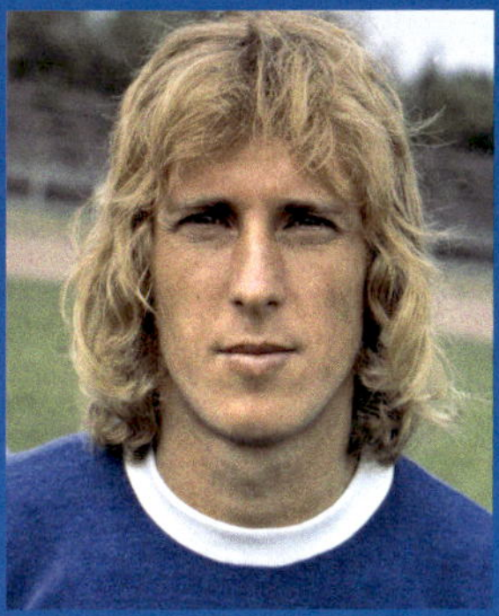
Herbert Lütkebohmert

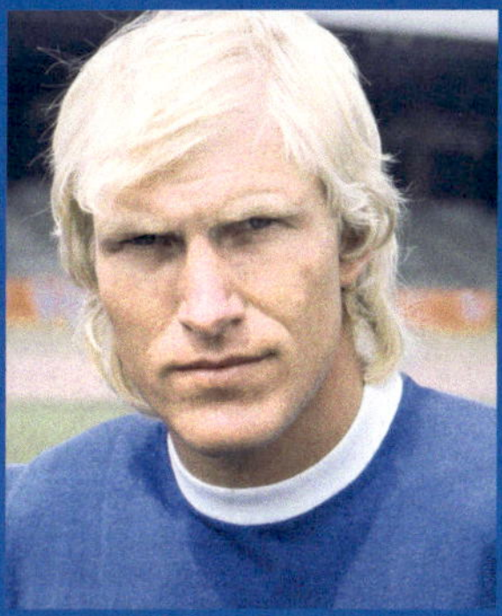
Rolf Rüssmann

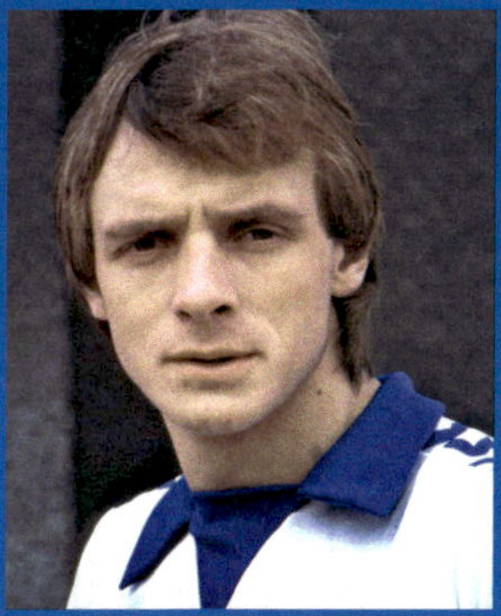
Rüdiger Abramczik

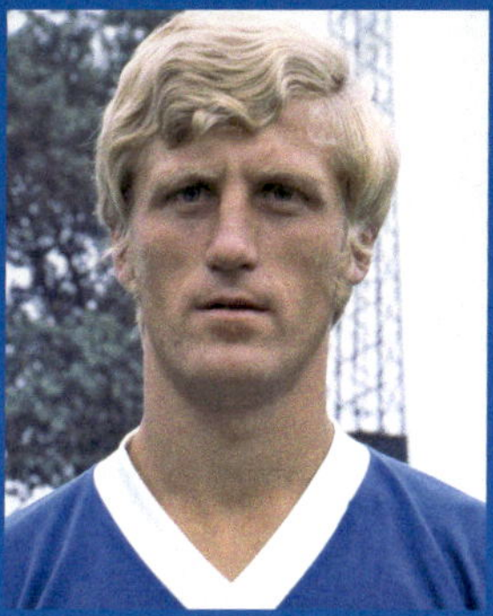
Klaus Fichtel

1982-2002

Eurofighter und Herzensmeister

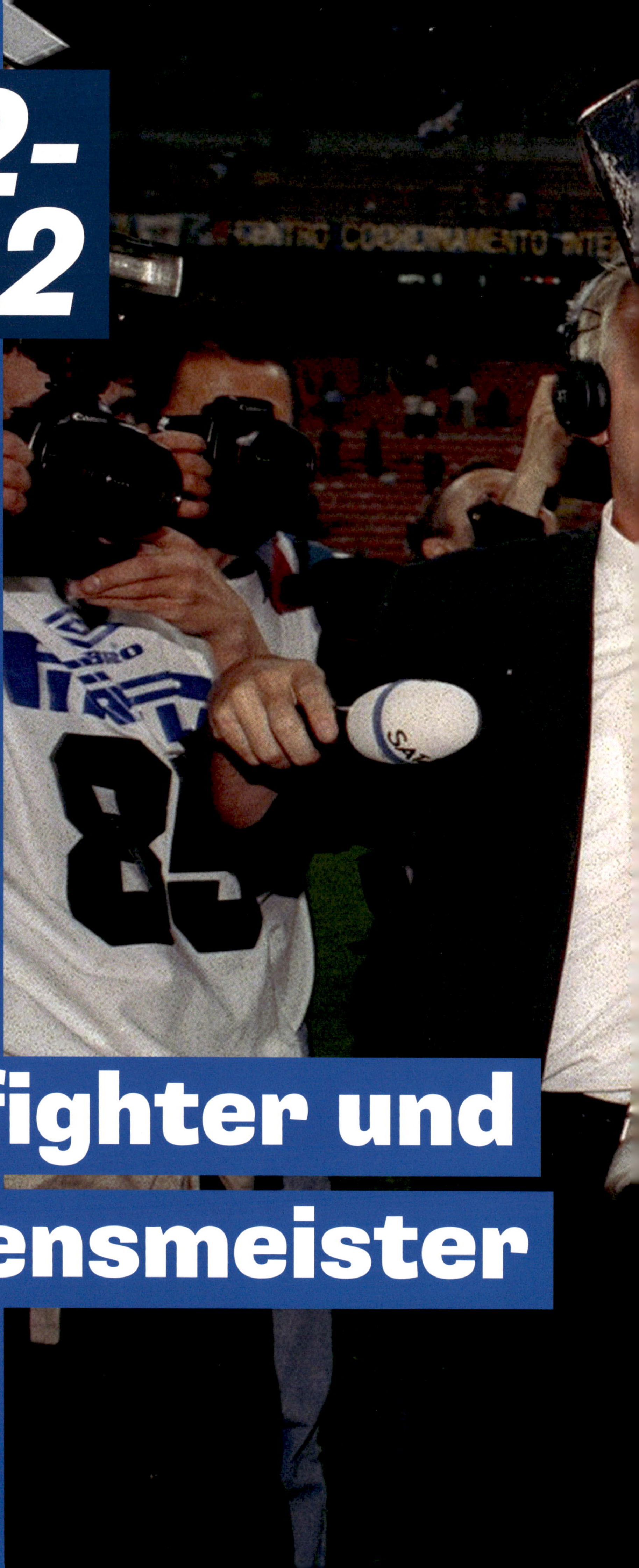

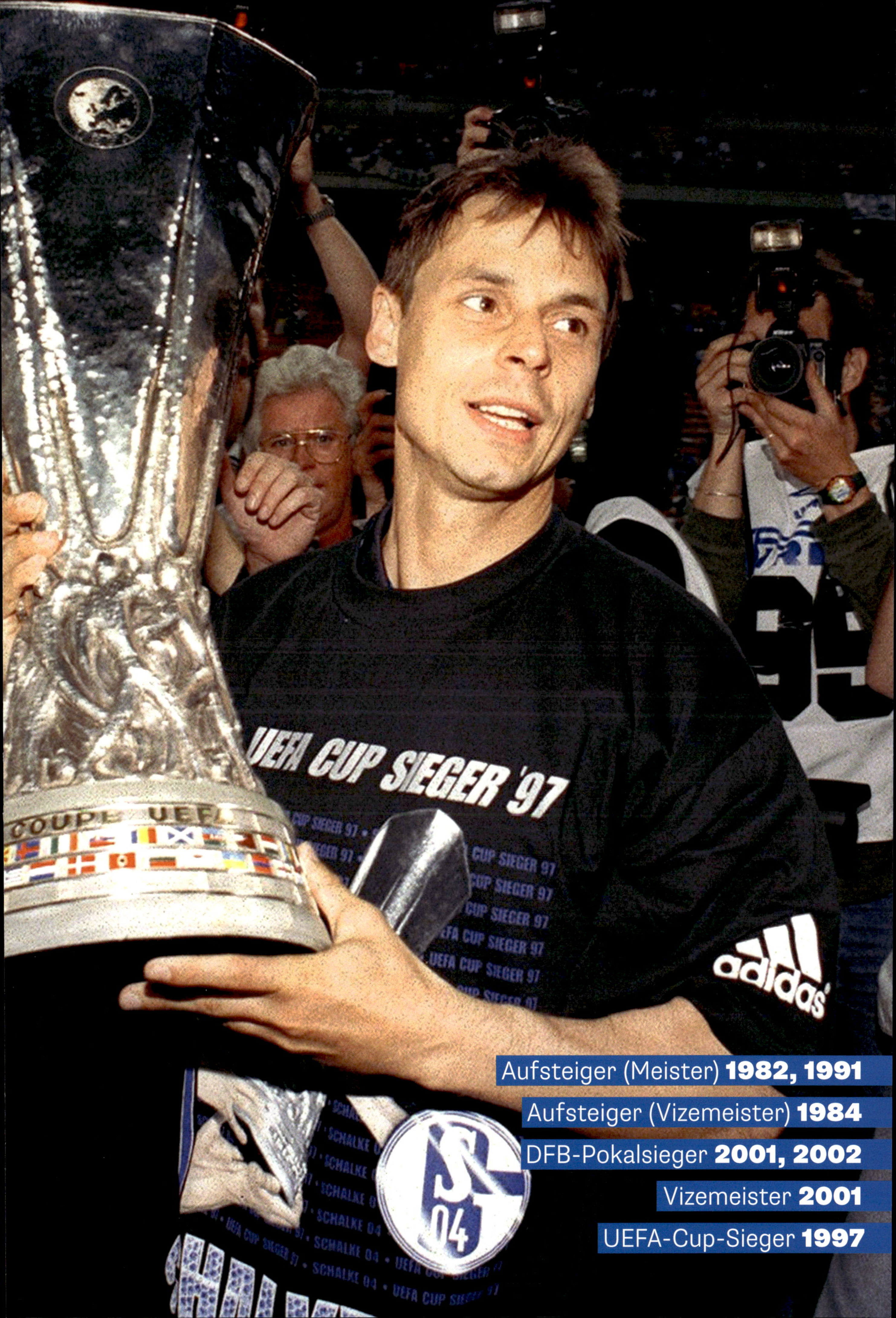

Aufsteiger (Meister) **1982, 1991**

Aufsteiger (Vizemeister) **1984**

DFB-Pokalsieger **2001, 2002**

Vizemeister **2001**

UEFA-Cup-Sieger **1997**

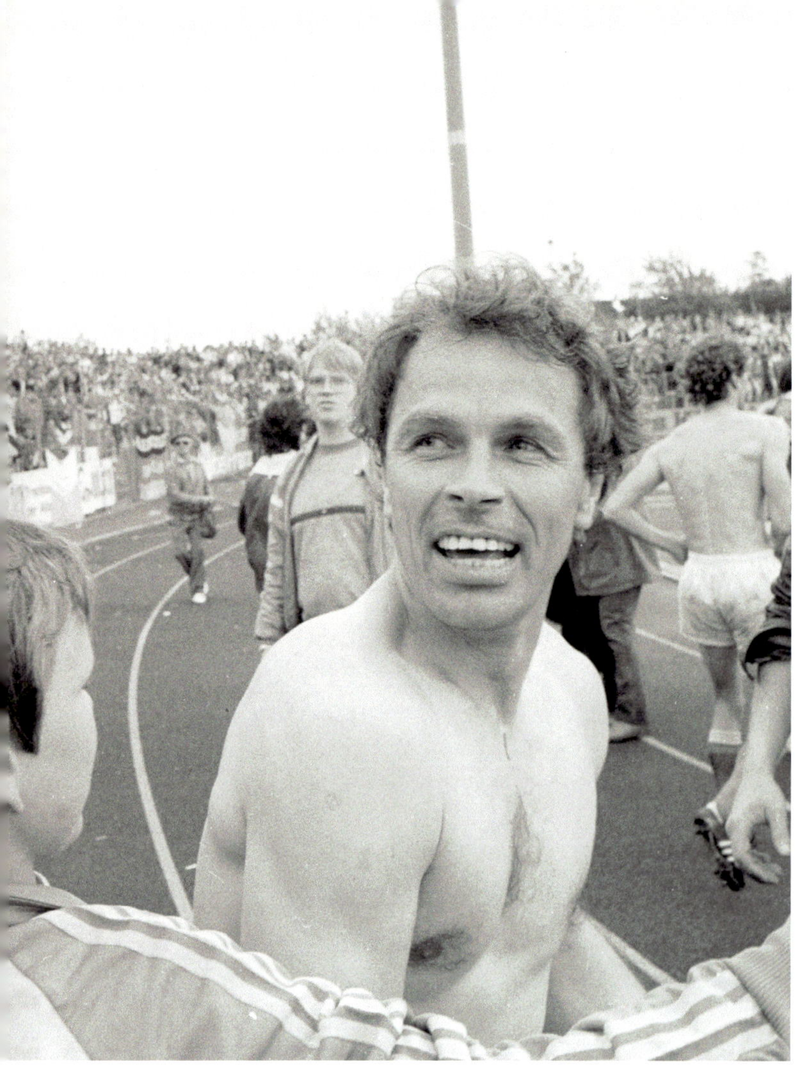

19. Mai 1984: Aufsteiger-Kapitän Bernard Dietz jubelt nach dem 2:0 bei Fortuna Köln mit den Fans.

1982/83: Schalke im Fahrstuhl

Erstmals seit 1926 traten die Knappen 1981/82 nicht mehr in der höchsten deutschen Spielklasse an. Es sah zunächst so aus, als würde es ein kurzes Gastspiel in der Zweitklassigkeit bleiben. Mit dem neuen Führungsduo - Trainer Sigi Held und Manager Rudi Assauer - sowie 13 Treffern des von den Bayern gekommenen Neuzugangs Norbert Janzon gelang die sofortige Rückkehr ins Oberhaus. Bereits am drittletzten Spieltag sicherte ein 4:0-Sieg gegen Wormatia Worms mit Toren von Uli Bittcher, Theo Bücker, Norbert Elgert und Harald Kügler den Aufstieg. Am Ende war Schalke Tabellenerster mit drei Punkten Vorsprung vor Hertha BSC.

Der Abstieg blieb leider kein schnell vergessener Betriebsunfall. 1982/83 konnten weder ein Trainerwechsel von Sigi Held zu Jürgen Sundermann noch die Verpflichtung des Abwehr-Routiniers und Nationalspielers Bernard Dietz eine neuerliche Talfahrt verhindern. Schalke wurde mit einem deutlichen Rückstand Drittletzter und konnte sich dann in den Relegationsspielen gegen den Zweitligadritten Bayer Uerdingen nicht mehr retten. Sie endeten 1:3 und 1:1.

1984: Pokalheld Thon und Wiederaufstieg

Zur Zweitliga-Saison 1983/84 gab es mit Diethelm Ferner einen neuen Trainer und zum Saisonauftakt beim 3:0 gegen den SC Charlottenburg das Debüt eines erst 17 Jahre alten Gelsenkircheners: Olaf Thon. Der neue Stern am königsblauen Himmel brachte strahlendes Licht in die bis dahin im Parkstadion meist vorherrschende Tristesse. Thon spielte eine überragende Saison, in der Schalke von Anfang an um den Aufstieg mitspielte. Und am 2. Mai 1984, einen Tag nach seinem 18. Geburtstag, schrieb er sich als Pokalheld in die Fußball-Geschichtsbücher ein. Der Zweitligist Schalke hatte sich überra-

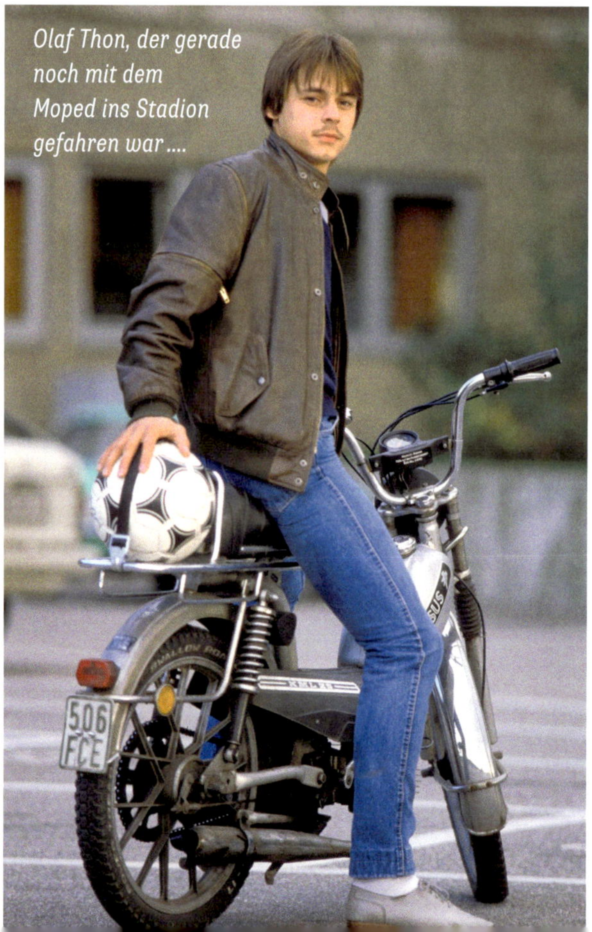

Olaf Thon, der gerade noch mit dem Moped ins Stadion gefahren war ….

„SCHALKER VERHÄLTNISSE“

... lautete das Schlagwort zum Führungschaos in den turbulenten Zeiten nach dem Bundesliga-Skandal. Der sportliche Schlingerkurs der Königsblauen ging einher mit ständiger Unruhe in der Vereinsführung. Nach neun Jahren endete 1976 die Präsidentschaft von Günter „Oscar“ Siebert. In den nächsten Jahren wählten die launischen Mitglieder bei chaotischen Versammlungen, abgehalten in streitlustiger Bierzelt-Atmosphäre unter Tabakqualm und Bierdunst, immer wieder andere Präsidenten. Erst Karl-Heinz Hütsch, dann 1978 wieder Siebert, der eigentlich unter Hütsch als Manager hatte arbeiten wollen. 1979 folgte Hans-Joachim Fenne, bevor Siebert, der auf Gran Canaria eine Kneipe betrieb und damit offensichtlich nicht ausgelastet war, im Februar 1987 noch einmal zurückkehrte. Die Folge war, dass auch die Manager - zunächst Rudi Assauer (1981 bis zu seiner Entlassung 1986) und dann für wenige Monate Rolf Rüssmann - auf Schalke keine Grundlage für professionelle Arbeit vorfanden.

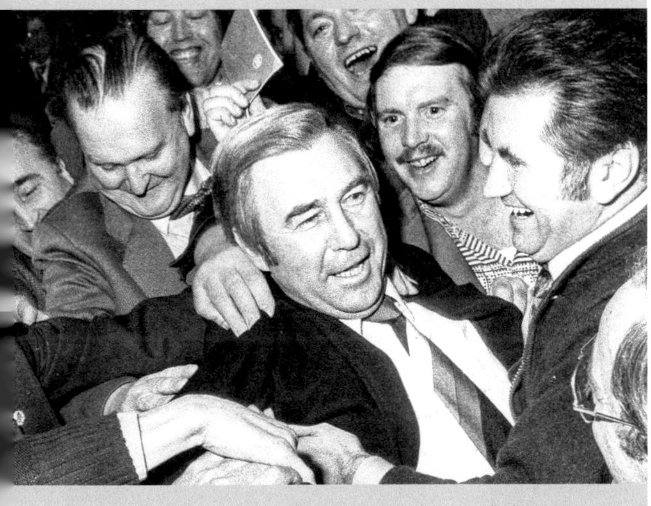

Günter Siebert, nach einer Wiederwahl umjubelt von wonnetrunkenen Fans.

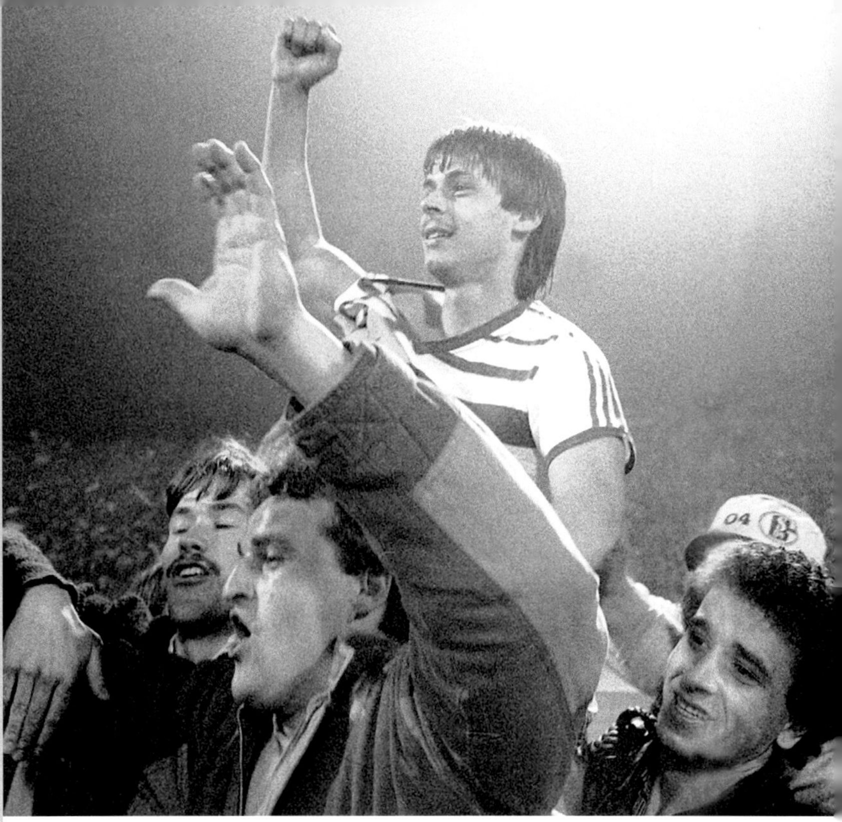

... nun mit überglücklichen Schalke-Fans nach dem Abpfiff: Der Junge aus Gelsenkirchen-Beckhausen ist bereits nach einem einzigen Spiel ein Star.

schend bis ins Halbfinale vorgekämpft, traf dort auf keinen Geringeren als den FC Bayern München. Olaf Thon riss in diesem denkwürdigen und nervenzerreißenden 120-Minuten-Thriller wie selbstverständlich die Hauptrolle an sich und versetzte die 70.000 Zuschauer im Parkstadion in Ekstase.

Schalke startete unglücklich und lag bereits nach zwölf Minuten mit 0:2 hinten. Dann erzielte Thomas Kruse den Anschluss, und in der 19. Minute war Schalkes Junge mit der Nummer 10, Olaf Thon, zur Stelle: Er erwischte einen Abpraller, ließ mit einem Haken gleich zwei Bayern-Verteidiger aussteigen und vollstreckte per Flachschuss, Jean-Marie Pfaff im Bayern-Tor hatte keine Chance. Bayern ging kurz darauf erneut in Führung, aber in der 61. Minute war der kleine Olaf wieder da, diesmal per Kopf. Nach zwei weiteren Treffern stand es 4:4, es ging in die Verlängerung und der Wahnsinn weiter: Dieter Hoeneß brachte die Bayern wieder in Führung, Kämpfer „Enatz“ Dietz glich aus, und in der 118. Minute schien dann alles erledigt, als Dieter Hoeneß Schalke-Torwart Walter Junghans zum 5:6 erneut überwand. Aber das war es noch nicht. Die letzte Minute, die letzte Aktion des Spiels, ein Freistoß für Schalke: Der Ball flipperte im Strafraum umher, landete bei Thon, und der hämmerte ihn volley ins Netz - 6:6! Unter ohrenbetäubendem Jubel verschwand der kleine Torschütze unter den Leibern seiner sich auf ihn stürzenden Mitspieler.

Mit seiner furiosen Leistung avancierte Olaf Thon schlagartig zum Star. Dass der Lohn am Ende ausblieb - Schalke verlor das Wiederholungsspiel knapp mit 2:3 - konnten die Schalke-Fans verschmerzen, denn der Aufstieg war in dieser Saison wichtiger. Realisiert wurde er durch einen Endspurt mit vier Siegen in Serie, Thomas Kruse und Klaus Berge machten am 20. Mai mit ihren Treffern zum 2:0 bei Fortuna Köln den zweiten Platz hinter Zweitligameister Karlsruher SC klar.

1988: Der dritte Abstieg

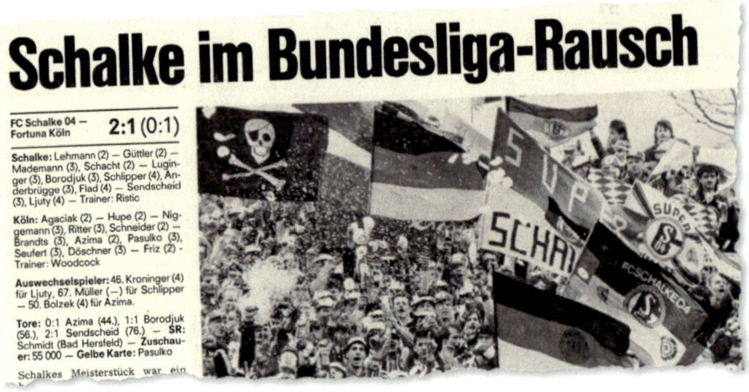

Schalke im Bundesliga-Rausch

FC Schalke 04 – Fortuna Köln 2:1 (0:1)

Schalke: Lehmann (2) – Güttler (2) – Mademann (3), Schacht (2) – Luginger (3), Borodjuk (3), Schlipper (4), Anderbrügge (3), Flad (4) – Sendscheid (3), Ljuty (4) – Trainer: Ristic

Köln: Agaciak (2) – Hupe (2) – Niggemann (3), Ritter (3), Schneider (2) – Brandts (3), Azima (2), Pasulko (3), Seufert (3), Döschner (3) – Friz (2) - Trainer: Woodcock

Auswechselspieler: 46. Kroninger (4) für Ljuty, 67. Müller (–) für Schlipper – 50. Bolzek (4) für Azima.

Tore: 0:1 Azima (44.), 1:1 Borodjuk (56.), 2:1 Sendscheid (76.) – **SR:** Schmidt (Bad Hersfeld) – **Zuschauer:** 55 000 – **Gelbe Karte:** Pasulko

Schalkes Meisterstück war ein

Im Anschluss an den Aufstieg gelang den Knappen eine solide Bundesliga-Saison, die sie auf Platz acht beendeten. Besonders bemerkenswert war die Stabilität von Torjäger Klaus Täuber. Zum Aufstieg hatte der robuste „Boxer" mit 19 Treffern wesentlich beigetragen, nun erzielte er in der Ersten Liga bemerkenswerte 18 Tore. In der darauffolgenden Spielzeit 1985/86 schoss er zwei Tore weniger, und für Schalke wurde es bei nur zwei Punkten Vorsprung auf den Drittletzten Borussia Dortmund auch etwas enger.

In den nächsten beiden Spielzeiten war der hochverschuldete Verein ständig vom Lizenzentzug bedroht. Sportlich ging trotz mehrerer Trainerwechsel nicht viel zusammen. Auch Torwart-Altstar Harald „Toni" Schumacher konnte nicht verhindern, dass die Mannschaft zum Ende der Saison 1987/88 hilflos dem Tabellenende entgegentaumelte. Eine 1:8-Niederlage beim FC Bayern am 2. April 1988 leitete eine Serie von acht Spielen ohne Sieg ein. Schalke wurde abgeschlagen Letzter und stieg erneut ab. Was aber nicht an Olaf Thon lag, der es selbst in dieser mageren Saison noch auf 14 Treffer brachte. Er wechselte zum FC Bayern.

1991: Wieder zurück an der Sonne

Die Zweitliga-Saison 1988/89 brachte vier Trainerwechsel und den Beinahe-Abstieg in die Drittklassigkeit. Unter Trainer Peter Neururer gelang schließlich der Klassenerhalt und in der nächsten Spielzeit der Sprung auf Platz fünf. Ingo Anderbrügge, Alexander Borodjuk, Dietmar Schacht, Günter Schlipper, Peter Sendscheid und Torwart Jens Lehmann bildeten eine starke Stamm-

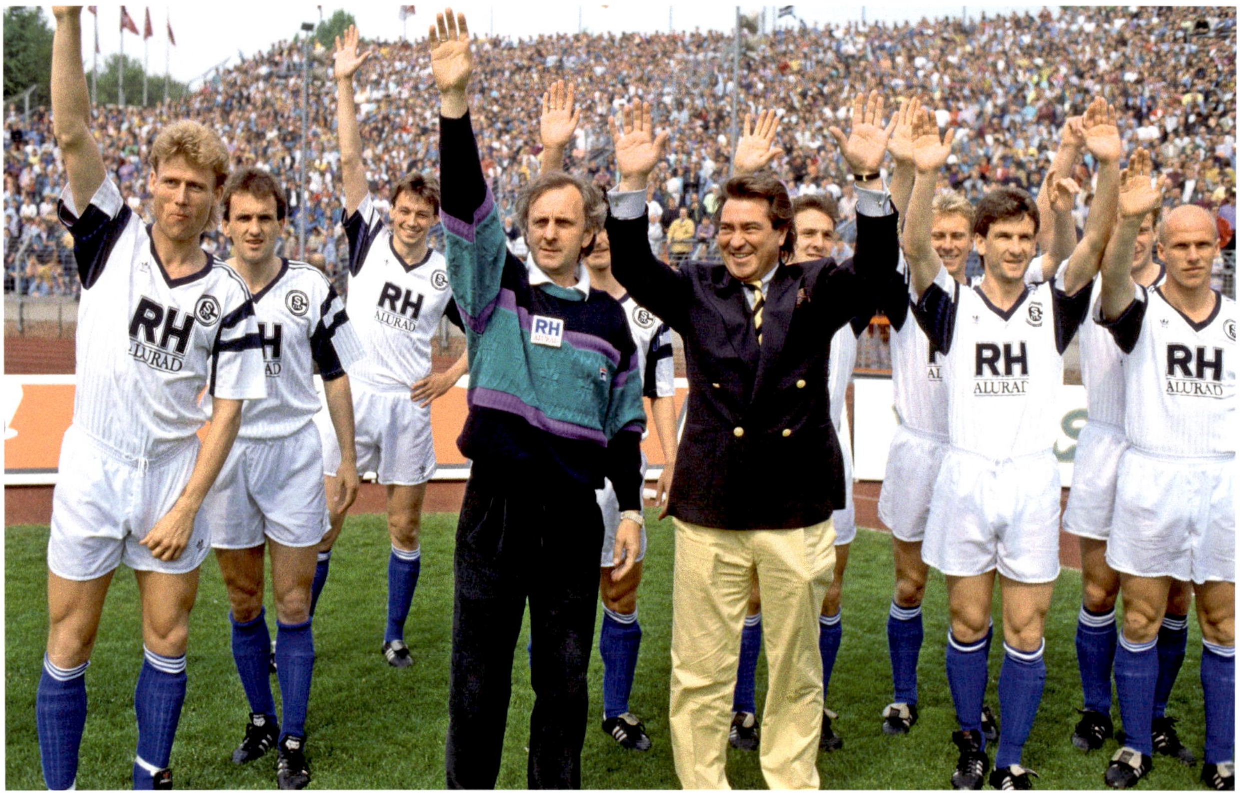

11. Mai 1991: Aufgestiegen! Von links: Ingo Anderbrügge, Radmilo Mihajlovic, Wladimir Ljuty, Trainer Aleksandar Ristic, Präsident Günter Eichberg, Günter Schlipper, Jürgen Luginger, Egon Flad, Dietmar Schacht.

besetzung. Schließlich führte der im November 1990 verpflichtete Trainer-Entertainer Aleksandar Ristic die Mannschaft mit flotten Sprüchen und klugen Ratschlägen souverän zum erneuten Aufstieg. Gejubelt werden durfte bereits am drittletzten Spieltag nach Peter Sendscheidts 2:1-Siegtreffer gegen Fortuna Köln, 70.000 Fans feierten zum Saisonende im Parkstadion die nach drei Jahren wiedergewonnene Erstklassigkeit.

1993: Retter Berger

Im Sommer 1991 nährte die Verpflichtung des 5 Mio. DM teuren Dänen-Stürmers Bent Christensen große Hoffnungen. Der Konterstürmer kam jedoch auf Schalke nicht gut zurecht. Die Spielzeit glich einer Berg- und Talfahrt und endete - nach einer Spieler-Revolte, die zur Entlassung des autoritären Ristic geführt hatte - unter Interimstrainer Klaus Fischer auf dem elften Rang. Die Saison 1992/93, die man mit dem erfahrenen Trainer-Oldie Udo Lattek anging und dann mit Helmut Schulte fortsetzte, verlief etwas stabiler. Nachdem Schulte aber 1993/94 nach elf Spieltagen lediglich einen mageren Sieg auf das Schalker Punktekonto eingebucht hatte, musste er den Trainer-Staffelstab an den versierten Feuerwehrmann Jörg Berger weiterreichen. Der startete mit einem fürchterlichen 1:5 in Leverkusen, führte die verunsicherte Mannschaft aber in den verbliebenen 22 Spielen zu 33 Punkten und damit auf den rettenden 14. Platz.

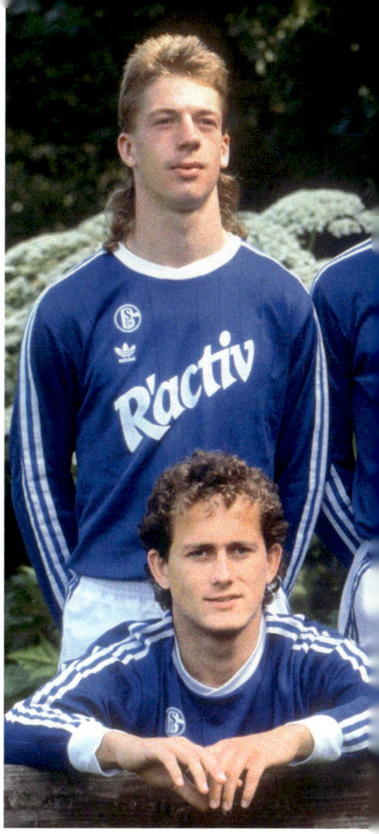

Neuzugänge 1991/92: Steffen Freund (oben) und Bent Christensen (unten).

ENDE DER SCHLAMMSCHLACHTEN

1989 wurde der schillernde Klinikbesitzer Günter Eichberg Schalke-Präsident. Es gab nun große Pläne und teure Transfers, aber maue sportliche Ergebnisse und explodierende Schulden. Nach gescheiterten Versuchen mit Helmut Kremers und Günter Netzer holte der als „Sonnenkönig" verulkte Präsident im April 1993 Rudi Assauer als Manager zurück, um dann kurz darauf selbst zu verschwinden. Eichbergs Nachfolger Bernd Tönnies konnte die Banken davon überzeugen, dem Verein weiterhin Kredite zu geben. Nach Tönnies' plötzlichem Tod folgten im Herbst 1994 wieder wirre „Schlammschlachten" bei den Mitgliederversammlungen. Der überraschend zum Präsidenten gewählte Helmut Kremers beurlaubte erstmal Rudi Assauer - und war selbst nach wenigen Wochen schon wieder Geschichte. Am 12. Dezember 1994 beschlossen die Mitglieder, dem Verein eine neue Satzung zu geben. Dann wählten sie einen Aufsichtsrat, und der bestimmte nun den Vereinsvorstand. Vorsitzender des Vorstandes wurde der Gelsenkirchener Bürgermeister und ehemalige Bergmann Gerhard Rehberg. Rudi Assauer durfte sich nun als hauptberufliches Vorstandsmitglied 13 Jahre lang um die sportlichen Belange kümmern und dabei sich selbst als cooles Schalke-Markenzeichen etablieren.

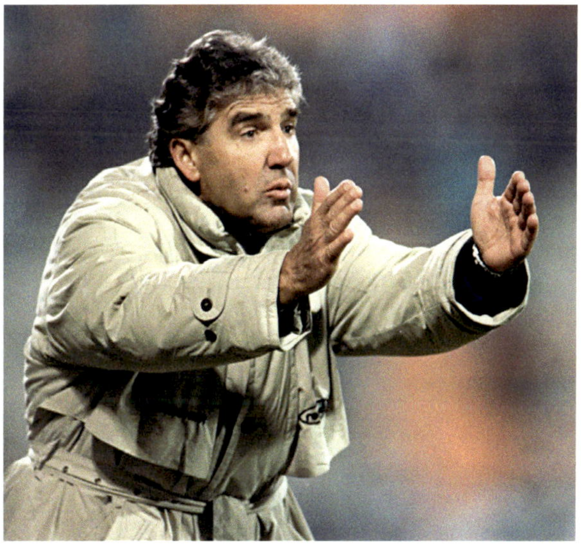

Zeigte den Königsblauen, wo es langgeht: der Retter-Trainer Jörg Berger.

„Er behandelt Menschen wie Material."

– **Günter Güttler** über die Ursache der Revolte gegen Trainer **Aleksandar Ristic**

„Aufstiege sind ja immer schön, aber mit Schalke ist es eben noch etwas schöner."

– **Jürgen Luginger** über den Aufstieg 1991

1996: Willkommen in Europa!

In der Saison 1994/95 hatte Trainer Jörg Berger keinen Rettungsauftrag mehr. Die von dem aus München zurückgekehrten „verlorenen Sohn“ Olaf Thon angeführte Mannschaft zeigte sich stabil und bewegte sich bis zum Schluss im sicheren Mittelfeld. Und im Jahr darauf präsentierte sich im königsblauen Trikot ein noch schlagkräftigeres Team. Im Tor überzeugte der coole Jens Lehmann. Der gereifte Olaf Thon gab einen umsichtigen Libero. Thomas Linke überzeugte als unüberwindlicher Innenverteidiger, Mike Büskens und „Yyyyyves“ Eigenrauch kämpften bis zum Umfallen. Die beiden Tschechen Radoslav Latal und Jiri Nemec ließen den Ball im Mittelfeld kreiseln. Der fleißige Andreas Müller und der wuchtige Ingo Anderbrügge, beide bereits zu Zweitliga-Zeiten im Schalke-Trikot, erwiesen sich als absolute Leistungsträger. Und ganz vorne beackerte das Sturmduo Martin Max und Youri Mulder die gegnerischen Abwehrreihen. In einem tollen Endspurt mit vier Siegen hintereinander stürmten die Königsblauen auf einen zu Saisonbeginn niemals erwarteten dritten Platz. Höhepunkt war ein Heimsieg gegen Bayern München vor 70.000 Zuschauern am 11. Mai 1996. Als Andreas Müller in der letzten Spielminute zum Endstand von 2:1 einköpfte, tobte das ganze Stadion. Es war ein Gefühl wie im Märchen: Nach einer Pause von 19 Jahren hatten die Knappen wieder den UEFA-Pokal erreicht!

Oktober 1996: Ende eines Trainers

Am 1. Oktober 1996 schied der FC Schalke durch ein 2:3 gegen Bochum im DFB-Pokal einmal mehr frühzeitig aus. Ansonsten sah es eigentlich ganz gut aus. Die mit dem Belgier Marc Wilmots verstärkten Königsblauen hatten zwar am achten Spieltag ihre erste Heimniederlage kassiert - 1:2 gegen Leverkusen -, standen aber im sicheren Mittelfeld. In der ersten Runde des UEFA-Pokals hatten sie außerdem Roda Kerkrade ausgeschaltet (3:0, 2:2). Trotzdem rumorte es im Schalker Team. Man trainiere zu wenig, beschwerte sich

11. Mai 1996: Jiri Nemec, Mike Büskens und Olaf Thon bejubeln das 2:1 gegen den FC Bayern..

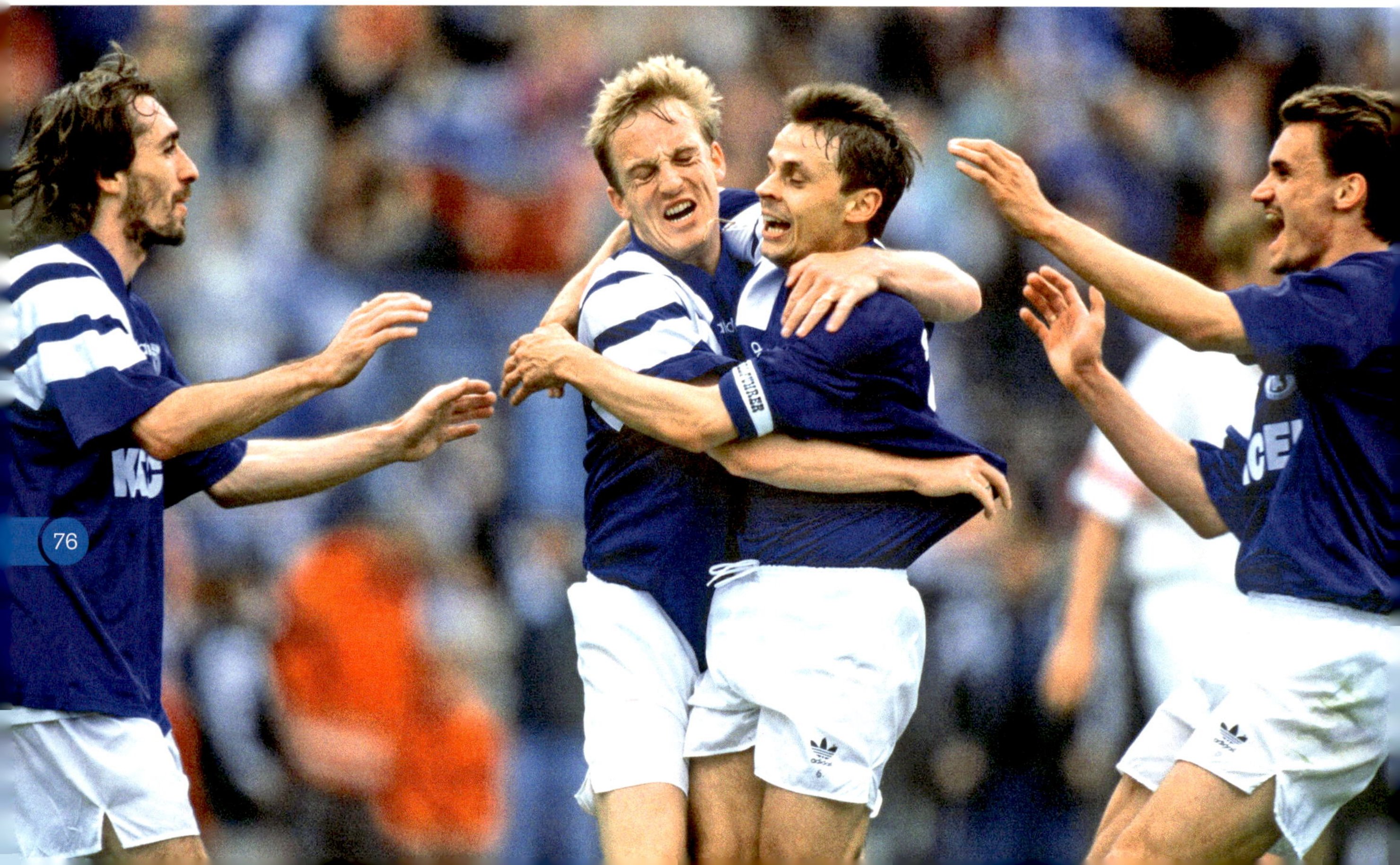

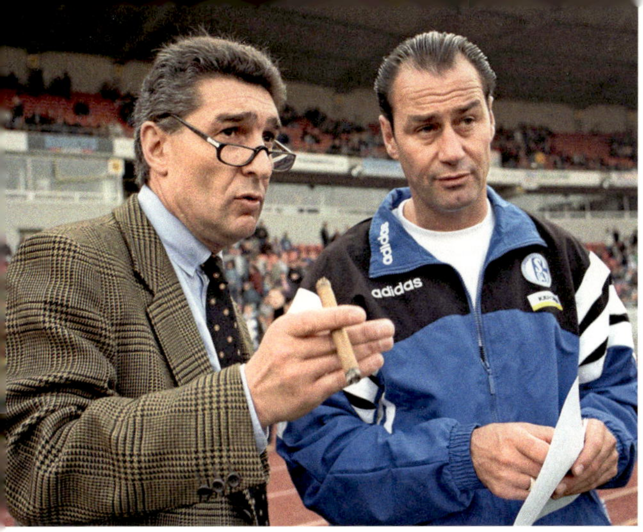

Geht das gut? Manager Rudi Assauer und Trainer Huub Stevens am 12. Oktober 1996 vor dem ersten Spiel des Trainers in Bremen.

der Mannschaftsrat um Torhüter Jens Lehmann bei Manager Assauer, außerdem habe der Trainer seltsame Vorstellungen von Taktik und sei nicht empfänglich für Kritik. Als sich 19 von 23 Spielern für einen Trainerwechsel aussprachen, sah sich Manager Assauer zum Handeln gezwungen. Beim nächsten Heimspiel saß Bergers Assistent Hubert Neu als Interimstrainer auf der Bank.

Die Fans goutierten weder das Geschehen auf dem Platz - Schalke verlor 0:1 gegen den Karlsruher SC - noch die völlig unerwartete Entlassung. Schließlich war es unter Berger, der zusammen mit Assauer endlich wieder ein richtig konkurrenzfähiges Team aufgebaut hatte, kontinuierlich bergauf gegangen. Sie pfiffen und präsentierten Protestplakate. „Danke Jörg, schämt Euch Spieler", stand auf einem zu lesen. Als dann mit dem Niederländer Huub Stevens vom eben besiegten Europapokal-Gegner Kerkrade ein bis dahin in Deutschland gänzlich unbekannter Mann auf der Bank Platz nahm und sein erstes Spiel in Bremen krachend mit 0:3 verlor, war das Unverständnis groß: Was sollte das alles bloß?

1997: Die „Eurofighter" begeistern

Der Verlauf der Bundesliga-Saison 1996/97 konnte den Fans wenig Aufschluss geben über den Sinn des Trainerwechsels. Nach verheißungsvollen fünf Siegen am Stück vom 14. bis zum 18. Spieltag gab es anschließend nur noch Niederlagen und maue Unentschieden, bevor am 34. und letzten Spieltag in Rostock noch ein 1:0 gelang und die Saison damit auf einem mageren zwölften Platz endete. Aber da war ja noch der UEFA-Pokal! Dort kämpfte die von Huub Stevens zwar enorm defensiv, aber eben taktisch auch stets klug eingestellte Mannschaft jeden Gegner nieder, der sich ihr entgegenstellte: Trabzonspor zuhause 1:0, dann an der türkischen Schwarzmeerküste 3:3. Im belgischen Brügge 1:2 verloren, im Parkstadion 2:0 gewonnen. Gegen den FC Valencia ein 2:0 im Heimspiel vorgelegt, in Spanien ein 1:1 gehalten. Und als sie nach ihrem Ausflug nach Teneriffa nur ein 0:1 im Gepäck hatten, war für das Rückspiel alles offen. Schalkes „Eurofighter" waren das Tagesgespräch in ganz Deutschland. Und der Trainer als ein Fachmann anerkannt, der zudem wegen seiner knurrigen Antworten auf inkompetente Journalisten-Fragen bei den Fans sehr gut ankam.

5. März 1997: Der stämmige belgische Bauernsohn Marc Wilmots freut sich mit urwüchsiger Kraft über sein 2:0 im UEFA-Cup-Viertelfinale gegen den FC Valencia.

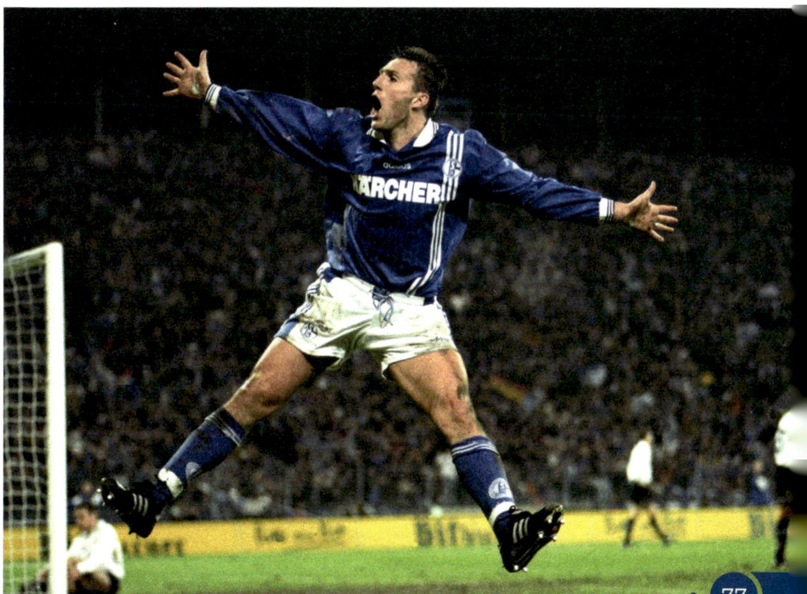

„DIE NULL MUSS STEHEN!"

Diesen Satz von Trainer Huub Stevens kennt jeder Schalker. Der Hintergrund: Der Mannschaft waren 1996/97 die Stürmer ausgegangen, vorne stand Marc Wilmots meist alleine. Also ging es erstmal darum, keine Torchancen zuzulassen, um dann bei den wenigen sich ergebenden Möglichkeiten zu versuchen, vor allem bei Freistößen, einen Treffer zu erzielen. Kritik an seinem bald zum Markenzeichen gewordenen Defensivstil pflegte der „Knurrer" barsch abzuweisen: „Offensiv haben wir mit drei Stürmern gespielt, aber wenn Sie das nicht sehen, meine Herr, da kann ich nichts dafür, vielleicht haben Sie Haare in den Augen."

Die UEFA-Cup-Sieger von 1997.

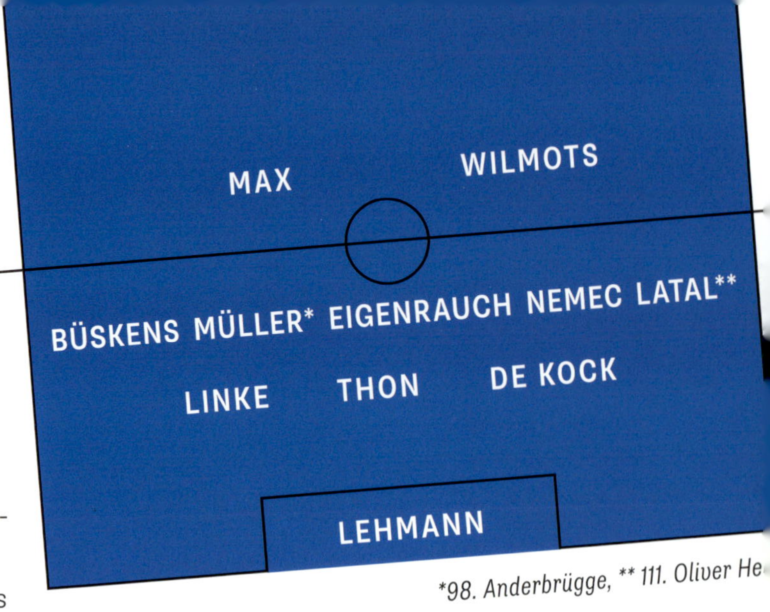

*98. Anderbrügge, ** 111. Oliver He

Mit Gesang und „Kampfschwein" ins Glück

Am 22. April 1997 fieberten 57.000 Zuschauer im Parkstadion und Millionen vor den Fernsehgeräten beim Rückspiel gegen Teneriffa mit. Sie sahen ein zähes Match. Es lief bereits die 68. Minute, als Thomas Linke nach einem Eckball von Olaf Thon der Kopfball zum 1:0 gelang. Dann ging es in die Verlängerung. Die Spannung war so groß, dass es ganz still wurde im Stadion. Plötzlich hob ein Gesang an, griff um sich und wurde immer lauter, und die Spieler auf dem Rasen hängten sich noch einmal voll rein. Die 107. Minute: Olaf Thon brachte einen Freistoß auf den langen Pfosten, dort war Marc Wilmots, und der zwang den Ball – mit welchem Körperteil auch immer, aber mit aller Vehemenz – ins Netz. Noch wenige Minuten, und dann war es geschafft!

Jetzt standen noch zwei Spiele auf dem Programm: Denn der UEFA-Cup wurde damals in zwei Endspielen ausgetragen. Zum ersten Akt am 7. Mai im Gelsenkirchener Parkstadion gegen die haushohen Favoriten von Inter Mailand mit ihren Superstars Zamorano und Djorkaeff trat Schalke nominell erneut sehr defensiv an. Mangels weiterer echter Stürmer spielte Marc Wilmots als einzige Spitze. Und der von den Fans auf den Ehrennamen „Willi, das Kampfschein" getaufte Belgier, der auch noch angeschlagen ins Spiel gehen musste, richtete es tatsächlich in seiner typischen Art: In der 70. Minute erkämpfte er sich im Mittelfeld den Ball, marschierte los und wuchtete den Ball aus 25 Metern zum 1:0-Endstand ins Netz. Jetzt fehlte nur noch der letzte Akt gegen die Mailänder Millionentruppe ...

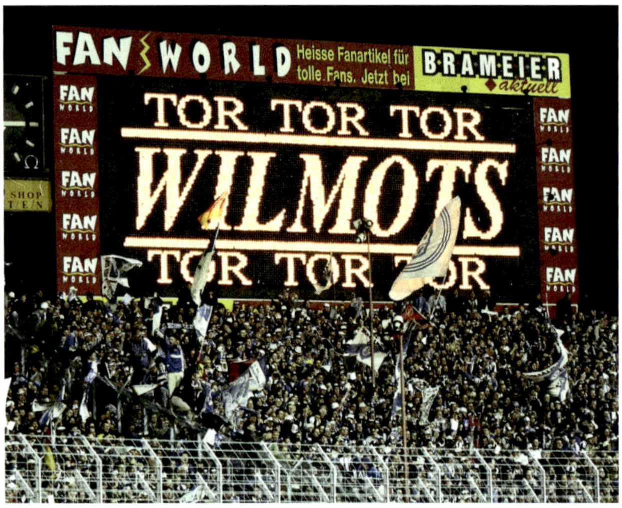

Grenzenloser Jubel nach dem 1:0 im Final-Hinspiel gegen Inter Mailand.

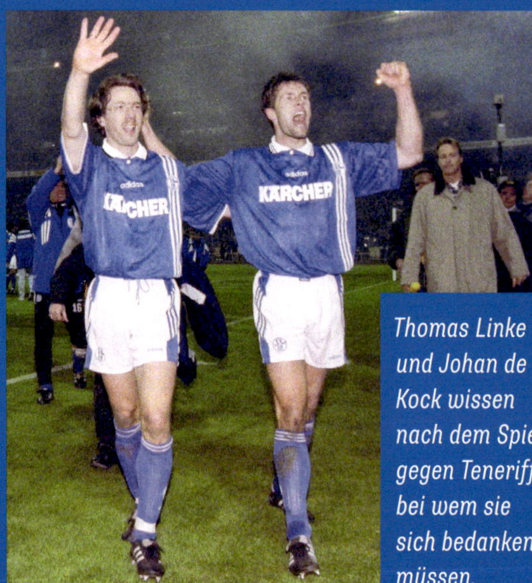

Thomas Linke und Johan de Kock wissen nach dem Spiel gegen Teneriffa, bei wem sie sich bedanken müssen.

KÖNNEN FANS TORE SCHIESSEN?

Der 20-jährige Schalke-Fan Clive Lavery, Sohn eines englischen Vaters, hatte schon einige Songs aus dem Mutterland des Fußballs importiert. Der Dauergast im Block I kannte auch, was man auf den Rängen in West Ham zur Melodie von „Go West" sang: „Stand up if you hate Chelsea." Als in der Verlängerung alles auf der Kippe stand, schmetterte er los: „Steht auf, wenn ihr Schalker seid, steht auf, wenn ihr Schalker seid ..." Immer mehr reckten sich in die Höhe, und irgendwann sangen alle, und der Gesang fuhr in die Spieler und verlieh ihnen Flügel, und Thon brachte den Ball auf Wilmots, und Wilmots traf ...

21. Mai 1997: Das „Wunder von Mailand“

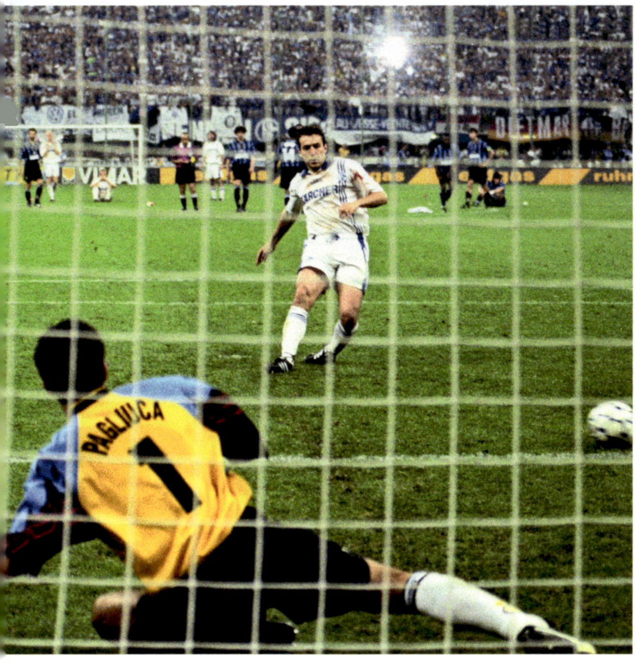

Die Entscheidung im Giuseppe-Meazza-Stadion: Marc Wilmots verwandelt den Elfmeter zum 4:1.

Das Rückspiel vor 82.000 Zuschauern im Giuseppe-Meazza-Stadion von Mailand war kein fußballerischer Leckerbissen. Huub Stevens' Defensivkünstler, angefeuert von 25.000 Schalke-Fans, verteidigten gewohnt tapfer und kampfstark ihren Vorsprung. Als kaum noch jemand damit rechnete, dass es Inters Sturm gelingen könnte, den Schalker Riegel zu durchbrechen, geschah es. Fünf Minuten vor dem Abpfiff überwand der von Paul Ince eingesetzte Ivan Zamorano Jens Lehmann, und es ging in die Verlängerung. Beide Teams hatten nicht mehr viel zuzusetzen, Tore fielen keine mehr. Also Elfmeterschießen. Schalke sollte beginnen.

Anderbrügge vollstreckte zum 1:0; Lehmann hielt den Schuss von Zamorano; Thon sorgte für das 2:0; Djorkaeff verkürzte auf 2:1; Max erhöhte auf 3:1; Winter verschoss. Jetzt hatte es Marc Wilmots in der Hand bzw. auf dem Fuß. Und Wilmots versenkte den Matchball. 4:1! Ende, Wunder vollbracht! Die „Eurofighter“ hatten den ersten UEFA-Cup für Schalke gewonnen und durften nun den größten Erfolg der Vereinsgeschichte ausgiebig feiern.

Jubelnde „Eurofighter“ nach dem „Wunder von Mailand“. Von links: Johan de Kock, Jens Lehmann, Andreas Müller, Mike Büskens, Ingo Anderbrügge.

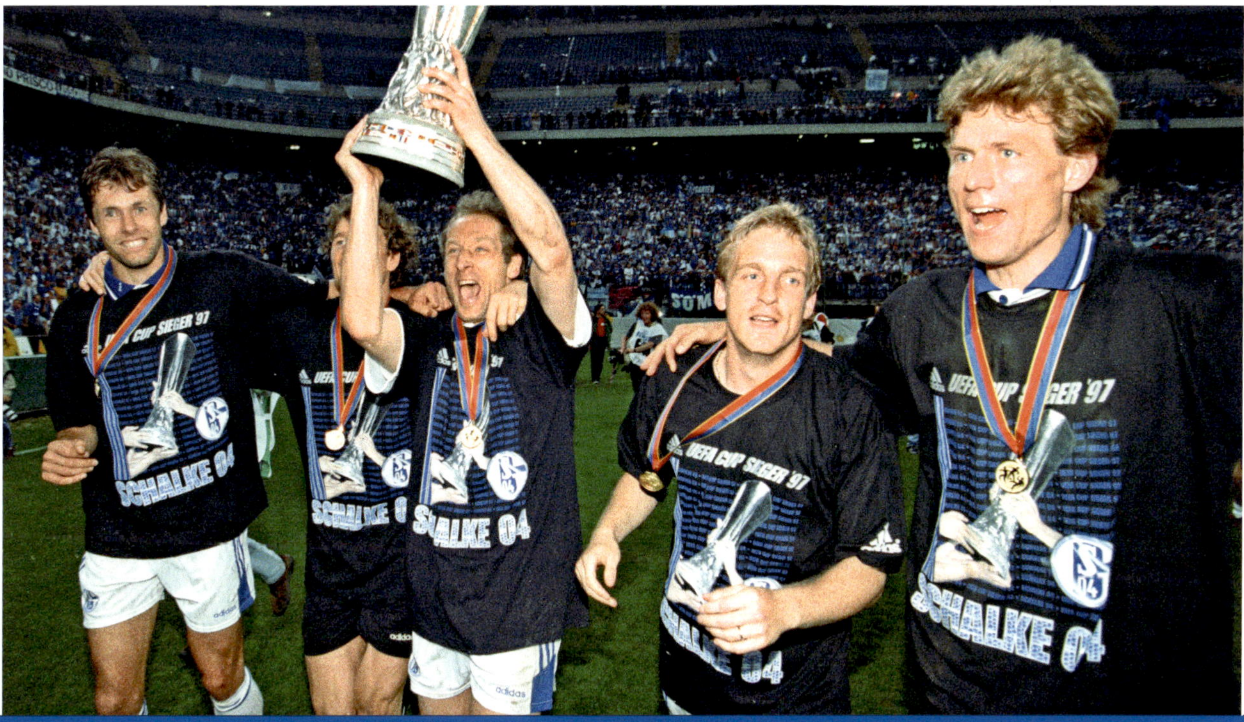

„Wir waren damals kaum mehr als nur Außenseiter und mussten im Rückspiel auswärts antreten. Eigentlich hatten wir keine Chance.“
– **Olaf Thon**

„Dass wir Blinden so etwas Tolles geschafft haben …“
– **Jens Lehmann**

„Wir sind über Grenzen gegangen. Das Team von 1997 ist unsterblich!“
– **Marc Wilmots**

„Wir schlugen Roda, wir schlugen Trabzon, wir schlugen Brügge sowieso, Valencia, Teneriffa, Inter Mailand, das war 'ne Show!“
– **Fan-Gesang** nach dem Finalsieg

1998 bis 2000: Wenige Tore und wenig Freude

1997/98 machten die Königsblauen eine gute Figur. Zwar scheiterte der Titelverteidiger im UEFA-Pokal im Viertelfinale mit 0:1 und 1:1 an Inter Mailand, doch in der Bundesliga ließ die defensivstarke Stevens-Truppe nichts anbrennen. Bei nur 32 Gegentoren reichten 38 selbst erzielte Treffer, um sich als Fünfter erneut für den UEFA-Pokal zu qualifizieren. Dann aber folgte eine schwierige Spielzeit 1998/99. International war bereits in der ersten Runde Schluss, und in der Bundesliga lief es aufgrund zahlreicher Verletzungen ebenfalls nicht rund. Mit Rang zehn konnte niemand zufrieden sein. Noch drei Plätze schlechter und mit einem negativen Torverhältnis (42:44) endete die Saison 1999/2000. Torhüter Oliver Reck, der sich einige Fehlgriffe leistete, wurde von den Fans ausgepfiffen, aber die ganze Mannschaft hatte, trotz solcher Offensivkräfte wie Gerald Asamoah, Ebbe Sand und Emile Mpenza, nichts Überzeugendes abgeliefert.

19. Mai 2001: „Meister der Herzen"

Im Sommer 2000 waren viele königsblaue Fans entsetzt: Vom Rivalen Dortmund kam der als „Heulsuse" bekannte Nationalspieler Andreas Möller. Zugleich verließ Marc Wilmots, das allseits geliebte „Kampfschwein", den Verein. Doch bald löste sich der Unmut in Wohlgefallen auf. Der brillante Techniker Möller bildete mit dem Dauerläufer Jiri Nemec ein harmonisches Mittelfeldduo und zeigte zudem jede Menge Biss. Und auch die anderen Mannschaftsteile funktionierten jetzt präziser. Oliver Reck präsentierte seine Klasse und machte zusammen mit dem Innenverteidigerduo Hajto/Waldoch hinten alles dicht. Vorne schossen das Sturmduo Sand/Mpenza sowie der Kunstschütze Jörg Böhme Tor um Tor.

Höhepunkt der Hinrunde, die Schalke mit der Herbstmeisterschaft abschloss, war ein grandioses 4:0 in Dortmund. In der Rückrunde, die schleppend begann, brachten sich die Königsblauen mit einer Serie von acht Spielen ohne Niederlage als Titel-Aspirant in Stellung. Am 14. April 2001 nahmen sie auch dem Konkurrenten FC Bayern in München den Wind aus den Segeln: Obwohl früh in Rückstand geraten, versetzte der überragende Ebbe Sand mit drei Treffern, alle vorbereitet von Emile Mpenza, die mitgereisten S04-Fans beim 3:1 im Olympiastadion in Ekstase.

Die Entscheidung fiel am letzten Spieltag. Die Bayern lagen mit drei Punkten vorne, mussten aber auswärts beim Hamburger SV antreten. Die Knappen lösten ihre Heimaufgabe trotz 0:2-Rückstand und schlugen die SpVgg Unterhaching mit 5:3, Ebbe Sand setzte dabei mit seinem 22. Saisontreffer den Schlusspunkt. Als die 65.000 Zuschauer im Gelsenkirchener Parkstadion erfuhren, dass HSV-Stürmer Barbarez in der 90. Minute des Spiels in Hamburg das 1:0 gegen die Münchner erzielt hatte, brandete unbeschreiblicher Jubel auf. Der FC Schalke 04 war Deutscher Meister! Doch das war noch nicht der Schlusspunkt. Erst allmählich begriffen alle, dass das mit einer kleinen Verspätung angepfiffene Spiel in Hamburg noch weiterlief. Entsetzen machte sich breit, als Bilder auf der Video-Tafel im Parkstadion erschienen. Freistoß für Bayern! Andersson - Schuss - Tor - 1:1 - Abpfiff - Aus der Traum!!

Ganze viereinhalb Minuten hatte sich Schalke als Meister fühlen dürfen. Es war niederschmetternd. Aber mit einiger Verzögerung kam schließlich doch noch Freude auf: Immerhin durften die Königsblauen als Tabellenzweiter erstmals in die Champions League einziehen, sie hatten mit ihrem Spiel die Fußball-Fans in ganz Deutschland begeistert und sich den Ehrentitel „Meister der Herzen" redlich verdient, und außerdem wartete ja noch eine Titelchance: Denn Schalke hatte es nebenbei, erstmals wieder seit 1972, ins Pokalfinale geschafft.

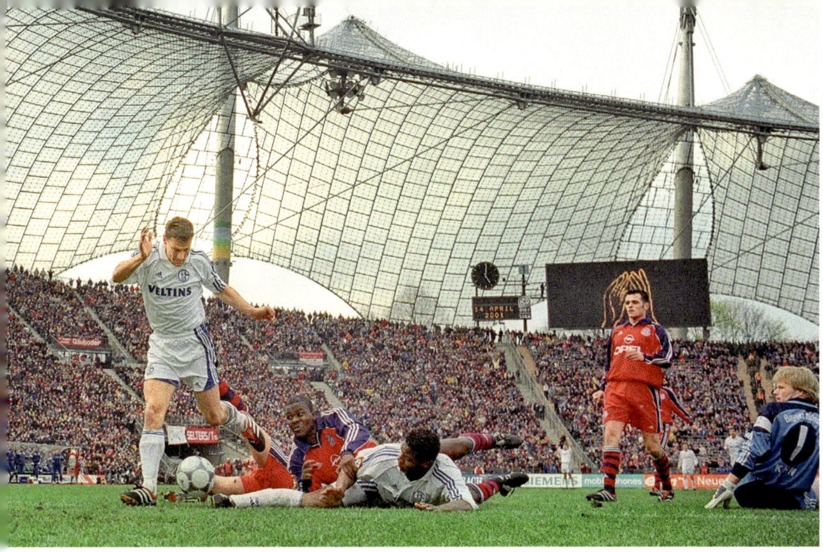

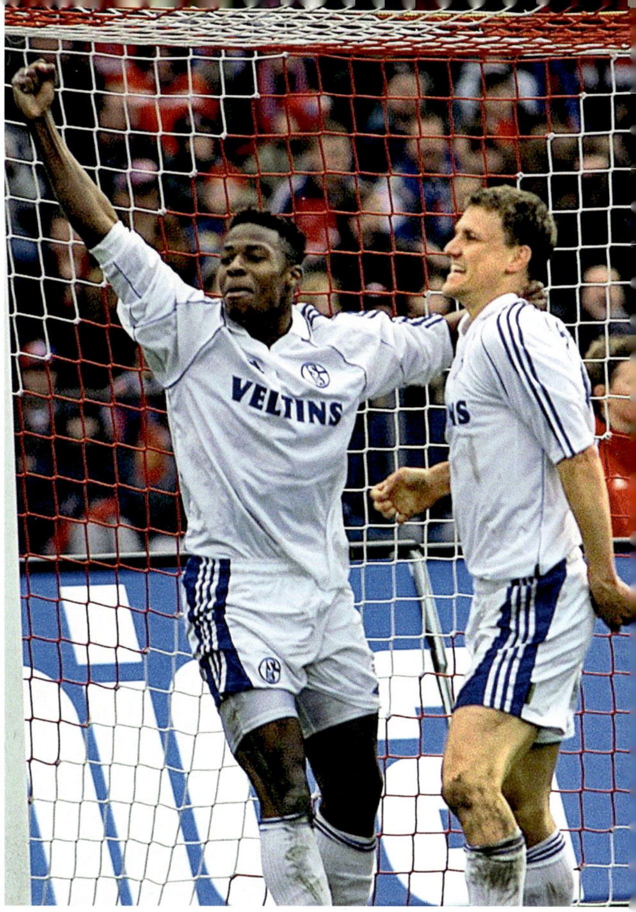

Mpenza legt vor, Sand vollstreckt, die Münchner am Boden, und das famose Duo jubelt: So passierte es gleich dreimal im Olympiastadion.

19. Mai 2001: Riesiger Jubel brandet auf, als auf der Anzeigetafel im Parkstadion das 1:0 des HSV gegen die Bayern erscheint ...
... wenige Minuten später herrscht nur noch Enttäuschung. Ebbe Sand kann seine Tränen kaum zurückhalten.

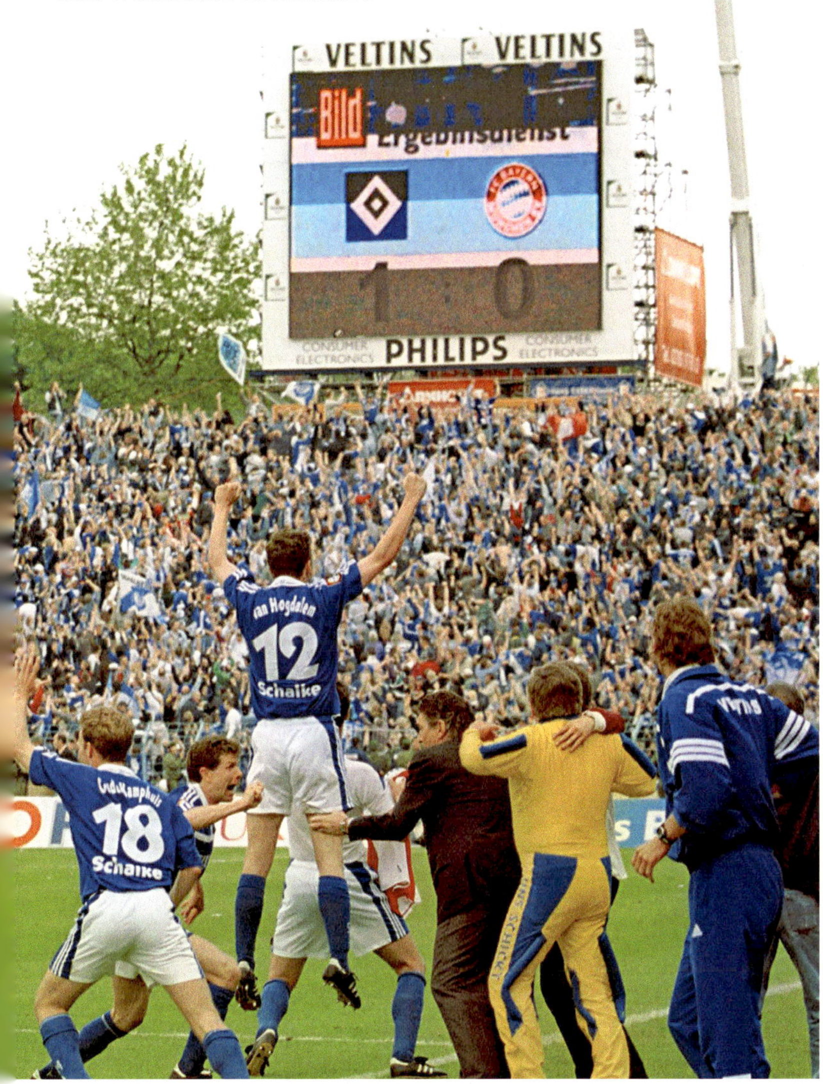

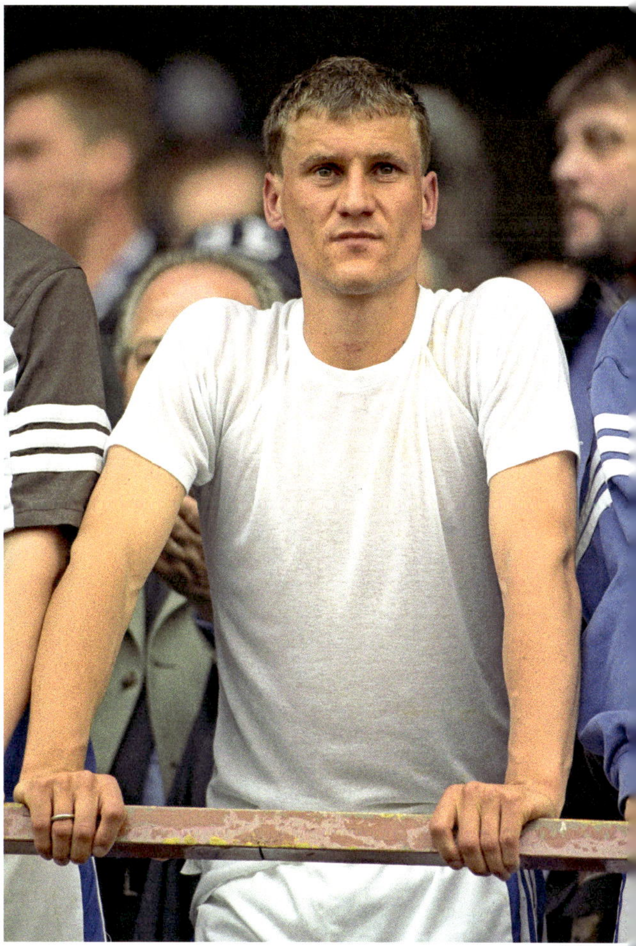

„Die Fans sind absolut unversöhnlich und wollen lieber in die 2. Liga absteigen, als mit Möller Erfolg haben.“

– Rudi Assauer

„Wir waren vier Minuten Meister. Das war so schön.“

– Ebbe Sand

26. Mai 2001: Böhme-Tore zum Pokalsieg

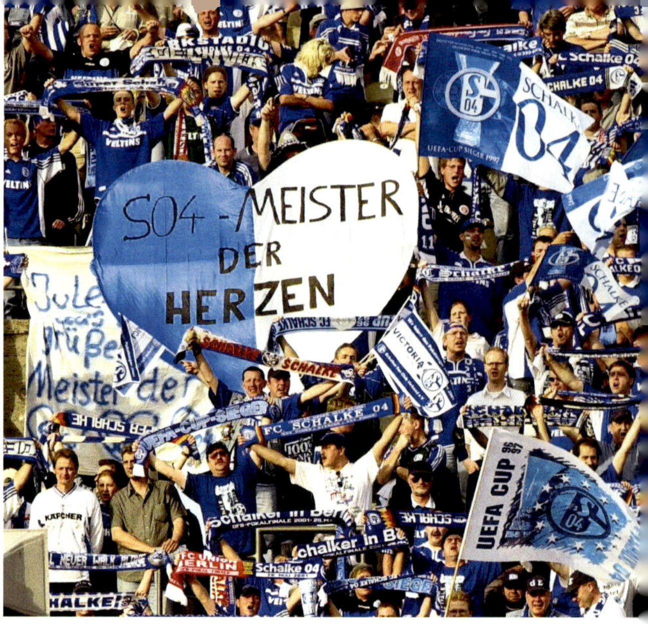

26. Mai 2001: Beim DFB-Pokalfinale in Berlin feiern die Fans ihre Schalker als „Meister der Herzen".

Eine Woche nach dem Meisterschafts-Drama empfingen die Schalke-Fans unter den 73.000 Zuschauer im Berliner Olympiastadion ihre gescheiterten Helden voller Vorfreude. Alle spürten, dass es jetzt Zeit war für einen Titel. Jahrzehntelang hatte S04 in diesem Wettbewerb nichts mehr gerissen, nun hatten es die Königsblauen über St. Pauli, Borussia Dortmund, den 1. FC Magdeburg und den VfB Stuttgart endlich mal wieder ins Endspiel geschafft. Die Aufgabe gegen den Regionalligisten Union Berlin schien absolut lösbar. Doch es machte sich leichte Nervosität breit, als die Schalke-Offensive mit Sand, Mpenza und Asamoah stumpf blieb und Union in einer torlosen ersten Hälfte nichts anbrennen ließ.

Was konnte jetzt helfen? Jörg Böhme! Erst zirkelte der Kunstschütze in der 53. Minute einen Freistoß ins Netz, und fünf Minuten später war er nach einem Foul an Mpenza vom Elfmeterpunkt erfolgreich. 2:0 - dabei blieb es. Schalke hatte sich zum dritten Mal in der Vereinsgeschichte den Pokal gesichert. Das konnte zumindest ein wenig über die entgangene Meisterschaft hinwegtrösten.

„Es sind Worte gefallen, jetzt werden Taten fallen."

– **Huub Stevens** vor dem Heimspiel am 4. Spieltag 2001/02 gegen Bayer Leverkusen (3:3)

26. Mai 2001: Jörg Böhme erzielt per herrlichem Freistoß das 1:0.

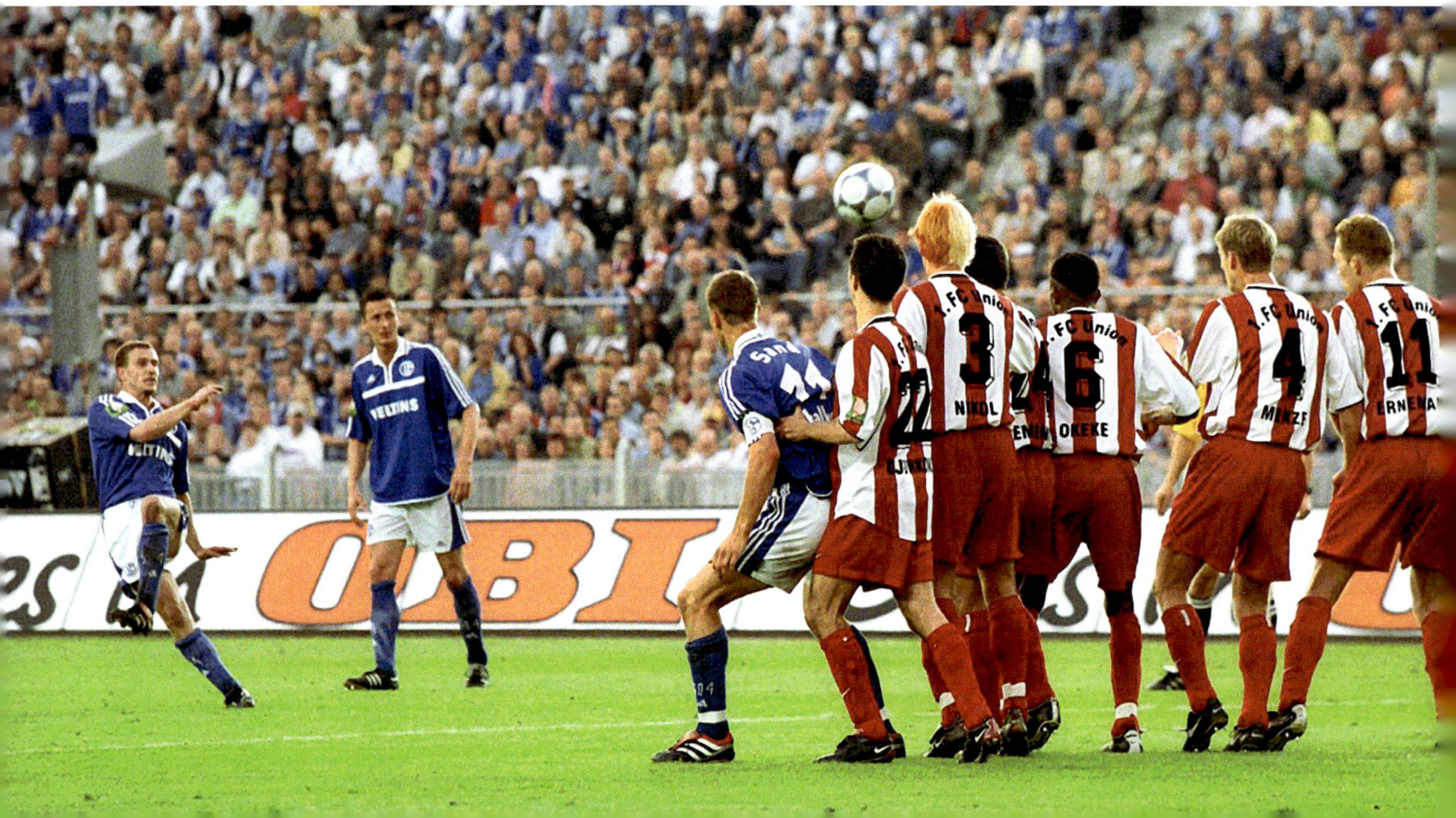

Die Pokalsieger von 2002.

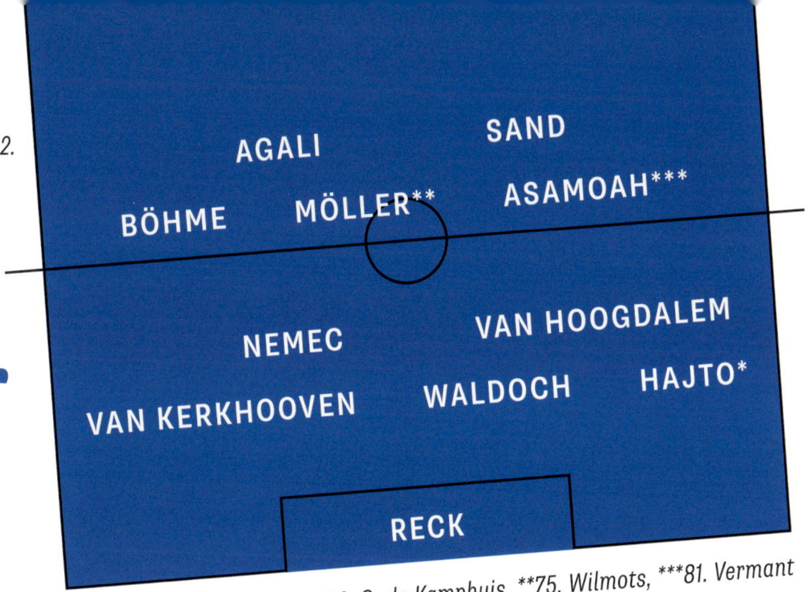

*46. Oude Kamphuis, **75. Wilmots, ***81. Vermant

11. Mai 2002: Erneut Pokalsieger

Im August 2001 zogen die Knappen in die neue Arena AufSchalke um und Marc Wilmots kehrte zurück. Alles sah also gut aus. Doch es folgte eine etwas enttäuschende Saison. In der Champions League hatten die Königsblauen in einer Gruppe mit Arsenal, Panathinaikos Athen und RCD Mallorca nicht viel zu bestellen. In der Bundesliga hielt die Abwehr meist dicht, nur fehlte vorne oft die Durchschlagskraft. Heraus kam der fünfte Platz. Nicht schlecht. Und es ging vielleicht noch mehr. Im Halbfinale des DFB-Pokals war eine Revanche gegen den FC Bayern gelungen. zwei Verlängerungs-Treffer von van Hoogdalem und Böhme hatten das 120-Minuten-Spiel entschieden. Nun galt es, den Erfolg im Finale gegen Bayer 04 Leverkusen zu veredeln. 70.000 Zuschauer sahen ein begeisterndes Spiel der Knappen, deren Aufstellung sich gegenüber dem Vorjahr kaum verändert hatte: Vorne stürmte der zu Saisonbeginn aus Rostock gekommene Victor Agali anstelle von Emile Mpenza, und hinten verteidigte statt Niels Oude Kamphuis Mannschaftskapitän Tomasz Waldoch, der im Vorjahr wegen einer Gelbsperre nicht am Finale hatte teilnehmen dürfen.

Es wurde ein spannendes Spiel gegen den amtierenden Vizemeister, das Schalke klar mit 4:2 für sich entschied. Die Tore für die Königsblauen erzielten Böhme (natürlich per Freistoß), Agali sowie Möller und Sand. In die Freude über den neuerlichen Erfolg mischte sich etwas Wehmut, denn es war der letzte Sieg unter Huub Stevens. Bereits in der Winterpause hatte der Trainer bekanntgegeben, dass er zum Saisonende zum Ligakonkurrenten Hertha BSC wechseln würde. Eine Ära war zu Ende.

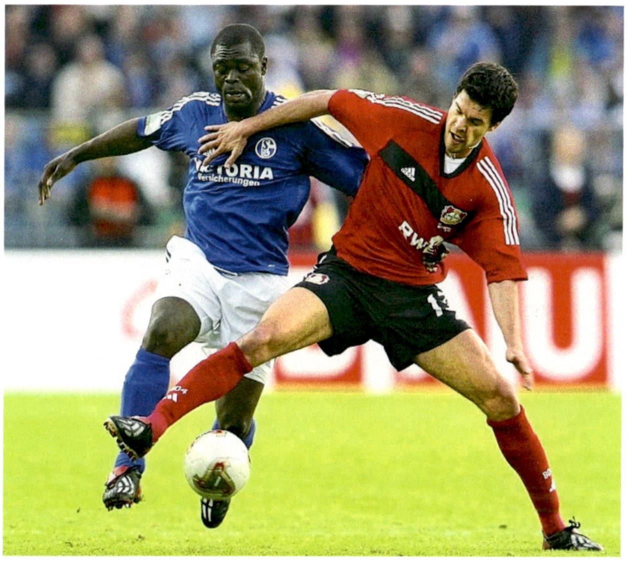

11. Mai 2002: Gerald Asamoah im Duell mit Leverkusens Star Michael Ballack.

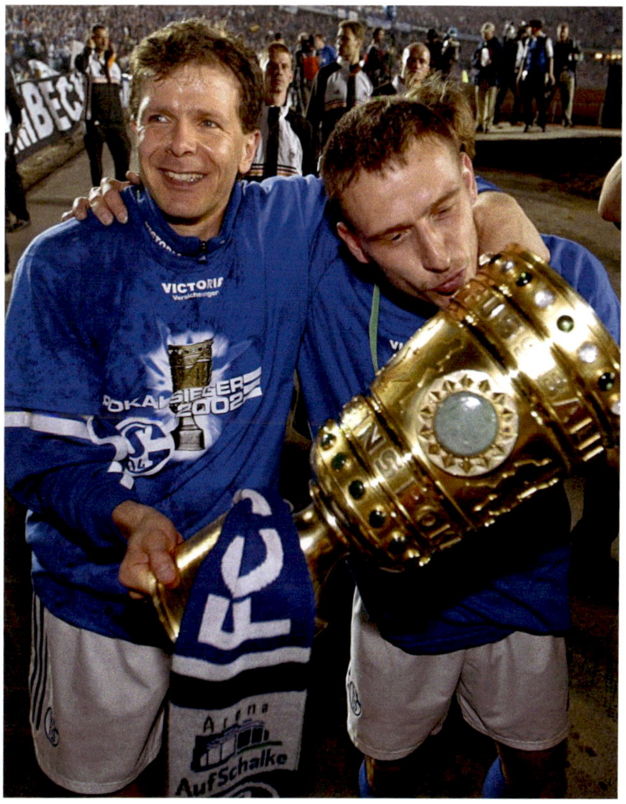

11. Mai 2002: Andy Möller und Jörg Böhme freuen sich über ihren zweiten Pokaltriumph in Folge.

DIE BESTEN SCHALKER (1)

Auch in den wenig erfolgreichen 1980er-Jahren trugen erwähnenswerte Spieler das Schalker Trikot. So zum Beispiel der Ex-Keeper von Bayern München und Nigbur-Nachfolger **Walter Junghans**. Bei den Fans punkteten **Mathias Schipper**, **Dietmar Schacht** und der positiv-ironisch als „Magic" verehrte **Michael Prus** viele Jahre als sachlich-zuverlässige Defensiv-Malocher. Wegen seiner brasilianischen Dribbelkünste als „Schlippinho" gerühmt wurde **Günter Schlipper**. Beim Aufstieg 1984 war **Klaus Täuber** mit 19 Treffern bester Torschütze. Fast so viele schaffte der stets mit vollem Körpereinsatz zu Werke gehende „Boxer" aus Franken auch in den folgenden Bundesliga-Spielzeiten. **Peter Sendscheid** war ein talentierter Angreifer, der mit etwas weniger Verletzungspech eine richtig große Karriere hätte machen können.

Viel besser in Erinnerung sind aber natürlich jene Spieler, die ab 1996/97 als „Eurofighter" und wenig später als Pokalsieger wieder Glanz nach Schalke brachten.

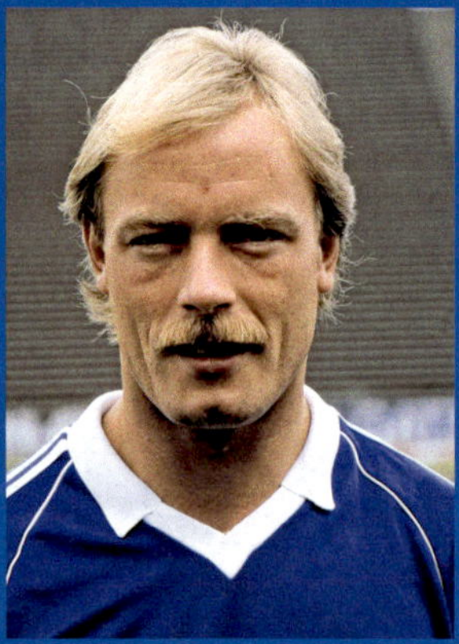

Klaus Täuber

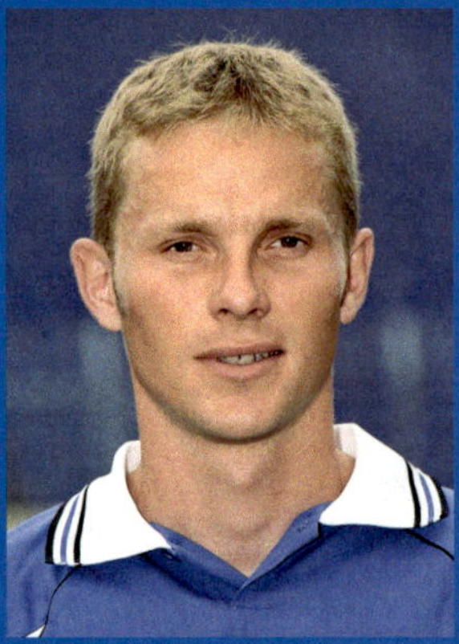

Tomasz Waldoch

Der Torhüter **Jens Lehmann** war bereits beim Aufstieg 1991 dabei. In den folgenden Jahren hatte er mit dem 1,96-Mann **Holger Gehrke** einen starken Konkurrenten. Schließlich setzte er sich aber durch und entwickelte sich zu einem Weltklasse-Keeper. Zu überzeugen wusste er nicht nur mit seinen Reflexen, sondern auch mit Überblick und fußballerischem Können im Aufbauspiel. Im Sommer 1998 wurde **Oliver Reck**, der sich in Bremen wegen einiger spektakulärer Fehler den Spitznamen „Pannen-Olli" eingehandelt hatte, die Nummer 1 bei Schalke. Er bewies mit guten Leistungen, dass er trotz seines Spitznamens zu den besten deutschen Keepern zählte.

Schier ewig dauerte die Schalke-Karriere von **Olaf Thon**. Der Ruhrpott-Junge war einer der maßgeblichen Spieler beim Aufstieg der Schalker 1983/84. Bereits als 18-Jähriger wurde der überragende Techniker und Mittelfeld-Antreiber in die Nationalelf berufen. Nach erfolgreichen Jahren in München kam er 1994 als gereifter Stratege und Sprücheklopfer (Spitzname „Professor") zurück und stand noch in den Pokalsiegerjahren 2001 und 2002 im S04-Kader.

Bei einer Pokalniederlage im August 1991 gegen Rot-Weiß Erfurt wurden die Verantwort-

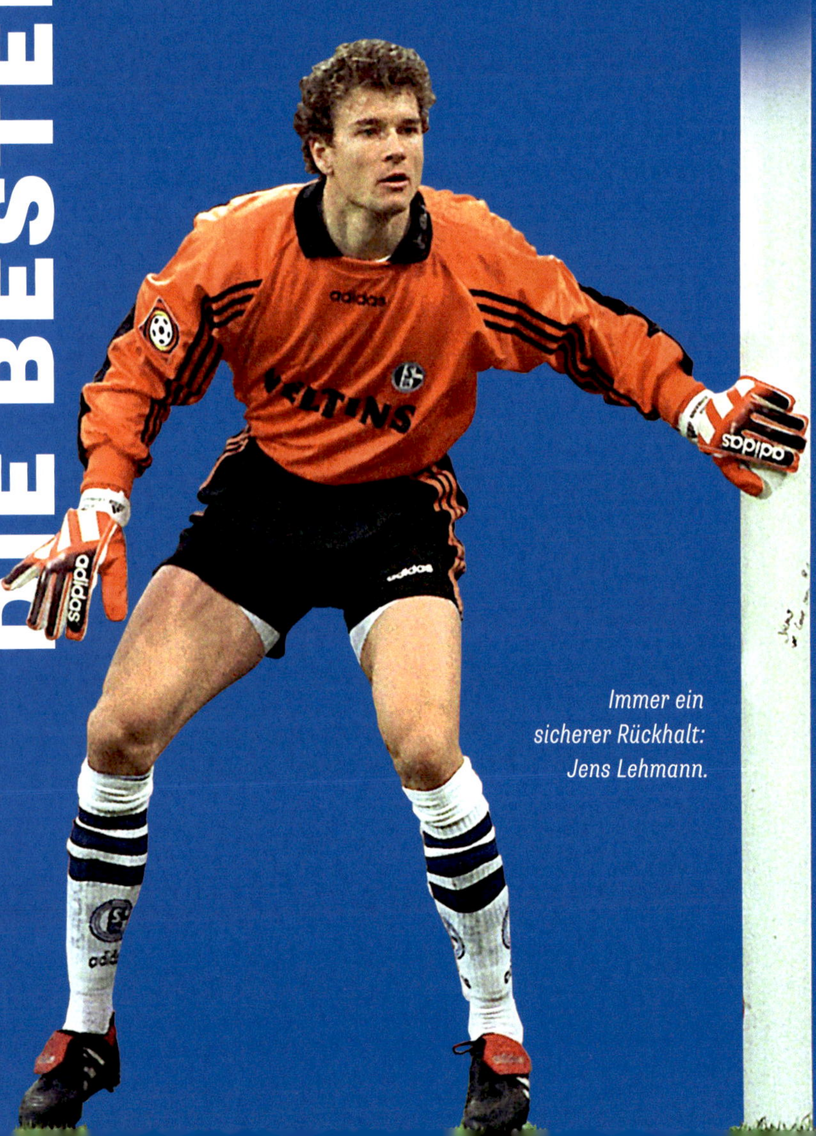

Immer ein sicherer Rückhalt: Jens Lehmann.

Die besten Sprüche von Olaf Thon:

„In erster Linie stehe ich voll hinter dem Trainer, in zweiter Linie hat er recht."

„Wir lassen uns nicht nervös machen, und das geben wir auch nicht zu!"

„Man soll auch die anderen Mannschaften nicht unter dem Teppich kehren lassen."

„Ich sehe einen positiven Trend: Tiefer kann es nicht mehr gehen."

„Man darf das Spiel doch nicht so schlecht reden, wie es wirklich war."

„Wir spielen hinten Mann gegen Mann, und ich spiel gegen den Mann."

„Ich habe ihn nur ganz leicht retuschiert." *(nach einem Foulspiel)*

„Man hetzt die Leute auf mit Tatsachen, die nicht der Wahrheit entsprechen."

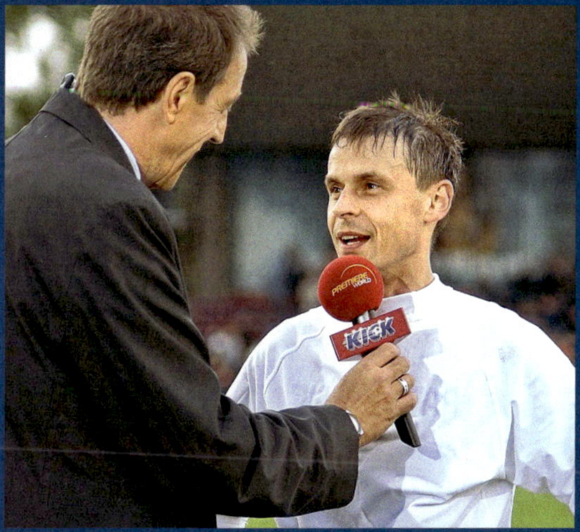

Olaf Thon wird von Reporter Rolf Fuhrmann (Premiere World) interviewt (2001).

lichen der Königsblauen auf die Qualitäten von Innenverteidiger **Thomas Linke** aufmerksam. Er wurde verpflichtet und erkämpfte sich rasch einen Stammplatz. Nach Gewinn des UEFA-Pokals sicherte sich der FC Bayern die Dienste des nahezu fehlerfreien Abwehrspielers. An Linkes Seite verteidigte der Niederländer **Johan de Kock**, der nach seiner Karriere als Ingenieur am Bau der Arena AufSchalke beteiligt war.

Der stämmige Pole **Tomasz Hajto** zeichnete sich als Verteidiger durch kompromisslosen Einsatz aus und hielt mit 16 Gelben Karten in einer Saison lange den Bundesliga-Rekord. Sein Landsmann **Tomasz Waldoch** war vier Jahre Mannschaftskapitän und hatte als Beton anrührender Abwehrchef wesentlichen Anteil an den beiden Siegen im DFB-Pokal 2001 und 2002.

Ein Schalke-Held besonderer Art war **Yves Eigenrauch**. Obwohl mit Talent nicht gesegnet, wurde der stets einsatzfreudige und faire Verteidiger in seinen elf Schalke-Jahren zu einem Publikumsliebling. Im Nebenberuf war er auch als Fotograf und Journalist tätig. **Andreas Müller** rackerte von 1988 bis 2000 im Mittelfeld der Königsblauen und stieg danach ins Management beim FC Schalke ein. Am 23. November 1991 gelang dem gebürtigen Stuttgarter gegen den 1. FC Kaiserslautern das Tor des Jahres. Als Peter Sendscheid eine Flanke nicht erreichte, weil er umgerempelt worden war, setzte Müller den Ball per Fallrückzieher in den Winkel.

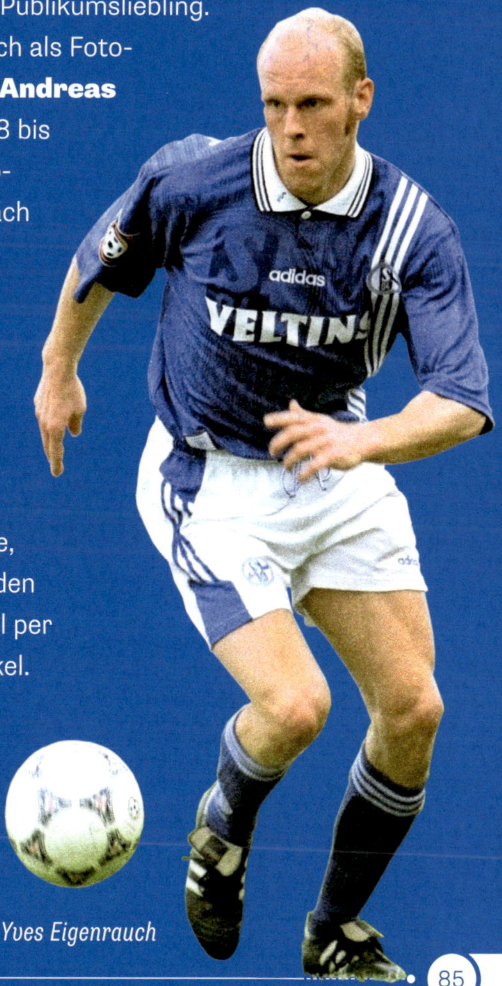

Publikumsliebling Yves Eigenrauch

DER BACKGAMMON-PROFI

Der spätere Schalke-Dauerbrenner (236 Ligaspiele in elf Jahren) und Fan-Liebling Yves Eigenrauch kam völlig unerwartet zu seinem Startelf-Debüt in der Bundesliga – weil einige Kollegen in der Mittagspause Backgammon gespielt hatten. „Das mochte unser damaliger Trainer Aleksandar Ristic überhaupt nicht. Als er davon Wind bekam, pfefferte er das Feld aus dem Fenster und schmiss die betreffenden Spieler aus dem Kader – und ich stand zum Hinrunden-Abschluss 1991 in Nürnberg plötzlich in der Anfangsformation."

DIE BESTEN SCHALKER (2)

Als der Niederländer **Marco van Hoogdalem** 1997 auf Schalke anheuerte, konnte er gleich den Gewinn des UEFA-Pokals miterleben. Er schaffte es jedoch erst nach diesem Triumph, sich einen Stammplatz im defensiven Mittelfeld zu erobern. **Niels Oude Kamphuis**, ein weiterer der zahlreichen Niederländer in Königsblau, sorgte meist auf der rechten Außenbahn für Druck nach vorne. Aus Belgien importiert wurden die zuverlässigen Defensivspezialisten **Sven Vermant** und **Nico van Kerckhoven**.

Mit toller Schusstechnik begeisterte **Jörg Böhme**, nicht nur bei seinen zwei Treffern im Pokalfinale von 2001. Der gelernte Koch **Mike Büskens** ließ zehn Jahre lang als Mittelfeld-Rackerer nichts anbrennen und machte später als mehrfacher Co-, Aushilfs- und Cheftrainer auf Schalke eine zweite Karriere. **Radoslav „Radek" Latal**, ein vielseitiger tschechischer Nationalspieler, zog zusammen mit seinem nie ermüdenden Landsmann **Jiri Nemec** im Mittelfeld die Fäden. Nemec, nicht eben torgefährlich, bestach vor allem mit genialen Ballgewinnen und meisterhaftem Passspiel.

Wie die beiden Tschechen stand im UEFA-Pokalfinale 1997 auch der ehemalige Dortmunder Borusse **Ingo Anderbrügge** auf dem Platz. Der robuste und zudem technisch feine offensive Mittelfeldspie-

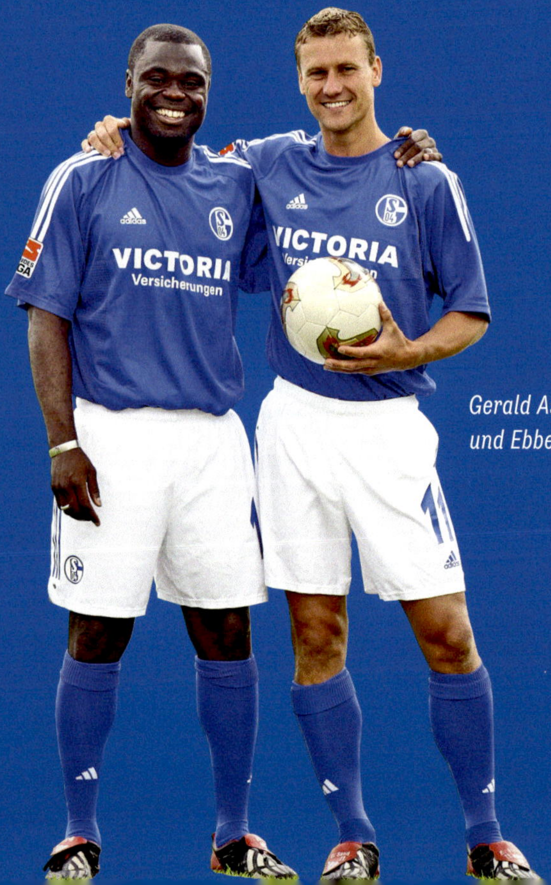

Gerald Asamoah und Ebbe Sand

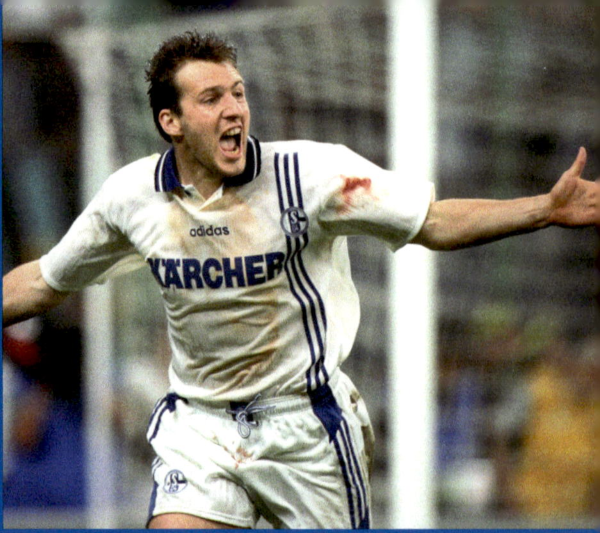

Marc Wilmots, vom Kampf gezeichnet

Die besten Sprüche:

„Wenn wir alle Spiele gewinnen, werden wir Meister."
– Niels Oude Kamphuis

„Es ist einer der tollsten Vereine in Deutschland."
– Marco van Hoogdalem über den FC Schalke 04

„Ich denke, dass man stolz sein kann auf die Leistung von Schalke 04, wegen der Leistung."
– Andreas Möller

„Das Tor gehört zu 70 Prozent mir und zu 40 Prozent dem Wilmots."
– Ingo Anderbrügge

„Wir sind heute mit aufgehobenen Köpfen wieder rausgegangen."
– Youri Mulder

„Ich bin so ein Typ, der immer am Lachen ist. Okay, es gibt Tage, wo man einfach nicht lachen kann."
– Gerald Asamoah (nach einem 0:3 des FC Schalke 04 bei den Bayern)

„Jiri möchte eigentlich keine Tore machen, weil er es hasst, umarmt zu werden und im Mittelpunkt zu stehen."
– Rudi Assauer über die mangelnde Torgefährlichkeit von Jiri Nemec

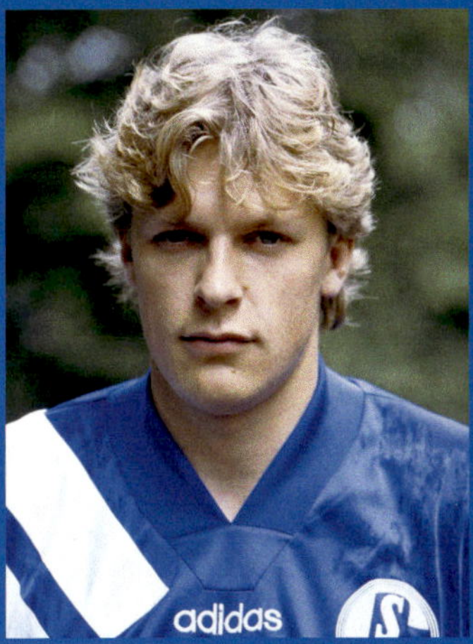

Youri Mulder

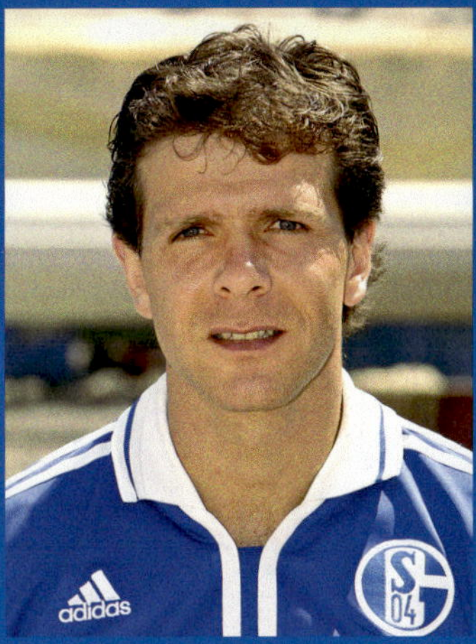

Andreas Möller

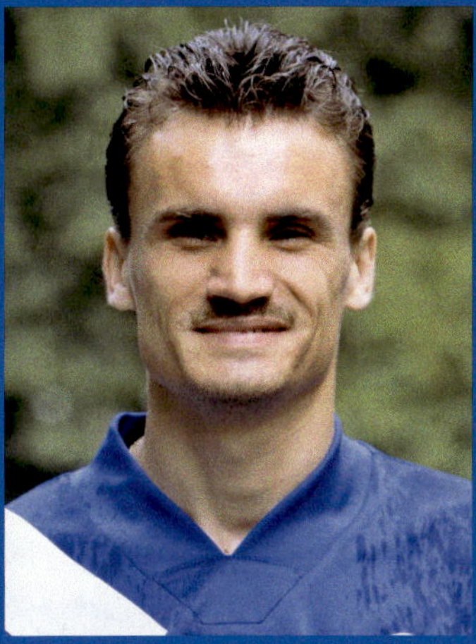

Martin Max

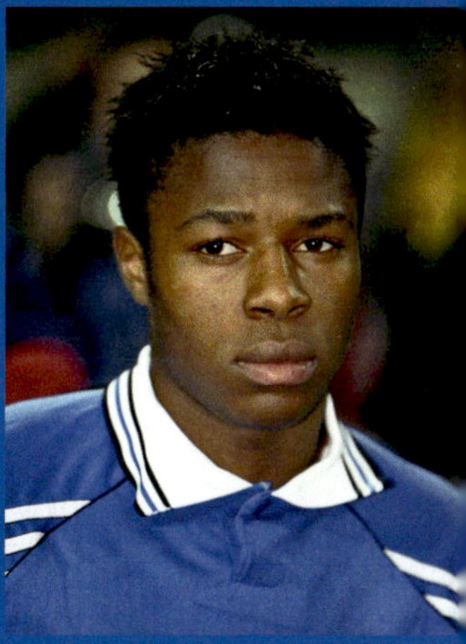

Emile Mpenza

ler verbreitete mit seinem linken Hammer bei Freistößen und Elfmetern Furcht und Schrecken.

Im Jahr 2000 wagte es Mittelfeld-Techniker **Andreas Möller**, vom Erzrivalen Dortmund nach Gelsenkirchen zu wechseln. Obwohl es ihr kaum jemand zutraute, legte die „Heulsuse" im Herbst ihrer Karriere noch zwei tränenfreie Spielzeiten im königsblauen Trikot hin.

Relativ wenige Tore schoss der Niederländer **Youri Mulder** - es waren ganze 33 in neun Bundesliga-Spielzeiten -, und trotzdem stieg er zum Fan-Liebling auf: Volldampf-Stürmer wie er hatten beim Schalker Publikum schon immer gute Karten. Als Ersatz für den verletzten Mulder stand im Finale von 1997 der torgefährliche **Martin Max** auf dem Platz, der sich in den Vorjahren als Top-Torschütze der Königsblauen bewährt hatte und später im Trikot der Münchner „Löwen" Torschützenkönig werden sollte.

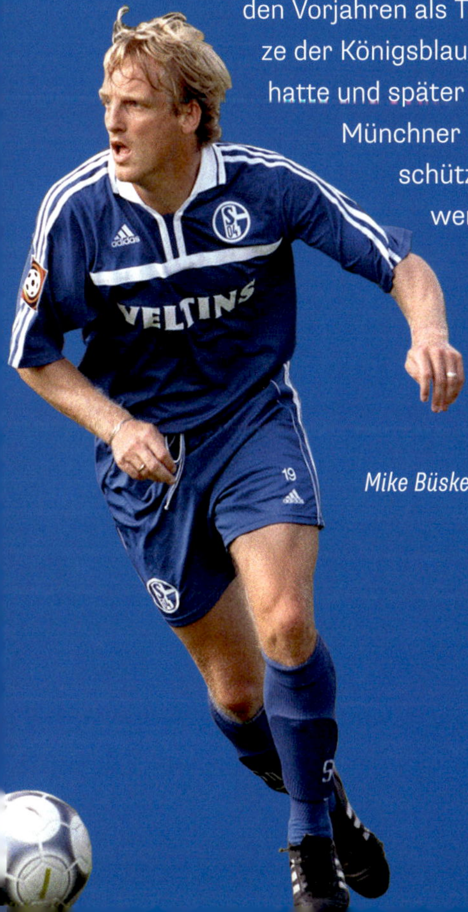

Mike Büskens

Herz und Seele der „Eurofighter" von 1996/97 war der Belgier **Marc Wilmots**. Mit seinem Kampfwillen und seinen Toren ebnete „Willi, das Kampfschwein" den Weg zum ersten internationalen Titel der Königsblauen. Nach einem Jahr bei Girondins Bordeaux kehrte er 2001 wieder nach Gelsenkirchen zurück und holte den DFB-Pokal.

Der Deutsch-Ghanaer **Gerald Asamoah** legte trotz eines angeborenen Herzfehlers eine tolle Profikarriere als Stürmer hin. Zwar war er weder extrem torgefährlich noch technisch perfekt, aber er gab nie einen Ball verloren. Mit seinem unbezähmbaren Kampfgeist und seiner unentwegt guten Laune war er über zehn Jahre lang einer der wichtigsten Spieler im Kader von Schalke 04.

Immer vollen Einsatz und absoluten Siegeswillen zeigte auch der zugleich stets faire Mittelstürmer **Ebbe Sand**. Der beliebte Däne blieb sieben Jahre in Gelsenkirchen und erlebte seinen Höhepunkt in der Herzensmeister-Saison 2000/01, als er Torschützenkönig wurde. Mit einer Ablösesumme von 17 Mio. DM, die Schalke an Standard Lüttich zahlte, war **Emile Mpenza** 1999 der bis dahin teuerste Spieler der Schalker Vereinsgeschichte. Der dynamische Stürmer aus Belgien blieb in seinen Leistungen unbeständig, zeigte im Duett mit Sand aber auch etliche tolle Spiele.

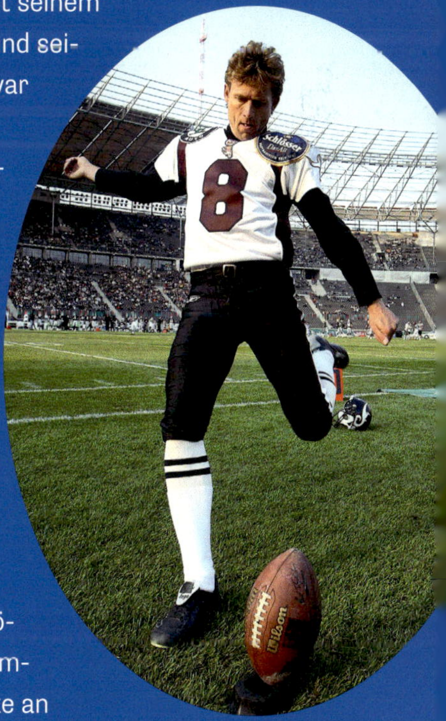

Nach seiner Fußballkarriere brachte Ingo Anderbrügge seine Schusskraft auch noch beim American Football ein.

2003-2018

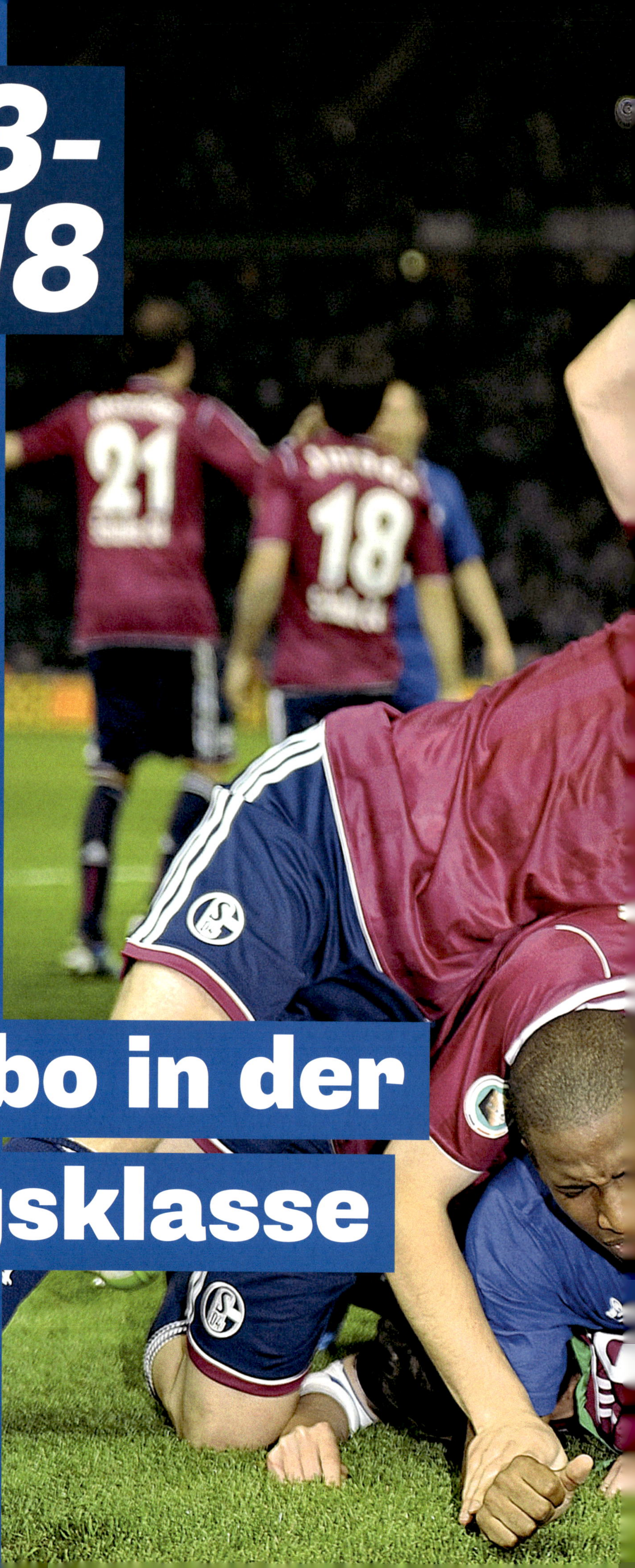

Ein Abo in der Königsklasse

Vizemeister **2005, 2007, 2010, 2018**

DFB-Pokalsieger **2011**

DFB-Pokalfinalist **2005**

Halbfinalist Champions League **2011**

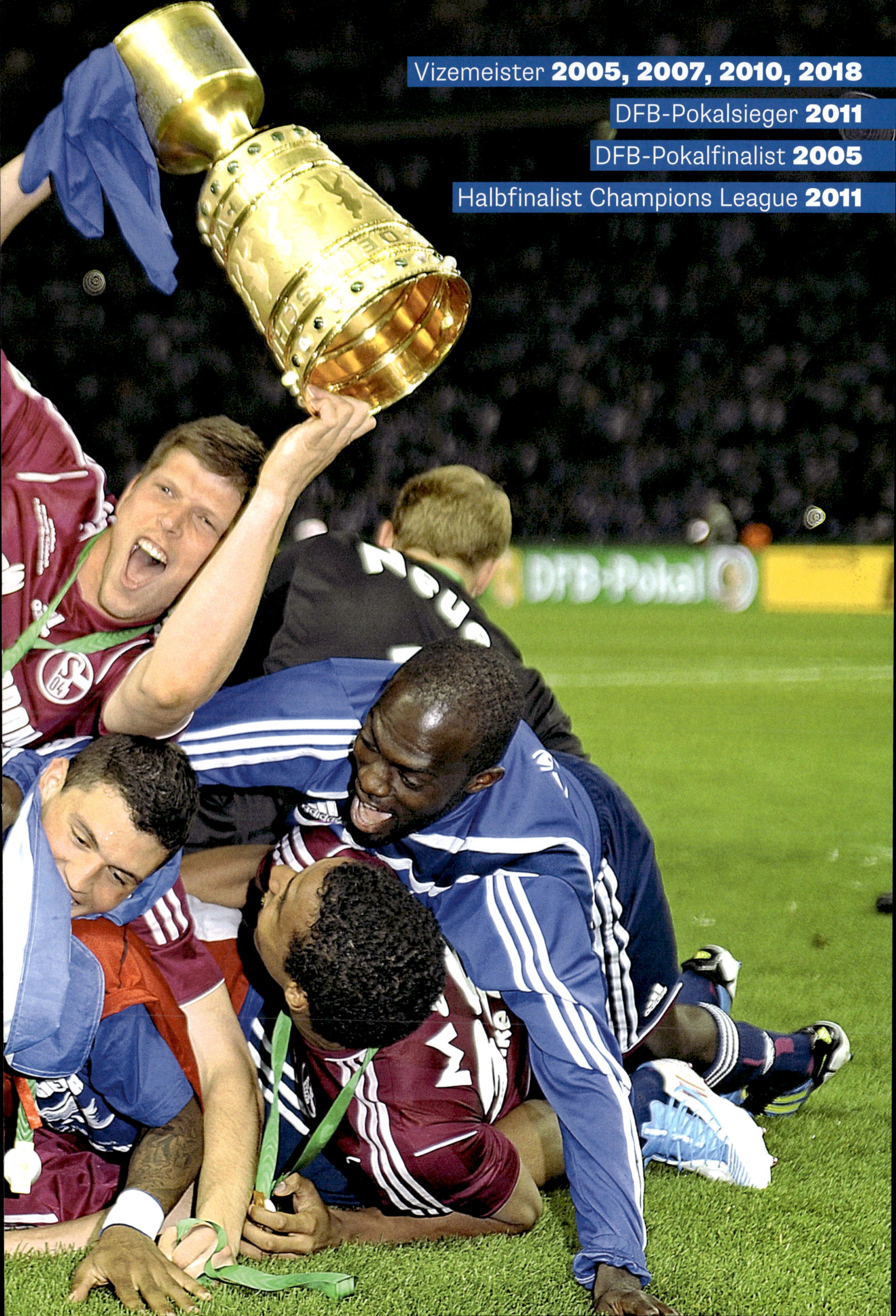

2005: Zweimal Zweiter mit „Professor“

Ohne Huub Stevens, den souveränen „Knurrer von Sittard“, wurde es auf Schalke wieder unruhiger und zugleich grauer. Frank Neubarth und Jupp Heynckes versuchten sich als Trainer, brachten aber nur glanzloses Mittelmaß zustande. Aufwärts ging es erst wieder im Schalker Jubiläumsjahr, als der „Fußball-Professor“ Ralf Rangnick Ende September 2004 das Kommando übernahm. Die Fans konnten sich über pfiffigen Spaßfußball im 4-3-3-System freuen. Hinten stand die Abwehr mit den Neuen Christian Pander, Marcelo Bordon und Mladen Krstajic sicher, im Mittelfeld entfachte Lincoln ein Feuerwerk, und vorne stürmten Gerald Asamoah und Ebbe Sand wie junge Hunde. An der Spitze der Liga zogen zwar die Münchner Bayern uneinholbar ihre Kreise, Schalke sicherte sich aber souverän die Vizemeisterschaft und damit die direkte Teilnahme an der Champions League. Nach einem dramatischen, erst im Elfmeterschießen entschiedenen Halbfinale gegen Werder Bremen schafften es die Königsblauen darüber hinaus erneut ins Berliner Pokalendspiel. Dort wartete kein Geringerer als der neue Meister. Schalke fehlte das nötige Quäntchen Glück: Lincoln konnte die Bayern-Führung durch Makaay zwar egalisieren, danach aber blieben alle Bemühungen fruchtlos, und Salihamidzic entschied mit dem zweiten Bayern-Treffer in der 76. Minute das Spiel.

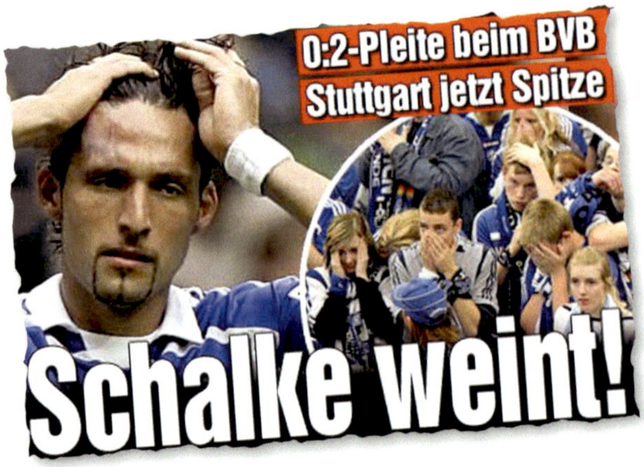
0:2-Pleite beim BVB
Stuttgart jetzt Spitze
Schalke weint!

Schlagzeile nach der Niederlage in Dortmund am 12. Mai 2007.

2007: Vizemeisterschaft mit Tränen

Als einer der Drittplatzierten in der Gruppenphase der Champions League schaffte es Schalke im UEFA-Pokal 2005/06 bis ins Halbfinale und schied dort gegen den FC Sevilla knapp mit 0:0 und 0:1 aus. Da Ralf Rangnick nach Differenzen mit dem Vorstand gefeuert worden war, saß bei diesem Spiel bereits der vom Co- zum Cheftrainer beförderte Mirko Slomka auf der Bank. Er

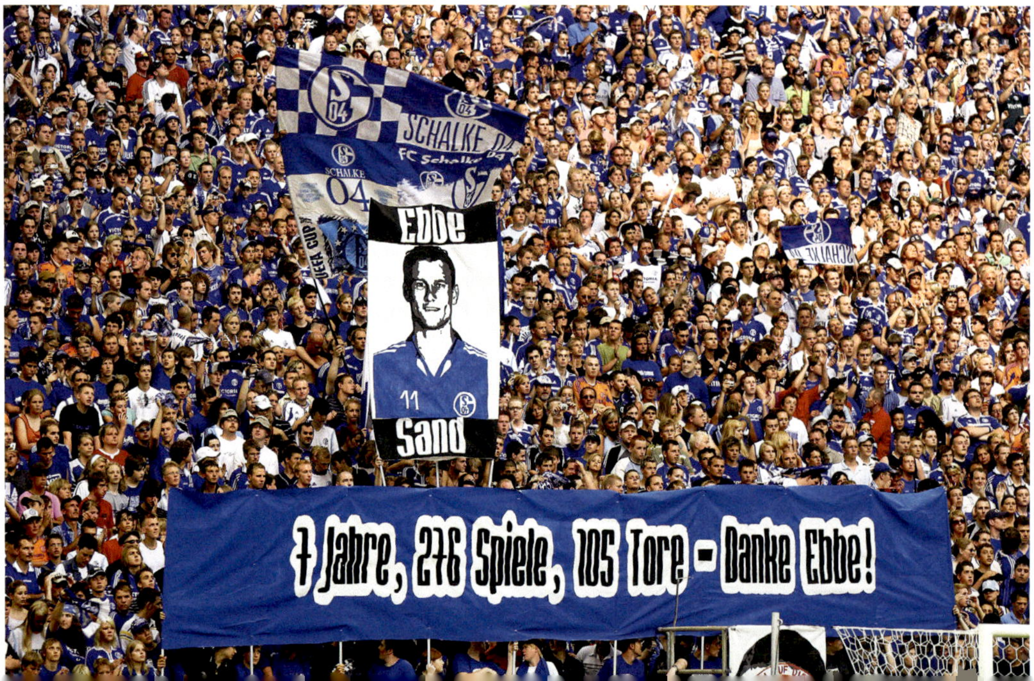

Beim letzten Spiel 2005/06, einem 3:2-Heimsieg gegen den VfB Stuttgart, wurden die drei langjährigen Schalker Ebbe Sand, Tomasz Waldoch und Marco van Hoogdalem verabschiedet.

begleitete eine stabile Bundesliga-Saison, die auf dem vierten Platz und mit einem neuen Manager endete: Der Ex-Spieler Andreas Müller trat das Erbe des zurückgetretenen Rudi Assauer an.

Die nächste Spielzeit brachte im UEFA-Pokal ein frühes Aus, doch in der Bundesliga mit vielen frischen und jungen Kräften viel Freude. Manuel Neuer machte als neuer Stammkeeper das Tor zur Wand, das Supertalent Mesut Özil begeisterte mit seinen Tricks, und Mittelstürmer Kevin Kuranyi sammelte mit seinen Treffern die meisten Jubel-Punkte. Lange Zeit stand Schalke an der Spitze, doch am vorletzten Spieltag verloren die Königsblauen ausgerechnet in Dortmund mit 0:2 und lagen danach mit zwei Punkten hinter dem neuen Tabellenführer VfB Stuttgart zurück. Ein 2:1-Heimsieg am letzten Spieltag gegen Arminia Bielefeld reichte nicht mehr, da die Stuttgarter ihr Spiel gegen Cottbus ebenfalls mit 2:1 gewannen. Dass ausgerechnet die Schwarz-Gelben den Königsblauen den Titel versaut hatten - es war einfach zum Heulen.

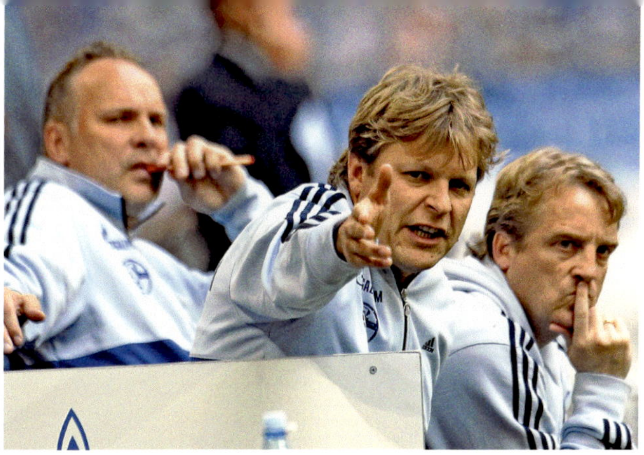

Drei Trainer auf der Bank: Olli Reck, Youri Mulder und Mike Büskens.

2008 und 2009: Ex-Spieler auf der Trainerbank

In der Champions League 2007/08 wurde der FC Schalke hinter dem FC Chelsea Zweiter der Gruppe B und gelangte erstmals ins Achtelfinale. Dort konnten sich die Knappen gegen den FC Porto im Elfmeterschießen durchsetzen. Im Viertelfinale war dann die Supermannschaft des FC Barcelona zu stark, beide Spiele gingen mit 0:1 verloren. In der Bundesliga lief es eigentlich gar nicht so schlecht, trotzdem musste Trainer Slomka nach einem 1:5 am 28. Spieltag in Bremen gehen. Schalke war zu diesem Zeitpunkt Dritter. Mike Büskens, zuvor Trainer der 2. Mannschaft, übernahm mit Youri Mulder, an der Platzierung änderte sich dadurch bis zum Saisonende nichts mehr. Mit großen Erwartungen und dem neuen Trainer Fred Rutten startete die Spielzeit 2008/09. Doch es folgte Frust in allen Wettbewerben. Die Konsequenz: Im März 2009 wurde erst Manager Müller und kurz darauf auch Trainer Rutten beurlaubt. Zum 26. Spieltag, Schalke war zu diesem Zeitpunkt Achter der Tabelle, übernahm ein Ersatztrainer-Trio, denn zu Büskens und Mulder gesellte sich jetzt auch noch Oliver Reck. Das Triumvirat der Ex-Spieler holte vier Siege am Stück, in den letzten fünf Spielen aber nur noch einen Punkt und hatte somit keinen einzigen Tabellenplatz gutgemacht.

„Der Jupp ist ein Fußballer der alten Schule, aber wir haben 2004."

– **Rudi Assauer** zu Jupp Heynckes' Entlassung nach dem vierten Spieltag 2004/05

„Gut. Man muss unterscheiden zwischen sehr gut und gut."

– **Rudi Assauer** auf die Frage, wie sein Verhältnis zu Trainer Ralf Rangnick sei

„STEINE UND BEINE"

Mit dem Bau des neuen Stadions und durch millionenschwere Spielereinkäufe - kurz: durch „Steine und Beine" - wuchs der Schuldenberg der Königsblauen in schwindelerregende Höhen. Als der langjährige Manager Rudi Assauer, der beschuldigt wurde, geheime finanzielle Informationen weitergegeben zu haben, im Mai 2006 zurücktrat, sollen es bereits rund 200 Mio. Euro gewesen sein. Schalke hatte noch lange daran zu knabbern, bekam die finanzielle Situation im Lauf der Zeit aber besser in den Griff.

2010: Magaths „junge Wilde“

Durch die mäßige Platzierung im Vorjahr war Schalke in der Spielzeit 2009/10 erstmals seit acht Jahren in keinem internationalen Wettbewerb vertreten. Unter diesen schlechten Vorzeichen, die auch mit erheblichen finanziellen Verlusten verbunden waren, wurden nun die Karten ganz neu gemischt. Der Schalke-Vorstand installierte Felix Magath, der soeben mit Wolfsburg überraschend den Titel geholt hatte, in einer Doppelfunktion als Manager und Trainer. Und der neue starke Mann brachte das Team durch hartes Training und den Einbau junger Talente tatsächlich voran. Spieler wie Bordon, Höwedes, Westermann, Rakitic, Farfán und Kuranyi wurden noch besser, junge Nachwuchstalente wie Joel Matip überraschten mit guten Leistungen. Schalke spielte ganz oben mit und eroberte am 28. Spieltag nach einem von Kevin Kuranyi herausgeschossenen 2:0 in Leverkusen sogar die Tabellenspitze. Ein 1:2 beim direkten Konkurrenten FC Bayern und zwei weitere Niederlagen im Endspurt verhinderten, dass der Meister-Traum wahr werden konnte. Am Ende lag Schalke fünf Punkte hinter dem FC Bayern und vier vor Werder Bremen. Aber die tolle Vizemeisterschaft - es war die neunte der Vereinsgeschichte - begeisterte trotzdem. Zudem schnitten die Königsblauen im Pokal erfreulich ab: Erst im Halbfinale mussten sie sich nach tollem Kampf dem designierten Meister mit 0:1 geschlagen geben.

2011: Magie und ein Titel mit „König Raúl“

Die Saison 2010/11 begann mit einem Paukenschlag: Schalke gab nicht nur die Verpflichtung des niederländischen Top-Stürmers Klaas-Jan Huntelaar bekannt, sondern auch noch die des Weltstars Raúl von Real Madrid. Erst herrschte Skepsis bei den Fans, denn schließlich war der Spanier bereits 34 Jahre alt. Dann Stirnrunzeln, als der Saisonstart mit einer Niederlagenserie völlig misslang. Bald aber verzückte der supernette Ballzauberer, der die Libuda-Rückennummer 7 trug, mit Tricks und Toren vom Allerfeins-

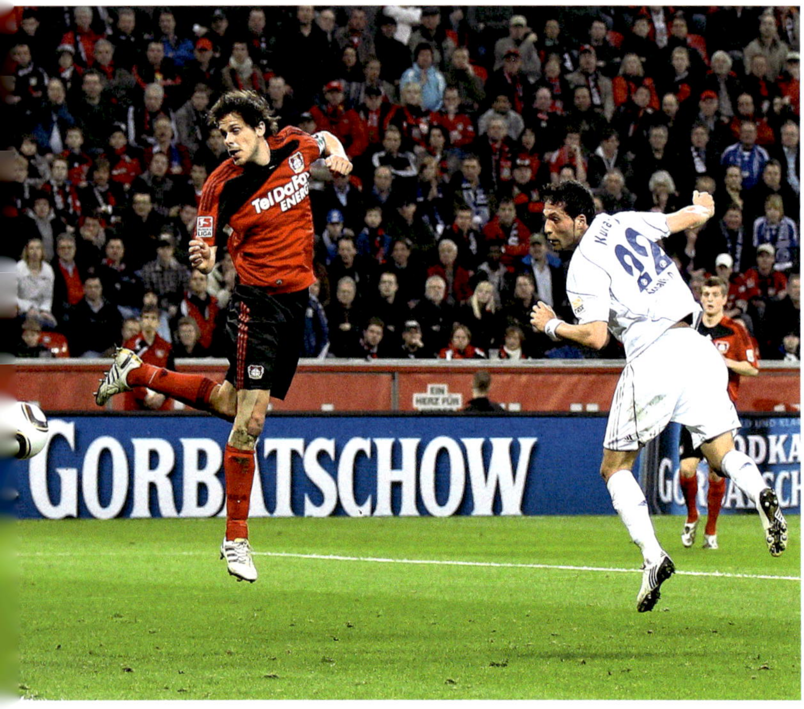

28. Spieltag 2009/10: Kevin Kuranyi, am Ende mit 18 Saisontreffern bester Schalker Torschütze, vollstreckt in Leverkusen zum 2:0 - Schalke ist Tabellenführer!

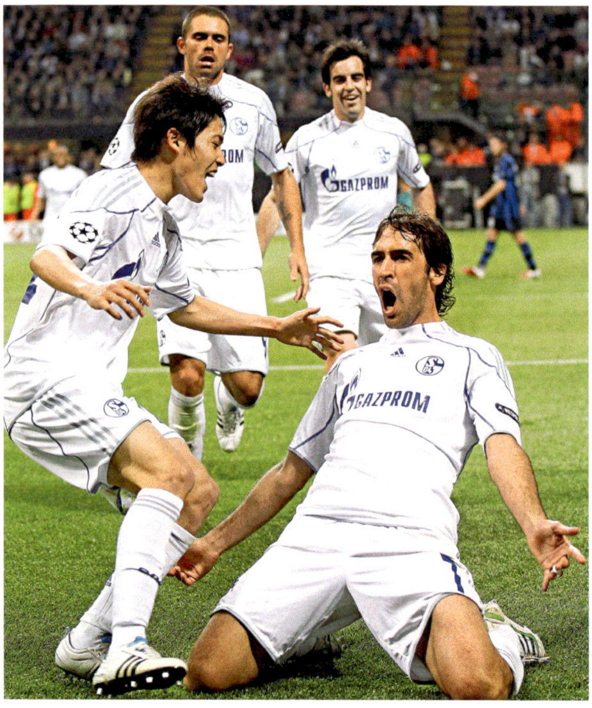

Raúl jubelt nach seinem Treffer zur 3:2-Führung gegen Inter Mailand.

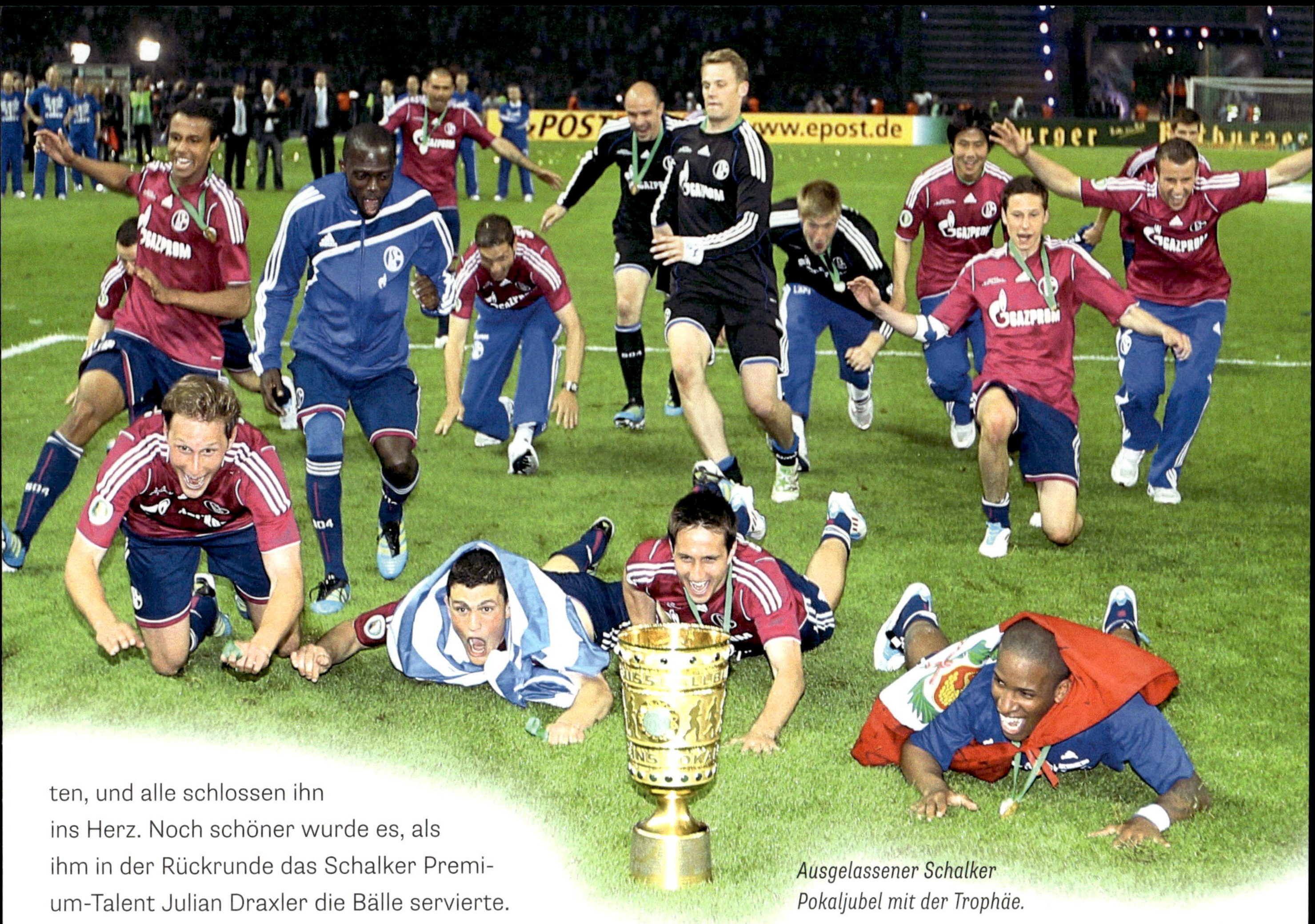

ten, und alle schlossen ihn ins Herz. Noch schöner wurde es, als ihm in der Rückrunde das Schalker Premium-Talent Julian Draxler die Bälle servierte.

Ausgelassener Schalker Pokaljubel mit der Trophäe.

Die Saison brachte aber nicht nur Freude, sondern ebenso viel Aufregung. Im März 2011 trennte sich der Verein von Felix Magath, der sich immer mehr wie ein Alleinherrscher aufgeführt und im Winter offenbar wahllos haufenweise weitere Spieler zusammengekauft hatte. Sportlich war seine Bilanz, außer in der Bundesliga, eigentlich gar nicht so schlecht: Schalke stand nach einem 1:0-Halbfinalsieg gegen die Bayern im Pokalendspiel und hatte über den FC Valencia das Viertelfinale der Champions League erreicht. Horst Heldt, einst unter Magath Spieler in Stuttgart, übernahm als Manager, und als Trainer kehrte ein alter Bekannter zurück: Ralf Rangnick.

Unmittelbar nach dem Führungswechsel beglückte der Fußballgott alle Schalker mit einer Sternstunde. Bei Inter in Mailand gerieten die Königsblauen zweimal in Rückstand und schienen bereits verloren, doch weil die Königsblauen in dieser magischen Nacht wie im Rausch spielten, kam am Ende ein sagenhafter 5:2-Sieg heraus: Edúuuuu, Ra-úuuuulll und Edúuuuu hießen die Torschützen, dazwischen netzte ein Italiener freiwillig ein. Nach einem 2:1 im Rückspiel hatte Schalke zum ersten Mal in seiner Vereinsgeschichte das Halbfinale der Champions League erreicht. Jedoch - das Glück währte nicht lange. In der Champions League blieben die Knappen gegen Manchester United chancenlos und verloren mit 0:2 und 1:4. Und die Bundesliga-Runde schlossen sie nach vier Niederlagen in den letzten vier Spielen auf Platz 14 ab.

Als letzte Chance auf ein glückliches Saisonende blieb das Pokalfinale gegen den Zweitligisten MSV Duisburg. Die in brombeerfarbenen Trikots angetretenen Schalker zeigten sich wild entschlossen, nichts anbrennen zu lassen und die Pokal-Trophäe mit nach Hause zu nehmen. Torjäger Klaas-Jan Huntelaar (2), Julian Draxler, Benedikt Höwedes und Jurado schossen einen völlig ungefährdeten 5:0-Sieg heraus und machten damit den fünften Pokalsieg perfekt. Raúl hatte zwar nicht getroffen, freute sich aber ganz besonders: Trotz seiner an Erfolgen ungeheuer reichen Karriere hatte der Rekordtorschütze der Champions League (71 Treffer) bis dahin noch nie einen nationalen Pokal gewonnen.

„Wir schießen so wenig Tore, vielleicht heißen wir deshalb auch die Knappen."

– Manuel Neuer

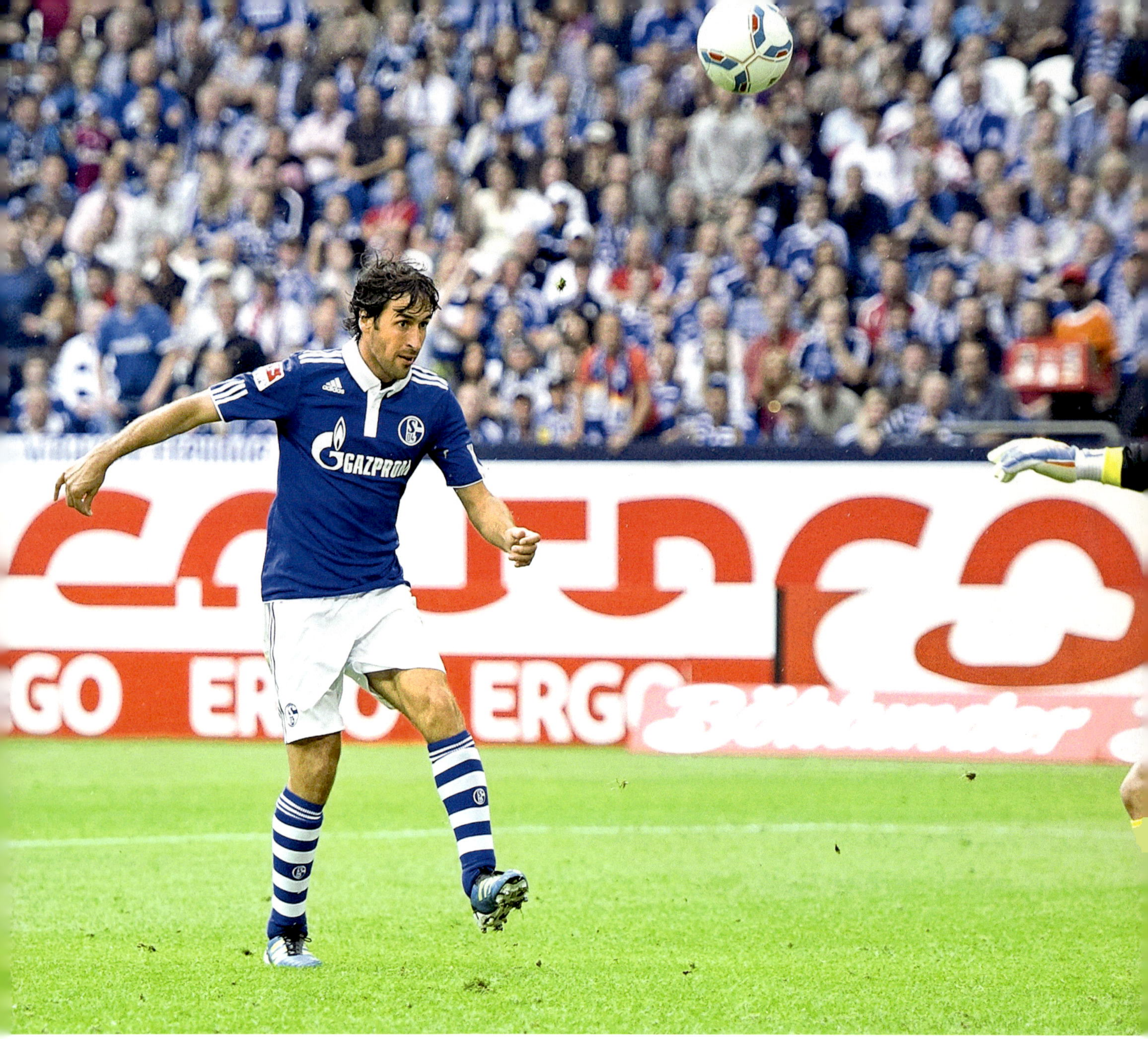

2012: Abschied von Raúl

Der Wechsel Manuel Neuers zum FC Bayern führte in der Saison 2011/12 zu einer ungewohnten Rotation auf der Torwartposition. Ralf Fährmann, Lars Unnerstall und Timo Hildebrand wechselten sich ab, und dann wechselte auch noch der Trainer. Diesmal war es allerdings ein freiwilliger Rücktritt. Nach einem verpatzten Saisonstart mit nur neun Punkten aus sechs Spielen fühlte Ralf Rangnick keine Kraft mehr für seinen Job und übergab an Huub Stevens. Der vor nicht allzu langer Zeit zum „Jahrhunderttrainer“ gewählte „Knurrer“ vermochte zwar weder in der Europa League (Aus im Viertelfinale) noch im DFB-Pokal (Aus im Achtelfinale) für die ganz großen Highlights zu sorgen, aber in der Bundesliga konnten sich seine Schützlinge bereits am 33. Spieltag durch einen 4:0-Heimsieg gegen Hertha BSC den dritten Tabellenplatz und damit abermals die so wichtige Qualifikation für die Champions League sichern. Publikumsliebling Raúl, der die Schalker Seele mit seiner außergewöhnlichen Fußballkunst auf eine bis dahin noch nie gesehene Weise beglückt und mit seinen atemberaubenden Toren die Fans in der Veltins-Arena zu begeistertem Wolfsgeheul animiert hatte, erzielte dabei noch einmal einen wunderschönen Treffer, seinen letzten im königsblauen Trikot. Danach verabschiedete er sich unter Tränen von seinen Fans, und der Verein beschloss, dass ihm zu Ehren seine Rückennummer 7 auf Schalke nicht mehr vergeben werden solle.

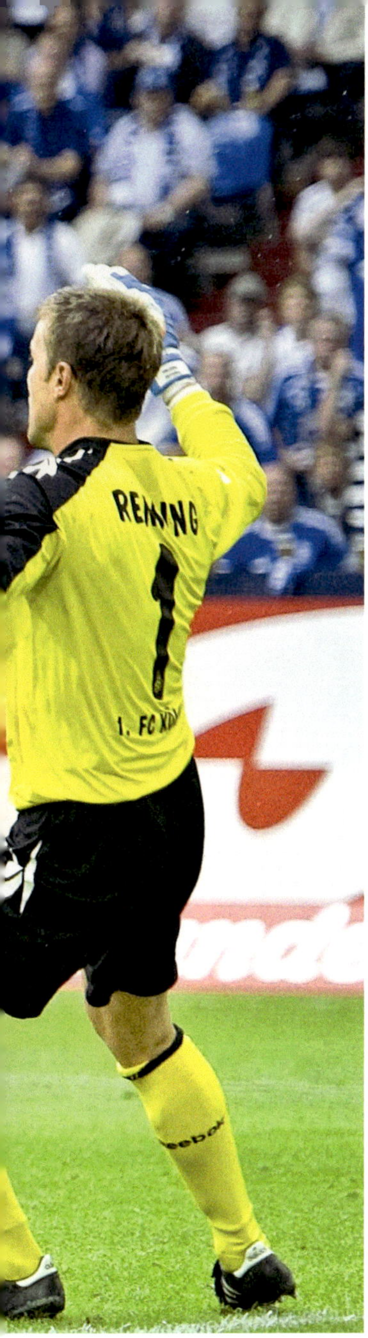

Was für eine Saisoneröffnung am 13. August 2011 in der Veltins-Arena: Schalke gewann gegen den 1. FC Köln 5:1. Und Raúl erzielt dabei das „Tor des Jahres": Nach der Ballannahme dreht er sich kurz und lupft den Ball gefühlvoll über Torwart Rensing hinweg zum 4:1 ins Netz. Traumhaft, „Ra-úuuuulll!"

Stimmen zum Abschied von Raúl

„Abgesehen von den Spielern, die einst den Schalker Kreisel bildeten, warst du der Señor, der Glanz nach Schalke brachte."

– Präsident **Clemens Tönnies** zum Abschied von Raúl

„Schalke ist ein besonderer, ein ganz spezieller Club ... [Er] wird für immer in meinem Herzen bleiben, und die fantastischen Fans sind ein Teil davon."

– **Raúl**

„Dat mit Raúl erzähl ich meine Enkel!"

– Transparent eines **Schalke-Fans**

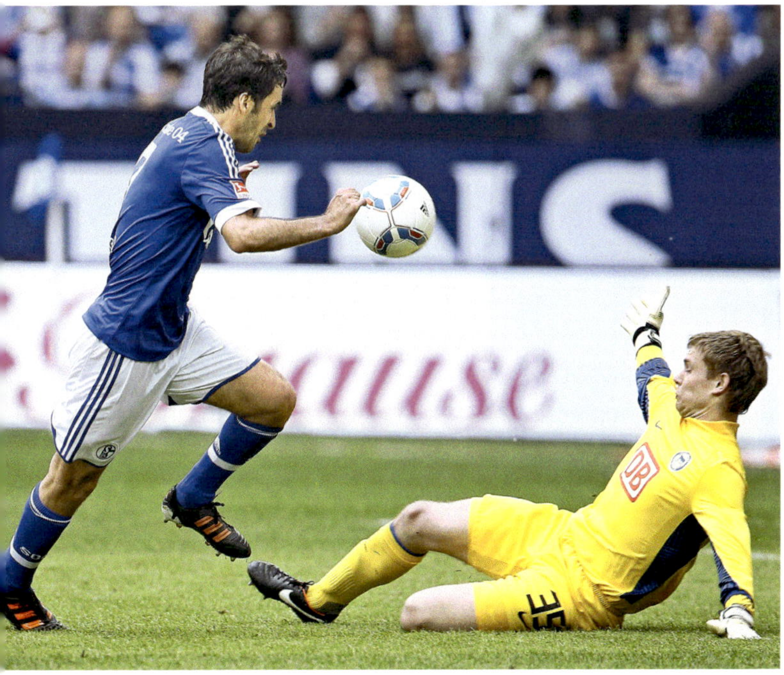

Am 28. April 2012 trifft Raúl noch einmal auf seine unnachahmliche Art ...

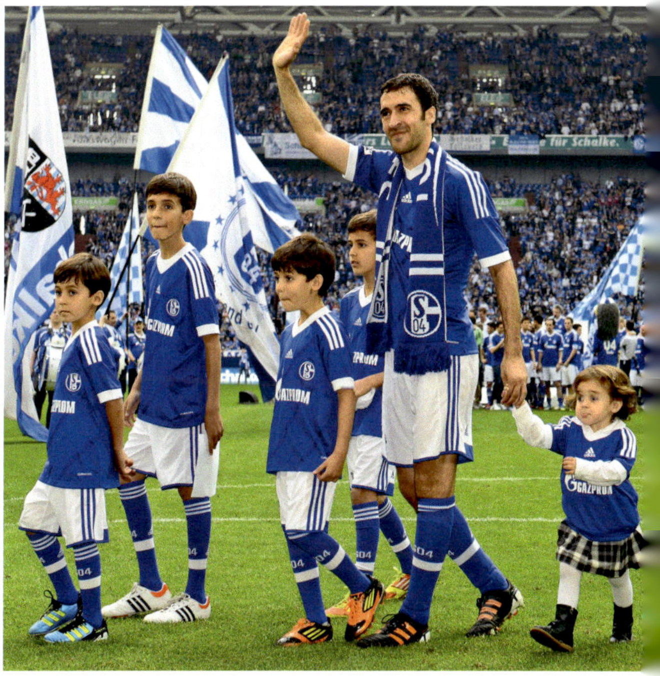

... und sagt dann mit seinen fünf Kindern „Adios!"

2013: Mit Keller in die Königsklasse

Die Saison 2012/13 begann mit einem lockeren 5:0 gegen den Drittligisten 1. FC Saarbrücken in der 1. Runde des DFB-Pokals. In der Liga brachte der achte Spieltag, als der Barça-Import Ibrahim Affelay und Marco Höger einen verdienten 2:1-Auswärtserfolg beim Derby im Westfalenstadion sicherstellten, einen ersten Höhepunkt. Anschließend stießen die Königsblauen hinter dem - allerdings bereits weit enteilten - FC Bayern auf den zweiten Rang vor. Auch im Europapokal warteten Festtage. In einer Gruppe mit Olympiakos Piräus, HSC Montpellier und dem FC Arsenal schafften die Königsblauen unter anderem einen vielbeachteten Auswärtssieg in London und zogen schließlich als Gruppenerster in das Achtelfinale ein. Trotzdem kam es am 16. Dezember 2012 zur Entlassung von Trainer-Denkmal Huub Stevens. Grund war die sportliche Talfahrt in der Liga: Nach nur fünf Punkten aus den letzten acht Spielen war Schalke ins Mittelfeld abgesackt.

Den neuen Coach Jens Keller, zuvor für die U17 der Königsblauen zuständig, kannte der Sportchef Horst Heldt schon aus seiner Zeit beim VfB Stuttgart. Von der Presse aber wurde der Neue vor allem als unerfahrener und vor den Mikrofonen zuweilen unbeholfener Coach wahrgenommen. Da einige Neuverpflichtungen - Barnetta, Obasi und Marica - nicht so richtig einschlagen wollten, gute Ergebnisse nach einem 5:4 zum Rückrundenauftakt gegen Hannover 96 erstmal auf sich warten ließen und es sowohl in der Champions League (gegen Galatasaray Istanbul) wie im DFB-Pokal (gegen Mainz) zum Achtelfinal-Aus kam, bekam Keller ordentlich Gegenwind. Am Ende gab es aber doch noch Grund zum Jubeln. Nicht nur nach dem 2:1 im Derby gegen Borussia Dortmund, sondern auch beim 2:1-Sieg am letzten Spieltag beim SC Freiburg, mit dem sich Kellers Königsblaue auf den letzten Drücker noch Platz vier und damit die Chance auf die Königsklasse erhielten.

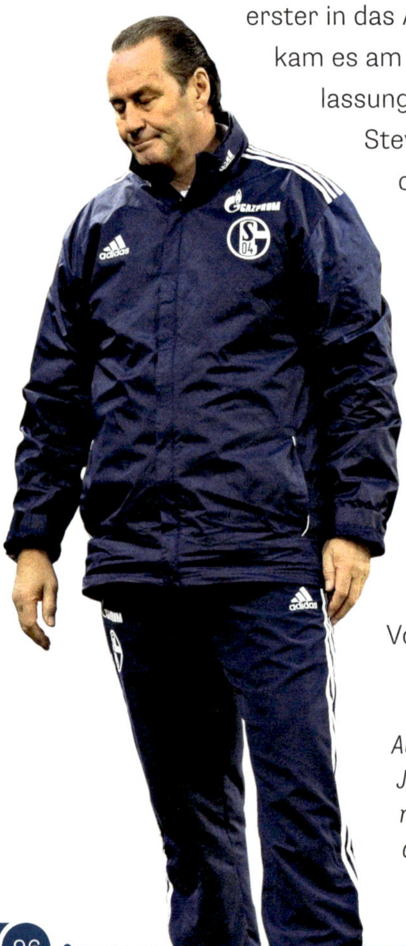

Aus für Huub Stevens: Eben noch zum Jahrhunderttrainer gewählt, war er nach einer 1:2-Heimniederlage gegen den SC Freiburg am 17. Spieltag seinen Job los.

2014: Die beste Rückrunde der Vereinsgeschichte

Der FC Schalke startete mit einem Etat von 80 Mio. - Platz zwei hinter Bayern (140 Mio.) und vor Dortmund (68 Mio.) - und zahlreichen neuen Spielern in die Saison 2013/14. Dennoch verlief die Bundesliga-Hinrunde mit zwei saftigen 0:4-Niederlagen in Wolfsburg und gegen Bayern sowie einem 1:3 im Heimderby gegen den BVB ziemlich unbefriedigend. Die durch zahlreiche Ausfälle gehandicapte und durch ständige Kritik am Trainer verunsicherte Mannschaft schied im DFB-Pokal aus und stand nach dem 17. Bundesliga-Spieltag lediglich auf dem siebten Tabellenplatz.

International sah es besser aus. Gegen das von Huub Stevens trainierte griechische Team

TEILZEITFLEISSARBEITER

Schalkes Aufsichtsratsvorsitzender Clemens Tönnies bezeichnete seinen Sportvorstand Horst Heldt gerne als „bienenfleißig“. Tatsächlich wurde auch von anderen bestätigt, dass der ehemalige Nationalspieler in den stressigen Transferzeiten nahezu rund um die Uhr arbeitete. Wenn das aber durch war, ließ er es auch schon mal lockerer angehen. Das deutete jedenfalls Huub Stevens nach seiner Entlassung im Dezember 2012 an: „Als ich morgens um Viertel vor acht von Horst Heldt angerufen wurde, um in sein Büro zu kommen, wusste ich, was die Stunde geschlagen hatte. Normalerweise ist er nie so früh auf der Anlage ...“

von PAOK Thessaloniki gelang die Qualifikation für die Champions League. In der Gruppenphase hießen die Gegner Steaua Bukarest, FC Basel und FC Chelsea. Trotz zweier Niederlagen gegen Chelsea reichte es für den zweiten Platz. Im Achtelfinale mussten die Schalker die Überlegenheit von Real Madrid anerkennen. Im Heimspiel beim 1:6 chancenlos, ließ sich im Rückspiel nichts mehr umdrehen, es endete 1:3.

In der Bundesliga-Rückrunde zeigte sich jedoch, was in Schalkes Kader steckte. Die vielen Ausfälle erfahrener Spieler konnten Nachwuchstalente wie Max Meyer, Leon Goretzka oder Kaan Ayhan gut kompensieren. Die junge Schalker Mannschaft holte 36 Zähler - elf Siege und drei Unentschieden - und legte damit nichts weniger als die stärkste Rückrunde der Vereinsgeschichte hin. Mit dem 4:1 in Nürnberg am letzten Spieltag, das den befreundeten Club zum Abstieg verurteilte, sicherte sich Schalke den dritten Platz und damit zum dritten Mal in Folge die Qualifikation zur Champions League.

„Wen ich im Kampf um Platz vier am meisten fürchte? Uns selbst!“

– **Horst Heldt**

„Wir spielen unter ihm wieder besseren, ich denke auch attraktiveren Fußball. Er hat von Anfang an in jeder Trainingseinheit viel Wert auf's schnelle Umschalten gelegt. Das kommt uns zugute.“

– **Benedikt Höwedes** über Trainer Jens Keller

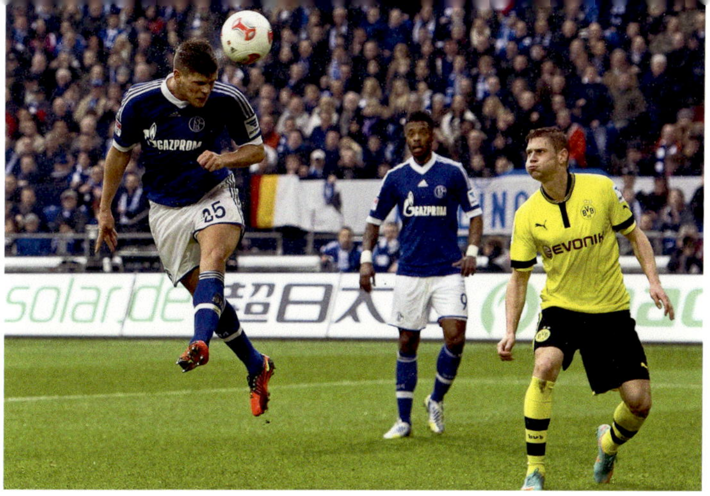

Im Derby gegen Borussia Dortmund am 9. März 2013 trifft Klaas-Jan Huntelaar per Kopf zum 2:0.

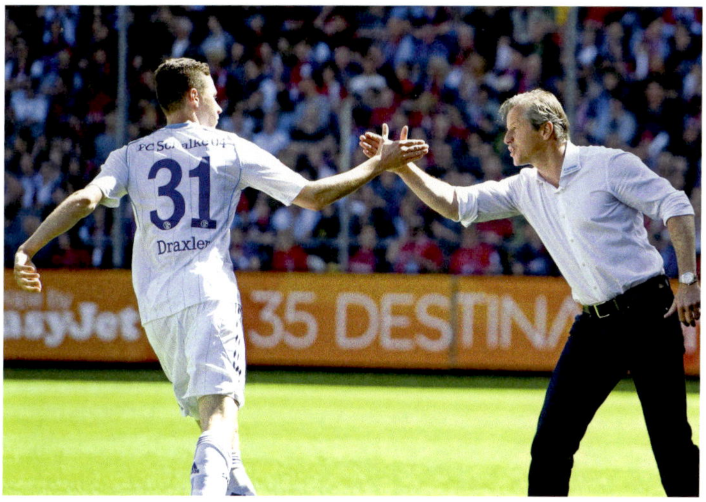

„Endspiel“ um Platz vier in Freiburg am 34. Spieltag 2012/13: Torschütze Julian Draxler jubelt nach seinem Treffer zum 1:0 mit Trainer Jens Keller.

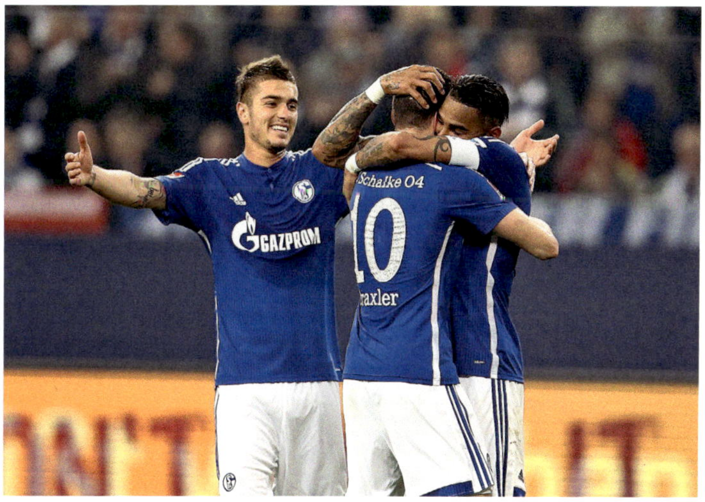

34. Bundesliga-Spieltag 2013/14: Soeben hat Julian Draxler in Nürnberg das 3:0 erzielt, Roman Neustädter und Kevin-Prince Boateng freuen sich mit.

DÜSSELDORF-VERBOT

Als sich Kevin-Prince Boateng, der wie viele andere Spieler im schicken Düsseldorf wohnte, gegenüber Trainer Jens Keller gegen (zu) frühe Trainingszeiten aussprach, weil er aufgrund des Verkehrs auf der Autobahn nicht vor 11 Uhr am Trainingsgelände sein könne, hatte Sportvorstand Horst Heldt genug. Er legte fest, dass Neuverpflichtungen künftig ins Ruhrgebiet ziehen müssten, um besser den Schulterschluss mit den Fans vollziehen zu können. Roman Neustädter ging mit gutem Beispiel voran und zog wieder nach Gelsenkirchen.

2014/15: Erst Fehlstart, dann Europa League

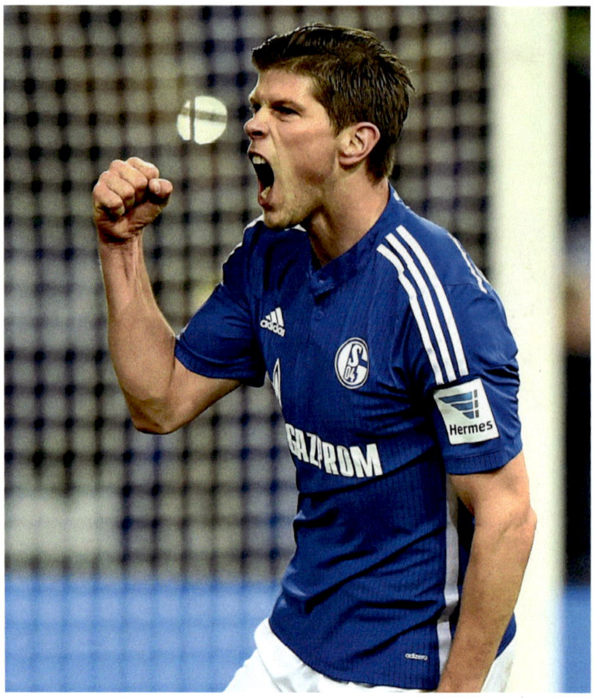

29. November 2014: Wenige Tage nach dem 0:5-Debakel gegen den FC Chelsea in der Champions League erzielte Klaas-Jan Huntelaar beim 4:1-Sieg gegen Mainz 05 seine Tore Nr. 99 bis 101 im Schalke-Dress. Es war bereits der vierte Bundesliga-Dreierpack des „Hunters".

Wer gedacht hatte, die tolle Rückrunde in der Vorsaison hätte Stabilität in die Mannschaft gebracht, sah sich gleich zu Beginn der Spielzeit 2014/15 getäuscht. Ein 1:2-Erstrunden-Aus im DFB-Pokal gegen Dynamo Dresden und anschließend lediglich zwei Siege in den ersten sieben Bundesliga-Partien führten zu schlechter Stimmung und Konsequenzen: Der oft bekrittelte, aber mit der zweimaligen Qualifikation für die Champions League eigentlich bis dahin durchaus erfolgreiche Trainer Jens Keller wurde in den Zwangsurlaub geschickt. Nur zehn Tage vorher hatten ihn die Fans nach dem 2:1-Erfolg im Derby gegen den BVB noch bejubelt.

Kellers Nachfolger Roberto Di Matteo, der sich als Champions-League-Sieger mit dem FC Chelsea international bekannt gemacht hatte, startete mit einem 2:0-Sieg bei Hertha BSC. Nach dem achten Sieg unter seiner Regie, einem 1:0 gegen Mönchengladbach, hatten sich die Königsblauen vom elften auf den dritten Platz hochgekämpft. Alles gut also? Keineswegs, denn nach dem 20. Spieltag gelangen lediglich noch drei Siege. Eine grottenschlechte Leistung beim 0:2 in Köln am 32. Spieltag quittierte der zunehmend ratlos wirkende Sportvorstand Heldt mit einer ungewöhnlichen Maßnahme: Er suspendierte mit Kevin-Prince Boateng und Marco Höger zwei der „Versager" und mit Sidney Sam, der gar nicht mitgespielt hatte, noch einen weiteren Profi. Der Vorwurf: mangelnde Berufsauffassung und fehlende Loyalität zum Verein. Die erhoffte Signalwirkung blieb freilich aus, die Auftritte der königsblauen Profis gestalteten sich weiterhin äußerst mau. Trotz eines 0:2 am letzten Spieltag beim HSV reichte es immerhin noch für den sechsten Platz und damit für die Qualifikation zur Europa League. Klar war aber: Roberto Di Matteo hatte sich keineswegs als der Heilsbringer entpuppt, den sich Heldt erhofft hatte. Kurz nach dem Saisonende gab der Verein die Trennung von dem glatzköpfigen Trainer bekannt. Sein Engagement auf Schalke währte nicht einmal neun Monate.

Ach ja - was war eigentlich in der Champions League passiert? Da hatten die Königsblauen in einer Gruppe mit dem FC Chelsea, NK Maribor und Sporting Lissabon bei zwei Siegen, zwei Unentschieden und zwei Niederlagen - darunter ein happiges 0:5 im Heimspiel gegen Chelsea - den zweiten Tabellenplatz belegt und waren im Achtelfinale gegen das große Real Madrid mehr als ehrenvoll ausgeschieden.

„Öffentlich zeige ich wenige Emotionen. Ich versuche, bei einem Sieg nicht zu euphorisch und bei einer Niederlage nicht zu deprimiert zu sein."

– **Roberto Di Matteo** über sein Pokerface

„Der Trainer bringt eine Ruhe mit, die fast schon beängstigend ist, als Spieler kann man ihn wenig lesen."

– **Kevin-Prince Boateng** über Roberto Di Matteo

„Von der Körpersprache her ist er nicht so, dass er uns hilft und eine positive Aura hat."

– **Horst Heldt** über Kevin-Prince Boateng

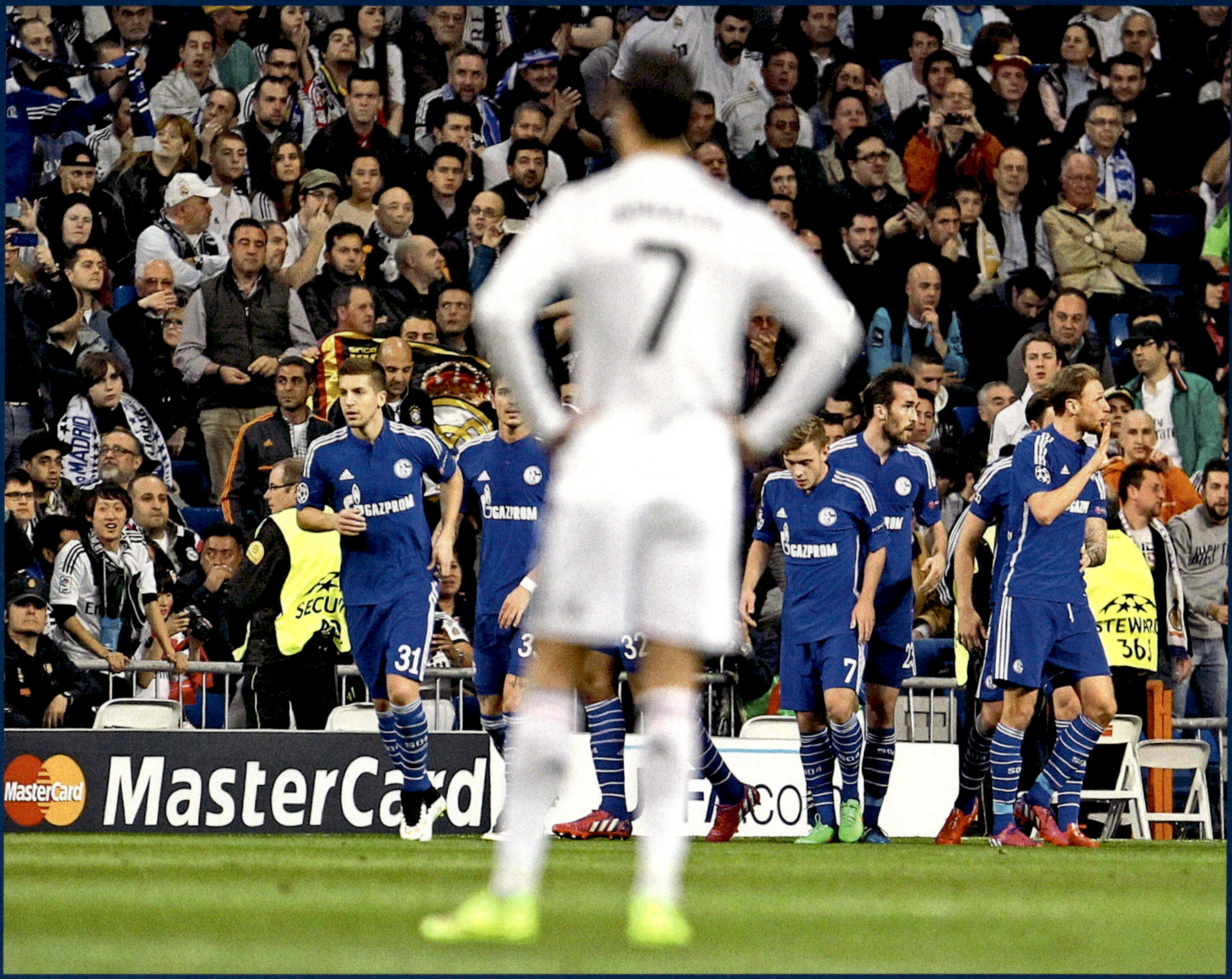

Die Schalker feiern das Führungstor von Christian Fuchs, CR7 guckt staunend zu.

Am Wunder gekratzt

10. März 2015, Madrid:
Schalke besiegt die Königlichen

Mit einer 0:2-Hypothek aus dem Hinspiel im Gepäck schienen die Chancen der Königsblauen, in Madrid gegen Real noch die Wende zu erzwingen, äußerst gering. Doch plötzlich knisterte es im Estadio Santiago Bernabéu, als Christian Fuchs in der 20. Minute auf Vorlage von Barnetta die Gäste mit einem Schuss aus acht Metern in Führung brachte. Auch der Rückschlag fünf Minuten später – Cristiano Ronaldo netzte eine Kroos-Ecke trocken per Kopf ein – konnte den überraschend mutigen Auftritt der Königsblauen nur für kurze Zeit bremsen. Schalke drängte weiter. Huntelaar zielte knapp vorbei, traf kurz darauf das Lattenkreuz und hatte im dritten Versuch Erfolg: In seiner typisch wuchtigen Art staubte er einen von Real-Keeper Casillas zu kurz abgewehrten Ball ab.

Als Ronaldo kurz vor dem Pausenpfiff per Kopf erneut der Ausgleich gelang und Benzema die Spanier sieben Minuten nach dem Wiederanpfiff sogar in Führung brachte, schien ein Wunder in weiter Ferne. Aber Schalke antwortete noch einmal. Das für Choupo-Moting eingewechselte Nachwuchstalent Leroy Sané schlenzte das Leder in der 57. Minute von der Strafraumgrenze ins linke Toreck – 3:3! Und in der 84. Minute schien das Wunder plötzlich wieder möglich: Der „Hunter" nahm einen abgefälschten Pass auf und schweißte den Ball aus 15 Metern über die Unterkante der Latte ins Netz. Es waren noch sechs Minuten zu spielen plus Nachspielzeit – genug Zeit also, um den entscheidenden Treffer zu setzen. Doch Iker Casillas parierte gegen Sané und Höwedes und entschärfte in der Nachspielzeit eine Schalker Ecke. Dann war es vorbei: In Madrid gewonnen, und doch nichts erreicht!

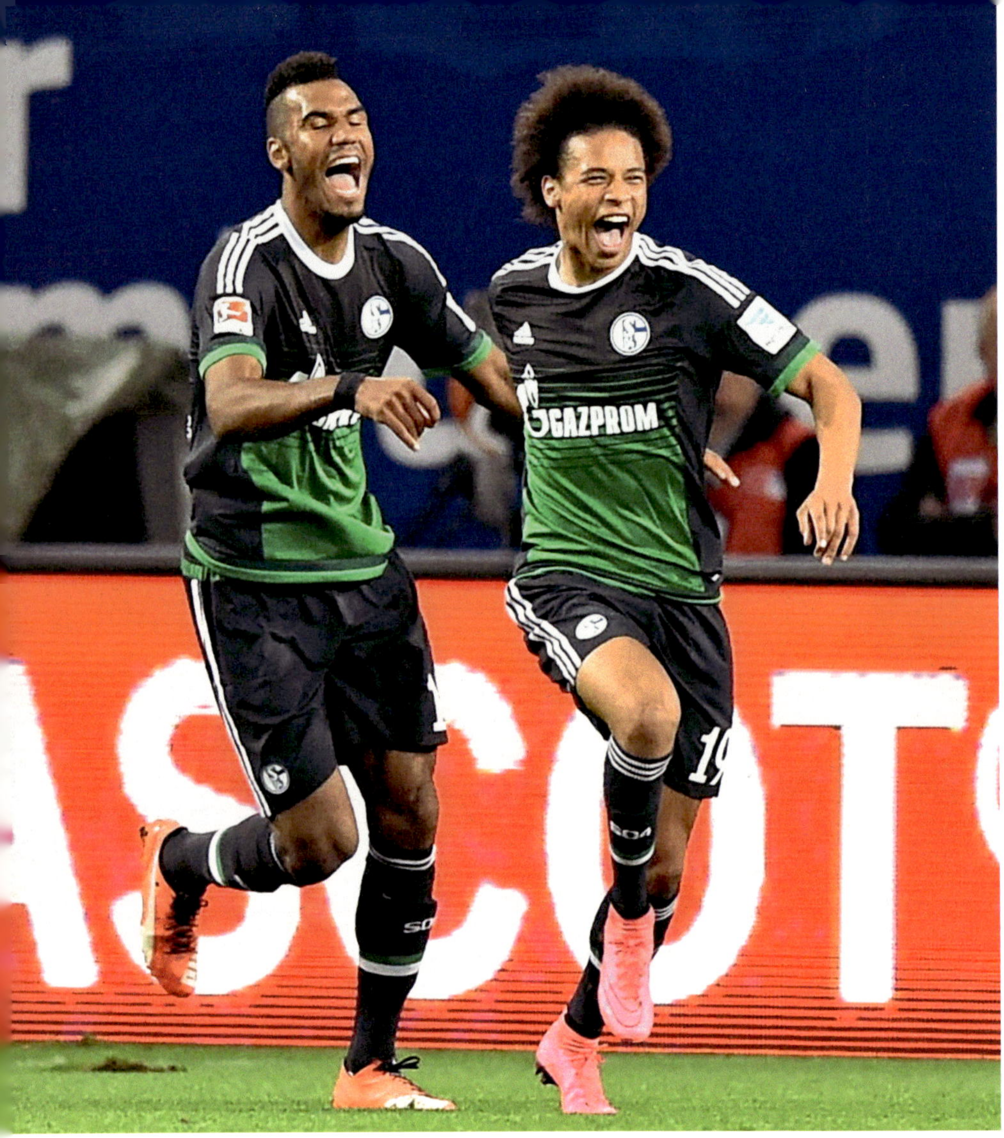

26. September 2015, 7. Spieltag: Leroy Sané bejubelt mit Eric Maxim Choupo-Moting seinen Siegtreffer zum 1:0-Auswärtssieg in Hamburg.

> **„Ich kann erhobenen Hauptes hier rausgehen. Wir haben die direkte Qualifikation für die Europa League geschafft."**
>
> – **André Breitenreiter** auf seiner letzten Pressekonferenz

2016: Trainerentlassung per Telefon

Am 12. Juni 2015 wurde der 42-jährige André Breitenreiter als neuer Cheftrainer vorgestellt, ausgestattet mit einem Zweijahres-Vertrag. Der einstige Bundesliga-Profi (144 Spiele für Hamburg, Wolfsburg und Unterhaching) kam vom Absteiger Paderborn, den er im Jahr zuvor in die Bundesliga geführt hatte. Im DFB-Pokal früh gegen Mönchengladbach ausgeschieden, machte es seine Mannschaft in der Liga ziemlich gut. Mit fünf Siegen in den ersten sieben Spielen und Platz drei lag sie absolut im Soll. Dann wurden die Leistungen aber durchwachsener. Auch in der Europa League gelang kein Höhenflug, das Ende kam in der Zwischenrunde durch eine 0:3-Heimniederlage gegen Schachtar Donezk, die das 0:0 aus dem Hinspiel wertlos machte.

Immerhin: Ein Saisonausklang mit sieben Punkten und mit einem 4:1-Abschlusssieg in Hoffenheim reichte, um Hertha BSC noch vom fünften Platz zu verdrängen. Mehr war ganz offensichtlich nicht drin gewesen: Gegen die vier an der Tabellenspitze - Bayern München, Borussia Dortmund, Bayer Leverkusen und Borussia Mönchengladbach - war den Knappen nur ein einziger Sieg gelungen, nämlich am 27. Spieltag ein 2:1 gegen Mönchengladbach.

HELDTS ENDE

Warum wurde neben dem Trainer auch Horst Heldt abgelöst? Seine Fünfjahres-Bilanz als Sportvorstand war doch gar nicht so schlecht: Den DFB-Pokal 2011 gewonnen und seitdem regelmäßig im Europapokal dabei, davon dreimal in der Champions League mindestens bis ins Achtelfinale gekommen. Dazu habe er, rechnete die „Bild" vor, mit seinen Verkäufen - darunter Julian Draxler (nach Wolfsburg), Manuel Neuer (zu Bayern) und Farfán (in die Wüste) - ein Transferplus von über 30 Mio. Euro erwirtschaftet. Mit seinen Einkäufen hatte er allerdings weniger Glück. Vor allem aber: Es ist ihm nicht gelungen, die Trainerfrage nachhaltig zu lösen.

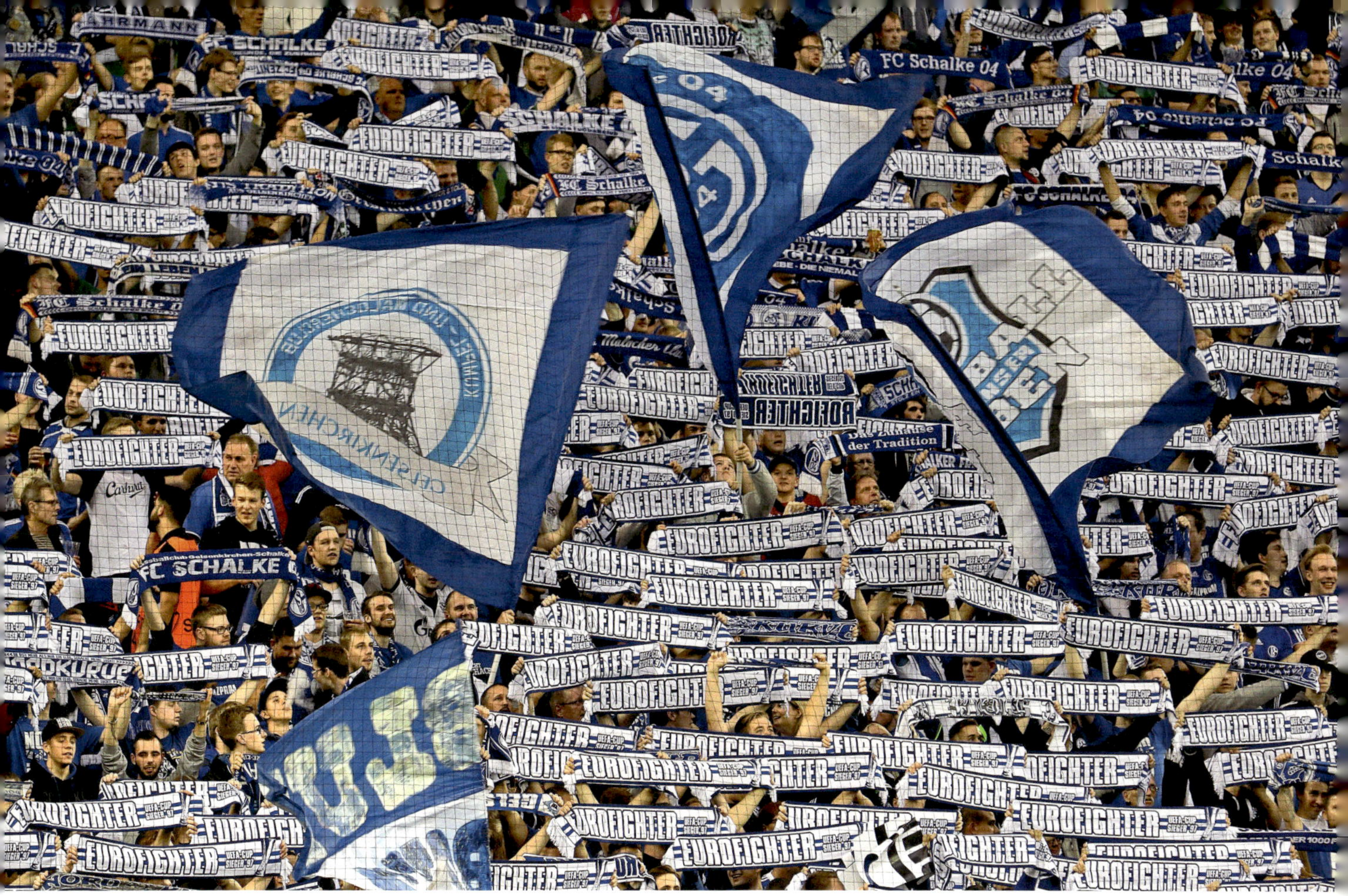

Beim Europa-League-Gruppenspiel gegen RB Salzburg am 29. September 2016 untermalen die Fans ihren Support mit „Eurofighter"-Schals. Es half in diesem Spiel - Schalke gewann mit 3:1 -, doch im Viertelfinale schied man gegen Ajax aus.

Das Mindestziel, die Teilnahme an der Europa League, war zwar geschafft, die erwünschte Qualifikation für die Königsklasse aber verpasst - zu wenig für die Erwartungen auf Schalke und die Ambitionen des designierten neuen Sportvorstandes Christian Heidel, dessen Wechsel von Mainz nach Gelsenkirchen bereits feststand. Bereits vor dem letzten Saisonspiel hatte er den Trainer telefonisch darüber informiert, dass man nicht mehr mit ihm plane. Das war ein Novum: Ein Manager, der offiziell noch für einen anderen Klub tätig ist, entlässt den Trainer seines neuen Vereins!

„Ich habe bei der Wohnungssuche schon eine Absage bekommen, weil der Vermieter einen langfristigen Mieter wollte."

– **Markus Weinzierl** bei seiner Vorstellung als Schalke-Trainer

„Ich habe mal aus Jux ‚Schalke' und ‚Chaos' gegoogelt. Da gab es 188.000 Einträge. Typisch, Schalke muss wieder für etwas anderes stehen."

– Sportvorstand **Christian Heidel**

2017: Adieu Europa!

Der neue Sportvorstand präsentierte zum Saisonstart 2016/17 den zuvor beim FC Augsburg tätigen Markus Weinzierl als neuen Trainer. Er sollte schon bald wieder Vergangenheit sein. Einer Serie von fünf Niederlagen zum Auftakt folgte eine Saison, die sich im grauen Mittelfeld der Tabelle abspielte. Es gelang kaum einmal eine ansehnliche Vorstellung, und besonders bitter war, dass die Mannschaft gegen die direkten Konkurrenten um die europäischen Plätze regelmäßig enttäuschte. Das Viertelfinal-Aus im DFB-Pokal - 0:3 gegen Bayern München - war erwartbar, das Ende in der Europa League gegen Ajax Amsterdam - 0:2 und 3:2 nach Verlängerung - am Ende enttäuschend. Völlig inakzeptabel aber erschien der Vereinsführung der zehnte Rang in der Abschlusstabelle der Bundesliga. Konsequenz: Der Trainer bekam seine Entlassungspapiere.

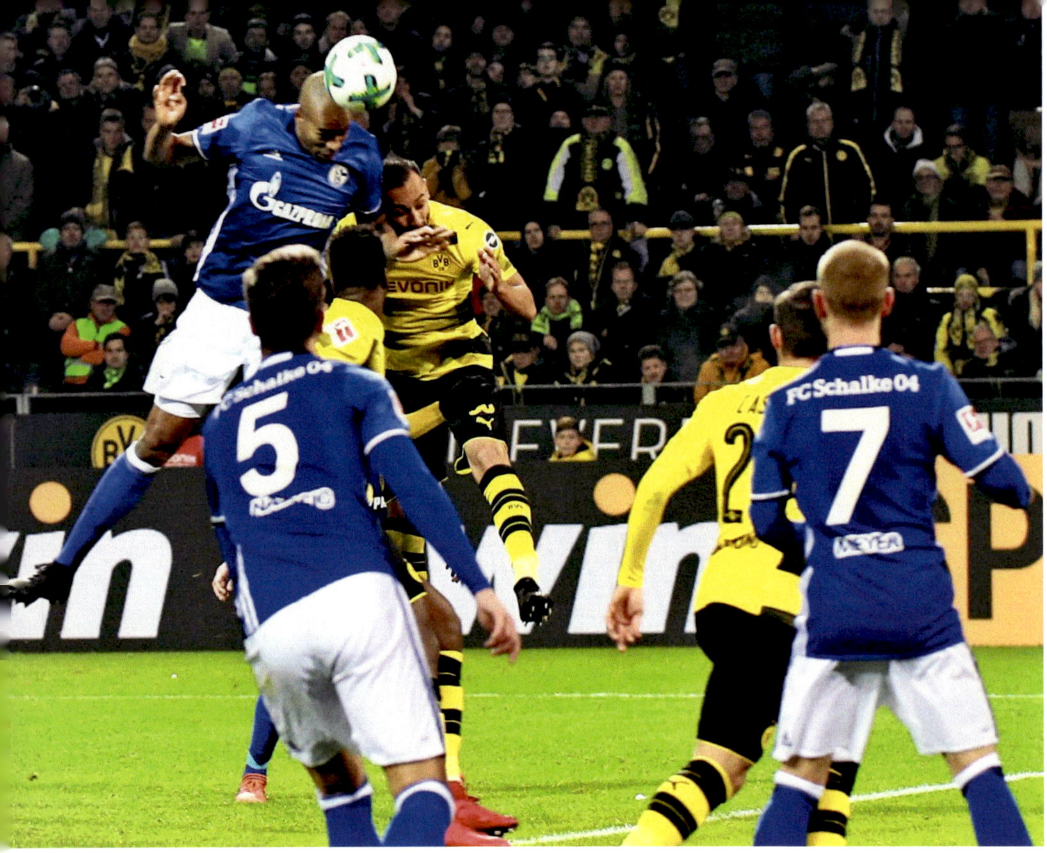

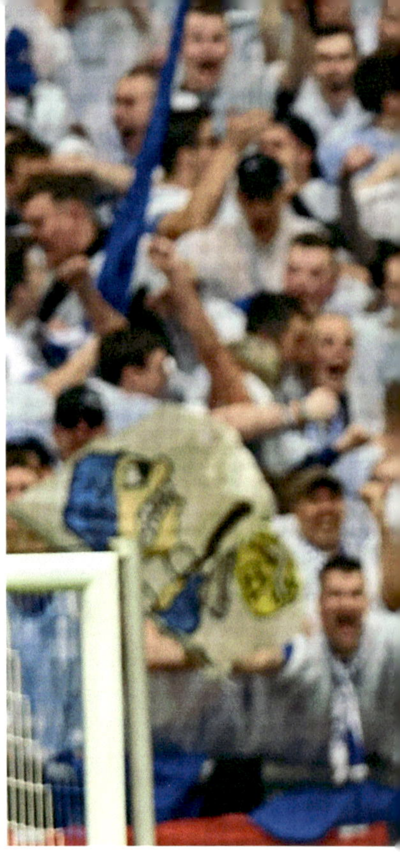

Der BVB war in der Saison 2017/18 der Lieblingsgegner des Brasilianers Naldo. Am 25. November 2017 setzt er der Aufholjagd in Dortmund die Krone auf, als er in der vierten Minute der Nachspielzeit per unwiderstehlichem Kopfball den Ausgleich zum 4:4 erzielt ...

2017/18: Als Vizemeister in die Königsklasse

Der im Sommer 2017 vorgestellte neue Cheftrainer hieß Domenico Tedesco. Das Trainer-Greenhorn, das in der Vorsaison beim FC Erzgebirge Aue auf sich aufmerksam gemacht hatte, sorgte schon bei seinem Amtsantritt für einen Rekord: Mit einem Alter von 31 Jahren durfte er sich als jüngster Trainer aller Zeiten ins Schalker Vereinsgeschichtsbuch eintragen. Neu eingeführt in der Bundesliga wurde der im Vorjahr bereits getestete Video-Assistent als zusätzliche Unterstützung für den Schiedsrichter. Ziel war, gegebenenfalls strittige Szenen, bei denen es um mögliche Tore, Rote Karten oder Elfmeter geht, noch während des Spiels aufzuklären. Er werde sich angewöhnen, erst dann zu jubeln, wenn der Ball im Tor ist und der Schiedsrichter keinen Videobeweis macht, kommentierte Tedesco die Neuerung.

Ohne Kapitän Benedikt Höwedes, der den Verein nach zehn Profispielzeiten verließ, und mit einigen vielversprechenden Neuverpflichtungen wie Amine Harit und Bastian Oczipka begann die Spielzeit mit drei Siegen und drei Niederlagen durchwachsen. Danach herrschte Jubelzeit: Eine Serie von elf Spielen ohne Niederlage trug die Königsblauen bis hin auf den zweiten Platz. Besonders packend gestaltete sich das Revierderby am 25. November in Dortmund, als die Königsblauen zur Halbzeit mit 0:4 zurücklagen und dann eine sagenhafte Aufholjagd starteten. Am Ende stand es - nach Treffern von Burgstaller, Harit, Caligiuri und Naldo in der vierten Minute der Nachspielzeit - 4:4.

„Sie haben in einem 3-1-4-2 angefangen, haben dann gemerkt, dass wir Grillitsch mehr oder weniger auf den Füßen stehen, haben dann umgestellt auf 3-4-3, wir auch, mussten dann auch auf 3-4-3 umstellen, weil wir ansonsten mit den zwei Stürmern und auch dem Zehner keinen Zugriff auf beide Sechser von Hoffenheim bekommen hätten. Das hat er dann auch gesehen, hat auf 4-1-4-1 umgestellt, und wir haben dann auf 5-2-1-2 umgestellt."

Domenico Tedesco nach dem 2:1-Sieg am 23. Spieltag gegen die von dem 30-jährigen Julian Nagelsmann trainierte TSG Hoffenheim. Tedesco hatte den gemeinsamen Fußballlehrer-Lehrgang als Jahrgangsbester mit der Note 1,0 abgeschlossen, Nagelsmann mit einer 1,3.

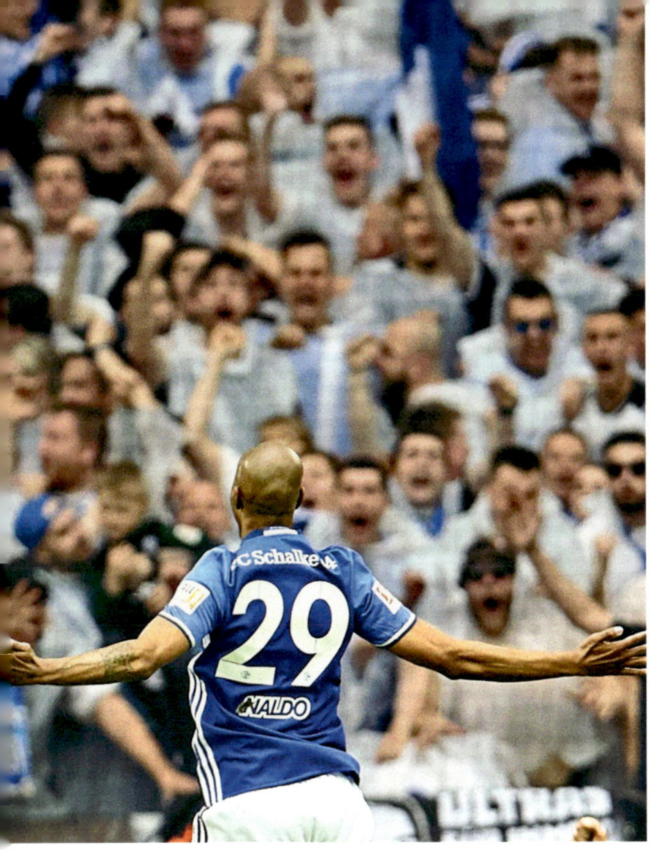

... und am 15. April 2018 versetzt er die Schalke-Fans endgültig in Ekstase, als er in der 82. Minute des Heimderbys per feinem Rechtsschuss zum 2:0 den Sack zumacht.

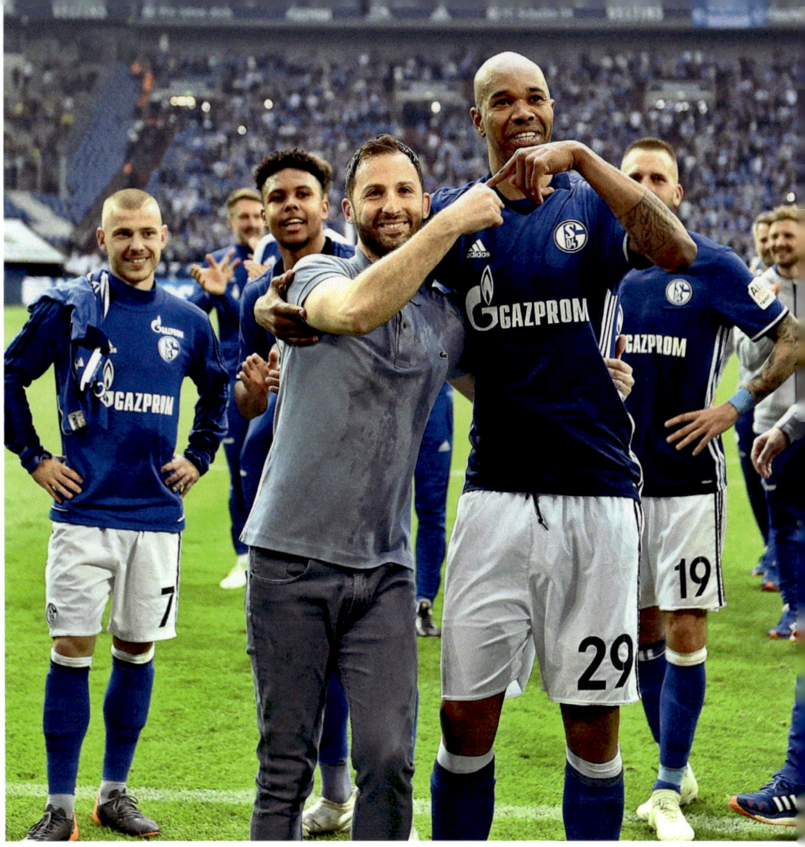

Naldo oder Tedesco? Nach dem Erfolg in Dortmund streiten sich die beiden scherzhaft, wer der Hauptverantwortliche für den Erfolg ist: Der da!

Spielfreude und Kreativität waren unter Tedesco keine Fremdworte mehr auf Schalke. In der Rückrunde schien die Mannschaft zunächst etwas ins Straucheln zu geraten, aber ab dem 25. Spieltag verlor sie nur noch ein einziges Spiel. Und das hieß im Ergebnis: Vizemeister! 21 Punkte Rückstand auf den Dauermeister FC Bayern München waren zwar happig, aber wen interessierte das bei acht Punkten Vorsprung auf die TSG Hoffenheim? Auch die Halbfinal-Niederlage im DFB-Pokal gegen Eintracht Frankfurt war kein Beinbruch, denn schließlich stand fest: Nächstes Jahr geht es wieder in die Champions League!

Die kompakte Defensive war die Grundlage des Erfolgs. Torwart-Kapitän Ralf Fährmann hielt 13-mal die Null fest, der Riesen-Brasilianer Naldo, routiniert unterstützt von Thilo Kehrer und Matija Nastasić, gab den überragenden Chef eines Abwehrverbundes, der bis zum 34. Spieltag lediglich 37 Gegentreffer zuließ. Und der kopfball- wie schussstarke Leader sorgte auch noch vorne für Gefahr. Nach Guido Burgstaller, der elfmal einnetzte, leistete Naldo mit sieben Toren den zweitgrößten Beitrag zu den 53 Saisontreffern.

> ***„Jeder sieht nur die wunderbaren Tore nach 29 Kontakten, aber ebenfalls entscheidend ist die Struktur, wenn du den Ball verlierst. Dann musst du sofort wieder bereit sein und hoch pressen. Bei Schalke ist uns das über eine lange Zeit gut gelungen."***
>
> – **Domenico Tedesco** über das Schalker Erfolgsgeheimnis 2017/18

BETRUG IM KÖLNER KELLER?

Am 10. Spieltag kam es nach der Partie des FC Schalke gegen den VfL Wolfsburg (1:1) zu einem Skandal, als gegen den Projektleiter Hellmut Krug Manipulationsvorwürfe erhoben wurden. Laut „Bild" habe der 61-Jährige, ein gebürtiger Gelsenkirchener, als Video-Supervisor zweimal in die Entscheidung des zuständigen Video-Assistenten eingegriffen, jeweils zugunsten der Gastgeber. Der DFB entband Krug von seinen Aufgaben, erklärte jedoch, dass dies nicht in Zusammenhang mit den Vorwürfen stehe. Außerdem galt ab sofort die neue Regel, dass Supervisoren nicht mehr mit Video-Assistenten kommunizieren dürfen.

Die Stars 2003 bis 2018

Im Jahr 2002 wurde der stets grimmig dreinblickende **Frank Rost** Oliver Recks Nachfolger im Schalke-Tor. Der selbstbewusste Keeper hielt jahrelang souverän. 2006 trat der damals erst 20 Jahre alte **Manuel Neuer** an seine Stelle. Das Nachwuchstalent hatte sämtliche Jugendmannschaften von Schalke durchlaufen und war viele Jahre Stammgast im Fan-Block. Als sich der Ur-Schalker 2011 verabschiedete, war er bereits Nationalspieler. In München entwickelte er sich zum weltbesten Torhüter.

Der langjährige Kapitän **Marcelo Bordon**, Mitglied der „Ehrenkabine", sorgte in der Offensive mit Kopfbällen und harten Freistößen für Thrill. Vor allem aber war der athletische Brasilianer ein überragend zweikampfstarker Abwehrchef und - zusammen mit dem Serben **Mladen Krstajic** - der Hauptverantwortliche dafür, dass Schalke zwischen 2005 und 2010 in der Bundesliga häufig das Team mit den wenigsten Gegentoren blieb.

Einen vielseitigen Defensivspezialisten gab **Heiko Westermann**. Als enorm bissiger Außenverteidiger präsentierte sich der kleine Brasilianer **Rafinha**. Als er 2010 Gelsenkirchen nach fünf Jahren verließ, hatte er 41 Gelbe Karten gesammelt. Außenverteidiger **Christian Pander**, dessen Karriere im königsblauen Trikot von vielen Verletzungen geprägt war, blieb vor allem durch seine phänomenalen Freistöße in Erinnerung.

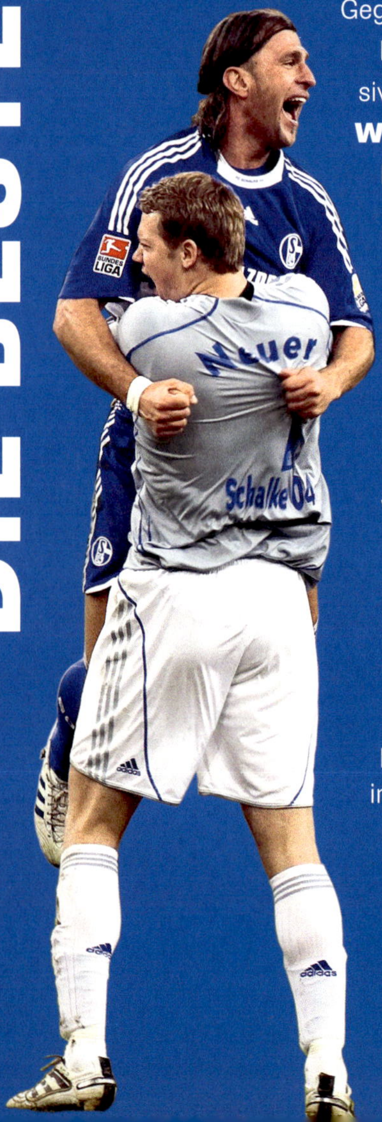

Sie prägten viele Jahre das Gesicht von Schalke: Marcelo Bordon und Manuel Neuer.

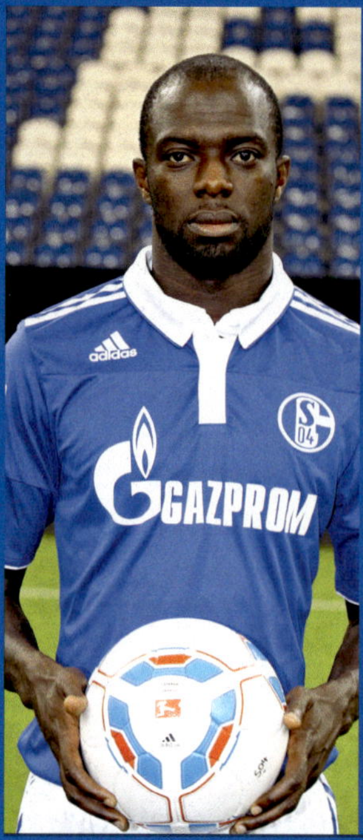

Sarpei-Kult
Hans Sarpei war 2011 im fortgeschrittenen Alter von fast 35 Jahren als Linksverteidiger beim Pokalsieg dabei. Obwohl der Nationalspieler aus Ghana ansonsten kaum Einsätze hatte, wurde er durch seine über Facebook verbreiteten Unsinns-Sprüche zum Kult: Mein Name ist Hans Sarpei. Das L steht für Gefahr ...

Der flinke Japaner **Atsuto Uchida** animierte die Fans als unermüdlicher Treiber auf der rechten Seitenlinie zu lauten „Uchiiii"-Rufen. **Christian Fuchs**, vielfacher österreichischer Nationalspieler, erfreute seine Mitspieler mit Späßen und das Publikum mit seinem linken Zauberfuß.

Jermaine Jones, Nationalspieler der USA und im defensiven Mittelfeld mit beeindruckender Athletik unterwegs, sorgte als Rüpel auf und neben dem Platz oft für Schlagzeilen. An seiner Seite machte ein meist eher unaufgeregter Mann aus Dnipropetrowsk, **Roman Neustädter**, als zweiter Sechser die besten seiner über 100 Spiele im königsblauen Trikot.

Sowohl als Gestalter und Vorlagengeber wie als Vollstrecker glänzte der Ballstreichler **Lincoln**. An guten Tagen konnte der Brasilianer Begeisterung auslösen. Das schaffte auch der begabte Linksfuß **Mesut Özil**, der in seiner Jugend für mehrere Gelsenkirchener Vereine kickte und nach dem Gewinn der deutschen Juniorenmeisterschaft mit der Schalker U19 seinen Durchbruch bei den Profis schaffte. Das große Können, das er später in Spanien zeigen sollte, ließ der kroatisch-schweizerische Mittelfeldstratege **Ivan Rakitic** in Gelsenkirchen leider nur

„Die Stimmung ist hier seit Jahren nonstop im Keller, hier kannst du nicht arbeiten.“

– **Jermaine Jones** beim Versuch, kein Fan-Liebling zu werden

„Er wird sein Abitur in Zukunft nicht gebrauchen.“

– **Felix Magath** über Julian Draxler

„Viele Spieler lebten in Angst. Unter Magath hätte ich niemals verlängert. Lieber wäre ich nach Peru zurück, hätte Steine geschleppt und Erde umgegraben.“

– **Jefferson Farfán** über seinen Lieblingstrainer

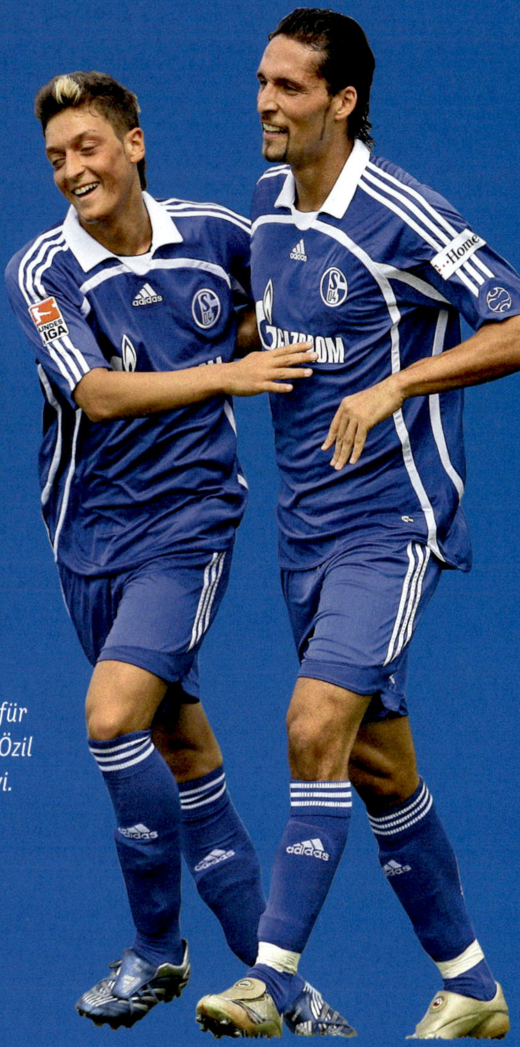

Sorgten offensiv für Schwung: Mesut Özil und Kevin Kuranyi.

Brüderquiz

Welche in Gelsenkirchen geborenen Brüder erzielten jeweils am ersten Bundesliga-Spieltag in ihrem ersten Spiel für Schalke ein Tor?

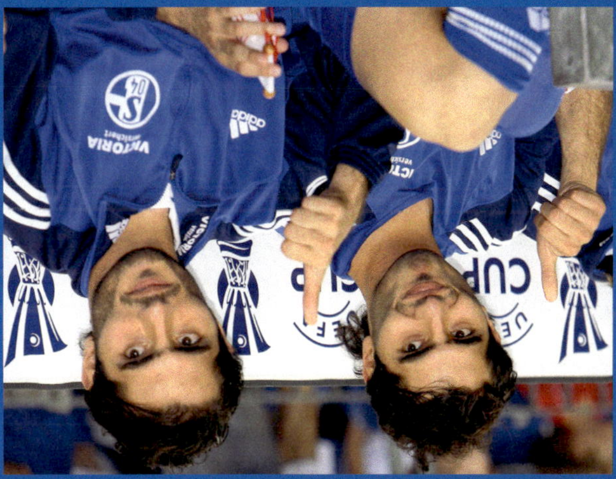

Hamit Altintop erzielte am 2. August 2003 gegen Borussia Dortmund zwei Tore. Am 12. August 2006 traf sein Zwillingsbruder Halil gegen Eintracht.

recht selten aufblitzen. Ganz anders war das bei dem Spanier, der in den Ruhrpott kam und für außergewöhnliches Staunen und Raunen auf den Rängen sorgte: **Raúl Gonzales Blanco** stieg als Halbgott in den Schalker Heroenhimmel auf. Bei vielen seiner geradezu überirdischen Aktionen assistierte ihm **Julian Draxler**. Stark am Ball, schnell und mit einer tollen Schusstechnik ausgestattet, debütierte das Schalker Eigengewächs im Januar 2011 als 17-Jähriger und konnte wenig Wochen später als Torschütze im Pokalfinale bereits seine erste Trophäe bejubeln. 2014 Weltmeister geworden (ein Einsatz), setzte er seine Karriere in Wolfsburg und Paris fort.

Kopfballstärke war das Markenzeichen von **Kevin Kuranyi**, der bis 2010 für Schalke 71 Treffer erzielte und damit als drittbester Bundesliga-Torschütze der Knappen firmierte. Die internationalste Herkunft aller Bundesliga-Profis hatte er schon bei seiner Ankunft 2005: Er wuchs in Brasilien auf als Sohn einer Panamaerin und eines Stuttgarters, der wiederum in Frankreich als Sohn eines Ungarn und einer Deutschen aufgewachsen war und einen dänischen Großvater hatte.

Weniger als Torschütze, sondern vor allem als Vorbereiter glänzte der mit beiden Füßen dribbelstarke Peruaner **Jefferson Farfan** in 170 Bundesliga-Spielen. Der Mann mit dem tätowierten Seehund auf der Wade sorgte sieben Jahre lang für die große Show auf dem Platz – und für manchen Zirkus abseits von diesem. Nur ein Stürmer 2. Wahl, aber mit dem richtigen Namen für die Manege ausgestattet war der blonde und knuffige Finne **Teemu Pukki.**

Die Stars 2003 bis 2018

Nach dem Weggang Manuel Neuers herrschte auf der Torwartposition eine ständige Rotation. Als Stehaufmännchen mit beeindruckender Figur erwies sich **Ralf Fährmann**: In der Schalke-Jugend ausgebildet, debütierte der Chemnitzer bereits 2008, wurde aber erst mit Verzögerung zum Stammtorhüter und holte sich die zwischendurch verloren gegangene Nummer 1 wieder zurück.

Joel Matip, ein im Ruhrpott aufgewachsener und in der Jugendabteilung des FC Schalke zum vielseitigen Abwehr-Könner ausgebildeter Nationalspieler Kameruns, überzeugte mit seinen Leistungen nicht nur Jürgen Klopp, der ihn 2016 zum FC Liverpool holte. **Sead Kolasinac** holte als Kapitän der Schalker U19 einen Meistertitel, verdrängte Christian Fuchs von der linken Außenbahn, stritt sich bis 2017 mit **Dennis Aogo** um einen Stammplatz, um nach fünf Jahren beim FC Arsenal noch einmal zum FC Schalke zurückzukehren.

Auf der linken Abwehrseite bewarb sich ab 2016 ein weiteres Schalker Eigengewächs, **Thilo Kehrer**, mit Bestnoten nachdrücklich für höhere Weihen: 2017/18 debütierte er in der Nationalelf und schloss sich nach der Saison dem Starensemble von Paris Saint-Germain an. Nach „Kicker"-Noten noch besser als er performte in der Vizemeister-Saison 2017/18 das Innenverteidiger-Duo **Matija Nastasic** und **Naldo**, das ein schier unüberwindliches Bollwerk bildete. Der 1,98 Meter große Naldo hatte nicht nur hinten die absolute Lufthoheit, sondern sorgte vorne mit wuchtigen Kopfbällen und extrem harten Schüssen für Gefahr.

Benedikt Höwedes, aufgewachsen in Haltern am See, ging bereits in jungen Jahren in die Knappenschmiede, wurde dort bald Kapitän und blieb es über viele Jahre auch bei den Profis. Mit dem Gewinn des Weltmeister-Titels 2014

„Das war ein dreckiger Arbeitssieg."

– **Benedikt Höwedes** nach einem 1:0 gegen den 1. FCN

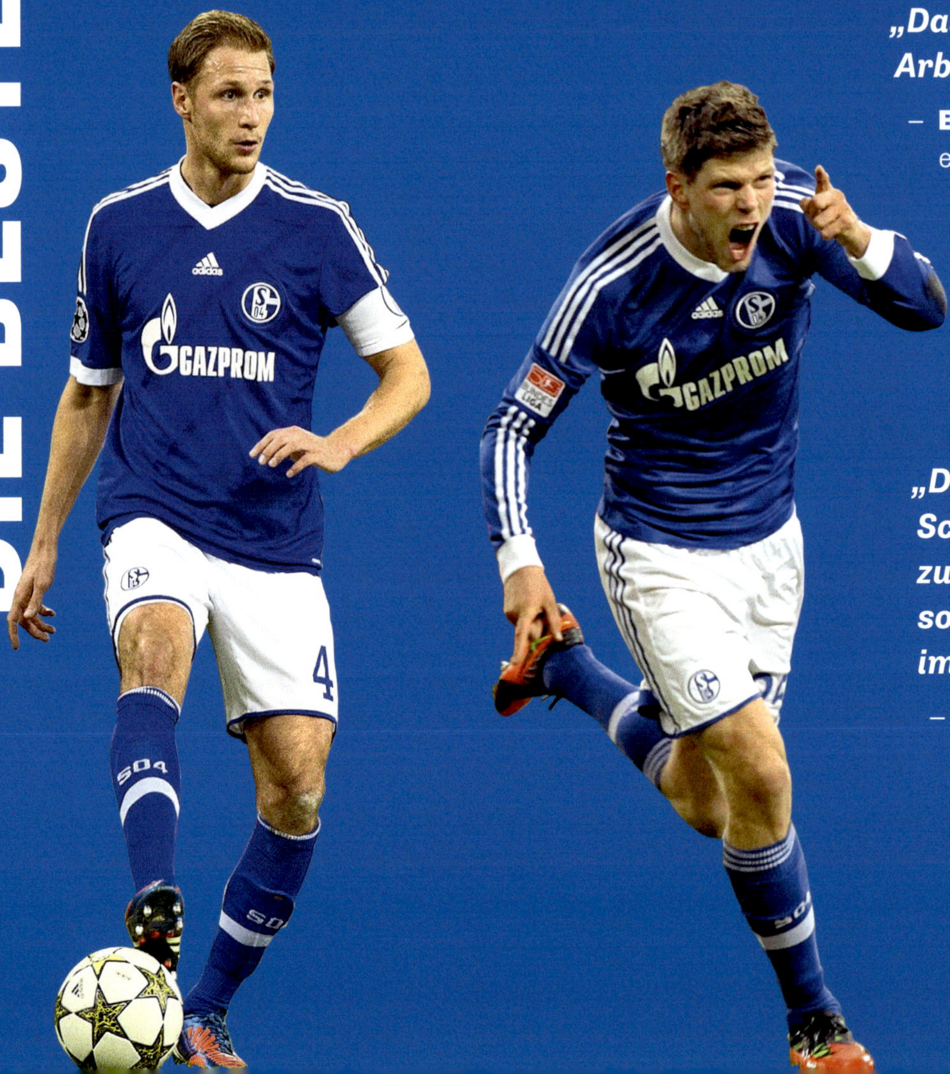

„Das Schönste an Schalke ist die Nähe zu den Fans. Sie sind sozusagen der Chef im Verein."

– **Klaas-Jan Huntelaar,** Fan-Liebling

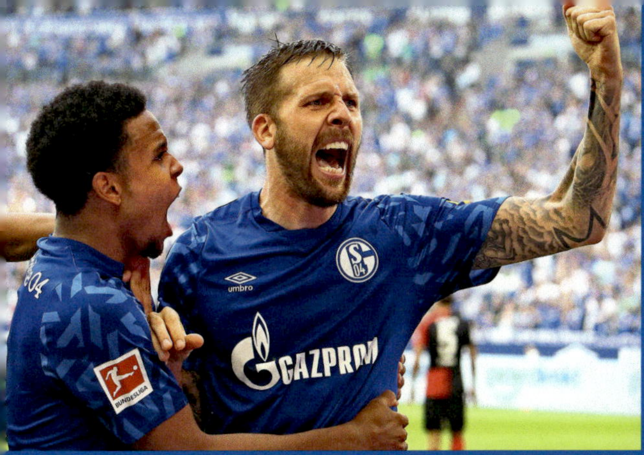

Saison 2019/20, dritter Spieltag (2:0 gegen Hertha BSC): Guido Burgstaller lehrt Weston McKennie die Kunst des markigen Jubelschreis.

brachte der vielseitige Defensivspezialist lange vermissten Nationalspieler-Glanz nach Gelsenkirchen. Nach 240 Bundesliga-Einsätzen verabschiedete sich das von Trainer Tedesco aussortierte langjährige Schalker Aushängeschild am 30. August 2017 zu Juventus Turin.

Mittelfeldspieler **Leon Goretzka** kickte zwölf Jahre lang beim VfL Bochum, wo er als „Jahrhunderttalent" gefeiert wurde. Schalke holte ihn 2013 für über drei Mio. Euro, fünf Jahre später wurde er beim FC Bayern zum Star. Ähnlich hoch gehandelt wurde Mittelfeld-Allrounder **Max Meyer**, der im Februar 2013 als 17-Jähriger sein Profidebüt gab. Nach 146 Bundesliga-Einsätzen für Schalke schied er 2018 im Streit, als der Verein seinen Vertrag nicht verlängern wollte. Der hochtalentierte Mittelfeld-Feinfuß **Amine Harit** wurde am Ende der Spielzeit 2017/18, während der er für die Nationalelf Marokkos debütierte, von der DFL als „Rookie der Saison" ausgezeichnet. Auch das US-amerikanische Knappenschmiede-Juwel **Weston McKennie**, noch ein Jahr jünger als Harit (Jahrgang 1998), wusste im defensiven Mittelfeld mit seiner Technik, Physis und Energie zu gefallen.

Sein Spitzname ist Programm: „The Hunter" (Der Jäger). Tatsächlich wurde **Klaas-Jan Huntelaar** in der Saison 2011/12 seinem Namen mehr als gerecht. Mit 29 Treffern holte sich der Niederländer mit dem Vollstrecker-Gen die Torjägerkanone in der Bundesliga, und mit 48 Pflichtspieltoren insgesamt den Titel als Schalkes Saison-Rekordtorjäger. Als er 2017 Schalke verließ, hatte er 82 Bundesliga-Treffer auf dem Konto – kein Wunder, dass man ihn in der großen Not der Saison 2020/21 trotz fortgeschrittenen Alters noch einmal zurückholte.

Als „ein Typ wie Thomas Müller", nur mit weniger Talent ausgestattet, präsentierte sich der österreichische Stürmer **Guido Burgstaller**. Mit seinem unermüdlichen Kämpferherzen stieg er rasch zum Helden der Fan-Kurve auf, zumal der Kärntner die in seinen ersten drei Spielzeiten erzielten 24 Bundesliga-Tore so intensiv wie kein anderer abfeierte. Als er 2019/20 null Grund zum Jubeln mehr hatte, wurde er aussortiert.

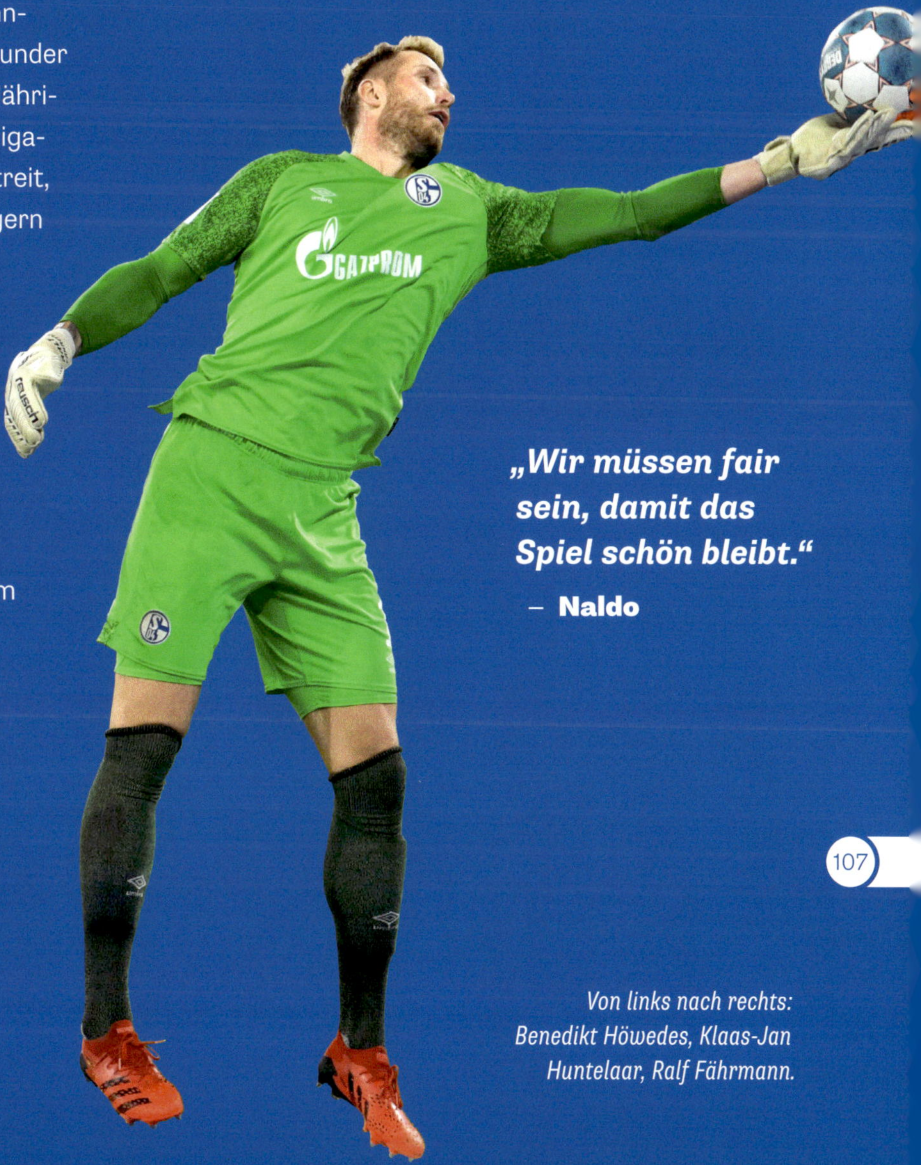

„Wir müssen fair sein, damit das Spiel schön bleibt."

– Naldo

„Man spielt ja Fußball für die Fans. ... Die Fans mochten mich, das ist keine Selbstverständlichkeit."

– Guido Burgstaller

Von links nach rechts: Benedikt Höwedes, Klaas-Jan Huntelaar, Ralf Fährmann.

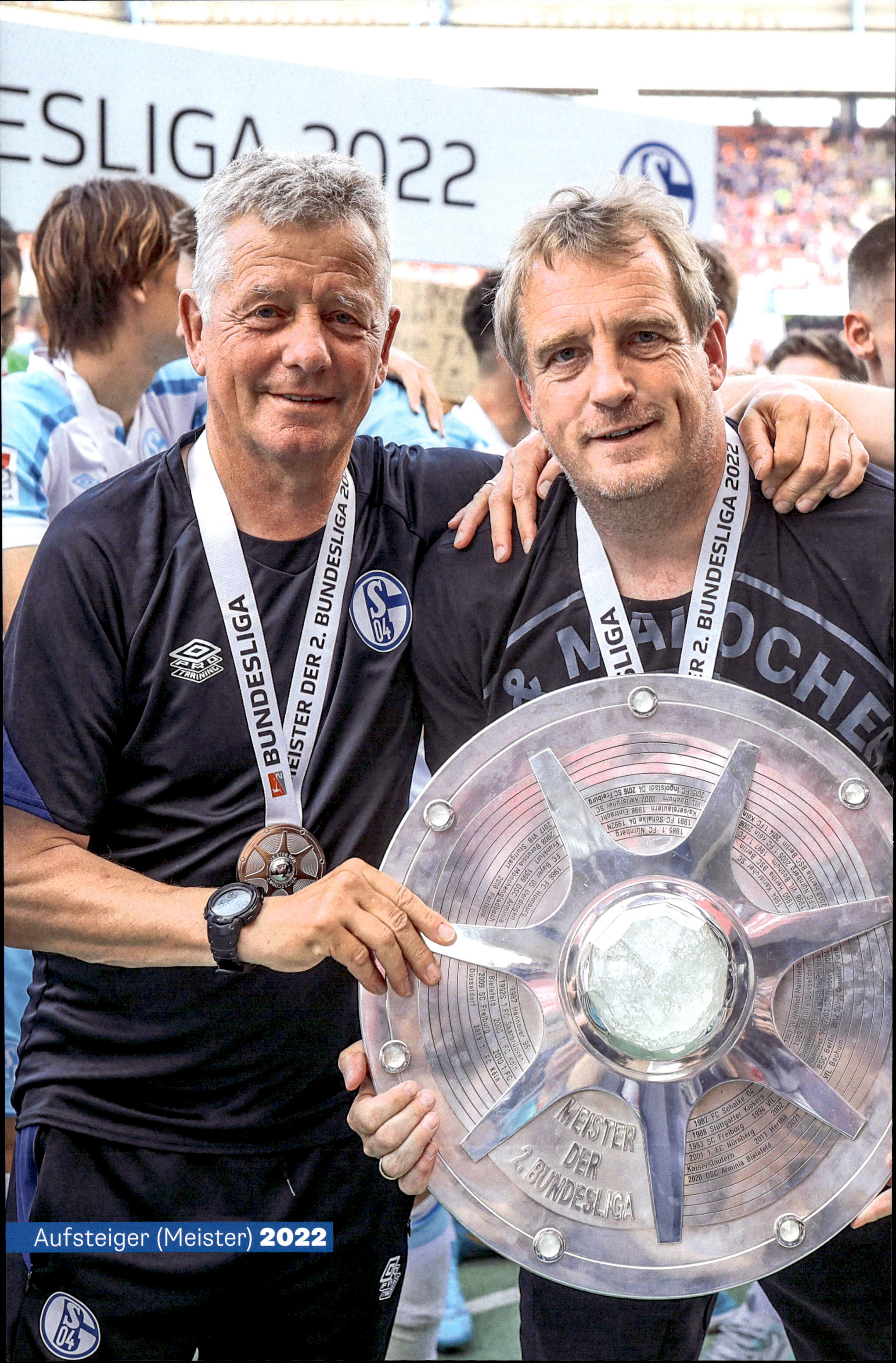

Aufsteiger (Meister) **2022**

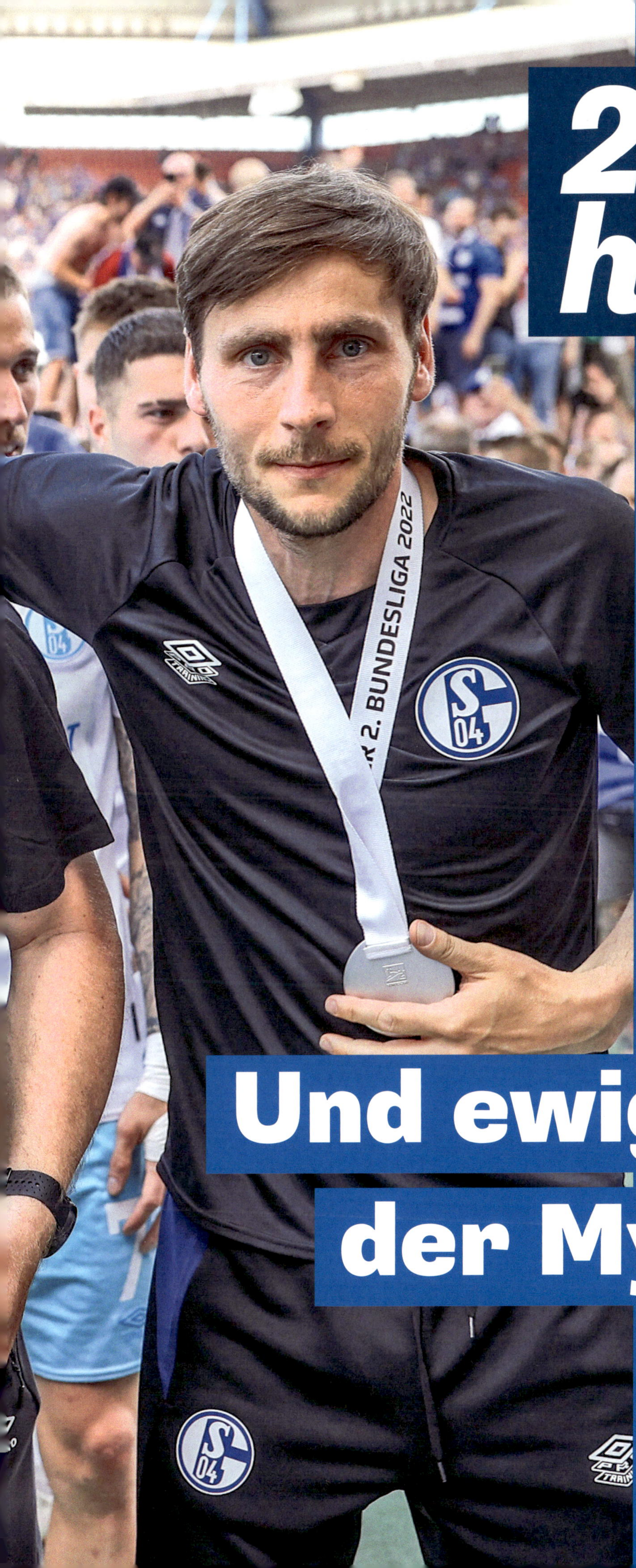

2019-heute

Und ewig lebt der Mythos

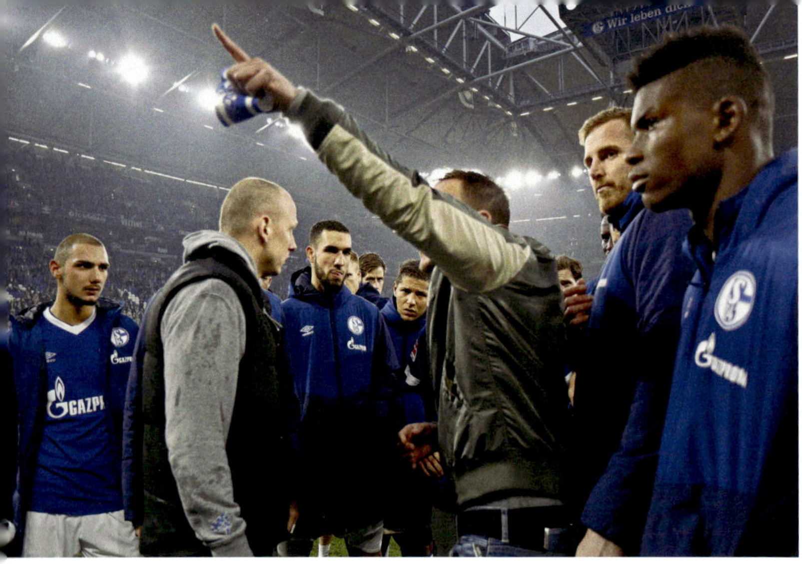

Zwei Fans fordern nach der 0:4-Pleite gegen Düsseldorf erfolgreich die im Vorjahr verliehene Fan-Ehrenarmbinde zurück.

„Die Mannschaft war vor dem Spiel lebendig, aber im Spiel tot.“

– **Domenico Tedesco** nach der 0:4-Heimniederlage am 24. Spieltag gegen Fortuna Düsseldorf

„Das ist das Schöne am Fußball – man bekommt gleich wieder eine Chance.“

– **Huub Stevens**, Schon-wieder-Trainer

2019: Einsetzender Niedergang

Eben noch auf Wolke sieben, war gleich zu Beginn der Saison 2018/19 Frust angesagt: Durch fünf Niederlagen in den ersten fünf Spielen stürzte Schalke auf den letzten Tabellenplatz. Die Ergebnisse wurden zwar allmählich besser und die Mannschaft entfernte sich ein wenig von der Abstiegszone, aber richtig zu glänzen wusste sie kaum einmal. Am versöhnlichsten stimmte noch die Champions League, wo die Königsblauen in einer Gruppe mit Lokomotive Moskau, FC Porto und Galatasaray Istanbul den zweiten Platz erreichten. Dass Naldo, der überragende Leader der letzten Spielzeit, in der Hinrunde nur noch sporadisch zum Einsatz kam und sich Anfang Januar 2019 frustriert nach Monaco verabschiedete, war – nach dem Weggang der Talente Kehrer und Goretzka, der Ausbootung von Torwart Fährmann sowie der Verkündung seines Nachfolgers Nübel, dass er zum FC Bayern wechseln werde – symptomatisch für den schleichenden Niedergang des FC Schalke.

Am 24. Spieltag hatte der eben erst von einer Verletzung ins Team zurückgekehrte und mit einer Schutzmaske angetretene Ersatzkapitän Benjamin Stambouli bei der 0:4-Heimniederlage gegen Düsseldorf seinen bittersten Tag als Profi. Nach dem Abpfiff der desaströsen Partie machten ihm zwei Ultras klar, dass er nicht würdig sei, die Ehren-Binde mit der Aufschrift „Nordkurve“ zu tragen, die sie im Vorjahr dem Vizemeister-Kapitän Fährmann überreicht hatten. Stambouli gab das Textil zurück. Wenig später fiel der zunehmend ratlos wirkende Domenico Tedesco den Mechanismen des Trainer-Geschäfts zum Opfer: Nach einer 0:7-Klatsche am 12. März im Achtelfinale der Königsklasse bei Manchester City (Hinspiel 2:3) ereilte ihn das übliche Schicksal. Da seine Mannschaft zuvor in den letzten sechs Bundesliga-Spielen lediglich einen Punkt geholt hatte, war seine Freistellung keine Überraschung mehr. Der unglücklich agierende Sportvorstand Heidel hatte bereits drei Niederlagen zuvor seinen eigenen Rückzug angekündigt, um damit „Blockaden“ zu lösen.

Stevens zum Dritten

Der neue Sportchef Jochen Schneider handelte gleich an seinem ersten offiziellen Arbeitstag und griff zum königsblauen Notfalltelefon mit den zwei fest eingespeicherten Nummern: Huub Stevens übernahm die Mannschaft zum dritten Mal, der „Eurofighter“ Mike Büskens sollte ihn dabei unterstützen. Die beiden alten Neuen legten mit einer 0:1-Heimniederlage gegen Leipzig wenig vielversprechend los, der königsblaue Patient lag jetzt nur noch drei Punkte über dem Strich. Nach dem ersten Sieg in Hannover per magerem 1:0 setzte eine 0:2-Niederlage gegen Werder Bremen im Viertelfinale des DFB-Pokals schon wieder einen Dämpfer. Ein vielumjubelter 4:2-Sieg beim Auswärtsderby in Dortmund blieb der letzte in den verbliebenen acht Spielen, die insgesamt nur sieben Zähler einbrachten. Immerhin reichte das für den 14. Tabellenplatz, da sich auch die Konkurrenz etliche Patzer geleistet hatte. Schalke hatte sich knapp gerettet, aber von den in der Vorsaison geweckten schönen Hoffnungen war rein gar nichts mehr übrig.

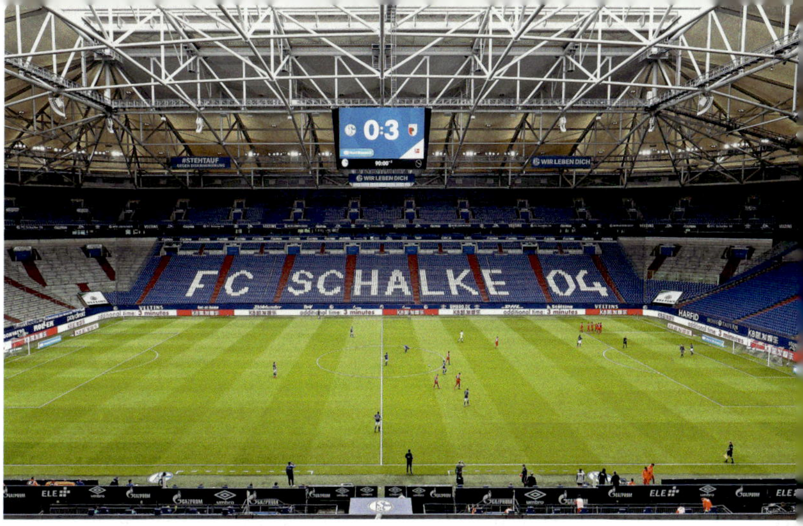

Keine Zuschauer, aber viele Gegentore: Die Veltins-Arena beim 0:3 des FC Schalke gegen den FC Augsburg am 24. Mai 2020.

2020: Freier Fall vor leeren Rängen

Zur Saison 2019/20 übernahm David Wagner die Mannschaft. „Aufstieg mit dem kleinen Außenseiter-Verein Huddersfield Town in die Premier League“ stand auf der Visitenkarte des Bundesliga-Neulings. „Qualifikation für einen europäischen Wettbewerb“ lautete das Anforderungsprofil in Gelsenkirchen-Schalke. In der Hinrunde kamen die Mannschaft um den neuen Kapitän Alexander Nübel, der neuen Nummer 1, und der Trainer gut miteinander klar. Das Geschehen auf dem Platz war meist ganz ansehnlich, und zur Winterpause stand das Team mit 30 Punkten auf dem fünften Tabellenplatz. Dann begann die Rückrunde - und wurde zur schlechtesten seit dem grauenvollen Abstiegsjahr 1988. Nach dem 2:0 gegen Borussia Mönchengladbach am 17. Januar 2020 war noch nicht zu ahnen, dass es der letzte Sieg für diese Spielzeit bleiben würde. Danach ein 0:5 in München gegen die Bayern - okay, kann passieren. Aber der Rest? Brutale 16 Spiele in Folge ohne Sieg! Neuer Vereins-Negativ-Rekord, geradezu ein Offenbarungseid. Neun Punkte und 9:37 Tore als Rückrundenbilanz - schlechter ging es kaum noch. Nur dank des vorhandenen Punktepolsters wurde Schalke in der Gesamtabrechnung noch Zwölfter.

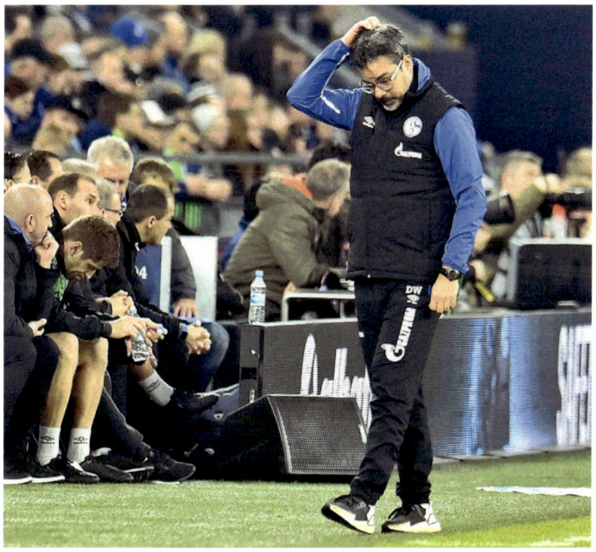

Ein ratloser David Wagner am 22. Februar 2020 (23. Spieltag) in der Veltins-Arena beim 0:5 gegen RB Leipzig.

„Wenn du nicht gewinnen kannst, musst du zusehen, dass du nicht verlierst.“

– Weisheit von **David Wagner,** der 2019/20 zwölf Unentschieden erreichte

Oder lag es an der COVID-19-Pandemie, dass David Wagner nicht mehr klarkam? Als die Bundesliga nach der zweimonatigen Pandemie-Pause am 16. Mai ohne Zuschauer wieder fortgesetzt wurde, verlor S04 im Derby beim BVB 0:4. Danach folgten noch acht sieglose Spiele. Aber auch mit Zuschauern hatte es zuvor sieben erfolglose Versuche gegeben, einen Dreier einzufahren. Wie auch immer: Der Trainer durfte, große Überraschung, erstmal noch bleiben.

TÖNNIES-RÜCKTRITT

Nach einem massiven Corona-Ausbruch im Fleischwerk Rheda-Wiedenbrück des Schalke-Aufsichtsratsvorsitzenden Clemens Tönnies bildeten Schalke-Fans am 27. Juni 2020 eine Protest-Menschenkette rund um das Vereinsgelände. Tönnies, der seit 1994 dem Aufsichtsrat angehörte und für viele Jahre so etwas wie das Gesicht von Schalke war, legte seinen Posten drei Tage später nieder.

2020/21: Fünf Trainer und Platz 18

Die Saison 2020/21 begann so, wie die alte geendet hatte: überall vor pandemiebedingt leeren Rängen und für Schalke mit schlechten Ergebnissen. Eine Niederlage zum Saisonauftakt beim amtierenden Triple-Sieger FC Bayern München musste einkalkuliert werden. Aber derart desaströs? 0:8!

Als die Mannschaft am zweiten Spieltag zuhause mit 1:3 gegen Werder Bremen verlor, war die Schonzeit für Trainer Wagner abgelaufen. Als Nachfolger hatte sich die sportliche Leitung Manuel Baum ausgeguckt, vormals Trainer in Augsburg und zuletzt Chef der U20 Nationalelf des DFB. Er startete mit einem 0:4 in Leipzig und vollendete damit einen historischen Negativrekord von null Punkten und 1:15 Toren in den ersten drei Spielen. Als nach dem zwölften Spieltag immer noch null Siege auf dem Konto standen, kam die Notbremse. Huub Stevens, inzwischen Aufsichtsratsmitglied bei Schalke, und Mike Büskens sprangen am 19. Dezember gegen Bielefeld ein und ließen die Null stehen - allerdings auf der falschen Seite, die Königsblauen verloren mit 0:1. Wenigstens im DFB-Pokal war das Interims-Duo erfolgreich, mit einem 3:1 beim Regionalligisten SSV Ulm 1846 kam Schalke eine Runde weiter.

Am 2. Januar 2021 saß dann in Berlin gegen Hertha BSC der bereits vierte Trainer in dieser Saison auf der Schalker Bank: Christian Gross, mit Grashopper Zürich und dem FC Basel mehrfacher Schweizer Meister und zuletzt bei al-Ahli in der saudi-arabischen Hafenstadt Dschidda tätig. Schalke verlor mit 0:3 und blieb Tabellenletzter. Noch schlimmer: Mit nun 30 sieglosen Spielen in Folge drohte Schalke den Uralt-Negativrekord von Tasmania Berlin, das in der Saison 1965/66 31-mal in Folge sieglos geblieben war, zu unterbieten.

„Es sind erst 17 Spiele vorbei, Jetzt kommen noch 17. Wir spielen also gegen alle nochmal."

– **Klaas-Jan Huntelaars** Hoffnungs-Mantra zur Saison-Halbzeit

„Wenn du Tabellenletzter bist und 13 Punkte hast und einer sagt, er hat alles gegeben, dann weiß ich nicht, was ich mit der Person machen würde."

– Team-Manager **Gerald Asamoah** nach dem besiegelten Abstieg

Keine Erlösung bis zum Ende

Ein 4:0-Sieg am 15. Spieltag gegen Hoffenheim, bei dem der vom FC Arsenal zurückgekehrte Linksverteidiger Sead Kolasinac die Kapitänsbinde trug und der dreifache Torschütze Matthew Hoppe lange nicht gesehene Torjägerqualitäten auf den Platz brachte, vermied nicht nur die Blamage eines Negativrekords, sondern nährte auch die Hoffnung, dass jetzt eine Trendwende eingeleitet sein könnte. Zumal Schalke noch zwei weitere Spieler mit klangvollem Namen als Retter verpflichtet hatte: Den 37-jährigen Klaas-Jan Huntelaar, der einst mit seinen vielen Toren die königsblaue Fan-Gemeinde entzückt hatte, sowie den 2014er-Weltmeister Shkodran Mustafi. Die beiden einstigen Klassekicker, einer zum Toreschießen und einer zum Toreverhindern, sollten das entscheidende Plus bringen, um den Abstieg zu verhindern. Das war der Plan, indes - er funktionierte nicht.

ABSTIEGSANALYSE

Es gibt einige besondere Fakten zur Abstiegssaison. Schalke hatte sehr viele Ausfälle zu beklagen. 2.245 Ausfalltage insgesamt wurden am Ende der Saison bilanziert, nur Hoffenheim hatte es noch schlimmer getroffen. Hektische Nachverpflichtungen zur Kompensation des Problems führten dazu, dass Schalke die Rekordzahl von 42 Spielern einsetzte. Einige der Neuen waren weit von ihrer Höchstform entfernt und konnten nicht helfen. Ständige Wechsel unter fünf verschiedenen Trainern führten dazu, dass die Mannschaft nie zu einem Team zusammenwachsen konnte. Etwas mehr Mentalität wäre natürlich trotzdem möglich gewesen ...

Nach dem Aus im DFB-Pokal gegen Wolfsburg und zwei schmerzhaften Niederlagen am 22. und 23. Spieltag - 0:4 zuhause im Revierderby gegen Dortmund, 1:5 beim VfB Stuttgart - wurden nicht nur der von den Spielern heftig kritisierte Trainer Gross und sein ganzer Staff entlassen, sondern auch Sportvorstand Schneider. Die Verantwortung übernahm nun der bisherige Nachwuchsdirektor Peter Knäbel, fünfter Cheftrainer des Jahres wurde mit Dimitrios Grammozis ein erfahrener Ex-Profi, der bei Darmstadt 98 eine zweite Karriere als Zweitliga-Coach gestartet hatte.

Der Wille war da, aber der Druck zu hoch, um ausreichende Leistungen auf den Platz bringen zu können. Grammozis startete mit einem 0:0 gegen Mainz, stand aber nach fünf weiteren Spielen mit vier Niederlagen und lediglich einem Sieg (1:0 gegen Augsburg) vor dem 30. Spieltag mit dem Rücken zur Wand: Verliert der FC Schalke in Bielefeld, stand er als sicherer Absteiger fest. Bielefelds Fabian Klos setzte in der 50. Minute des Spiels auf der Alm einer wieder mal viel zu harmlosen Schalker Mannschaft den Todesstoß. Das 0:1 besiegelte nach 30 Erstligajahren den vierten Abstieg des FC Schalke 04.

Der Rest war nur noch für die Statistik: Drei Niederlagen und ein Sieg, Tabellenletzter mit 16 Punkten und einer Tordifferenz von -61, der Abstand zum Relegationsplatz betrug 17 Punkte. Dass das letzte Heimspiel ein wenig nostalgische Freude gebracht hatte, konnte da kaum trösten: Huntelaar, als Kapitän eingelaufen, hatte beim überraschenden 4:3-Sieg gegen Frankfurt noch ein letztes Mal für die Königsblauen eingenetzt.

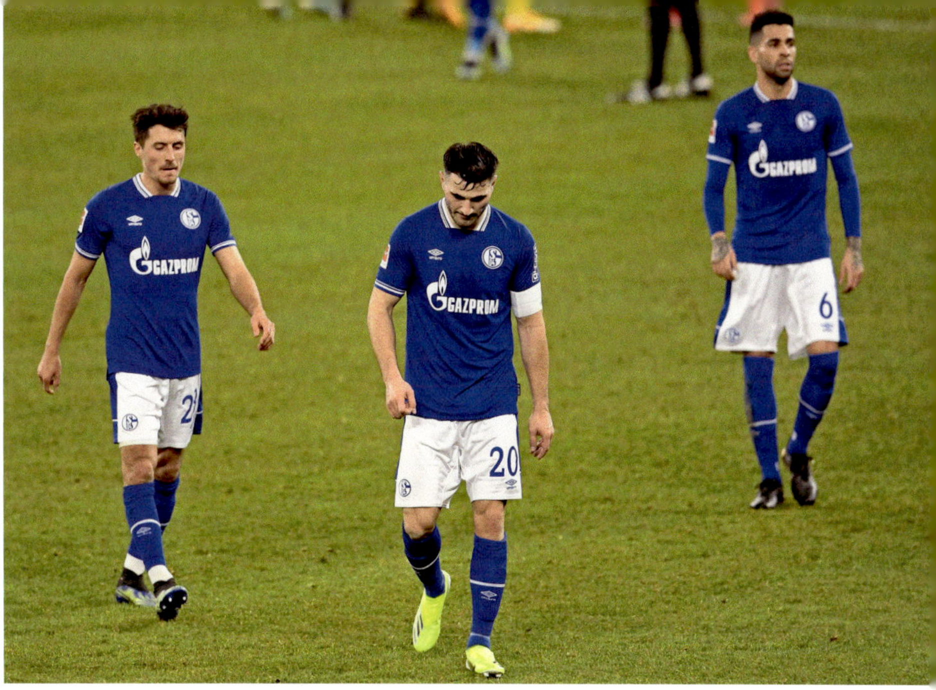

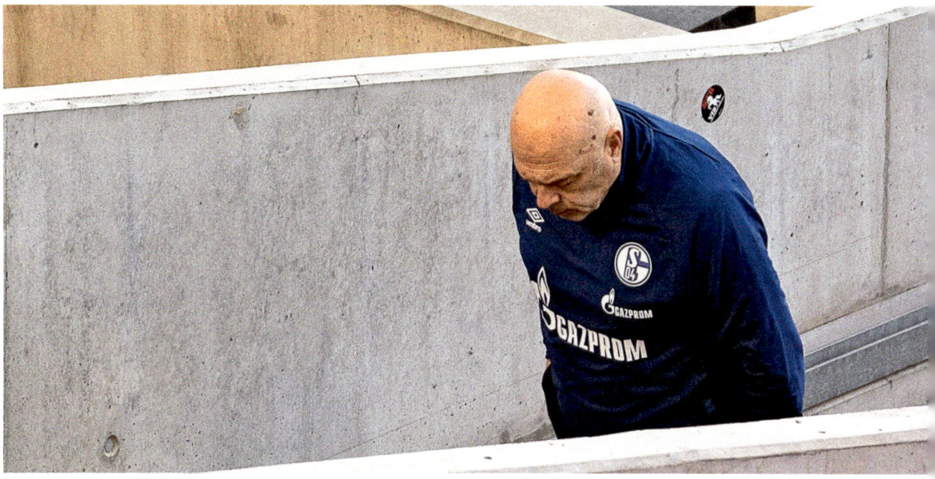

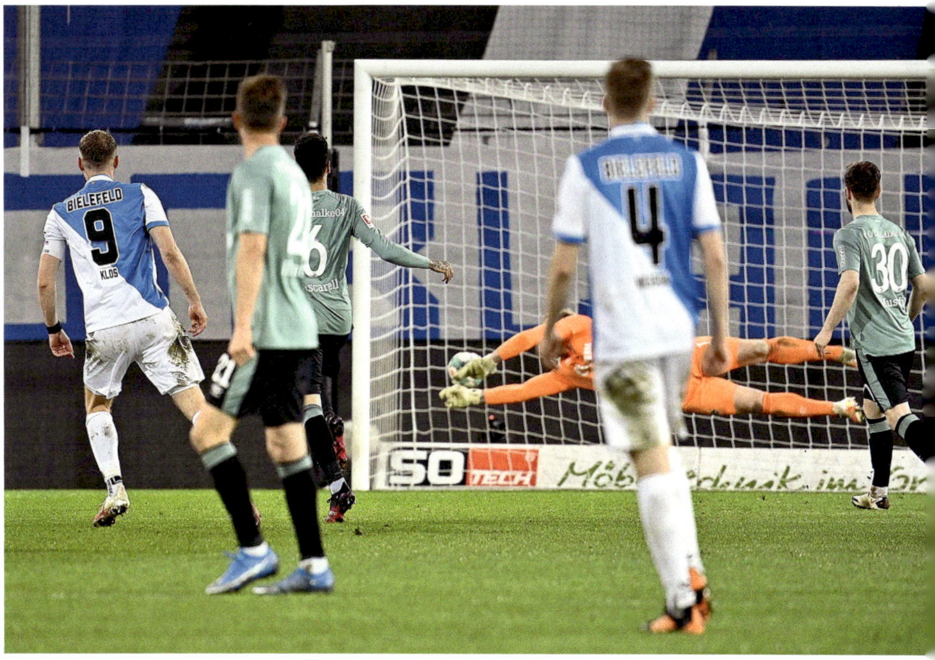

Von oben nach unten:
Erst schleichen die Königsblauen nach der 0:4-Heimpleite gegen die Schwarz-Gelben am 22. Spieltag frustriert vom Platz (im Bild v.l.n.r. Alessandro Schöpf, Sead Kolasinac und Omar Marscarell) ...
... dann geht Trainer Christian Gross nach dem 1:5 am 23. Spieltag in Stuttgart mit hängendem Kopf von dannen.
Der Todesstoß: Bielefelds Klos trifft am 30. Spieltag zum 1:0 gegen Schalke.

Radikaler Umbruch

Nach dem Abstieg vollzog der FC Schalke 04 eine rekordverdächtig radikale Kader-Runderneuerung. Von den 42 (= Bundesliga-Rekord!) in der Abstiegssaison 2020/21 eingesetzten Spielern wurden 30 aussortiert, weitere zwei kamen in die 2. Mannschaft, nur zehn durften weitermachen. Schalke wollte einen totalen Umbruch und musste außerdem Geld einnehmen bzw. sparen. Die höchste Ablöse, nämlich 20,5 Mio. Euro, erbrachte der bereits zu Juventus Turin verliehene Weston McKennie. Der Rest war nicht mehr wert als das Tafelsilber McKennie alleine, die meisten verließen Schalke ablösefrei. Für die Aussortierten wurden 19 neue Spieler verpflichtet.

„Wir mussten lernen, Nein zu sagen. Und den Spielern klarmachen, dass wir hier halt nicht mehr den berühmten Schnaps spendieren. Das hat uns sicherlich auch Absagen eingebracht.“

– Sportdirektor **Rouven Schröder** über die neue Schalker Einkaufspolitik

Aussortiert:

TOR Frederik Rönnow

ABWEHR Ozan Kabak, Sead Kolasinac, Kilian Ludewig, Hamza Mendyl, Shkodran Mustafi, Matija Nastasic, Bastian Oczipka, Vasileios Pavlidis, William

MITTELFELD Nabil Bentaleb, Nassim Boujellab, Can Bozdogan, Amine Harit, Jimmy Kaparos, Mikail Maden, Omar Mascarell, Levent Mercan, Sebastian Rudy, Alessandro Schöpf, Suat Serdar, Steven Skrzybski, Benjamin Stambouli, Mark Uth

ANGRIFF Matthew Hoppe, Klaas-Jan Huntelaar, Vedad Ibisevic, Ahmed Kutucu, Rabbi Matondo, Goncalo Paciencia, Benito Raman, Luca Schuler

Dageblieben:

TOR Ralf Fährmann, Michael Langer

ABWEHR Timo Becker, Henning Matriciani, Salif Sané, Malick Thiaw

MITTELFELD Mehmet Aydin, Kerim Calhanoglu, Florian Flick, Blendi Idrizi

Neu gekommen:

TOR Martin Fraisl

ABWEHR Thomas Ouwejan, Andreas Vindheim, Marcin Kaminski, Marius Lode, Dries Wouters

MITTELFELD Ko Itakura, Rodrigo Zalazar, Dong-gyeong Lee, Dominick Drexler, Victor Pálsson, Danny Latza, Reinhold Ranftl, Marc Rzatkowski, Yaroslav Mikhailov

ANGRIFF Marius Bülter, Darko Churlinov, Simon Terodde, Marvin Pieringer

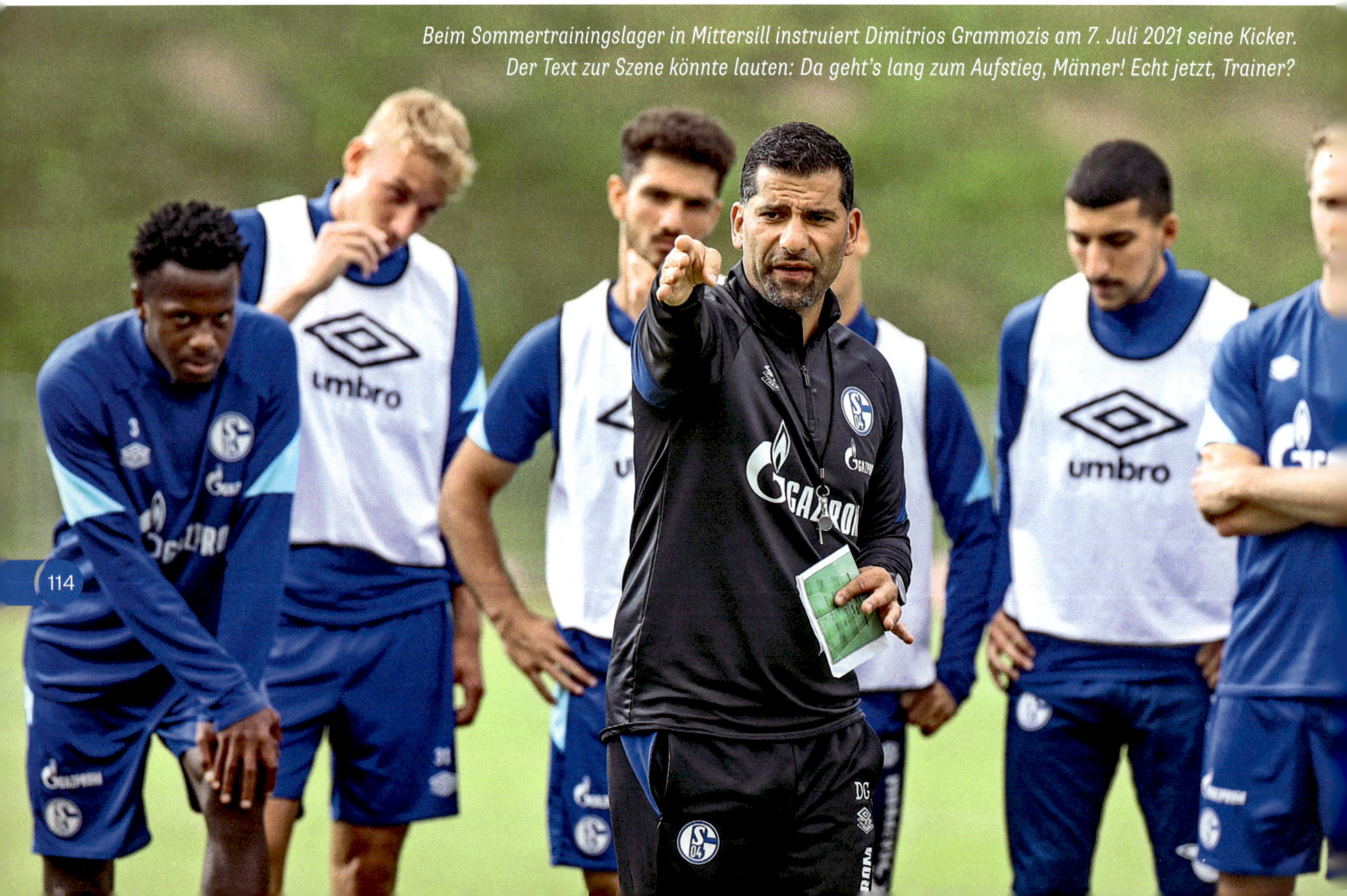

Beim Sommertrainingslager in Mittersill instruiert Dimitrios Grammozis am 7. Juli 2021 seine Kicker. Der Text zur Szene könnte lauten: Da geht's lang zum Aufstieg, Männer! Echt jetzt, Trainer?

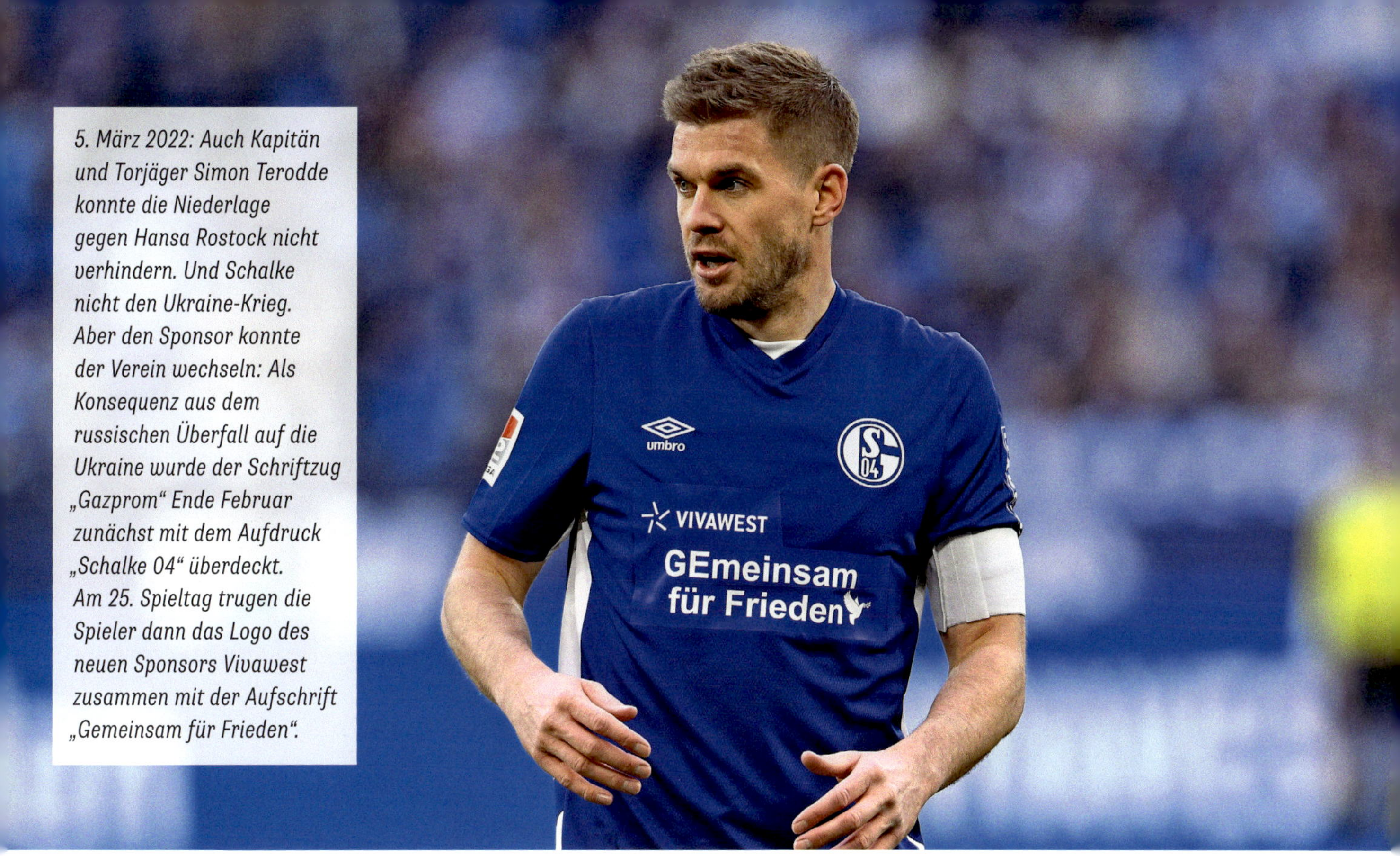

5. März 2022: Auch Kapitän und Torjäger Simon Terodde konnte die Niederlage gegen Hansa Rostock nicht verhindern. Und Schalke nicht den Ukraine-Krieg. Aber den Sponsor konnte der Verein wechseln: Als Konsequenz aus dem russischen Überfall auf die Ukraine wurde der Schriftzug „Gazprom“ Ende Februar zunächst mit dem Aufdruck „Schalke 04“ überdeckt. Am 25. Spieltag trugen die Spieler dann das Logo des neuen Sponsors Vivawest zusammen mit der Aufschrift „Gemeinsam für Frieden“.

2021/22: Mike beerbt Dimitrios

Vor der Saison 2021/22, der ersten Zweitliga-Spielzeit seit 1990/91, präsentierte Sportvorstand Peter Knäbel mit Rouven Schröder einen neuen Sportdirektor. Der räumte erstmal auf: Nur zehn der 42 in der Abstiegssaison eingesetzten Spieler durften weitermachen, 19 neue kamen, die meisten ablösefrei. Die beiden prominentesten waren der dreimalige Zweitligatorschützenkönig Simon Terodde (Hamburger SV) und Rückkehrer Danny Latza (Mainz 05), der neue Mannschaftskapitän. Für Stürmer Marius Bülter (Union Berlin) und die Mittelfeldspieler Victor Palsson (Darmstadt 98) sowie Reinhold Ranftl (Linzer ASK) legte Schalke etwas mehr als 2 Mio. Euro hin. Das heißt: Nur rund fünf Prozent der Verkaufserlöse von gut 40 Mio. Euro wurden reinvestiert: Schalke war auf striktem Sparkurs.

Der Aufgabe, den sofortigen Wiederaufstieg zu realisieren, schien die neuformierte Billig-Mannschaft zunächst nicht wirklich gewachsen. Zum Auftakt kassierte sie in der Veltins-Arena im Duell der Top-Favoriten eine 1:3-Niederlage gegen den Hamburger SV. Fast 20.000 Zuschauer im Stadion und rund 2,7 Millionen im Free-TV sahen dabei zu. Anschließen krebste sie im unteren Mittelfeld herum, schied gegen den Drittligisten 1860 München im DFB-Pokal aus, kletterte nach einer Serie von vier Siegen auf den dritten Platz, um dann gleich wieder abzusinken. Immerhin blieben die Königsblauen dran und beendeten die Hinrunde mit 29 Punkten als Vierter. Der Abstand zu einem direkten Aufstiegsplatz betrug drei Punkte.

So richtig in die Spur kommen wollte Grammozis‘ Mannschaft aber auch in der Rückrunde nicht, ihr Weg glich weiterhin eher einer Achterbahnfahrt. Als sie am 2. März, dem 25. Spieltag, nach einer 3:4-Heimniederlage gegen Hansa Rostock auf den sechsten Platz abrutschte und sich der Abstand zu den Aufstiegsrängen auf sechs Punkte erhöhte, trennte sich der Verein von seinem Cheftrainer und griff zum bewährten Hausmittel: Der bisherige Co-Trainer Mike Büskens übernahm. Stevens selbst kam diesmal nicht mehr, bestärkte Büskens aber in einem Telefonat, die Verantwortung zu übernehmen. Ein weiser Rat?

> ***„Mike, du musst das machen, wenn einer den Aufstieg schafft, dann du!“***
>
> – **Huub Stevens** zu Mike Büskens

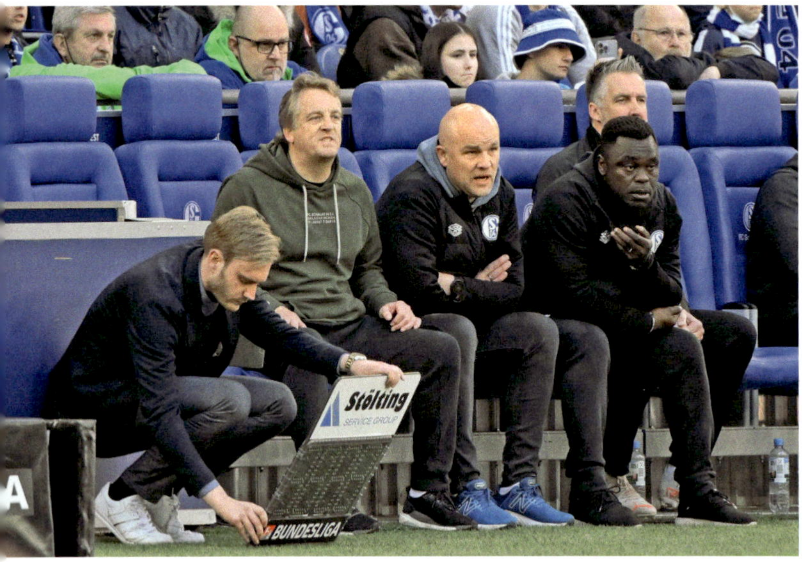

Sie sollten es richten: Teammanager Mario Grevelhörster, Trainer Mike Büskens, Sportdirektor Rouven Schröder und Teammanager Gerald Asamoah sowie Torwarttrainer Simon Henzler beobachten am 27. Spieltag Schalkes 2:1-Sieg gegen Hannover 96.

Durchmarsch mit Legende

Stevens' Rat erwies sich als goldrichtig. Mike Büskens, die „Eurofighter"-Legende, erreichte die Spieler mit seinen emotionalen Ansprachen und gut überlegten Vorgaben überraschend schnell, der Durchstart gelang. Vor Keeper Martin Fraisl, der Ralf Fährmann verdrängt hatte, machten meist Malik Thiaw und Marcin Kaminski das Zentrum dicht, Ko Itakura, der von Manchester City ausgeliehene Japaner, lieferte im defensiven Mittelfeld etliche bärenstarke Vorstellungen ab und glänzte sogar als Torschütze, Thomas Ouwejan und Darko Churlinov machten die linke Außenbahn zur starken Schalker Seite, im Mittelfeld hatten neben dem erfahrenen Kapitän und Schalker Urgestein Danny Latza junge Spieler wie Blendi Idrizi, Rodrigo Zalazar und Florian Flick wiederholt sehenswerte Auftritte. Vorne sorgten Marius Bülter und natürlich Torjäger Simon Terodde für beständige Gefahr.

Der „Eurofighter" Mike Büskens brachte seine Jungs zum Glühen. Eine teilweise wie ausgewechselt wirkende Mannschaft holte aus den nächsten acht Spielen sieben Siege: 3:0 in Ingolstadt, 2:1 gegen Hannover 96, 2:1 in Dresden, 3:0 gegen Heidenheim, ein famoses 5:2 in Darmstadt, 2:1 in Sandhausen. Die einzige Niederlage, ein 1:4 im Heimspiel gegen Werder Bremen, hatte auf der Bank kurzzeitig für einen Schock gesorgt. Aber eigentlich war es ja nicht mehr als ein ärgerlicher Partycrasher - erstmals seit Pandemiebeginn war die Veltins-Arena mit 62.271 Zuschauern wieder ausverkauft -, denn Schalke hatte ja immer noch alles selbst in der Hand. Da lange Zeit gut performende Teams wie der FC St. Pauli, Darmstadt 98 oder der 1. FC Nürnberg parallel zu Schalkes starker Phase nachgelassen hatten, stand am 33. Spieltag ein Endspiel an: Vor vollen Rängen in der Veltins Arena konnten die Königsblauen gegen den FC St. Pauli den direkten Wiederaufstieg klarmachen.

7. Mai 2022: Erst Schock, dann Ekstase

Vor der Partie analysierte das Trainerteam noch einmal die Niederlage gegen Bremen. Da waren alle wie paralysiert gewesen, als es nach 26 Minuten 0:2 gestanden hatte. Die Rat- und Mutlosigkeit war dann auch auf den Platz gekrochen. Alle schworen sich: So etwas darf nicht noch einmal passieren! Falls man auch gegen St. Pauli in Rückstand geriete, müsse man sofort dagegenhalten.

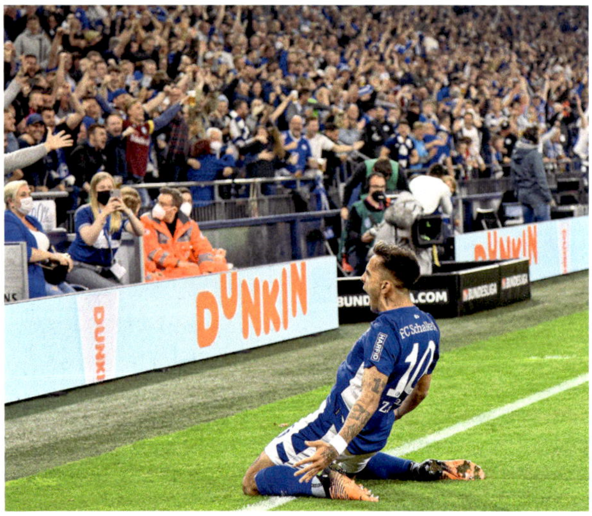

7. Mai 2022: Rodrigo Zalazar hat mit seinem Tor zum 3:2 die Fans in der Veltins-Arena erlöst.

Und noch einmal Zalazar eine Woche später: Mit einem sensationellen Weitschuss aus 59 Metern erzielt der Uruguayer am letzten Spieltag in Nürnberg nicht nur die 1:0-Führung, sondern auch das Tor des Monats.

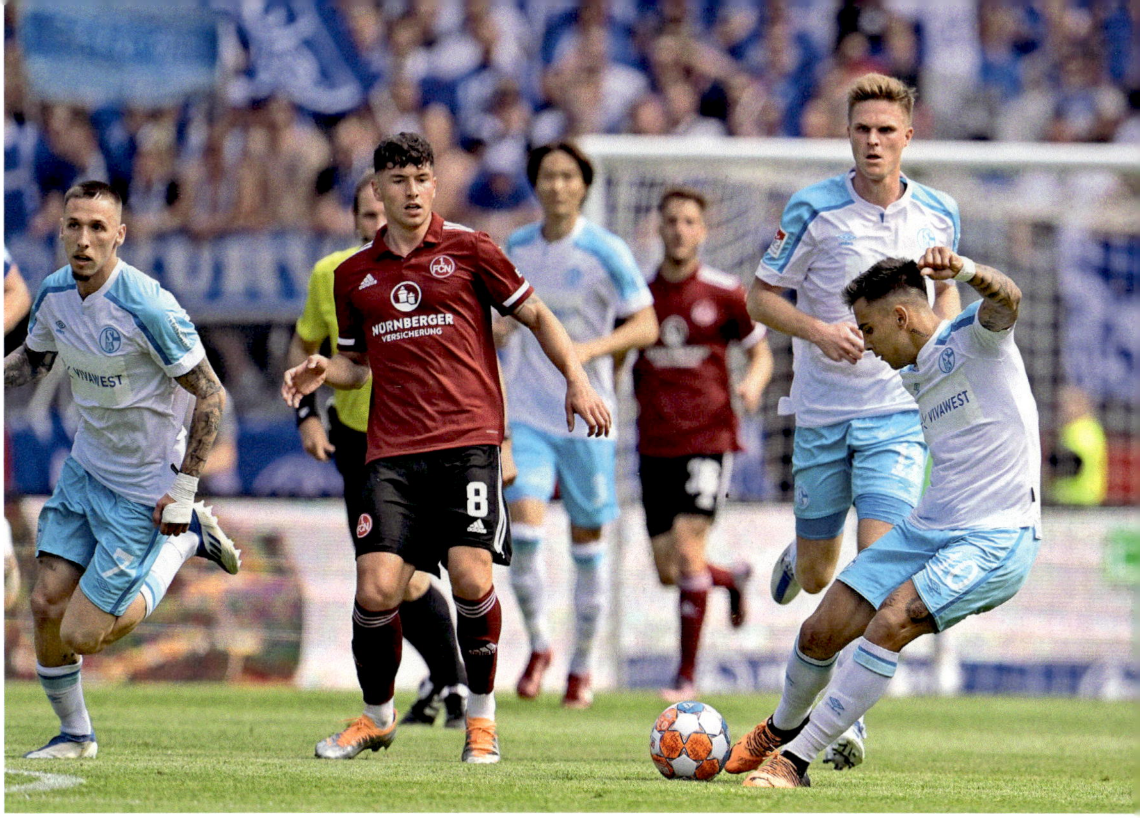

Ein 19-Jähriger Angreifer namens Igor Mantanovic hatte offenbar mitgehört und wollte das austesten. Erst ging sein Drehschuss in der neunten Minute ins Schalker Netz, dann traf er nur acht Minuten später nach feinem Solo erneut – und Schalke lag gegen St. Pauli mit 0:2 zurück. Die Zuschauer in der Veltins Arena standen unter Schock. Und der Trainer? Trieb sein Team nach vorne, es kam auch zu Torchancen, aber rein wollte der Ball nicht. Zur Halbzeitpause stand es immer noch 0:2. Bange Gesichter kündeten von der Frage: War es denn tatsächlich denkbar, dass sich Schalke auf der Zielgeraden noch abfangen lassen könnte?

Denkbar schon. Aber das Glück wendete sich nur zwei Minuten nach dem Wiederanpfiff. Simon Terrode wurde im Strafraum gelegt und verwandelte den fälligen Elfmeter selbst zum Anschluss. St. Pauli hielt dagegen, aber in der 71. Minute war erneut Terodde erfolgreich. Jetzt war das ganze Stadion hellwach und peitschte Königsblau nach vorne. Kurz nachdem Schalke-Keeper Fraisl einen Gewaltschuss entschärft hatte, klingelte es in der 78. Minute auf der anderen Seite: Ausgerechnet Rodrigo Zalazar, früher für St. Pauli aktiv, versenkte eine Vorlage von Marius Bülter per Rechtsschuss unhaltbar zum 3:2. Jetzt herrschte ein Sturm auf den Rängen! Es folgte noch eine hektische Schlussphase mit viel Zittern und Gerangel – zwei Gästespieler mussten vom Platz –, dann aber war es geschafft! Zur Abrundung gab es bei den guten Freunden vom 1. FC Nürnberg noch ein Schaulaufen mit einem allseits bewunderten Wahnsinns-Weitschusstreffer von Rodrigo Zalazar und Simon Terrodes 30. Saisontor. 2:1 gewonnen, 72 Treffer insgesamt erzielt, und 65 Punkte geholt: Bei zwei bzw. fünf Punkten Vorsprung auf Werder und den HSV durfte ausgelassen der neue Zweitliga-Meister gefeiert werden.

„Riesen-Respekt vor dieser Truppe, was die Gas gegeben hat!“

– Schalke-Trainer **Mike Büskens**

„Es musste genau so kommen, wie es heute gekommen ist, für die Schalker Seele.“

– Sportdirektor **Rouven Schröder**

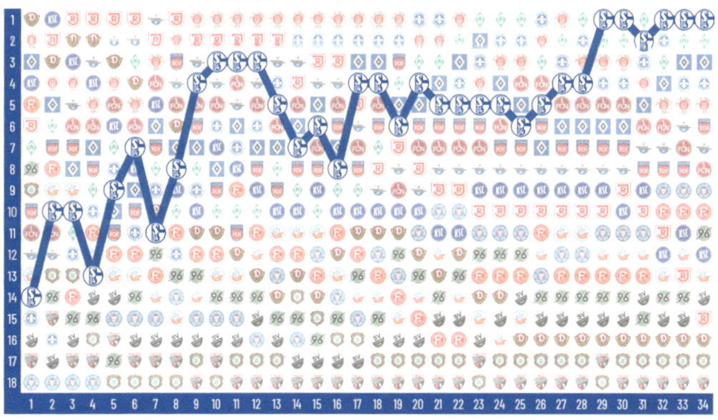

7. Mai 2022: Schalke-Feiertag!

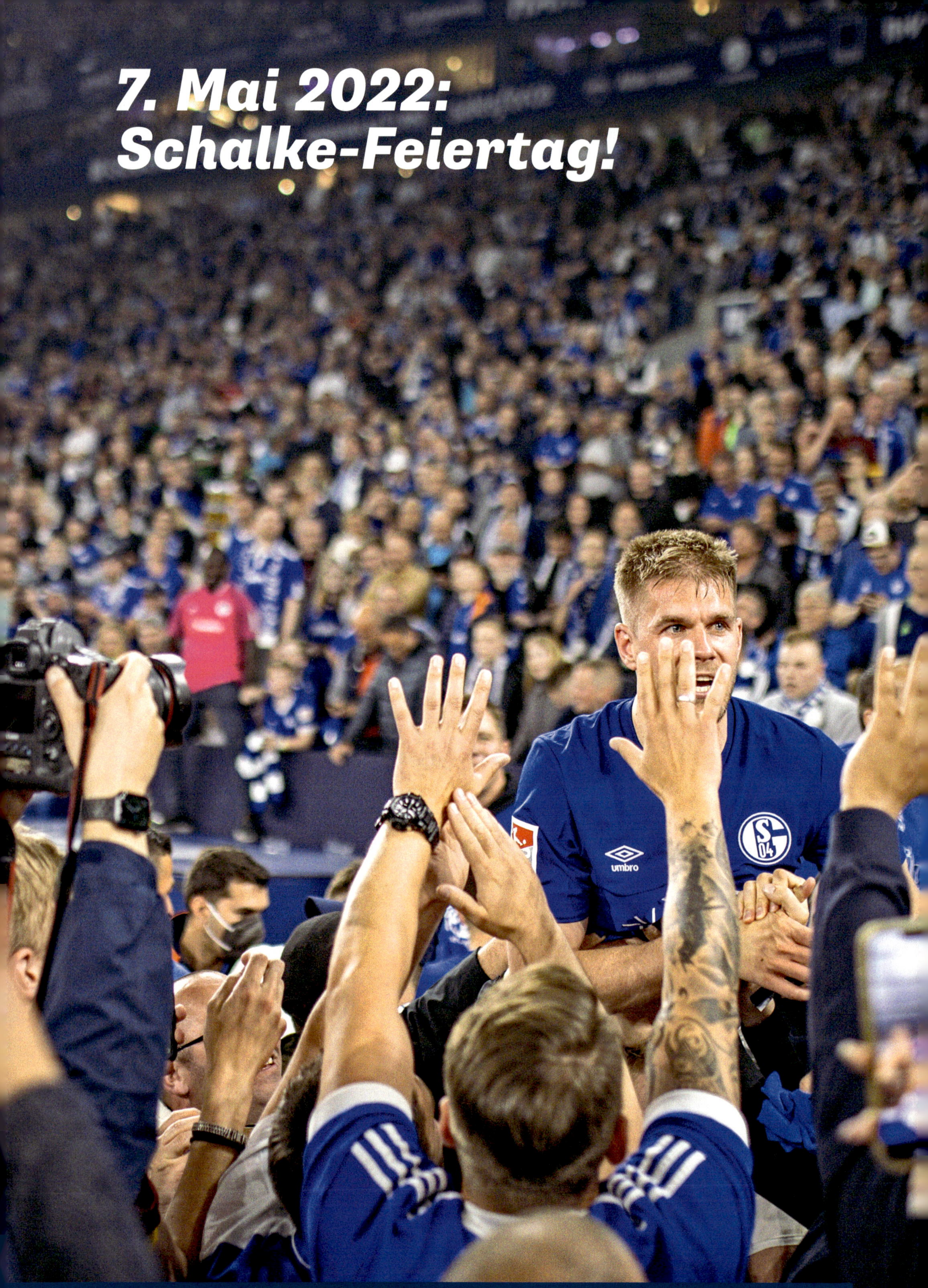

Tipp: Für die Langzeitdokumentation „Schalke 04 – Zurück zum wir“ wurde die Mannschaft über ein Jahr lang von der Kamera begleitet, vom traurigen Abstieg bis hin zur umjubelten Rückkehr in die Bundesliga.

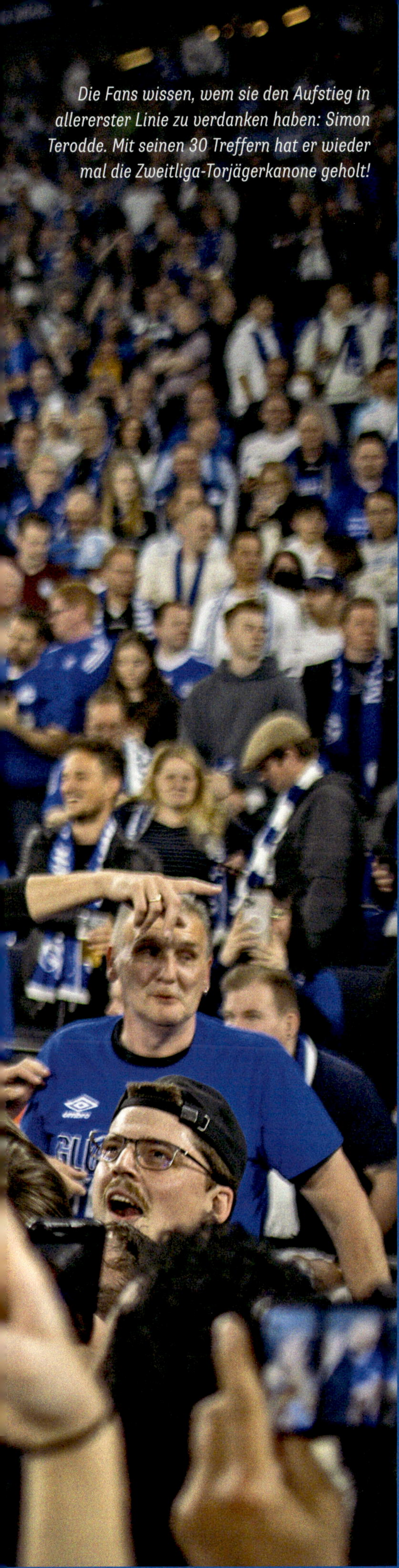

Die Fans wissen, wem sie den Aufstieg in allererster Linie zu verdanken haben: Simon Terodde. Mit seinen 30 Treffern hat er wieder mal die Zweitliga-Torjägerkanone geholt!

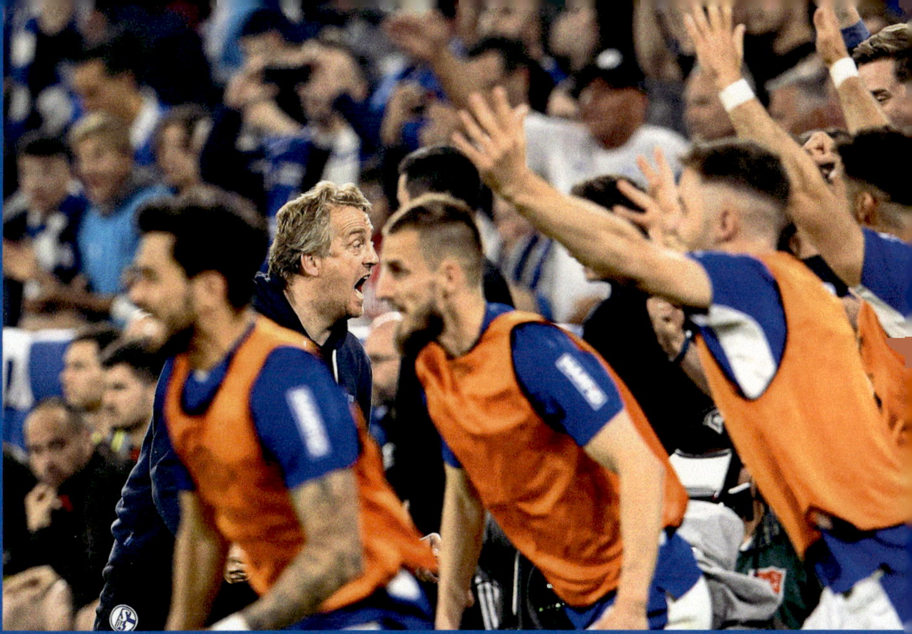

Geschafft! Mike Büskens und die Ersatzspieler sind nach dem Abpfiff außer Rand und Band.

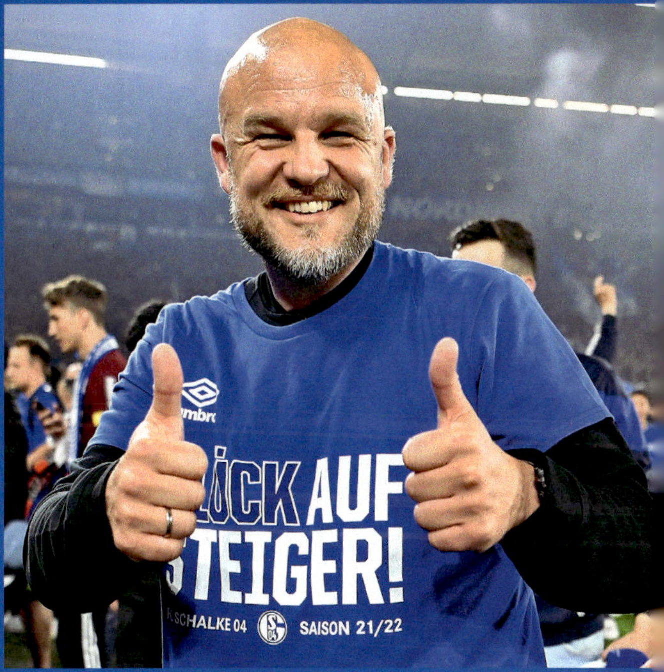

Alles richtig gemacht! Schalkes Sportchef Rouven Schröder freut sich im passenden T-Shirt. In seinen Augen das wichtigste Element für den Aufstiegserfolg: Der Teamgeist, durch den Schalke eine „unglaubliche Wucht“ entfalten konnte.

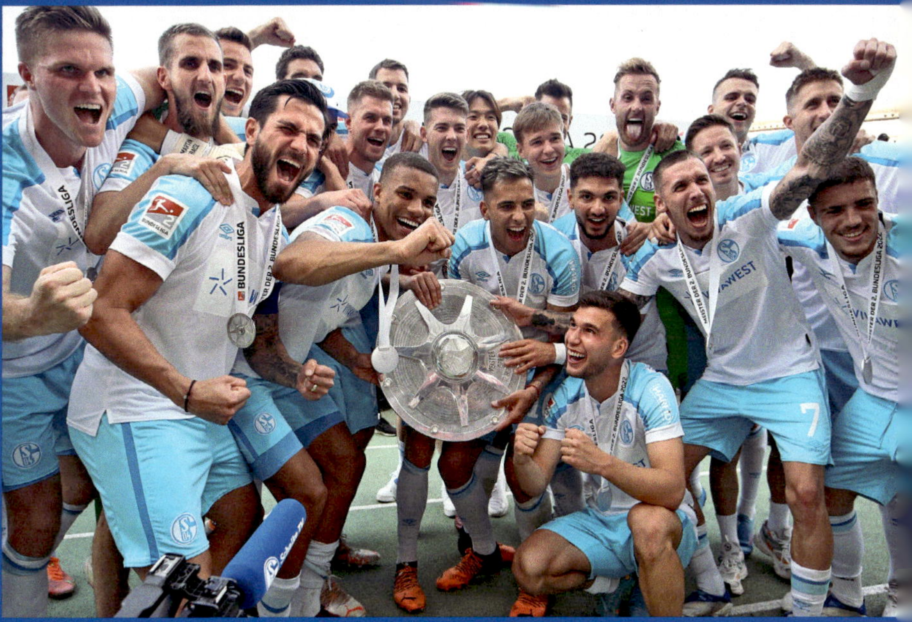

Die Gala mit Schale eine Woche später in Nürnberg: Schalke ist Zweitliga-Meister 2022.

Die Schalker von 2022/23 (1)

Torhüter und Abwehr

Zur Saison 2022/23 ging **Ralf Fährmann** (200 Bundesliga-Einsätze für Schalke) als erfahrenster Profi an den Start. Geboren im Jahr 1988 in Chemnitz (damals noch Karl-Marx-Stadt) und ab 2003 in der Schalker Knappenschmiede ausgebildet, feierte der Dauerbrenner am 13. September 2008 beim 3:3 im Revierderby in Dortmund sein Bundesliga-Debüt. Nach einer wechselhaften Karriere 2020 wieder zurückgekehrt und vorübergehend die Nummer 1, hat er nun die Rolle des Ersatzkeepers übernommen. Während der Vertrag des Österreichers Martin Fraisl, der ab dem achten Spieltag der Aufstiegssaison einen Stammplatz innehatte, nicht verlängert wurde, verpflichtete die sportliche Leitung im Sommer 2022 zwei weitere Keeper: einen erfahrenen und einen mit Perspektive. **Alexander Schwolow** hat für den SC Freiburg und Hertha BSC noch ein paar mehr Bundesliga-Spiele als Fährmann und war wie dieser Junioren-Nationaltorwart. Sein Bewerbungsschreiben: Ein Keeper, der sich wenig Fehler leistet und eigentlich keine Schwächen hat, auch nicht im Spielaufbau. Ein ambitionierter Plan lag der Verpflichtung des 21-jährigen **Justin Heekeren** vom Regionaligisten Rot-Weiß Oberhausen zugrunde: Wenn Schwolows Leihvertrag nach einer Spielzeit endet, soll er in der U23 viel Spielpraxis gesammelt und von den beiden Torwart-Oldies so viel gelernt haben, dass er als neuer Stammkeeper infrage kommt.

Als einer der wenigen, die sich in der Abstiegssaison tapfer geschlagen hatten, bekam **Malick Thiaw** auch für die Mission Wiederaufstieg das Vertrauen der Chefetage. Das Potenzial des gebürtigen Düsseldorfers (Jahrgang 2001) blieb auch dem DFB nicht verborgen: Anfang September 2021 kam der Innenverteidiger zu seinem Debüt in der deutschen U21-Nationalmannschaft. Im königsblauen Trikot war er als Stammspieler eine Bank: stark im Zweikampf, routiniert und mit einem guten Auge zu Werke gehend, nur im Aufbau manchmal mit zu viel Risiko unterwegs.

Neben ihm verrichtete der neun Jahre ältere Pole **Marcin Kaminski** seinen Job: unspektakulär, mit ein paar kleinen Wacklern, aber sonst sehr zuverlässig. Kaminksi war über die komplette Spielzeit gesetzt, stand immer in der Startelf, wurde nie ausgewechselt. Nur eine Gelbsperre und eine zweiwöchige Corona-Pause bremsten ihn für kurze Zeit aus.

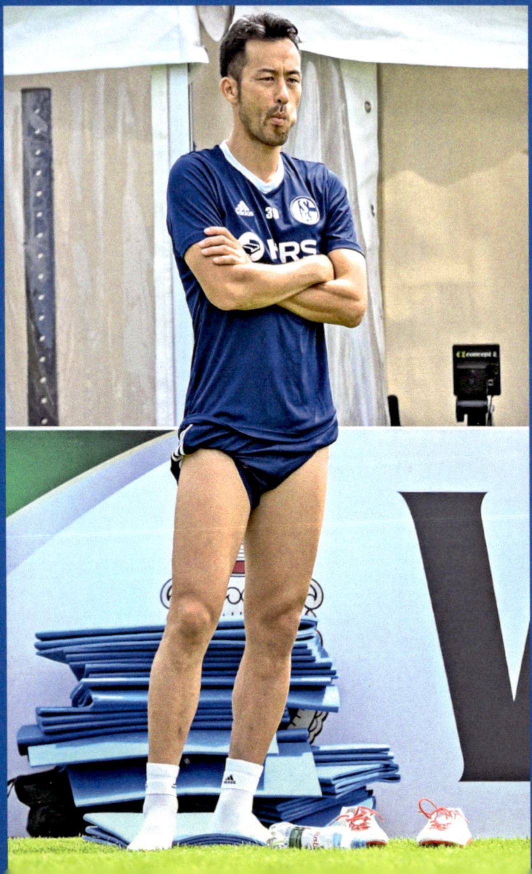

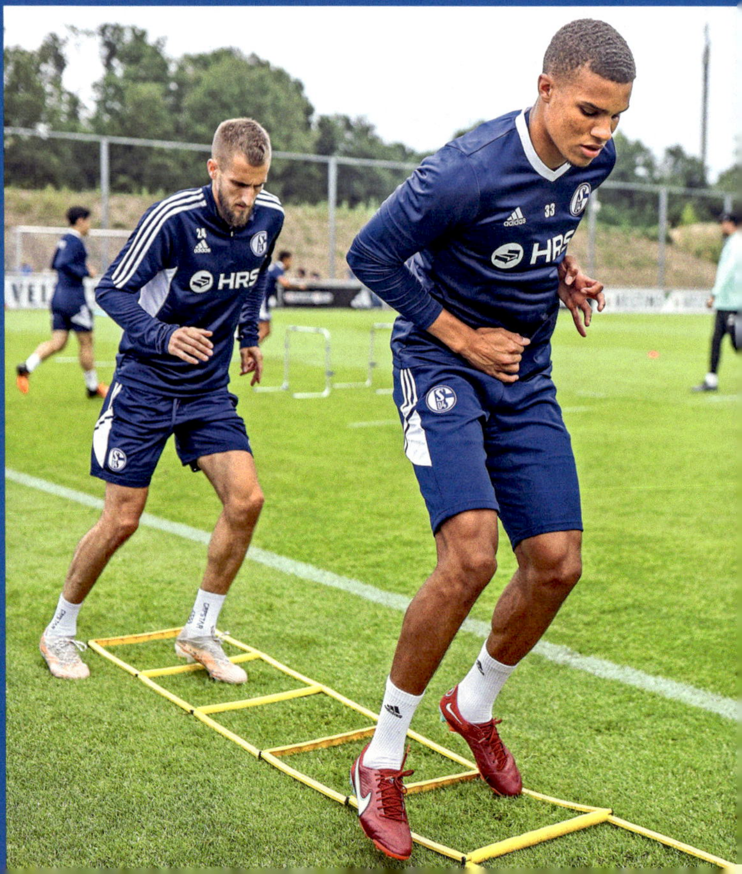

„Ich bin nicht im Ruhrgebiet geboren, komme aus Chemnitz. Aber ich möchte hier nie wieder weg.“

– **Ralf Fährmann**

„Er ist sehr, ich weiß nicht warum, aber er ist sehr froh, dass ich für ihn zu Schalke gehe.“

– **Maya Yoshida** nach einem Telefonat mit dem Aufstiegshelden Ko Itakura, den Schalke nicht halten konnte

Ein Neuzugang vom Januar 2022, der vielseitige Defensivspezialist **Marius Lode**, war nicht nur am Schalker Aufstieg beteiligt, sondern hat zuvor maßgeblich bei einem norwegischen Märchen mitgewirkt: dem Aufstieg und der anschließenden Meisterschaft des kleinen Vereins FK Bodø/Glimt.

Gerne hätte Schalke den Japaner Ko Itakura behalten, den technisch eleganten, zugleich zweikampf- und kopfballstarken Leihspieler von Manchester City, der 2021/22 in der zentralen Defensive zu begeistern wusste, jedoch: Die fällige Ablösesumme stemmen konnte nur der Ligakonkurrent Borussia Mönchengladbach. Vielleicht kann ein anderer Japaner ihn ersetzen: Als interessanter Neuzugang kam im Sommer 2022 ein ausgebuffter Abwehrchef mit der Erfahrung aus 119 Länderspielen sowie mehreren Jahren in der Premier League (Southampton) und in der Serie A (Sampdoria Genua): **Maya Yoshida**, Kapitän der japanischen Nationalelf und nun auch Co-Kapitän des FC Schalke 04. Mit **Leo Greiml** (von Rapid Wien) und dem 1,96-Meter-Riesen **Ibrahima Cissé** (von KAA Gent) wurden noch weitere Optionen für die Abwehrzentrale verpflichtet.

Der linke Offensivverteidiger **Thomas Ouwejan** trug einen wichtigen Teil zum Aufstieg bei: spielerisch stark, bei Standards gefährlich, als Vorlagengeber erfolgreich. **Kerim Calhanoglu** steht bereit und kann den Niederländer bei Bedarf solide ersetzen. Auf der rechten Außenbahn sowohl offensiv wie defensiv Akzente setzte **Mehmet Can Aydin** bereits 2021/22 in seiner ersten richtige Profisaison. „Memo“ schaffte es auf Anhieb, die Fans auf dem Weg zum Aufstieg mit einigen unterhaltsamen Aktionen zu begeistern. Besonders beeindruckend: sein Scherenschlag-Volleytor am neunten Spieltag gegen Ingolstadt.

Cedric Brunner, in der Bundesliga geprüfter Rechtsverteidiger von Arminia Bielefeld, der 2022 bei Schalke unterschrieb, sowie der schnelle Rechtsverteidiger **Henning Matriciani** aus Lippstadt, der bereits im Jahr zuvor einen Profivertrag erhielt, komplettieren das Defensiv-Aufgebot der Königsblauen.

Trainingsimpressionen 1-4: Maya Yoshida - Dominick Drexler und Malick Thiaw - Thomas Ouwejan - Alexander Schwolow.

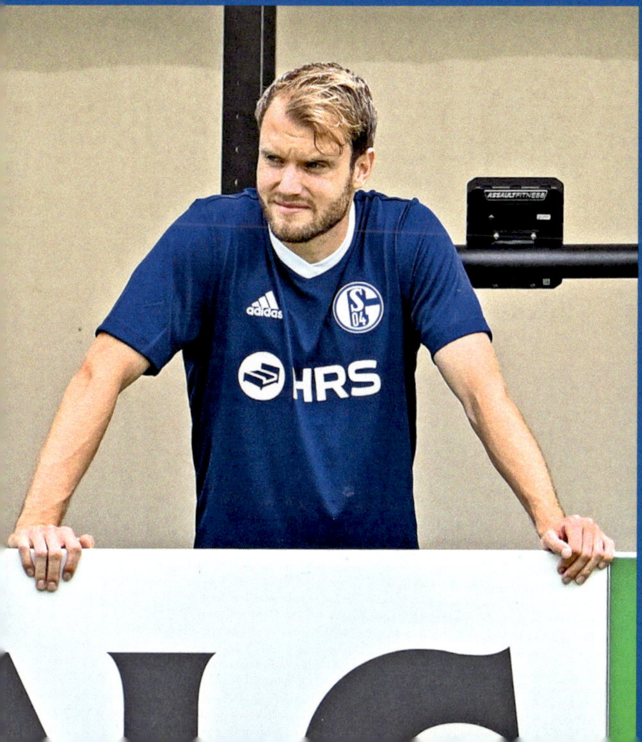

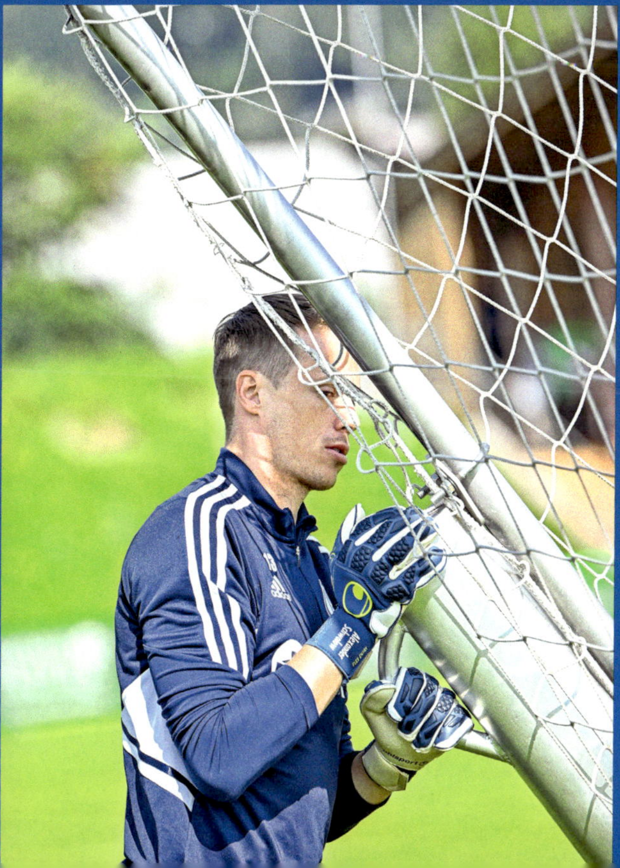

Die Schalker von 2022/23 (3)

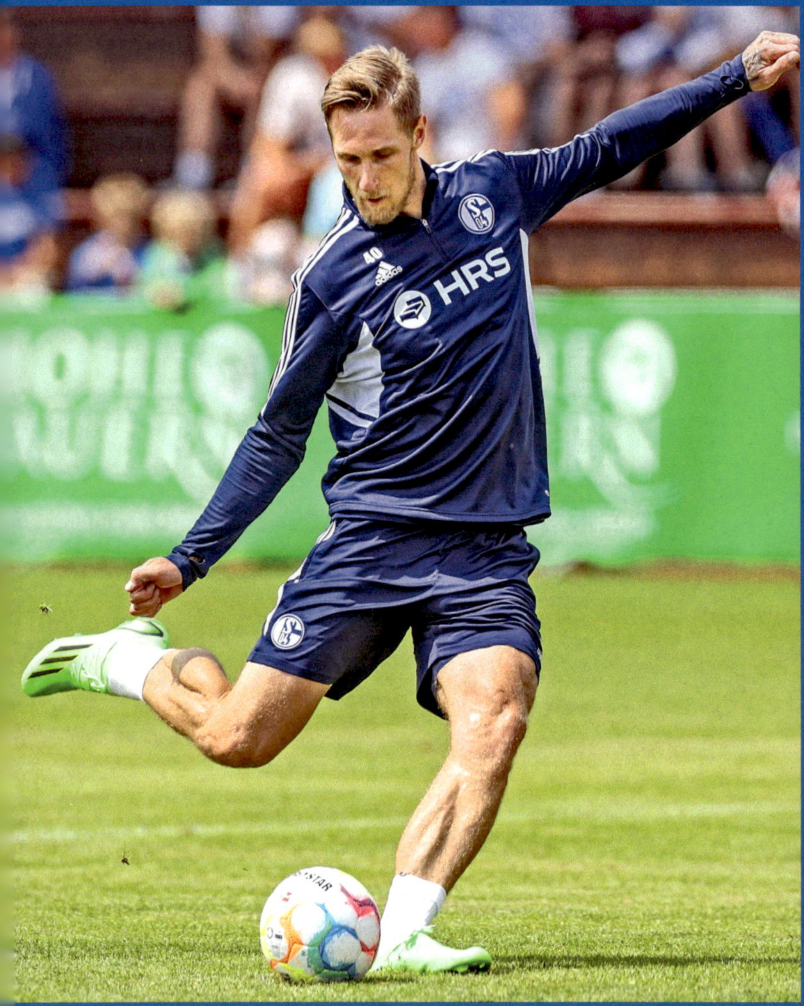

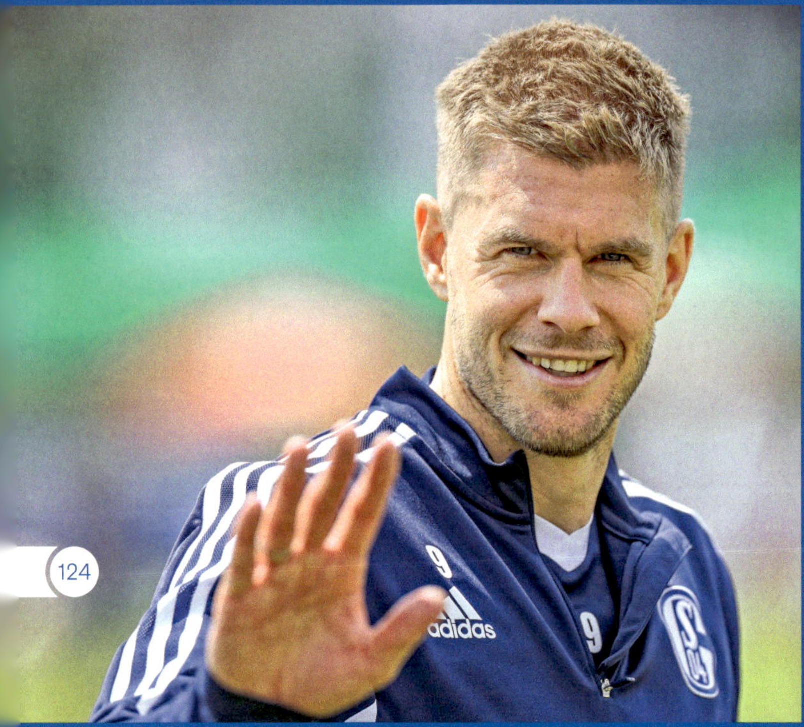

Trainingsimpressionen: Sebastian Polter - Simon Terodde.

Angriff

Bei **Simon Terodde** muss man eigentlich nur die Zahlen sprechen lassen: dreimal in die Bundesliga aufgestiegen, viermal Zweitliga-Torschützenkönig. Nach 30 Torerfolgen in seinen 30 Einsätzen 2021/22 - in vier Spielen fehlte er verletzungsbedingt - führt er mit nun 172 Treffern die Zweitliga-Rekordtorschützenliste an. Ein hoher Ball auf Terodde - und die Chance ist groß, dass der Mann auch einnetzt: Elfmal traf die Tormaschine alleine in den letzten sieben Partien. In der ersten Liga allerdings fiel seine Quote bisher deutlich geringer aus: Bis 2020 brachte er es für Köln und Stuttgart in zwei Spielzeiten bei 58 Einsätzen lediglich auf zehn Treffer.

Mit zehn Toren und 13 Vorlagen war **Marius Bülter** in der Aufstiegssaison als hängende Spitze ebenfalls sehr effektiv. Vom 1. FC Union verpflichtet, aber in Westfalen aufgewachsen, kam er im Ruhrpott gleich gut zurecht und auch gut an: Immer aktiv und stets anspielbar gibt er einen einsatzfreudigen Rackerer, wie ihn die Schalke-Fans lieben. **Marvin Pieringer**, Jahrgang 1999, der im schwäbischen Bempflingen mit dem Kicken begonnen hat, war als Einwechselspieler immer da, wenn es galt, den Angriff noch einmal anzukurbeln und mit jugendlichem Elan frische Akzente zu setzen.

Neu hinzu kam zum Sommertrainingslager **Sebastian Polter**, ehemaliger Junioren-Nationalspieler, Profi in England und den Niederlanden bei der Fortuna aus Sittard, dem Heimatort von Huub Stevens. Auf den zahlreichen bisherigen Stationen in Deutschland (Wolfsburg, 1. FC Nürnberg, Mainz 05, Union Berlin, VfL Bochum) hat er seine enorme Physis und eine Wucht, die auch auf dem Rugbyplatz erfolgversprechend gewesen wäre, als sein Markenzeichen gesetzt. Mit Schnelligkeit und filigraner Technik ist er bislang eher nicht aufgefallen, aber das schloss zweistellige Saison-Trefferzahlen nie aus. Stimmt seine Quote, wird sich auch niemand mehr an seiner Bochumer Vergangenheit stören.

Co-Trainer-Steckbrief:
Mike Büskens

Der mehrfache Chef- bzw. Interims-Cheftrainer, als „Eurofighter" und erfolgreicher Nothelfer eine Schalke-Ikone sondergleichen, trat nach seinem zweiten Aufstiegserfolg (2012 mit Greuther Fürth) wieder in die zweite Reihe zurück, weil er sich dort wohler fühlt. Seine Stationen im Überblick:

7/2002-6/2005	S04 II (Co-Trainer)
7/2005-4/2008	S04 II
4-6/2008	S04 (interim)
7/2008-3/2009	S04 (Co-Tr. Rutten)
4-6/2009	S04 (interim)
12/2009-2/2013	Greuther Fürth
7/2013-11/2013	Fort. Düsseldorf
2/2015-6/2015	Greuther Fürth
6/2016-11/2016	Rapid Wien
3/2019-6/2019	S04 (Co-int. Stevens)
7/2019-6/2020	DFB U16 (Co-Tr.)
7/2020-6/2021	DFB U17 (Co-Tr.)
12/2020	S04 (Co-int. Stevens)
3/2021-3/2022	S04 (Co-Tr. Grammozis)
3/2022-6/2022	S04 (interim)
Seit 7/2022	S04 (Co-Tr. Kramer)

Trainer-Steckbrief:
Frank Kramer

Der gebürtige Memminger begann nach seiner aktiven Karriere 2004 als Spielertrainer bei der SpVg Greuther Fürth. Ebendort hatte ihn 2015 Mike Büskens abgelöst. Der wegen seiner nahbar-kommunikativen Art geschätzte Trainer, der 2013 die Ausbildung zum Lizenz-Fußballlehrer als Lehrgangsbester abschloss, absolvierte bisher folgende Stationen:

7/2005-6/2009	Greuther Fürth U19
7/2009-6/2011	Greuther Fürth II
7/2011-12/2012	TSG Hoffenheim II
12/2012	TSG Hoffenheim (Int.)
12/2012-3/2013	TSG Hoffenheim II
3/2013-2/2015	Greuther Fürth
7/2015-11/2015	Fortuna Düsseldorf
9/2016-6/2017	Deutschland U19
8/2017-6/2018	Deutschland U20
7/2018-6/2019	Deutschland U18
7/2019-6/2020	RB Salzburg U19
3/2021-4/2022	Arminia Bielefeld
Seit 7/2022	FC Schalke 04

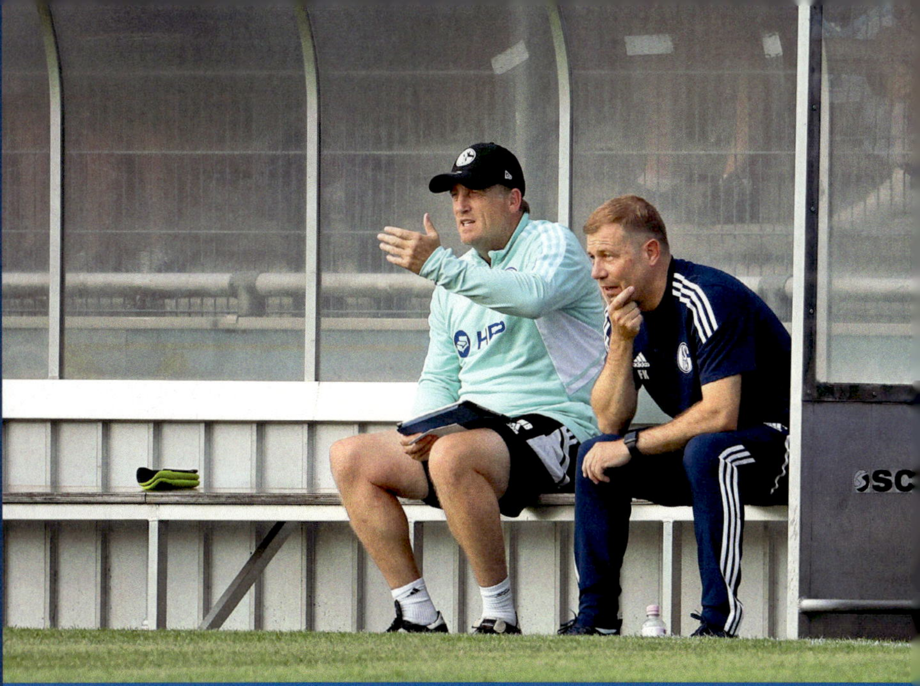

Michael Büskens (links) und Frank Kramer im Juli 2022 während eines Testspiels.

Co-Trainer-Bekenntnisse

Mike Büskens über seinen Job: ***„Ich komme sehr gut klar in meiner Rolle als Co-Trainer. Das ist das, was ich will. Wo ich mich wohlfühle. Wo ich einen guten und umfangreichen Blick auf junge Spieler haben und sie auf ihrem Weg zum gestandenen Profi unterstützen kann."***

Der Co-Trainer über den Cheftrainer: ***„Der neue Trainer wird wissen, dass ich nicht auf seinen Posten aus bin. Ich habe nur eines im Sinn: den neuen Coach mit Rat und Tat zu unterstützen. Was wir jetzt mal brauchen, ist Kontinuität."***

Der Cheftrainer über den Co-Trainer: ***„Wenn Mike Lust gehabt hätte, Cheftrainer zu bleiben, dann wäre ich heute gar nicht hier [...] Was die letzten dreißig Jahre Vereinsgeschichte angeht, ist Mike mein Nachhilfelehrer. Er kennt diesen Verein wie kein anderer."***

„Wir wollen selbstbewusst an den Start gehen und uns als Schalke 04 nicht kleinmachen, dabei hilft es, große und wuchtige Kerle in seinen Reihen zu haben."

– **Frank Kramer** zu den sieben über 1,85 Meter großen Neueinkäufen 2022

„Ich komme jetzt ins beste Stürmeralter. Das merke ich gerade. Stürmer und Torhüter profitieren enorm von ihrer Erfahrung. Ich fühle mich fit, trainiere viel und lebe total bewusst."

– Der 34-jährige **Simon Terodde**

Etwa **6** Millionen Fans

Über **1** Million Zuschauer pro Saison

Mehr als **61.000** Zuschauer im Schnitt

Rund **160.000** Vereinsmitglieder

Fast **1.400** Fanklubs

ca. **90.000** Fanklubmitglieder

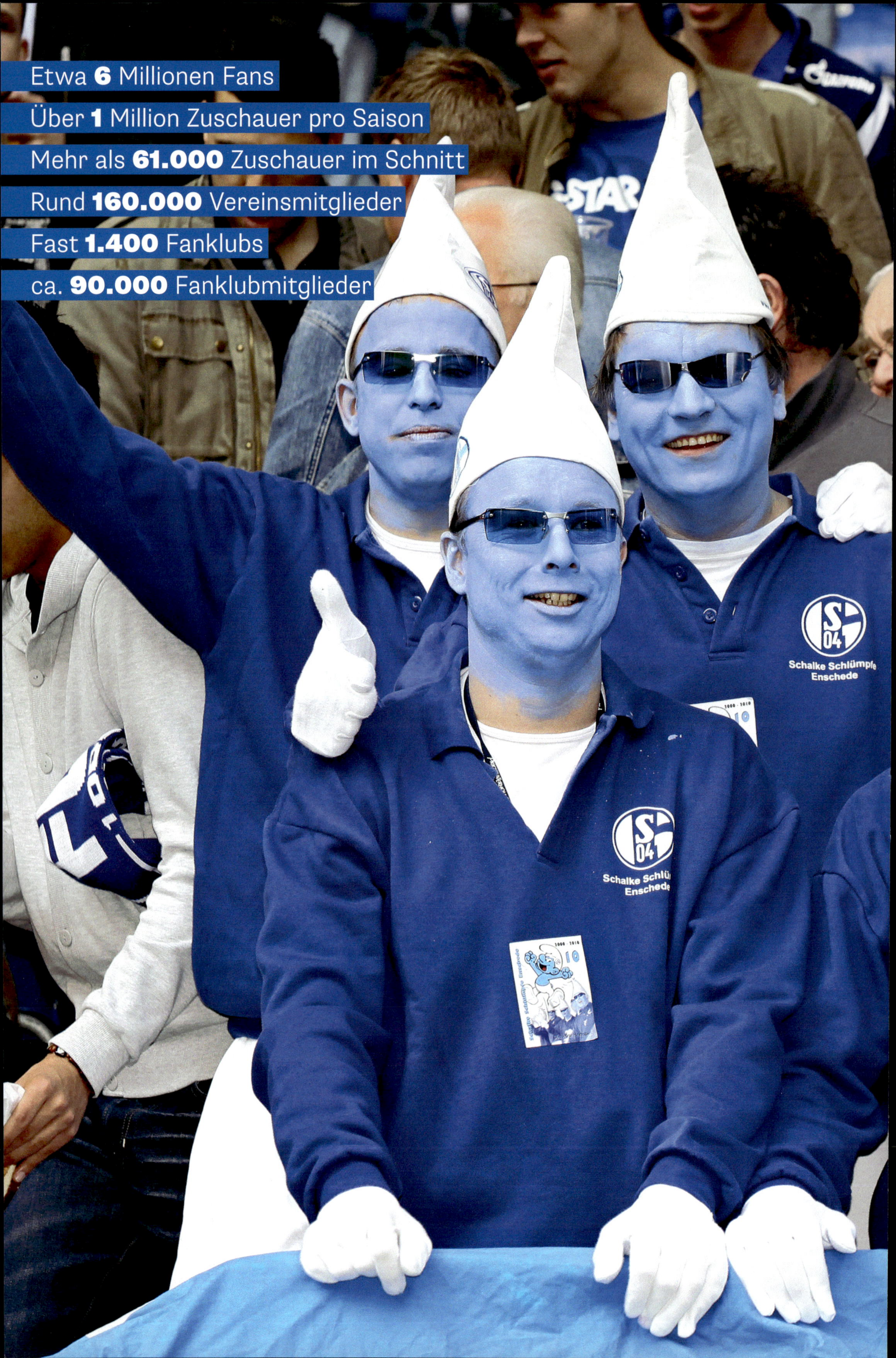

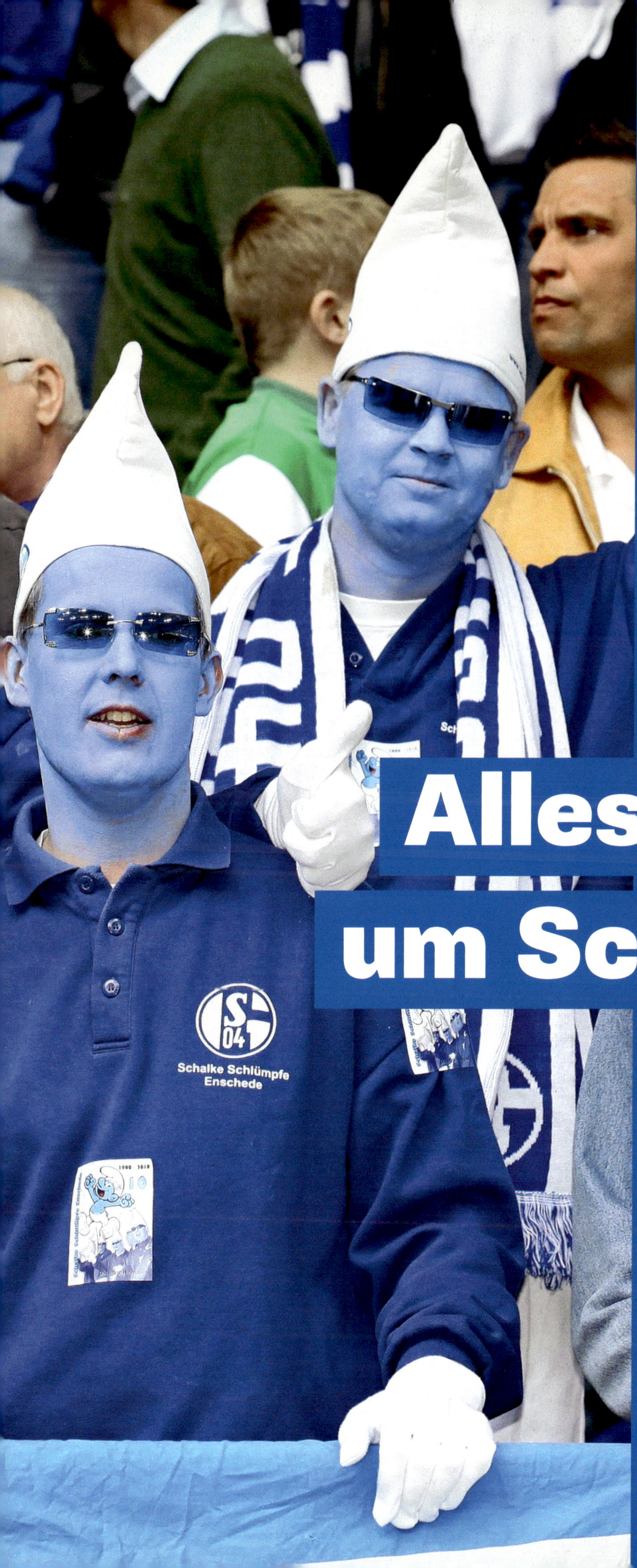

Alles rund um Schalke

Die Stadien

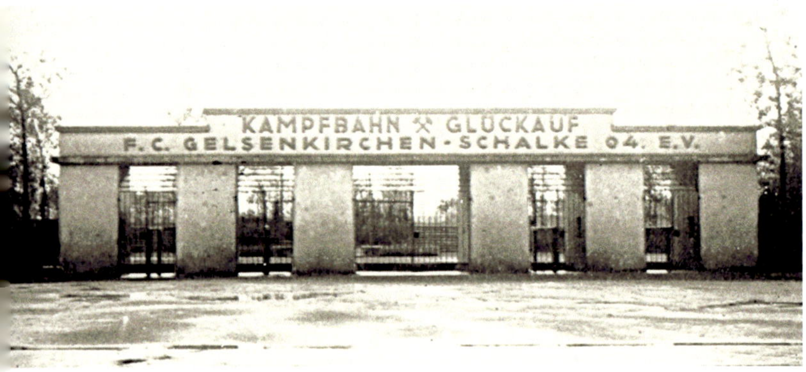

Das Eingangsportal der Kampfbahn Glückauf in den 1930er-Jahren.

Kampfbahn Glückauf

Die auf dem Gelände der Zeche Consolidation errichtete „Kampfbahn Glückauf" trägt in ihrem Namen demonstrativ den Bezug zum Bergbau. Fertiggestellt wurde sie im August 1928. Noch vor der offiziellen Eröffnung luden die ungeduldigen Schalker den amtierenden Westdeutschen Meister SpVgg Sülz 07 zum Freundschaftsspiel. Es endete 3:3. Am 2. September gab es die eigentlichen Einweihungsfeierlichkeiten mit aufsteigenden Brieftauben, einem Reklameflugzeug, das Pfefferminzbonbons abwarf, und einem 3:2-Sieg der Hausherren gegen die mit dem späteren Bundestrainer Sepp Herberger angetretenen Gäste von Tennis Borussia Berlin.

Da Sitzplatztribünen als Privileg der Stadien von bürgerlichen „Lackschuhvereinen" galten, plante der Arbeiterklub Schalke ursprünglich ein reines Stehplatzstadion. Erst wenige Wochen vor der Eröffnung entschied man sich anders, und es wurden noch 1.200 Sitzplätze eingerichtet. Offiziell fasste die Kampfbahn 34.000 Zuschauer. Oft fanden jedoch viel mehr Fans Einlass. Als Rekord gelten die 70.000 Besucher bei einem legendären Freundschaftsspiel 1931 gegen Fortuna Düsseldorf.

Die 1936 um eine 114 Meter lange Haupttribüne erweiterte Spielstätte wurde im Bombenhagel des Zweiten Weltkriegs weitgehend zerstört, nach dem Krieg wieder aufgebaut und im Juni 1964 von dem inzwischen verschuldeten Verein an die Stadt Gelsenkirchen verkauft. Der Beschluss, zur WM 1974 ein neues Stadion zu errichten, führte schließlich zum Aus für die altehrwürdige Spielstätte. Nach dem letzten Spiel am 9. Juni 1973 – 2:0 gegen den Hamburger SV – wurde das Stadion abgetragen, nur die Haupttribüne wurde zum Denkmal und damit als schützenswert erklärt. Das originalgetreu wieder aufgebaute historische Eingangsportal wurde am 26. Februar 2020 eingeweiht. Der Fußballplatz wird von der DJK Teutonia Schalke-Nord genutzt.

Parkstadion

Das über 70.000 Zuschauer fassende und 56 Mio. DM teure Parkstadion auf dem Gelände Berger Feld im Gelsenkirchener Stadtteil Erle wurde am 4. August 1973 mit einem Spiel gegen Feyenoord Rotterdam eingeweiht. Die riesige Betonschüssel war mit einer Laufbahn ausgestattet und konnte daher auch für Leichtathletik-Veranstaltungen genutzt werden. Zudem fanden hier häufig Großkonzerte statt.

Nach einer Modernisierung in den 1990er-Jahren hatte das Parkstadion mehr Sitzplätze und war wesentlich komfortabler. Allerdings fasste es jetzt nur noch 62.000 Zuschauer. Als es wenig später durch Schalkes Umzug in die Arena AufSchalke überflüssig geworden war, wurde es

„Mein Schalke, dat is nich' mehr".

– **Ernst Kuzorra** nach dem Umzug ins Parkstadion

„Zu die Pressetische."

– Hinweisschild im Parkstadion

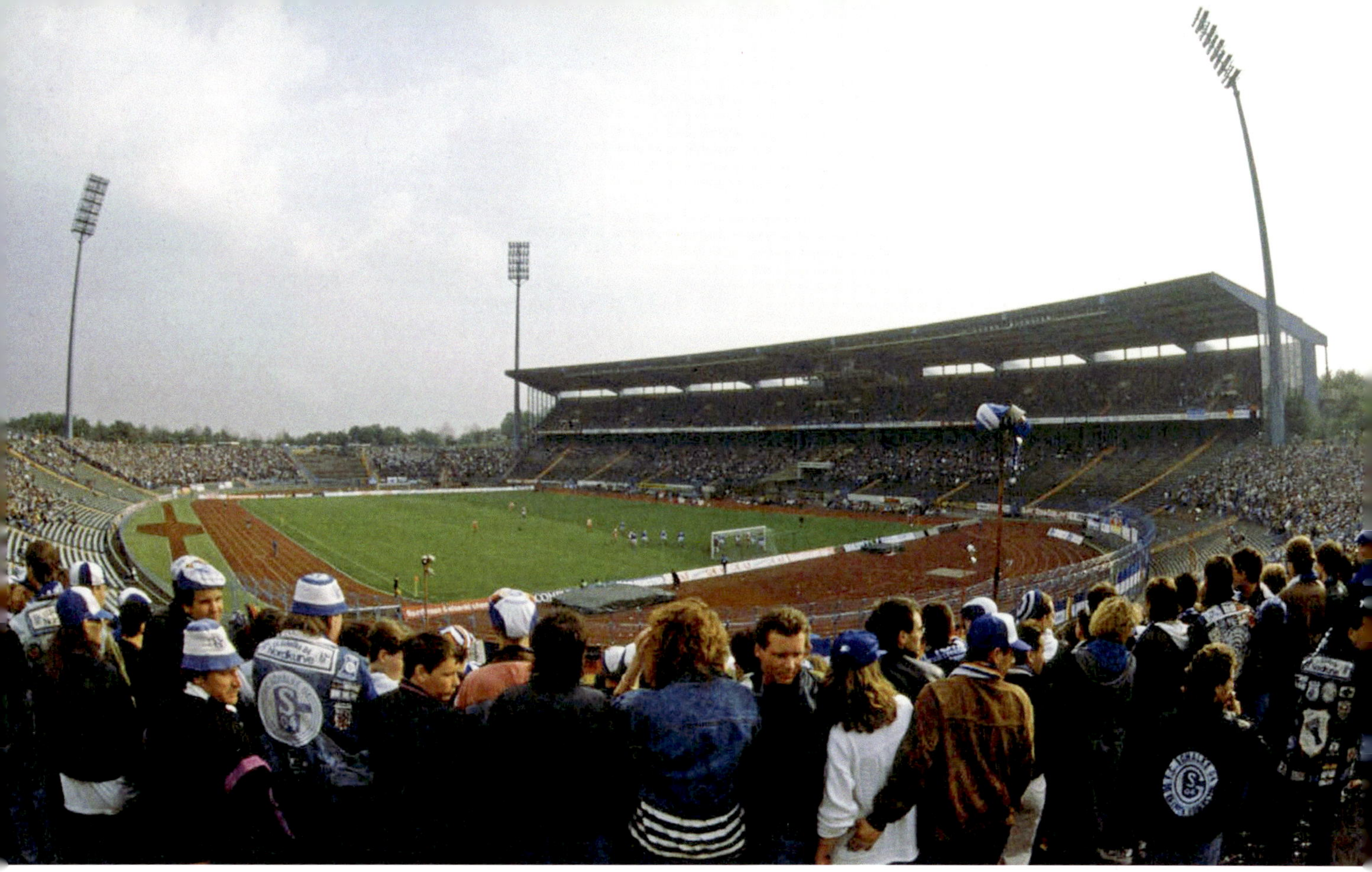

Riesige Betonschüssel: Blick aus der Nordkurve des Parkstadions.

nach und nach zurückgebaut. Auf dem Gelände der ehemaligen Südkurve entstanden ein Rehazentrum und ein Hotel. Im Mai 2008 wurde die Haupttribüne abgerissen, um Platz für Trainingsplätze und ein kleines Stadion zu schaffen.

Neues Parkstadion

Ab Januar 2015 begannen die Arbeiten zur Erweiterung des Trainingsgeländes um neue Fußballplätze und ein Leistungszentrum sowie zur Errichtung eines regionalligatauglichen Kleinstadions. Die Zuschauerränge auf der ehemaligen Gegengerade des Parkstadions fassen etwa 5.000 Besucher. Seit der Fertigstellung im Jahr 2020 haben hier die zweite Mannschaft sowie die Jugendmannschaften ihre Heimspielstätte.

Flutlichtmast als Landmarke

Im Zuge der Umbauarbeiten auf dem Berger Feld mussten nach und nach auch die alten Flutlichtmasten des Parkstadions weichen. Nur einer, der nordöstliche, blieb erhalten und kündet für alle Ankömmlinge weithin sichtbar von Schalke 04. 2022 startete eine Faninitiative zur Restaurierung der Flutlichtelemente des Masts, um nächtens wieder Licht erstrahlen zu lassen über der einstigen Stadt der 1.000 Feuer.

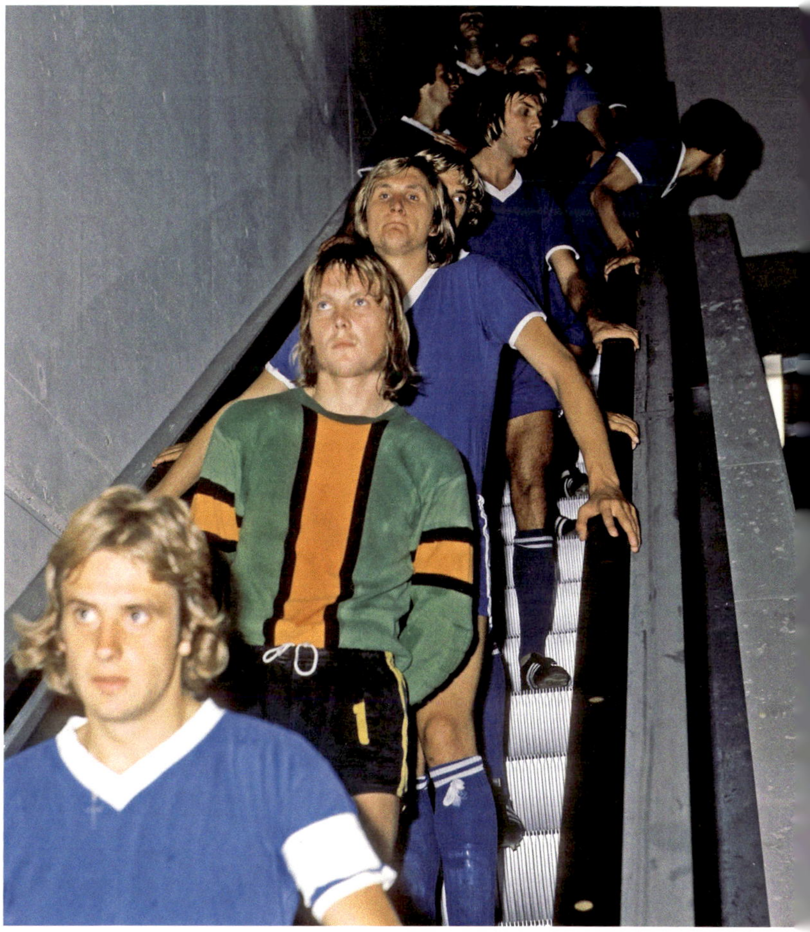

Im Parkstadion fuhren die Spieler auf einer Rolltreppe zum Spielfeld. So etwas gab es nirgendwo sonst im europäischen Fußball.

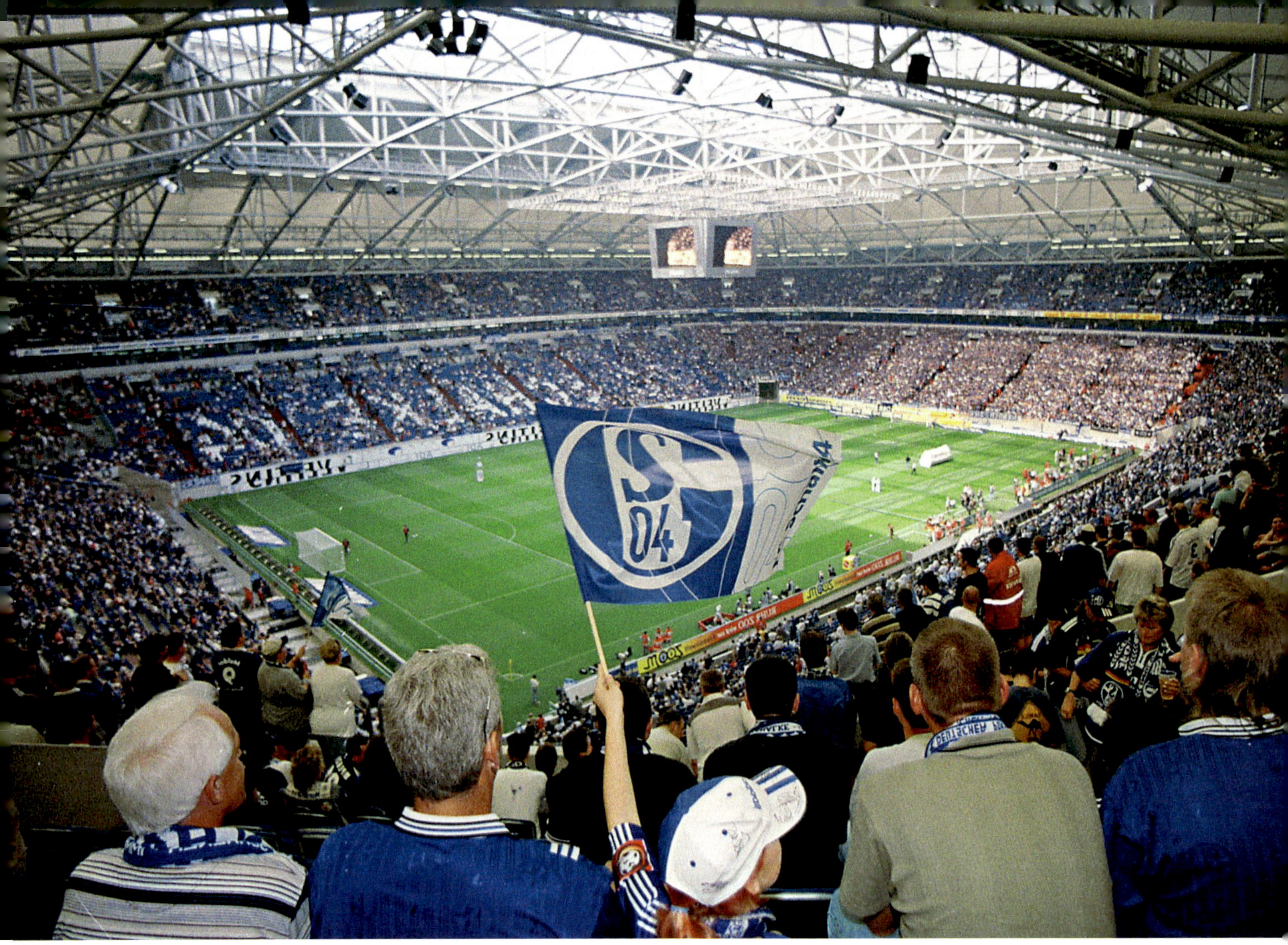

Stadion mit Schiebedach und Videowürfel: die Veltins-Arena.

Arena AufSchalke

Mit dem Bau der vom Verein selbst finanzierten Arena AufSchalke wurde im November 1998 begonnen. Drei Jahre später war eines der damals modernsten Stadien der Welt fertiggestellt. Am 13. August 2001 gab es zur Eröffnung ein Blitzturnier mit den Gästen Borussia Dortmund und 1. FC Nürnberg. Bei Spielen in der Bundesliga fasst die Arena heute über 62.000 Plätze, bei internationalen Spielen sind es aufgrund des Stehplatzverbots lediglich knapp 55.000.

Die mulitfunktionale Arena ist nicht nur ein Veranstaltungsort für Fußballspiele, sondern auch - dann bis zu 80.000 Besuchern Platz bietend - für andere Sportwettkämpfe oder Konzerte. Dafür ist sie besonders geeignet, da das Dach des Stadions geschlossen werden kann. Die Arena verwandelt sich dann in eine riesige „Donnerhalle“ mit toller Akustik. Das Spielfeld kann ebenfalls bewegt werden. So wird der Rasen bei solchen Veranstaltungen auf Schienen durch eine „Schublade“ unter der Südtribüne aus dem Stadion hinausgeschoben, damit er nicht beschädigt wird.

Ein außergewöhnlicher Blickfang ist der 29 Tonnen schwere Videowürfel, der an acht Stahlseilen 26 Meter über dem Anstoßpunkt des Spielfelds hängt. Durch dessen vier jeweils rund 36 Quadratmeter großen Bildschirme bekommen auch diejenigen Zuschauer immer alles mit, die etwas weiter weg sitzen. Zur Versorgung der Besucher gibt es mehr als 30 Imbissstände. Bezahlt wird dort nicht mit Bargeld, sondern mit der „Knappenkarte“, die nur in der Arena gültig ist.

Veltins-Arena

Die Finanzierung des 191 Mio. Euro teuren Stadions war für den Verein eine große Herausforderung. Er musste sich Geld leihen und schließlich auch - obwohl das vielen Fans nicht besonders gut gefiel - die Namensrechte an der Arena verkaufen.

Die Brauerei Veltins legte für den Namen „Veltins-Arena“ ab 2005 zunächst mehr als 3 Mio. Euro jährlich hin, später ließ sie sich das Namenssponsoring für einen bis 2027 laufenden Vertrag rund das Doppelte kosten. Der Kredit in Höhe von 123 Mio. Euro, den der Verein für den Bau aufgenommen hatte, war 2019 mit der letzten Überweisung getilgt.

Schalke-Museum

Anfang 2009 wurde auf dem Schalker Feld das Schalke-Museum eröffnet. Hier können die Besucher auf 600 Quadratmetern alles über die Geschichte der Königsblauen erfahren und verschiedene Pokale, alte Trikots und Fußballschuhe sowie allerlei Kuriositäten bestaunen. Der Besuch des Museums kann auch kombiniert werden mit einer Entdeckungstour durch die Arena. Zum Thema „Schalke in der NS-Zeit“ gibt es spezielle Angebote, insbesondere für junge Schalke-Fans.

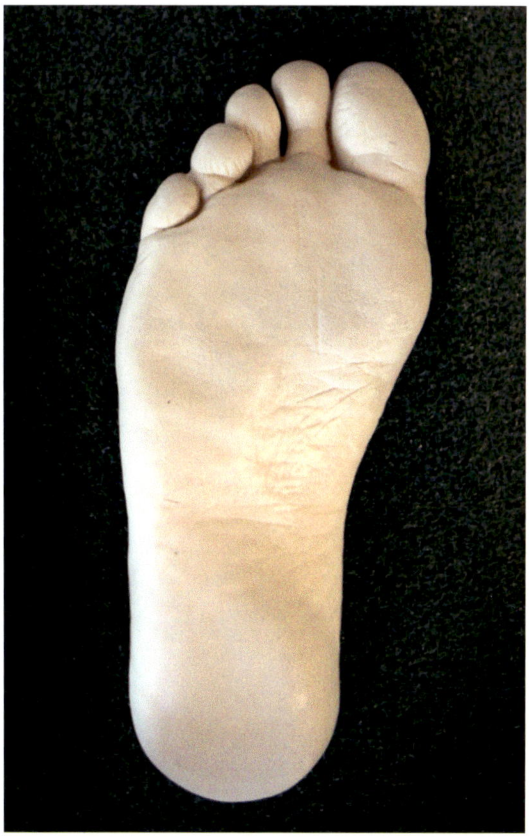

Exponat im Schalke-Museum: eine Nachbildung des rechten Fußes von Marc Wilmots.

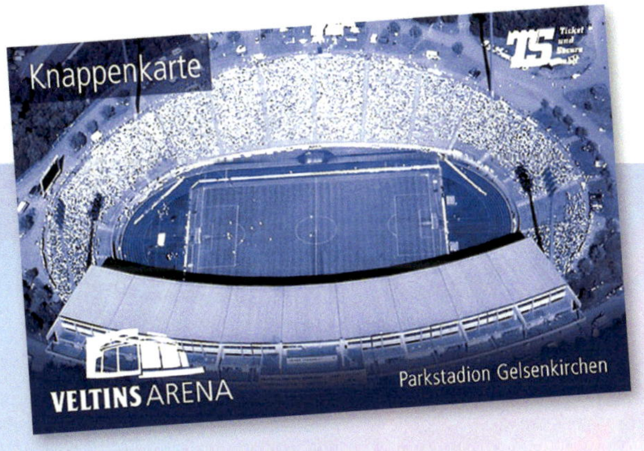

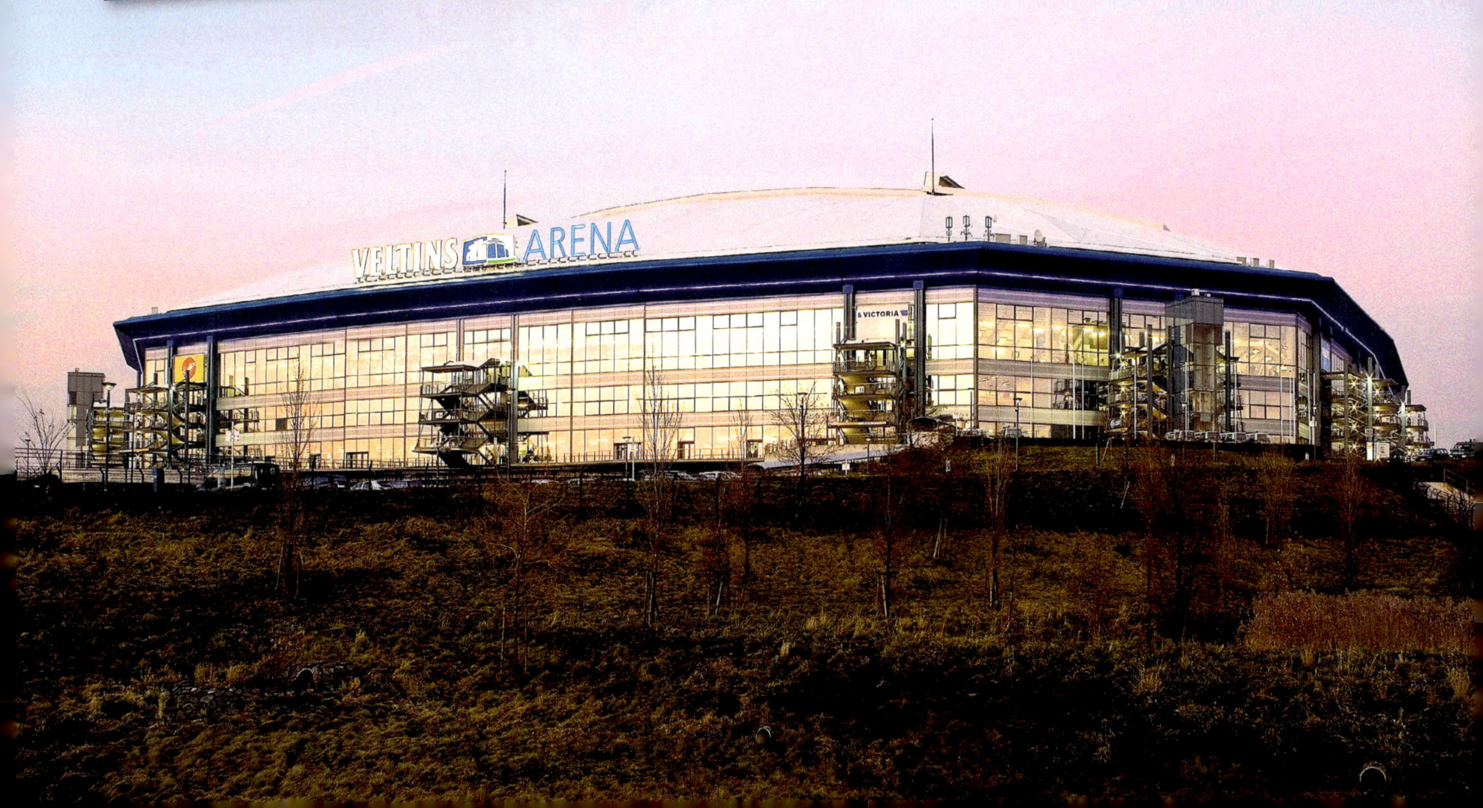

Farben, Logo und Trikots

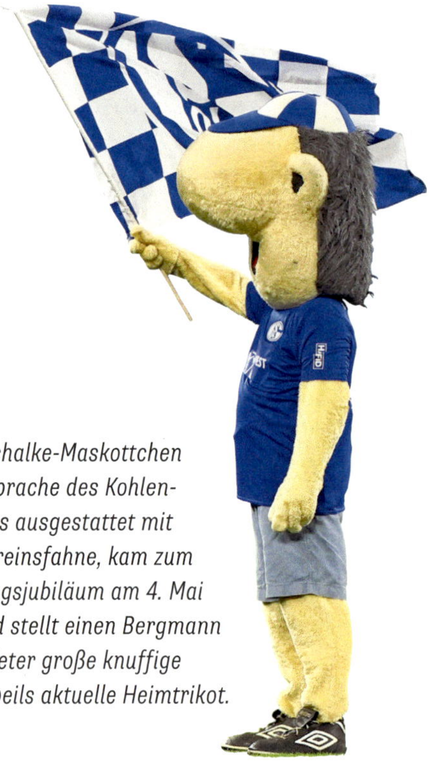

Das knollennasige Schalke-Maskottchen Erwin (bzw., in der Sprache des Kohlenpotts, „Ährwin"), stets ausgestattet mit Schirmmütze und Vereinsfahne, kam zum 90-jährigen Gründungsjubiläum am 4. Mai 1994 auf die Welt und stellt einen Bergmann dar. Der über zwei Meter große knuffige Knappe trägt das jeweils aktuelle Heimtrikot.

Blau und Weiß?

Angeregt durch das Gastspiel eines Klubs aus den Niederlanden hatten die Gründer von Westfalia Schalke im Jahr 1904 zunächst Rot und Gelb als Vereinsfarben gewählt. Erst bei der sogenannten zweiten Gründung des FC Schalke 04 im Januar 1924 entschieden sich die Mitglieder für Blau und Weiß. Es wird vermutet, dass diese Farbkombination auf Einwanderer aus Ostpreußen zurückgeht, die ihr Hab und Gut in blau-weißes Bettzeug gebündelt hatten. Im Lauf der Zeit wurde aus dem schlichten, meist etwas helleren Blau ein dunkleres Universalblau, das schließlich begrifflich zum „Königsblau" veredelt wurde. Damit hatten die Farbenspiele allerdings noch kein Ende. 1978/79 kombinierte man die blauen Trikots erstmals mit weißen Hosen und Stutzen, später wurden die Shirts der Ausrüster Adidas und Trigema immer bunter: Weiß mit blauen Applikationen, Schwarz-Weiß, Ganz in Weiß, Schwarz, Knallorange und Grau, Dunkel- und Hellblau gemischt, Brombeer, Blau-Schwarz verlaufend.

Seit einigen Jahren gibt es mehrere Farben zugleich, denn zu jeder Saison werden drei neue Trikotsätze herausgebracht: Für Heimspiele (Home) und für Auswärtsspiele (Away) und dann noch ein drittes als Ausweichtrikot. Der Ausrüster Umbro designte ab 2018 grau-blaue und weiß-hellblaue Auswärtsshirts und zur Aufstiegssaison 2021/22 in - Anspielung auf die Gründungsfarben von 1904 - ein rotes Ausweichtrikot mit Gelb abgesetzten Ärmelenden. Im Sommer 2022 präsentierte der alte/neue Ausrüster Adidas, der schon beim Bundesliga-Start 1963 dabei war, wieder ein Haupttrikot mit einer klassischen blau-weißen Farbkombination, beim Ausweichtrikot fiel die Entscheidung auf einen „frischen" Mint-Farbton.

Das Vereinslogo

Das runde Logo auf der Brust der Spieler geht in seiner heutigen Form auf das Jahr 1928 zurück, als der Verein in FC Gelsenkirchen-Schalke 04 umbenannt wurde. Zunächst wurden das große „S" und die darunter gesetzten kleineren Zahlen „04" von einem großen „G" eingerahmt. Wenig später wurde der Schlägel - das ist der im Bergbau verwendete Schlaghammer - so in das Wappen eingebaut, dass er mit dem „G" eine harmonische Einheit bildet. Die besonders pfiffige Variante aus den 1950er-Jahren, als Kreise um das eigentliche Logo herum auch noch den berühmten Kreisel darstellen sollten, wurde wieder aufgegeben.

Schalke-Logos im Wandel der Zeit.

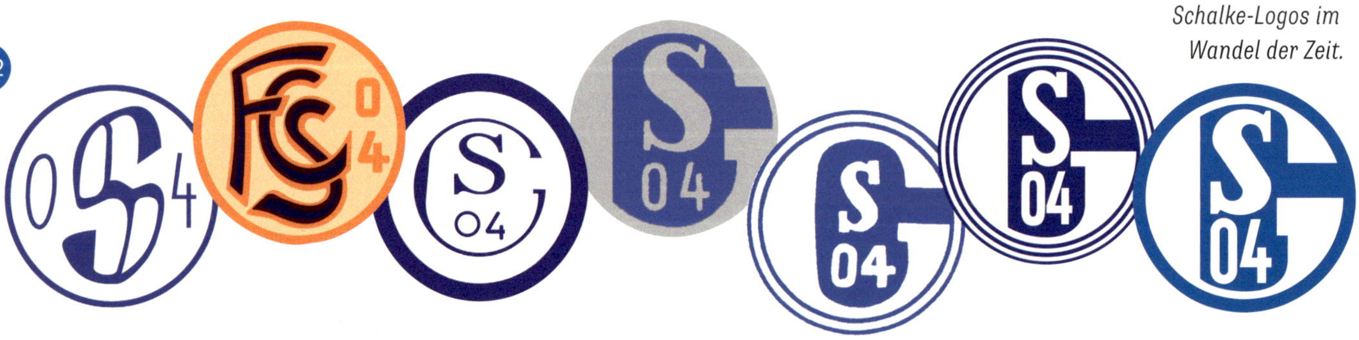

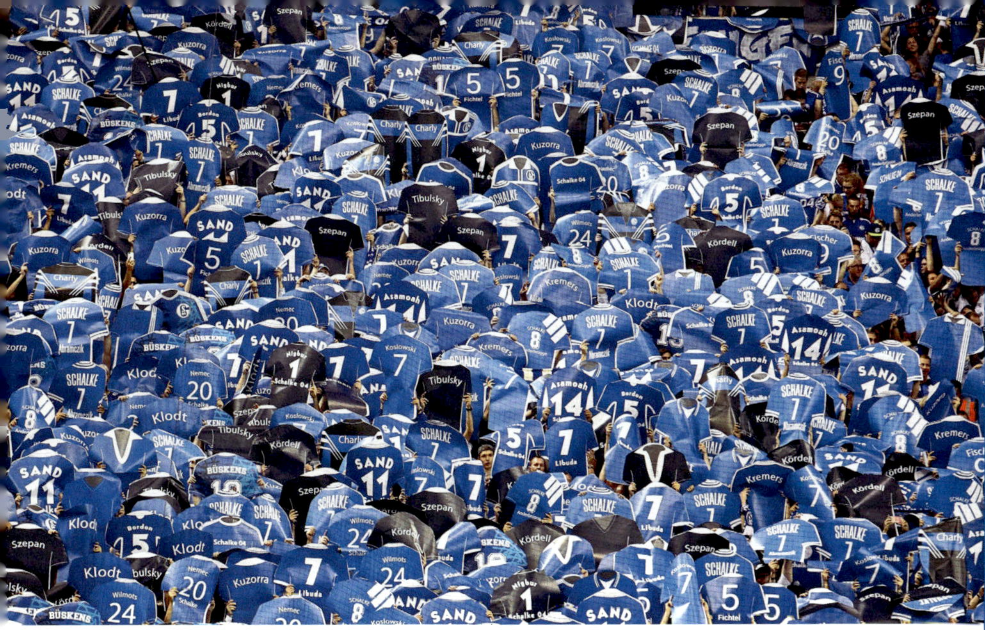

Trikot-Choreografie der Schalke-Fans am 9. September 2016.

Trikotsponsoren

Ab 1973 war Trikotwerbung in der Bundesliga erlaubt. Die Knappen trugen aber zunächst den schlichten Schriftzug „Schalke 04“ auf der Brust. 1978/79 wurde er durch „Deutsche Krebshilfe“ ersetzt. Bis heute verkauft Schalke Retro-Trikots mit dieser Aufschrift und überweist einen Teil der Einnahmen dorthin. Auch ein Sondertrikot vom 16. Spieltag der Saison 1992/93 mit dem Slogan „Mein Freund ist Ausländer“ wurde neu herausgebracht.

Der erste echte Trikotsponsor war Trigema. Der Hersteller von Sportbekleidung zahlte von 1979 bis 1983 rund 500.000 DM pro Jahr. Wesentlich mehr, nämlich über 12 Mio. Euro jährlich, war dem russischen Energieversorger Gazprom die Brust der Schalker Spieler wert, als er im Januar 2007 Hauptsponsor des Vereins wurde. Später kassierte Schalke sogar 20 Mio. und nach dem Abstieg in die Zweite Liga, als der Sponsor aus dem bis 2025 laufenden Vertrag hätte aussteigen können, waren es immer noch 10 Mio. Mit dem Aufstieg wären daraus wieder 20 Mio. geworden, doch die Königsblauen beendeten ihre Partnerschaft mit Gazprom nach der russischen Invasion in die Ukraine vorzeitig. Im März 2022 sprang das Wohnungsunternehmen Vivawest ein, dann übernahm MeinAuto.de das Sponsoring.

Bliebe noch zu erwähnen: Ab der Saison 2017/18 warben die Vereine erstmals auch auf dem Trikotärmel. Bei Schalke war das der Online-Supermarkt AllyouneedFresh. Das Logo wurde mit einem integrierten Chip mit Bezahlfunktion ausgestattet - eine Weltneuheit. 2019 kam dann das rot-gelbe DHL-Logo auf den Ärmel. Und: 2022 wurde HRS neuer „Trainingskit-Partner“ des FC Schalke 04.

„Wir haben gegen zwei Mannschaften gewonnen, die von sich behaupten, ein Titelkandidat zu sein. Aber es war doch geradezu abenteuerlich von Leverkusen, mit drei Punkten als Ziel nach Schalke zu kommen. Wir sind doch schließlich nicht der SV Grün-Weiß Köln-Kalk.“

– **Rudi Assauer** nach dem 1:0-Erfolg gegen den Europapokalsieger Borussia Dortmund, eine Woche nach dem 2:1 gegen Bayer 04 Leverkusen

Trikotsponsoren von Schalke

1979-83	Trigema (Sportbekleidung)
1983-86	Paddock's (Jeans)
1986-87	Trigema (Sportbekleidung)
1987-88	Dual (Hi-Fi-Geräte)
1988-91	RH Allrad (Autofelgen)
1991-94	Müller-Milch (Milchprodukte)
1994-97	Kärcher (Reinigungsgeräte)
1997-01	Veltins (Brauerei)
2001-06	Victoria (Versicherungen)
2007-22	Gazprom (Energie)
3-6/2022	Vivawest (Wohnungen)
2022-25	MeinAuto.de (Kfz-Portal)

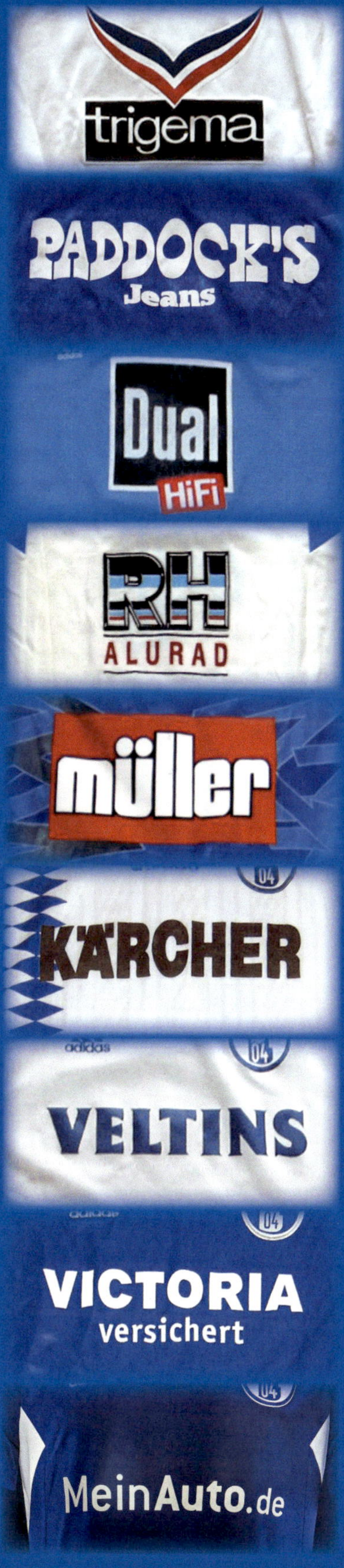

Schalke-Fans

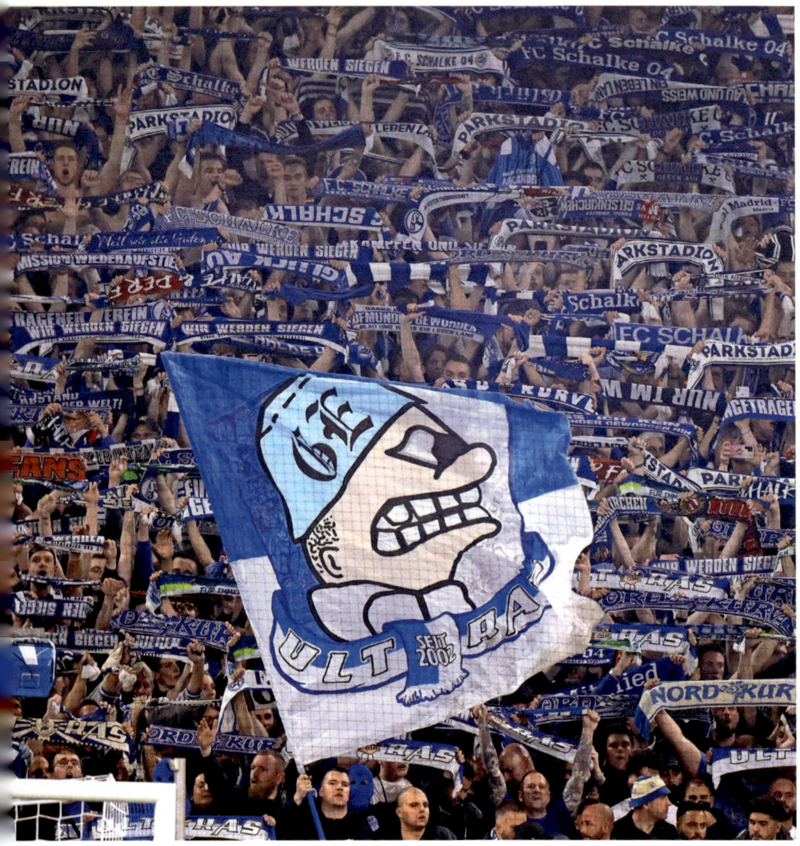

Schalke-Ultras beim Aufstiegskrimi gegen St. Pauli am 7. Mai 2022.

Im Ruhrgebiet gibt es deutschlandweit die meisten aktiven Spieler und die größte Dichte an Vereinen sowie die meisten Stadien mit den größten Fassungsvermögen. In dieser von der Schwerindustrie geprägten Region haben die Menschen eine sehr enge Beziehung zu ihrem Verein. Das gilt ganz besonders für den traditionsreichen FC Schalke 04, den Verein der „Knappen". In den Gesängen der Fans aus der Nordkurve wird die ursprüngliche Verbindung von Kohlebergbau und Fußball besonders betont, so etwa in der Vereinshymne „Blau und Weiß, wie lieb' ich dich": „Tausend Feuer in der Nacht haben uns das große Glück gebracht."

Mitglieder und Fans

Die Mitgliederzahl des FC Schalke 04 ist in den letzten Jahrzehnten geradezu explodiert. Von 10.000 im Jahr 1991 stieg sie auf über 111.111 im Jahr 2012. Das tiefe Tal siegloser Spiele bis zum Abstieg 2021 führte zwar vorübergehend zu sinkenden Mitgliederzahlen, im Lauf der Aufstiegssaison kehrte sich die Entwicklung aber wieder um. Mit über 160.000 Mitgliedern zählte Schalke 2022 wieder zu den fünf größten Vereinen weltweit. Aktive Fans dürfte es kaum weniger gaben, viele sind in einem der Fanklubs beim „Schalker Fan-Club Verband" registriert (Stand 6/2022: 1.356 Fanklubs).

Rund zwei Drittel der Mitglieder und Fans wohnen im Ruhrgebiet bzw. in Nordrhein-Westfalen. Es gibt aber auch zahlreiche Fanklubs in anderen Regionen Deutschlands und sogar im Ausland, etwa in England oder Italien und selbst in den USA. Unter den vielen Millionen Schalke-Fans befinden sich viele Prominente, zum Beispiel die Schauspieler Peter Lohmeyer und Uwe Ochsenknecht oder der Bundespräsident Frank-Walter Steinmeier.

Für die richtige Stimmung auf Schalke sorgen aber die in königsblaue Kutten gekleideten Fans

„Wir danken der Mannschaft, dass sie uns auch in dieser Saison so zahlreich hinterher gereist ist."

– Plakat der **Schalke-Ultras** am letzten Spieltag der Saison 2016/17 in Ingolstadt, als S04 Zehnter wurde

TAUSEND-FREUNDE-MAUER

Gleich beim Haupteingang der Veltins-Arena steht eine Ehrenwand mit den Namen aller Fans, die mit dem Kauf eines „Arena-Bausteins" den Bau des Stadions unterstützt haben. Jeder dieser Fans gab Schalke 250 Euro und erhielt dafür zehn jährlich einlösbare Warengutscheine im Wert von jeweils 25 Euro für Einkäufe im S04-Shop.

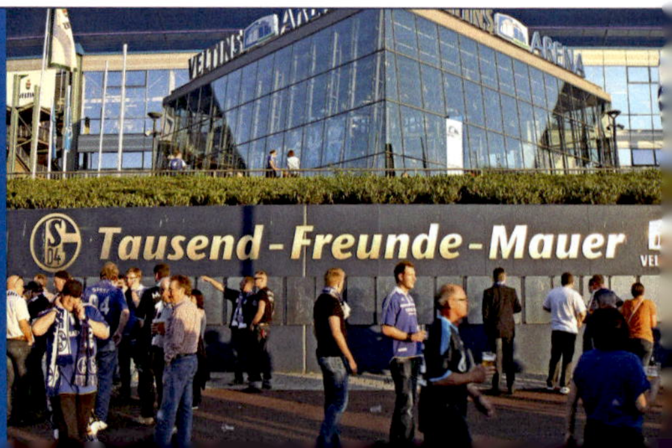

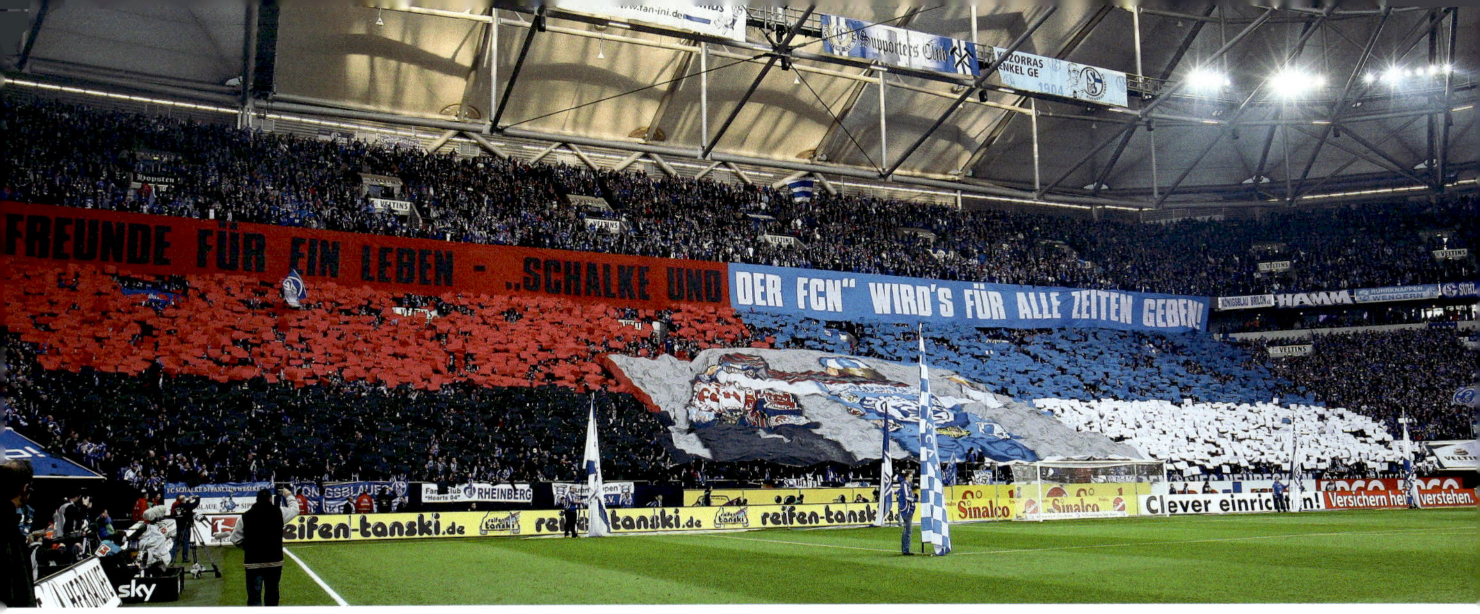

Mit einer tollen Choreografie feiert die Schalker Nordkurve die Fan-Freundschaft mit dem 1. FC Nürnberg.

in der Nordkurve sowie die Ultras. Die Ultras singen nicht nur am lautesten, sondern zeigen ihre Unterstützung auch mit tollen Choreografien. Andere Fanvereinigungen sind ebenfalls besonders engagiert und setzen sich zum Beispiel gegen Rassismus und Ausländerfeindlichkeit ein. Für junge Schalke-Fans bietet der Verein immer wieder tolle Aktionen an. Aktuelle Infos: https://schalke04.de/knappenkids/

„Wenn man sieht, wie glücklich dieser Verein die Menschen macht, das ist irre."

– **Sebastian Buntkirchen,** Direktor für Mitglieder und Fans

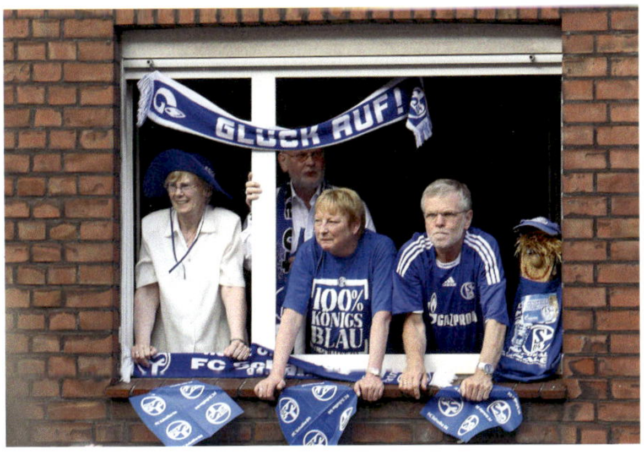

Schalke und der FCN

Seit Anfang der 1980er-Jahre pflegen die Schalker Fans eine besondere Freundschaft mit den Anhängern des 1. FC Nürnberg. Diese Freundschaft begann damit, dass sich Mitglieder der Fanklubs „Gelsen-Szene" und „Red Devils" zufällig kennenlernten. Über die Jahre ergaben sich immer mehr Kontakte zwischen Schalke- und Club-Fans, schließlich wurde daraus eine enge Fan-Freundschaft. Verbunden fühlen sich die Anhänger der beiden Traditionsvereine vor allem durch deren große Erfolge in der Vergangenheit: Vor der großen Schalker Zeit in den 1930er-Jahren war der Club der erfolgreichste Verein in Deutschland, danach waren beide jahrelang gemeinsam Rekordmeister. Fans von Schalke unterstützen heute den 1. FCN, wenn er bei anderen Vereinen im Westen antritt. Umgekehrt kommen Nürnberger zu Schalke-Spielen nach München oder Stuttgart. Und wenn Schalke und der Club aufeinandertreffen, ist eine große Party in Königsblau und Weinrot angesagt: „Schaaalke und der FCN".

„Schalke 04 ist eines der häufigsten Passwörter der Deutschen."

– Studie des Hasso-Plattner-Instituts Potsdam, Dezember 2016

DER PAPST ALS SCHALKER

Im Frühjahr 1987 kursierte ein Witz unter den königsblauen Fans. „Warum kommt der Papst am 2. Mai ausgerechnet nach Schalke? - Weil er immer zuerst zu den Armen und Elenden kommt." Tatsächlich kam Johannes Paul II. und zelebrierte vor rund 100.000 Menschen im Parkstadion die Heilige Messe. Und er erbarmte sich. Denn wenig später wurde er Ehrenmitglied des FC Schalke 04. Viele Jahre später, im August 2001, nahm er erfreut die Einweihung der Kapelle in der Veltins-Arena zur Kenntnis.

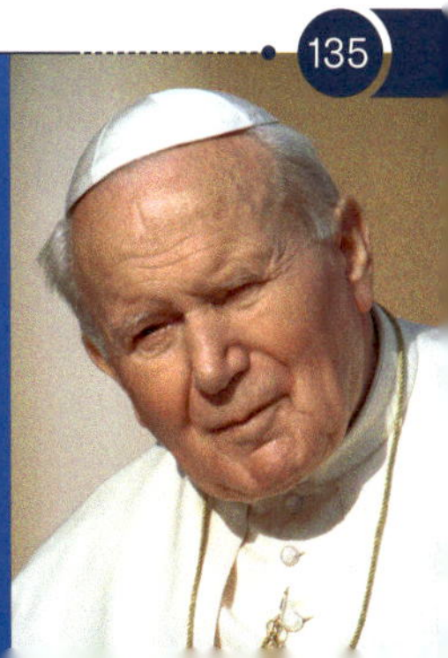

Die Hymne und die Lieder

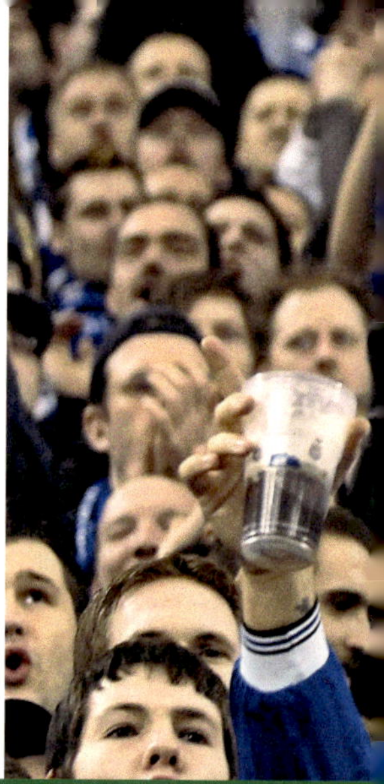

Die Vereinshymne: „Blau und Weiß, wie lieb ich Dich“

Das offizielle Vereinslied des FC Schalke 04 geht auf Ludwig von Wildungens Volkslied „Holdes Grün wie lieb ich dich“ von 1797 zurück. 1924, als sich die Fußballabteilung des TuS Schalke 1877 vom Verein abspaltete und den FC Schalke 04 gründete, entstand die erste Textversion mit Blau und Weiß. Dokumentiert wurde erstmals eine Version, die nach der Deutschen Meisterschaft 1934 entstanden ist. Die heute verwendete Fassung stammt von Hans J. König. Der Kölner Schalke-Fan und Musiker veränderte 1959 die Melodie und verfasste zwei neue Strophen:

Blau und Weiß, wie lieb ich Dich,
Blau und Weiß, verlass mich nicht,
Blau und Weiß ist ja der Himmel nur,
Blau und Weiß ist unsere Fußballgarnitur.

Hätten wir ein Königreich,
machten wir es den Schalkern gleich,
alle Mädchen, die so jung und schön,
müssten alle Blau und Weiß spazieren gehn.

Mohammed war ein Prophet,
der vom Fußballspielen nichts versteht,
doch aus all der schönen Farbenpracht,
hat er sich das Blau und Weiße ausgedacht.

Tausend Feuer in der Nacht,
haben uns das große Glück gebracht,
Tausend Freunde, die zusammenstehn,
Dann wird der FC Schalke niemals untergehn.

Kontroverse um Mohammed

Im August 2009 kam es zu einer auch international diskutierten Kontroverse um die seltsame dritte Strophe des Liedes mit dem Fußball-Nichtversteher Mohammed. Türkische Zeitungen hatten auf die Zeilen aufmerksam gemacht, heftige Proteste von Muslimen waren die Folge, verbunden mit der Forderung, die Strophe zu entfernen, da diese den Propheten verhöhne. Der Prophet kam freilich bereits im Originalgedicht von Wildungen vor: „Mahomed ist mein Patron! / Aechte Schönheit kannt' er schon; / Er, dem aus der Farbenschaar / Nur die grüne heilig war. / Leben soll er, Herr Prophet, / Der auf Farben sich versteht!“

König hatte sich wohl ganz harmlos gedacht, dass sich Mohammed als Farbenversteher auch das Blaue und Weiße habe ausdenken können. Was auch immer den Verfasser angetrieben haben mag: Mehrere Experten-Gutachten, die nun in Auftrag gegeben wurden, kamen jedenfalls einhellig zu dem Urteil, dass in dem Lied keine „islamfeindliche Gesinnung“ zu erkennen sei. Der Leiter des Zentralinstituts Islam-Archiv-Deutschland in Soest, Salim Abdullah, sprach von einer dummen und humorlosen Kampagne gegen das Lied. Es sei keine Beleidigung, vielmehr erkenne es Mohammed als Propheten an, meinte der Schalke-Fan, und deswegen sollten es Muslime aus voller Kehle mitsingen: „Mir geht das Herz auf, wenn ich höre, wie der Prophet aus 30.000 Kehlen gelobt wird.“

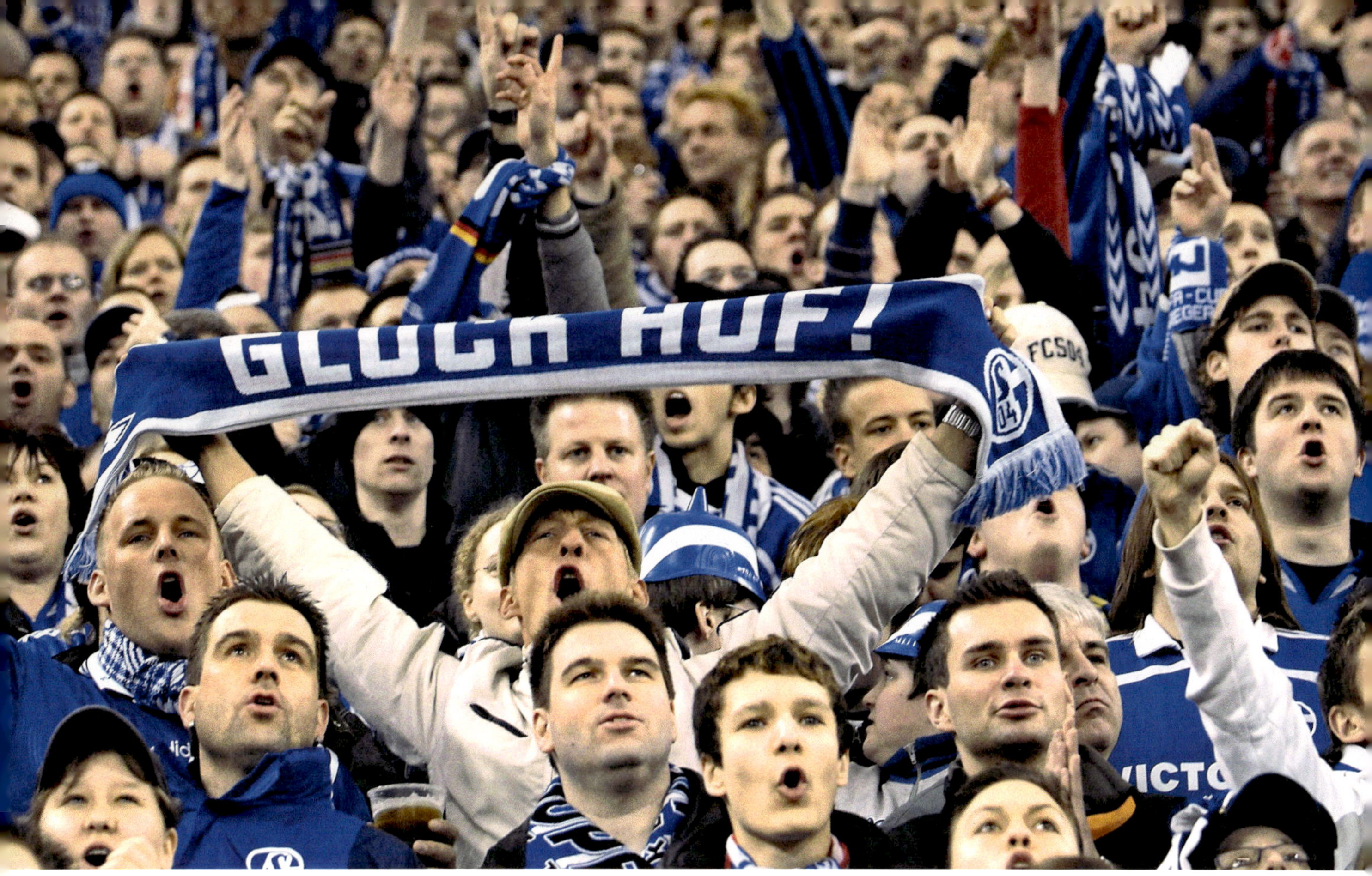

„Ährwin“ und die anderen

Der 2008 verstorbene Ruhrpott-Sänger Erwin „Ährwin“ Weiss, der in den 1970ern zunächst BVB-Lieder (!) herausgebracht hatte, wechselte nach dem Wiederaufstieg des FC Schalke 04 im Jahr 1991 weithin hörbar die Seite. Er trat regelmäßig bei Heimspielen im Parkstadion auf, sang natürlich die Hymne „Blau und Weiß …“, aber auch viele andere Lieder, die er erfolgreich auf Tonträgern publizierte. Und er wurde Namenspatron des Schalke-Maskottchens.

Eine kleine Auswahl von „Ährwin“-Titeln:

- ***Glück auf, der Steiger kommt***
- ***Schalke 04 – Liebe im Revier***
- ***Immer auf Schalke (Ob ich verroste und verkalke)***
- ***Blau und Weiß muß man lieben***
- ***Schalke, Schalke***
- ***Parkstadion – Goodbye, auf Wiederseh'n***
- ***Wenn ein Schalker Junge weint***
- ***Ährwins königsblauer Hitmix***

Sehr erfolgreich wurde auch der zum 90. Geburtstag des Vereins erschienene Song „Königsblauer S04“ der Band The Florians. Der Refrain:

Königsblauer S04, königsblau ist Schalke,
König bist du im Revier,
Königsblauer S04 …

Viele weitere Songs wurden populär, darunter auch etwas derbere wie etwa die der Ruhrpottkanaken.

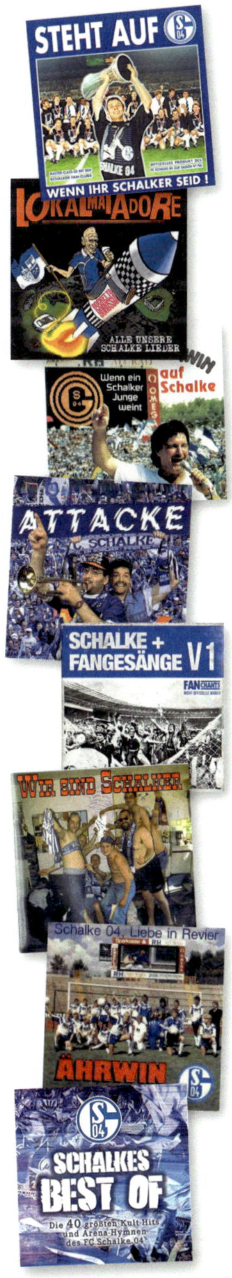

„Steht auf, wenn ihr Schalker seid …“

ist nicht der einzige gängige Kurvengesang. Eine kleine Auswahl:

- Kennst du den Mythos vom Schalker Markt,
  die Geschichte, die dort begann,
  der FC Schalke wurde Legende,
  eine Liebe, die niemals endet …
- Gelsenkirchen-Schalke 1904
  für deine Farben leben und sterben wir,
  du bist das, was uns am Leben halt,
  Schalke ist das Geilste auf der ganzen Welt …
- FC Schalke mein Verein,
  ich steh immer für dich ein,
  ob du gewinnst oder verlierst,
  die Kurve steht immer hinter dir …
- Eine Stadt erstrahlt in Blau,
  Und in Weiß, weil wir dich so lieben.
  Jeder weiß es ganz genau,
  Schreit es raus, Wir werden heut' siegen …
- Schalke 04 jeden Tag und jede Nacht,
  singen wir immer wieder,
  die blau-weißen Lieder,
  weil es uns glücklich macht …

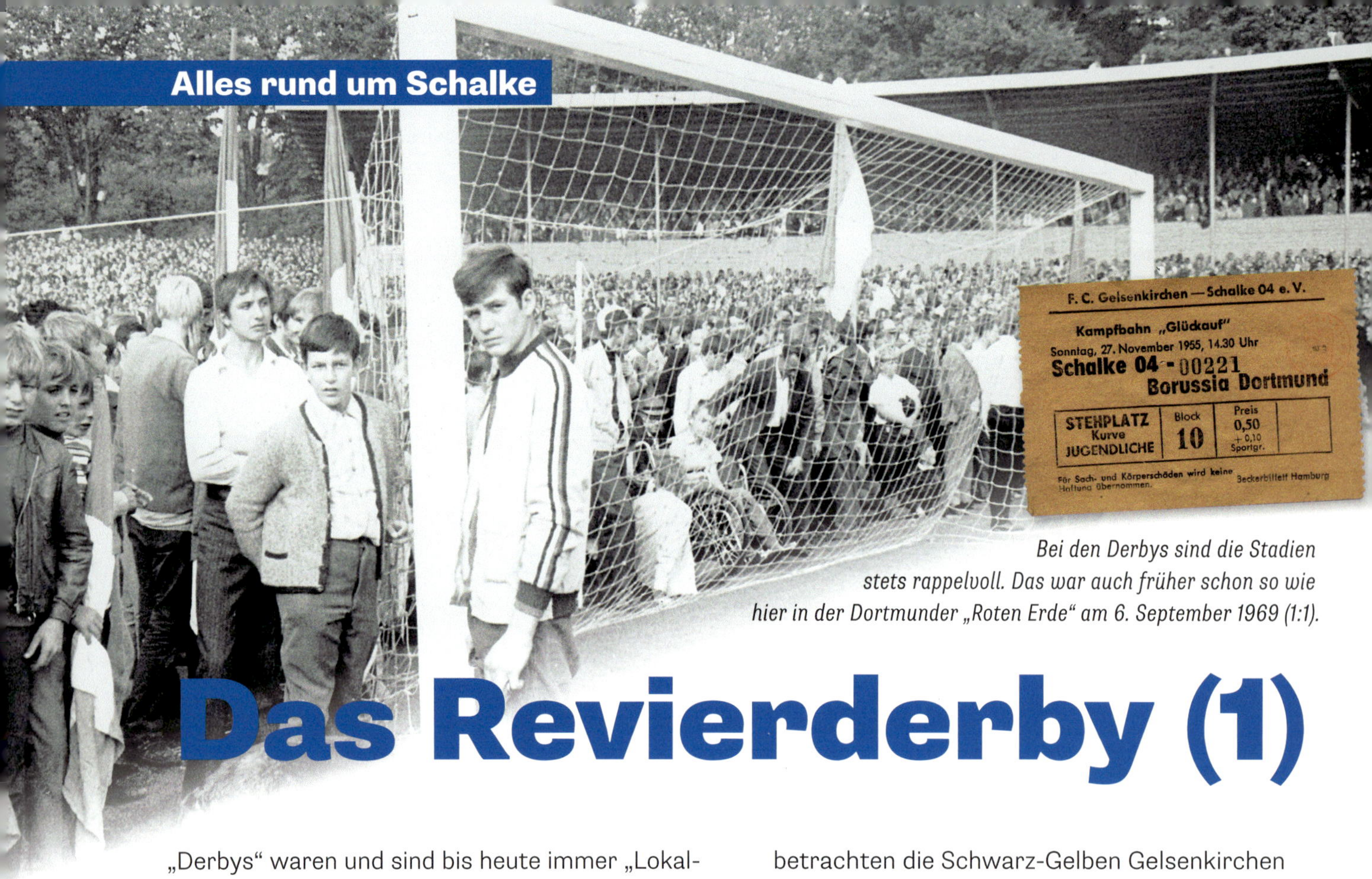
F. C. Gelsenkirchen — Schalke 04 e. V.

Kampfbahn „Glückauf"

Sonntag, 27. November 1955, 14.30 Uhr

Schalke 04 - Borussia Dortmund 00221

STEHPLATZ Kurve JUGENDLICHE	Block 10	Preis 0,50 + 0,10 Sportgr.

Für Sach- und Körperschäden wird keine Haftung übernommen.

Bei den Derbys sind die Stadien stets rappelvoll. Das war auch früher schon so wie hier in der Dortmunder „Roten Erde“ am 6. September 1969 (1:1).

Das Revierderby (1)

„Derbys“ waren und sind bis heute immer „Lokalderbys“, also Spiele zwischen zwei Vereinen, die aus derselben Stadt oder Region kommen. Im Ruhrgebiet gibt es viele Vereine, deshalb kommt es dort auch zu vielen Lokalderbys. Schalke 04 war über Jahrzehnte die unangefochtene Nummer 1 im Ruhrgebiet. Andere Gelsenkirchener Vereine wie Erle 08, SV Rotthausen oder die SG Eintracht waren keine ernsthaften Konkurrenten. Auch die Klubs aus Nachbarorten gingen in den Duellen gegen Schalke regelmäßig als Verlierer vom Platz. Eine Ausnahme bildeten in der Oberliga-Zeit nach dem Zweiten Weltkrieg lediglich die STV Horst-Emscher und Rot-Weiss Essen, die vorübergehend sogar an Schalke vorbeizogen. Doch beide Klubs sind schon längst wieder in unteren Ligen verschwunden. Im Gegensatz zu den Schwarz-Gelben aus Dortmund.

Königsblau gegen Schwarz-Gelb

Das Derby FC Schalke 04 gegen Borussia Dortmund zählt zu den brisantesten in ganz Deutschland. Die Fans der beiden Vereine können sich überhaupt nicht leiden. Eingefleischte Königsblaue vermeiden sogar den Namen der verbotenen Stadt und sprechen nur von „Lüdenscheid-Nord“. Umgekehrt betrachten die Schwarz-Gelben Gelsenkirchen ebenfalls nur als Vorort, nämlich als „Herne-West“.

Die Derby-Geschichte begann am 3. Mai 1925 mit einem 4:2-Sieg des FC Schalke, aber eine echte Rivalität bestand da noch nicht. Bis in die 1940er-Jahre hinein war die Borussia einfach zu schwach, um einen ernsthaften Gegner abzugeben, und deshalb gab es auch noch keine ausgeprägte Feindschaft. Nach der ersten Schalker Meisterschaft 1934 wurde der Zug der Königsblauen im Dortmunder Bahnhof sogar bejubelt. Und die Schalke-Legende Ernst Kuzorra konnte 1935/36 als Trainer der Schwarz-Gelben tätig sein, ohne dass sich jemand darüber aufregte.

Ab dem 14. November 1943, als den Schwarz-Gelben der erste Sieg gelang, begann sich das zu ändern. Nach dem Zweiten Weltkrieg, als der BVB in der Oberliga West immer häufiger siegte,

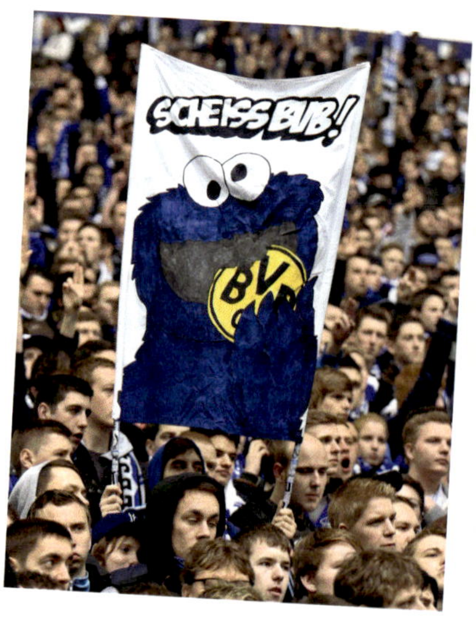

Schalke-Fans zeigen, was sie vom BVB halten.

schließlich sogar Meistertitel holte und den FC Schalke in der Tabelle regelmäßig übertrumpfte, mutierte das Derby zu einem zunehmend erbittert geführten Konkurrenzkampf. Auf Schalke wurden die rarer gewordenen Siege - etwa das 5:0 am 20. September 1959 - umso ausgelassener gefeiert.

Heute sind Schalke und der BVB die erfolgreichsten Klubs der Region, daher erregt dieses einzig wahre Revierderby die Anhänger beider Vereine wie nichts anderes sonst. Es geht um die Fußball-Vorherrschaft im Ruhrpott. Ansonsten hat die Derby-Feindschaft eigentlich keine tieferen Ursachen. Die Kontrahenten haben sogar einiges gemeinsam: Beide waren in ihrer Anfangszeit geprägt von Einwanderern aus Polen bzw. Ostpreußen, und beide fanden ihre große und leidenschaftliche Anhängerschaft einst vor allem unter Industriearbeitern.

Die schönsten Derby-Siege in der Bundesliga

Heimsiege

14.9.1968, 6. Spieltag, 4:1
Schalke geriet in Rückstand, dann erzielte Stan Libuda in der 31. Minute das 1:1 und leitete den Heimsieg ein.

25.11.1978, 15. Spieltag, 5:1
Letzter Sieg vor einer Negativserie, Rüdiger Abramczik glänzte mit einem Doppelpack.

10.12.1985, 16. Spieltag, 6:1
Im Jahr des Wiederaufstiegs trafen 2 x Kleppinger, 2 x Thon sowie Hartmann und Dierßen - und fertig war der höchste Schalker Derby-Sieg.

24.8.1991, 6. Spieltag, 5:2
Ein Feuerwerk vor 70.000 Zuschauern im Parkstadion, ab der 86. Minute fielen noch drei Tore.

18.8.2007, 2. Spieltag, 4:1
Bordon, Pander, Asamoah und Kuranyi nahmen Rache für die wegen einer Derby-Niederlage verpasste Meisterschaft von 2007.

Auswärtssiege

4. März 1972, 23. Spieltag, 3:0
Klaus Scheer leitete den Sieg schon in der ersten Minute mit dem 1:0 ein, traf dann nochmal und Helmut Kremers vollstreckte zum Endstand.

22. August 1992, 2. Spieltag, 2:0
Nach dem Führungstreffer durch Günter „Schlippinho" Schlipper eroberte sich der ansonsten nicht besonders auffällig gewordene Däne Bent Christensen mit seinem Treffer zum 2:0-Endstand einen Platz in den Herzen der Schalke-Fans.

23.9.2000, 6. Spieltag, 4:0
Der höchste Schalker Auswärtssieg der Derby-Geschichte wurde von den Fans zum „schönsten Derby seit dem Wiederaufstieg" gewählt, die Schwarz-Gelben halfen sogar per Eigentor mit, Böhme, Mpenza und Sand sorgten für den Rest.

20.10.2012, 8. Spieltag, 2:1
Riesiger Jubel herrschte, als Schalke nach mehr als drei Jahren wieder einmal in Dortmund gewann (Tore: Ibrahim Afellay, Marco Höger).

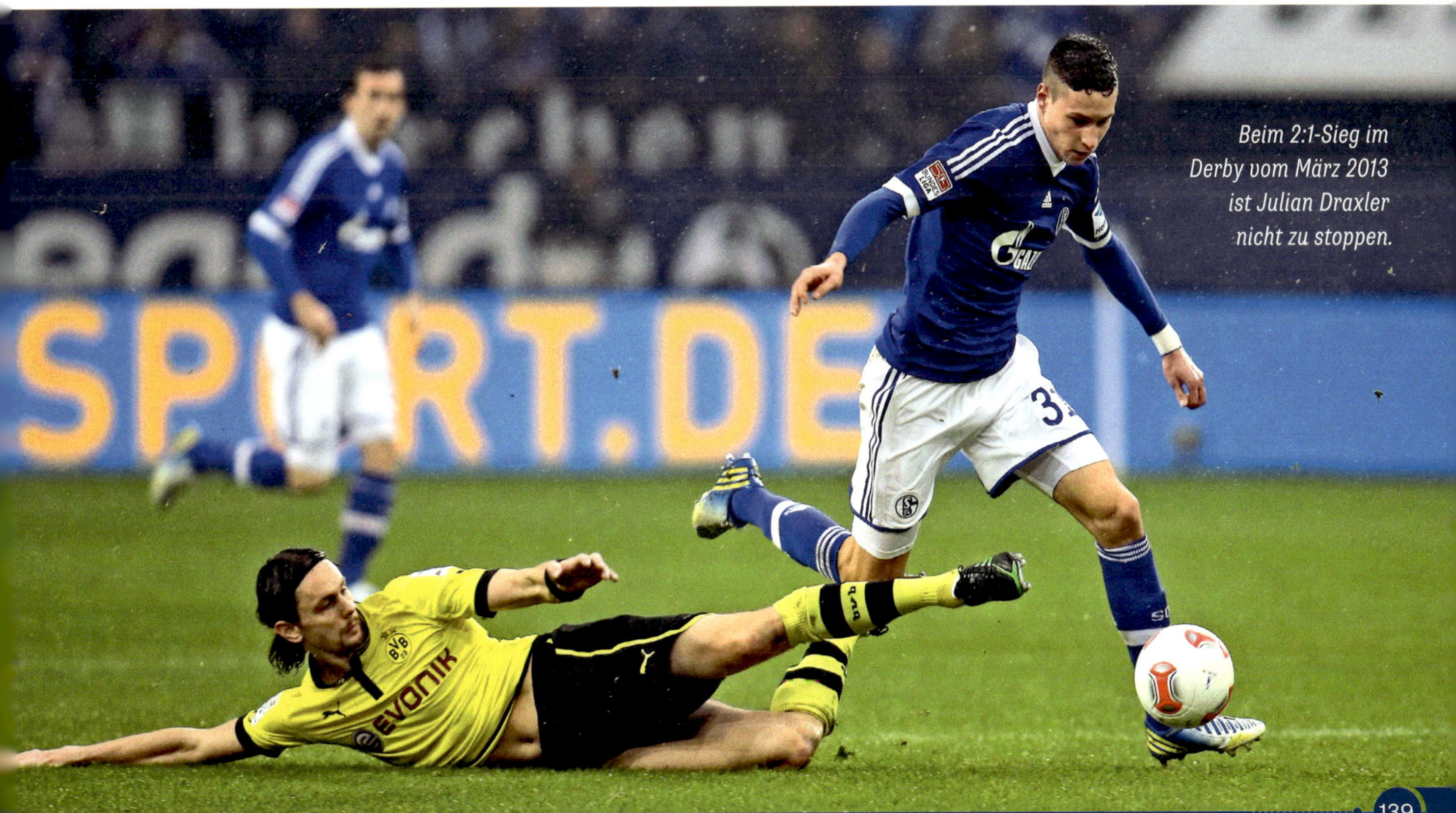

Beim 2:1-Sieg im Derby vom März 2013 ist Julian Draxler nicht zu stoppen.

DERBY-BILANZ

In der Gauliga (1933-1944) war Schalke mit 14 Siegen in 16 Spielen klar besser, in der Oberliga West (1947-1963) gewann Schalke nur noch sieben von 32 Spielen. In der Bundesliga (1963-2021) ist die Derby-Bilanz nahezu ausgeglichen: Von 98 Partien (bis 2022) gewann Schalke 32, der BVB 36.

Die Gesamtbilanz (1925-2022):
71 Siege, 47 Unentschieden, 64 Niederlagen
Höchster Sieg: 6:1 am 10. Dezember 1985
Höchste Niederlage: 0:7 am 26. Februar 1966
Die meisten Derby-Einsätze: Klaus Fichtel (24)
Die meisten Derby-Siege: Klaus Fichtel (9)

Das Revierderby (2)

Besondere Derby-Revanchen

Als am **6. September 1969** Hunderte Schalker im Jubel über das 1:0 durch Hansi Pirkner den Platz stürmten, ging der Polizeihund „Rex" auf den Schalker Friedel Rausch los und biss ihn ins Hinterteil. Revanche: Am 31. Januar 1970 besorgte Schalke-Präsident Günter Siebert echte Löwen aus dem Löwenpark Westerholt, um den Gegner in der Kampfbahn Glückauf zu erschrecken.

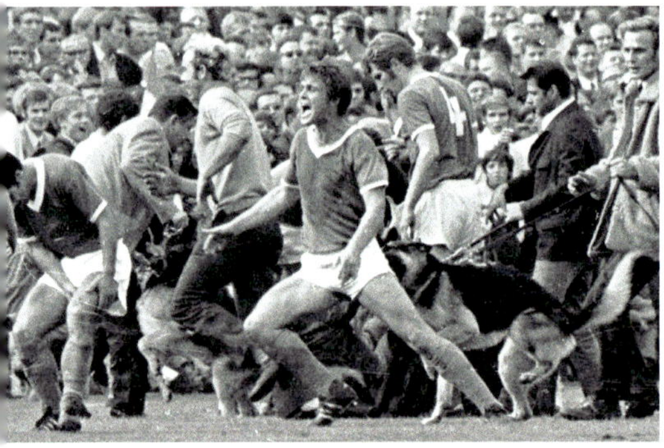

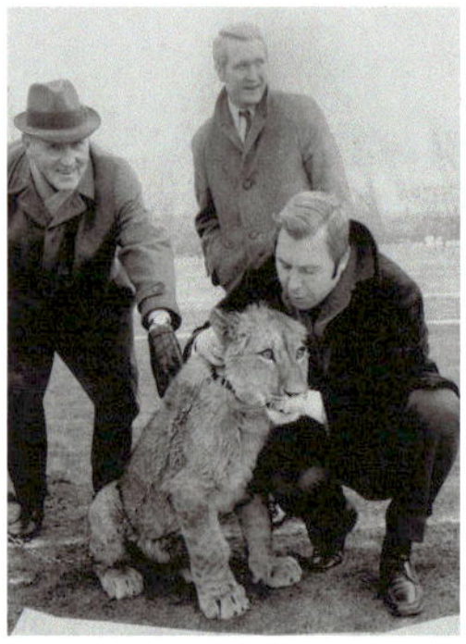

Am **23. September 2000** stand Olaf Thon nach dem 4:0-Triumph in Dortmund plötzlich in einem BVB-Trikot-Skalp vor der Südtribüne. Revanche: Am 20. Februar 2021 - wegen der Corona-Pandemie waren keine Zuschauer in der Veltins-Arena - verlor Schalke mit 0:4. Die BVB-Profis feierten trotzdem vor der leeren Tribüne.

Am **13. September 2008** lag Schalke in Dortmund bereits mit 3:0 vorne, doch der BVB schaffte gegen neun Schalker noch den Ausgleich. Revanche: Am 25. November 2017 führte der BVB im Signal-Iduna-Park schon mit 4:0, Mike Büskens prophezeite in der Pause ein Unentschieden, und tatsächlich startete Schalke eine Aufholjagd, die Naldo in der vierten Minute der Nachspielzeit mit dem 4:4-Ausgleich krönte.

Der Derby-Spieler

Gerald Asamoah steht wie kaum ein anderer Schalker für das Revierderby. Als er 1999 nach Gelsenkirchen kam, wurde ihm schnell klar, dass es hier das Wichtigste ist, das Derby zu gewinnen. Und er war dann in jedem voll da. Nach der bitteren 0:2-Niederlage am 33. Spieltag 2006/07, mit der die Schwarz-Gelben den Königsblauen die Chance auf den Meistertitel versaut hatten, litt er extrem darunter, die Fans enttäuscht zu haben und zerriss sich in den nächsten Partien noch mehr. 2007/08 gewann Schalke beide Derbys, Asamoah traf beim legendären 4:1-Heimsieg und beim 3:2 in Dortmund, dort servierte er auch noch Fabian Ernst den Ball zum Siegtreffer in der 82. Minute. Für Schalke lief er bis 2010 22-mal gegen Borussia Dortmund auf. Seine Bilanz: 10 Siege, 8 Unentschieden, 4 Niederlagen, 2 Tore, 2 Torvorlagen, 4 Gelbe Karten, 1 Rote Karte.

5. Dezember 2004 in Dortmund: Asamoah wehrt sich gegen die schwarz-gelbe Schmeißbiene Dede, Schalke gewinnt durch ein Ailton-Tor mit 1:0.

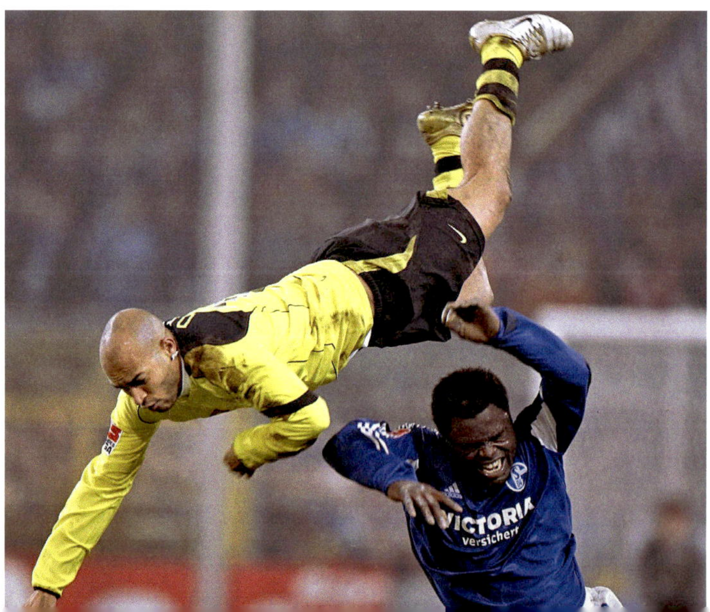

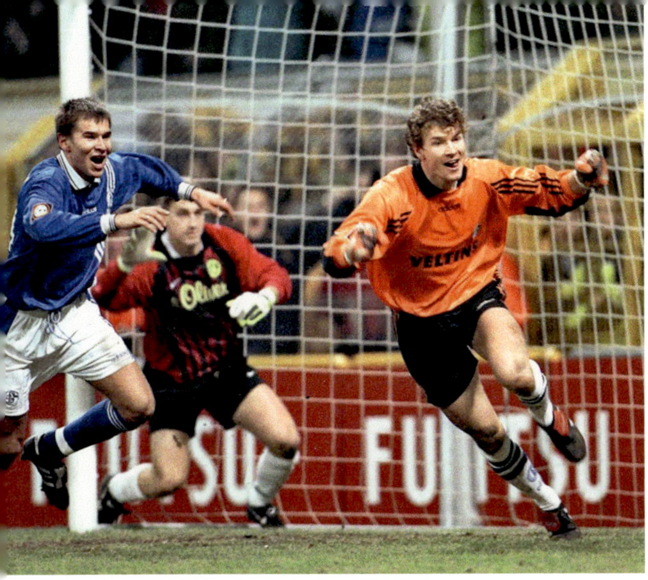

Der Derby-Irre

Am 19. Dezember 1997 lag Schalke in Dortmund bis zur 90. Minute mit 1:2 zurück, dann erzielte Schalke-Keeper Jens Lehmann per Kopf den Ausgleich. Es war der erste Bundesliga-Treffer eines Keepers aus dem Spiel heraus. In der 80. Minute des Heimderbys am 22. Februar 2003 sah der nunmehrige BVB-Keeper Jens Lehmann Rot - wegen einer Attacke gegen Marcio Amoroso, seinen eigenen Mitspieler. Das Spiel endete 2:2.

Überläufer

Entweder S04 oder BVB: Das gilt nur für Fans, nicht immer für Spieler. Außer Jens Lehmann wechselten über zwei Dutzend Profis die Seiten, so z. B. diese:

Reinhard „Stan" Libuda (S04 1961-65, BVB 1965-68, S04 1968-72, 1973-76)
Rolf Rüssmann (S04 1969-73, 1974-80, BVB 1980-85)
Rüdiger Abramczik (S04 1973-80, 1987/88, BVB 1980-83)
Steffen Freund (S04 1991-93, BVB 1993-98)

„Wenn ein Schiedsrichter vor dem Spiel in die Kabine kommt und fragt, ob wir in Gelb spielen, dann frage ich mich, wo er hingegangen ist, welches Spiel er pfeifen wollte."

– **Huub Stevens**

Die schönsten Derby-Sprüche

von **Gerald Asamoah:**

„Du betrittst den Rasen, wirst gnadenlos ausgepfiffen und weißt sofort ‚die mögen mich nicht', aber das ist kein Problem für mich. Ich mag die auch nicht."

„Derby heißt: Es wird gekratzt und gekämpft. Man muss einfach alles geben, um als Sieger vom Platz zu gehen. Es zählt allein, wer den größeren Willen hat, dieses Spiel zu gewinnen."

„Dass ich persönlich auch noch so eine starke Bilanz gegen den BVB habe, ist Genugtuung für mich, da ich einfach Schalker durch und durch bin."

„Wenn wir da die Meisterschaft holen, laufe ich barfuß über die B1 nach Hause."

„Bei einer Niederlage schämt man sich als Schalker sogar, vor die Tür zu gehen."
(Vor und nach dem 0:2 in Dortmund am 12. Mai 2007)

... und von ein paar anderen:

„Jetzt hör mal zu. Du kannst nicht immer nur nach Dortmund gehen, du wirst jetzt erstmal bei uns Mitglied. Ich schick dir die Unterlagen zu."

– S04-Mannschaftsbetreuer **Charly Neumann** zu Bundeskanzler Gerhard Schröder

„Als die Zuschauer mir den Mittelfinger gezeigt haben, wusste ich: Es ist wie immer."

– BVB-Verteidiger **Christian Wörns** über ein Spiel auf Schalke

„Hätten Sie das Spiel gern gewonnen?"

– Reporter **Waldi Hartmann** zu Jupp Heynckes nach einem 2:2 im Revierderby

Die Macher auf Schalke

Zum 1. Januar 2022 bestimmte der Aufsichtsrat des FC Schalke 04 den Volkswirt Bernd Schröder zum Vorstandsvorsitzenden und erweiterte damit das Führungsgremium um Peter Knäbel (Sportvorstand) und Christina Rühl-Hamers (Finanzvorstand). Federführend bei der Kaderplanung ist der Sportdirektor Rouven Schröder. Ziel der Führung ist es, Schalke mittelfristig wieder in der Spitzenklasse des deutschen Fußballs zu etablieren. Dort befand sich Schalke zuletzt in der Ära des Unternehmers Clemens Tönnies, der als Aufsichtsratsvorsitzender des FC Schalke 04 von 2001 bis 2020 das prägende Gesicht der Königsblauen war. Obwohl nicht unumstritten, nimmt er einen festen Platz im Geschichtsbuch des Vereins ein, so wie der „Papa", der „Oscar" und der „Mister Schalke".

Der „Papa"

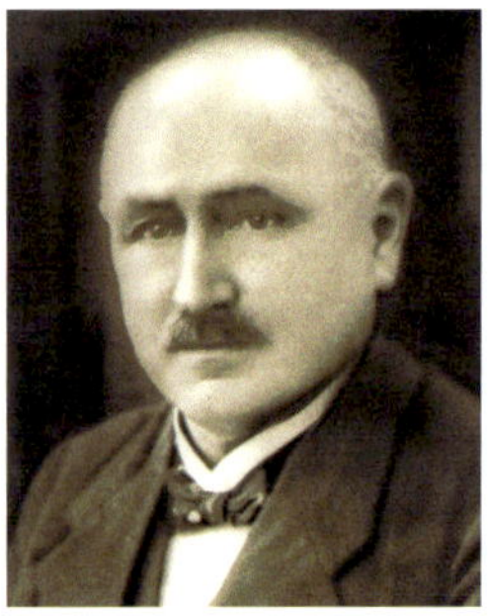

Fritz Unkel war schon beim Turnverein Schalke 1877 Vorsitzender und blieb das bis 1939 auch beim FC Schalke 04. Der beliebte „Papa", im Hauptberuf als Materialverwalter auf der Zeche Consolidation beschäftigt, sorgte nicht nur dafür, dass der Betrieb den Bau der Kampfbahn Glückauf unterstützte oder dass die Strukturen des Vereins professioneller wurden. Er war vor allem als väterliche Integrationsfigur, die das Prinzip „Elf Freunde muss ihr sein" hochhielt, praktisch unersetzlich. Während der Spielsperre 1930 hielt er die Mannschaft zusammen, indem er den Spielern klarmachte: „Ihr gehört in den blau-weißen Dress auf den grünen Rasen der Kampfbahn Glückauf."

Der „Oscar"

1967 wurde der damals 36-jährige Günter Siebert, der von allen nur „Oscar" genannt wurde, Präsident und blieb es bis 1976. In seine erste Amtszeit fiel der Bau des Parkstadions. Anschließend war der ehemalige Meister-Stürmer von 1958, der einen guten Blick für Talente hatte, zwei Jahre Manager des Vereins. In seiner ersten Amtszeit sorgte Siebert mit extravaganten Aktionen für Aufregung. Um den Transfer des talentierten Mittelfeldspielers Hannes Bongartz zu finanzieren, ließ er die Eintrittspreise 1974 um eine sogenannte „Bongartz-Mark" erhöhen. Im Jahr darauf versuchte er die Sache zu wiederholen, um den brasilianischen Nationalspieler Francisco Marinho nach Gelsenkirchen zu holen. Um eventuelle Proteste zu vermeiden, ließ er diesmal die Fans über die Aktion abstimmen. Als die Stimmen ausgezählt werden sollten, waren jedoch die Wahlurnen verschwunden. Marinho blieb in Brasilien. Danach kehrte der populistische Macher, bei chaotisch-bierseligen Mitgliederversammlungen erneut gewählt, noch zweimal als Präsident zurück, zuletzt 1987/88. Während sich der schillernde „Oscar" nun seinem gleichnamigen Pub auf Gran Canaria widmete, sorgte sein Nachfolger, der großspurige Klinikbesitzer Günter Eichberg, für Fi-

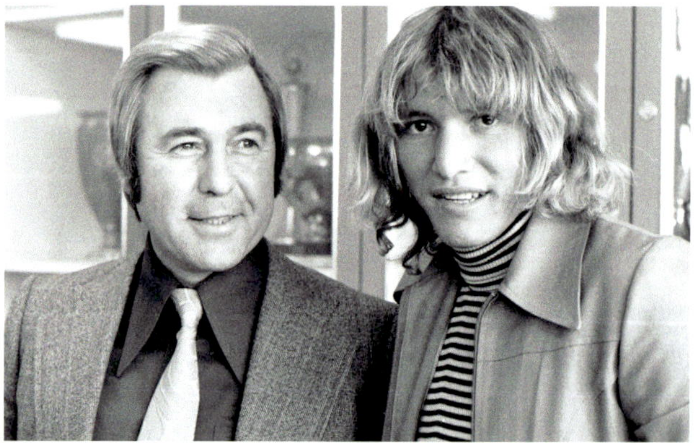

Präsident Günter Siebert und der Brasilianer Francisco Marinho, den er dann doch nicht verpflichten konnte.

nanzspritzen und teure Stars. Die Herrschaft des „Sonnenkönigs“ mit ihrer Mischung aus Eitelkeit, Inkompetenz und Geldgier war für den Verein fatal. Als Eichberg 1994 in die USA verschwand, saß Schalke auf einem Schuldenberg.

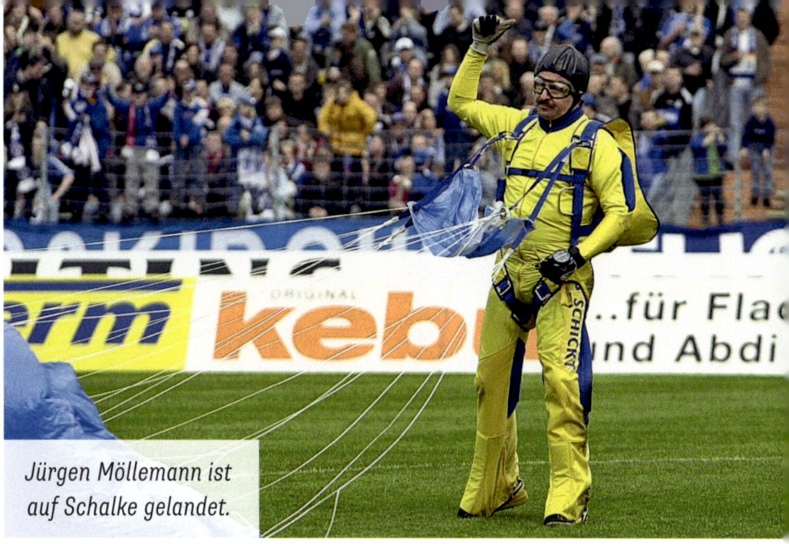

Jürgen Möllemann ist auf Schalke gelandet.

Der „Mister Schalke“

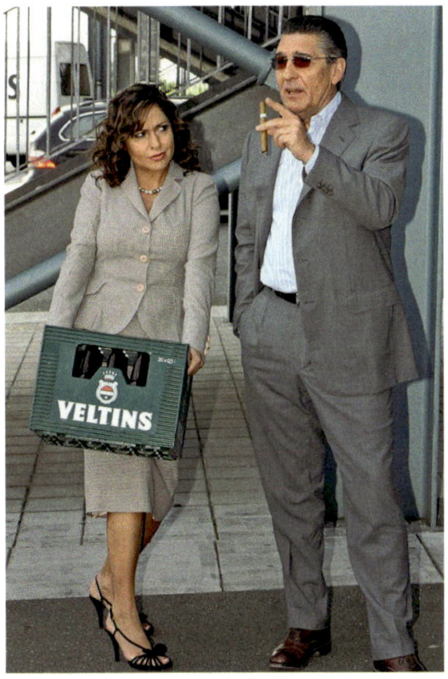

Manager Rudi Assauer mit seiner Lebensgefährtin Simone Thomalla bei Werbeaufnahmen für Veltins: Der Macho raucht, sie schleppt den Bierkasten (Juni 2005).

Nach einer ersten Amtszeit Anfang der 1980er-Jahre war der ehemalige Profi Rudi Assauer ab 1994 noch einmal 13 Jahre als Manager bzw. Sportvorstand tätig. In dieser Zeit wurde der ewige Zigarrenraucher endgültig zum „Mister Schalke“. Er geizte nicht mit markigen Sprüchen und setzte sich an der Seite seiner Lebensgefährtin, der Schauspielerin Simone Thomalla, in ironischen (Bier-)Werbespots als männlich-herber Macho in Szene. Und er sorgte für Erfolg. Während der Vorstandsvorsitzende Gerhard Rehberg im Hintergrund alles im Blick behielt, formte Assauer mit den „Eurofightern“ ein Team aus ehrgeizigen und bodenständigen Kämpfern, mit denen sich die Fans identifizieren konnten. Schalke kam auf Augenhöhe mit den Konkurrenten Bayern und Dortmund, qualifizierte sich für die Champions League und bezog 2001 mit der Arena AufSchalke das modernste Stadion der Bundesliga.

Bei Assauers Abgang im Mai 2006 war der Verein wirtschaftlich gesund, im Jahr darauf verbuchte er einen Rekordumsatz von 156 Mio. Euro bei einem Gewinn von 12,7 Mio. Euro. 2012 veröffentlichte der Schalke-Macher seine Biografie. Sie erregte großes Aufsehen, da er darin auch die tragischen Auswirkungen seiner Alzheimer-Erkrankung schildert. Rudi Assauer starb am 6. Februar 2019. Der Rudi-Assauer-Platz vor der Veltins-Arena erinnert an ihn.

Der Fallschirmspringer

Der FDP-Politiker Möllemann, seit 1983 Mitglied bei Schalke 04, mischte viele Jahre im Verein mit und war zweimal auch Vorsitzender des Aufsichtsrates (1993-1995 und 1998-2001). Wiederholt erregte der Politiker Aufmerksamkeit mit Sprüchen – „Ich komme 2002 als Bundeskanzler einer Minderheitsregierung zur Meisterfeier nach Schalke“ – sowie mit gewagten Fallschirmlandungen im Parkstadion, wie (oben im Foto) im April 2000. Mit dem Bau der ArenaAufSchalke im Jahr 2001 hatte es damit ein Ende. „Wir haben das Dach der Arena jetzt extra so eng gebaut, dass er nicht mehr durchkommt“, bemerkte Rudi Assauer. Jürgen W. Möllemann starb am 5. Juni 2003 bei einem Fallschirmsprung.

Sprüche von Rudi Assauer

„Entweder schaffe ich Schalke, oder Schalke schafft mich.“

„Der Herbstmeistertitel ist unwichtig, deshalb verkaufen wir in Gelsenkirchen nicht einen Tannenbaum mehr.“

„Über Trainer rede ich nicht in der Öffentlichkeit. Es sei denn, ich stelle einen ein oder schmeiße ihn raus.“

„Es gibt so viele Trainer, die kommen und gehen. Irgendwann vergisst du mal die Vornamen.“

Dialog im „Kicker“, Februar 2001

Rudi Assauer: „Grundsätzlich wäre es eine Lüge zu sagen, dass ich ihn nicht leiden mag, auch wenn er mich als Kaschmir-Proleten bezeichnet.“

Michael Meier, Manager BVB: „Ich habe ihn einen Kaschmir-Hooligan genannt. Das war aber liebenswert gemeint.“

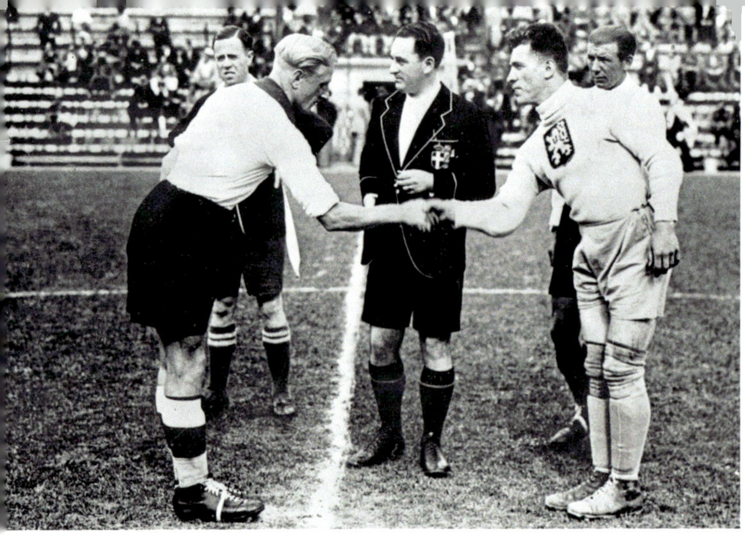

Handshake vor dem WM-Halbfinale 1934 gegen die Tschechoslowakei: die Kapitäne Fritz Szepan (links) und Frantisek Planicka.

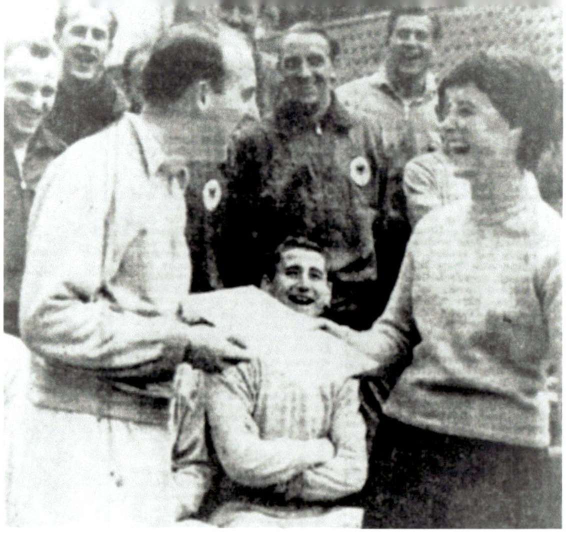

Berni Klodt bangte schon im Meisterschaftsfinale 1958 um seine hochschwangere Frau. Wenige Tage später erfährt er im WM-Trainingslager, dass er Vater geworden ist.

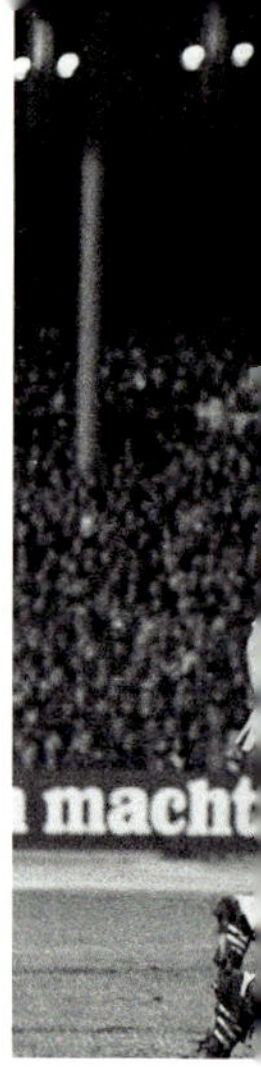

Nationalspieler

Königsblaue im DFB-Dress

Insgesamt 49 Spieler kamen als Schalker in der deutschen Nationalelf zu Einsätzen (Stand: 14.6.2022). Bei manchen waren es nicht allzu viele. Es hätten sicher noch viel mehr werden können, etwa wenn sich Ernst Kuzorra (nur zwölf Einsätze) mit dem damaligen Reichstrainer Otto Nerz vertragen hätte, wenn Norbert Nigbur (nur sechs Einsätze) in den 1970er-Jahren nicht den legendären Bayern-Keeper Sepp Maier zum Konkurrenten gehabt hätte, wenn die Sperren nach dem Bundesliga-Skandal nicht Länderspiele von Fußballern wie Herbert Lütkebohmert verhindert hätten, oder wenn Spieler wie Manuel Neuer (20 Einsätze für S04) nicht frühzeitig gewechselt hätten.

Immerhin: Schalke gehört trotzdem zu den Vereinen, die am häufigsten Nationalspieler für den DFB abgestellt haben. Im November 1927 gab der erste Schalker sein Debüt in der Nationalmannschaft, nämlich Ernst Kuzorra beim 2:2 gegen die Niederlande. Beim 2:0-Sieg in Norwegen am 23. September 1928 glückte Kuzorra auch das erste Tor eines Schalkers für Deutschland. Mit Ala Urban und Rudolf Gellesch debütierten am 18. August 1935 beim 1:0 gegen Luxemburg gleich zwei Schalker in der Nationalelf. Die Rekordzahl von vier Schalkern im DFB-Trikot gab es erst viel später, dafür gleich zweimal. Am 14. November 2012 kamen im Freundschaftsspiel gegen die Niederlande Benedikt Höwedes, Lewis Holtby, Julian Draxler und der - später ins russische Nationaltrikot wechselnde - Roman Neustädter zum Einsatz. Am 13. Mai 2014 waren beim 0:0 gegen Polen neben Höwedes und Draxler als Debütanten Leon Goretzka und Max Meyer dabei. Danach kamen Schalker nur noch vereinzelt zu Einsätzen. Leroy Sané gab am 13. November 2015 sein Debüt, Suat Serdar als vorläufig letzter Königsblauer am 9. Oktober 2019.

Schalker Rekordnationalspieler mit 44 Einsätzen ist Benedikt Höwedes, gefolgt von Gerald Asamoah (43), der nach seiner Einbürgerung 2001 als erster gebürtiger Afrikaner in eine DFB-Auswahl berufen wurde. Asamoah brachte es auf sechs Treffer im DFB-Dress, erfolgreichster Schalker Torschütze ist Klaus Fischer mit 22 Treffern in 30 Länderspielen.

Schalke-Spieler bei WM und EM

Fritz Szepan, über viele Jahre Stammspieler in der Nationalmannschaft, war bei der WM 1934 in Italien der einzige Schalker und führte die deut-

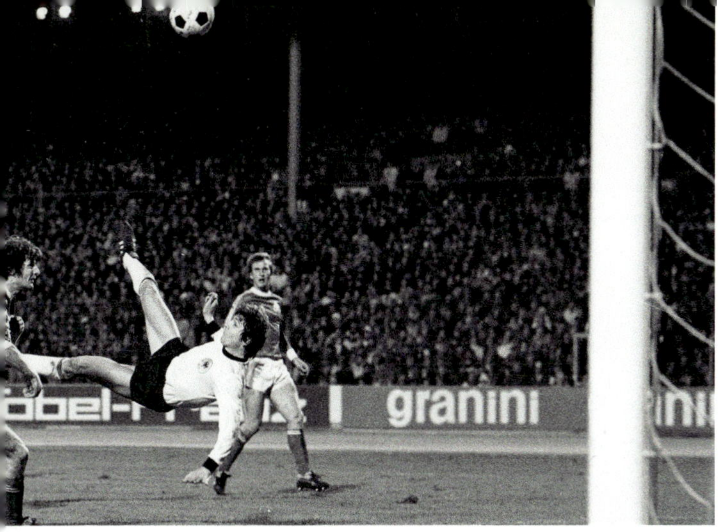

Klaus Fischer glückte am 16. November 1977 mit einem Fallrückzieher zum 4:1 gegen die Schweiz das „Tor des Jahres". Die Zuschauer der ARD-Sportschau kürten den Treffer später zum „Tor des Jahrzehnts" und zum „Tor des Jahrhunderts".

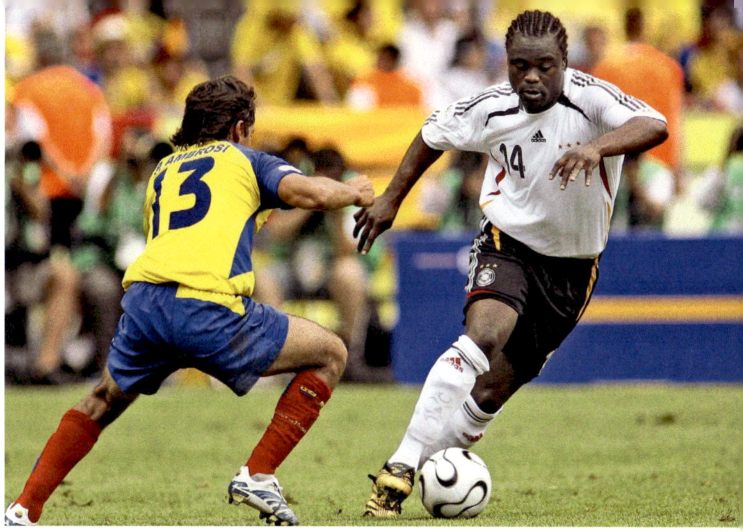

Gerald Asamoah bei der WM 2006 im Vorrundenspiel gegen Ecuador.

sche Elf als Kapitän auf den dritten Platz. Bei der WM 1938 stand er zusammen mit Rudi Gellesch in der sogenannten „großdeutschen" Elf, die sich aus deutschen und österreichischen Spielern zusammensetzte. Sie enttäuschte und schied bereits im Achtelfinale gegen die Schweiz aus. Als Deutschland 1954 erstmals Weltmeister wurde, war Berni Klodt der einzige Schalker im Kader

Die S04-Nationalspieler Nr. 42 und 43: Roman Neustädter und Julian Draxler.

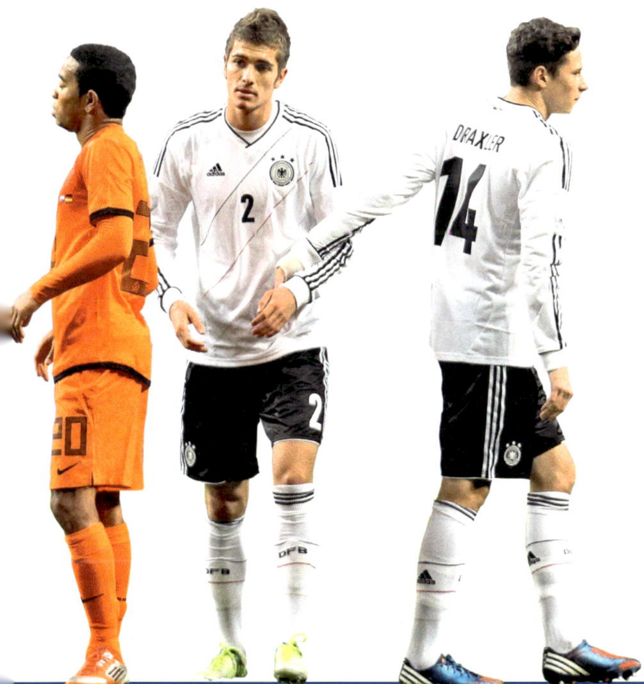

der deutschen Nationalmannschaft. Er kam zu zwei Einsätzen, fehlte aber im Endspiel. Klodt war auch bei der WM 1958 dabei. Willi Schulz, Willi Koslowski und Hans Nowak (1962) sowie Reinhard Libuda und Klaus Fichtel (1970) hießen die nächsten WM-Teilnehmer aus Gelsenkirchen.

Den ersten Titel holte Erwin Kremers. Er stand 1972 in der Mannschaft, die mit einem 3:0 gegen die Sowjetunion Europameister wurde. Sein Bruder Helmut und Norbert Nigbur standen im Weltmeister-Kader von 1974, hatten aber keine Einsätze. Zwei Jahre später wirkte Hannes Bongartz als Einwechselspieler im EM-Finale gegen die Tschechoslowakei mit, das mit einer Niederlage im Elfmeterschießen endete. Klaus Fischer, Rüdiger Abramczik und Rolf Rüssmann waren bei der WM 1978 dabei und blieben wie Olaf Thon (EM 1988, WM 1998) als Schalker ohne Titel. Gerald Asamoah wurde 2002 Vizeweltmeister und 2006 WM-Dritter. Der Stürmer Mike Hanke hatte kurz vor der WM den Sprung in die Nationalelf geschafft und wurde im Spiel um den dritten Platz auch eingesetzt, aber da war er bereits Spieler des VfL Wolfsburg. Vizeeuropameister von 2008 dürfen sich Kevin Kuranyi und Heiko Westermann nennen. Bei der WM 2010 in Südafrika war Manuel Neuer Stammtorhüter der Mannschaft von Jogi Löw. Und dann war da noch einer …

„Der kann ein ganz Großer werden – wenn der bloß das Schweigen lernen würde!"

– Reichstrainer **Sepp Herberger** über **Ala Urban**

„Diesen Mann kann man nur mit einer Flinte erlegen."

– Bulgariens Nationaltrainer **Stefan Boskov** über **Stan Libudas** Leistung bei der WM 1970

Ein königsblauer Weltmeister

2012 gehörte Benedikt Höwedes zum deutschen EM-Kader, wirkte aber bei keinem Spiel mit. Das änderte sich bei der WM 2014 in Brasilien. Für Julian Draxler blieb der Einsatz als Einwechselspieler beim legendären 7:1-Halbfinalsieg gegen Brasilien der einzige Auftritt bei der WM, aber Benedikt Höwedes machte als Linksverteidiger alle Spiele mit und stand auch beim Finale auf dem Platz, das die deutsche Elf mit 1:0 gegen Argentinien gewann. Auch bei der EM 2016 - Deutschland schied im Halbfinale mit 0:2 gegen Frankreich aus - wirkte er noch mit, diesmal als Innenverteidiger. Sein letztes Länderspiel bestritt Höwedes am 26. März 2017 beim 4:1-Sieg gegen die Auswahl von Aserbaidschan.

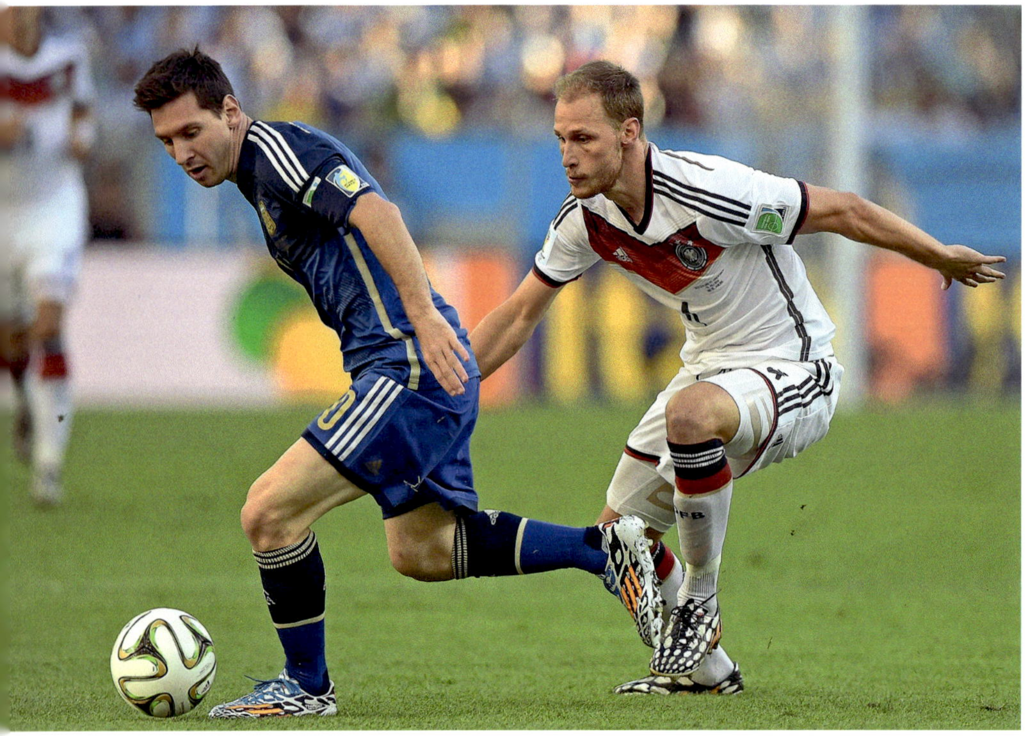

Duell gegen Lionel Messi: Benedikt Höwedes im WM-Finale 2014 gegen Argentinien.

Die deutschen Nationalspieler von Schalke 04 (bis 14.6.2022)

(Einsätze für Schalke, in Klammern Einsätze gesamt)

- **Benedikt Höwedes** 44
- **Gerald Asamoah** 43
- **Olaf Thon** 40 (52)
- **Fritz Szepan** 34
- **Klaus Fischer** 30 (45)
- **Reinhard Libuda** 24 (26)
- **Klaus Fichtel** 23
- **Kevin Kuranyi** 23 (52)
- **Willi Schulz** 22 (66)
- **Adolf Urban** 21
- **Manuel Neuer** 20 (113)
- **Rudolf Gellesch** 20
- **Rolf Rüssmann** 20
- **Heiko Westermann** 19 (27)
- **Rüdiger Abramczik** 19
- **Bernhard Klodt** 19
- **Hans Klodt** 17
- **Erwin Kremers** 15
- **Hans Nowak** 15
- **Ernst Kuzorra** 12
- **Jörg Böhme** 10
- **Helmut Kremers** 8
- **Julian Draxler** 7 (58)
- **Leon Goretzka** 6 (44)
- **Norbert Nigbur** 6
- **Mike Hanke** 5 (12)
- **Hannes Bongartz** 4
- **Fabian Ernst** 4 (24)
- **Frank Rost** 4
- **Leroy Sané** 4 (45)
- **Suat Serdar** 4
- **Herbert Burdenski** 3 (5)
- **Hermann Eppenhoff** 3
- **Jermaine Jones** 3
- **Willi Koslowski** 3
- **Ernst Poertgen** 3
- **Günter Herrmann** 2 (9)
- **Jens Lehmann** 2 (61)
- **Thomas Linke** 2 (43)
- **Max Meyer** 2
- **Roman Neustädter** 2 (3)
- **Christian Pander** 2
- **Otto Tibulsky** 2
- **Lewis Holtby** 1 (3)
- **Walter Berg** 1
- **Heinz Kördell** 1
- **Sebastian Rudy** 1 (29)
- **Hans Tibulsky** 1
- **Mark Uth** 1

Schalke-Jugend

Die Knappen-schmiede

Unfassbar viele spätere Profis kamen aus der Nachwuchsabteilung des FC Schalke 04, von A wie Rüdiger Abramczik (1956) bis Z wie Carlos Zambrano (1989). Ein Ilkay Gündogan ist dabei und ein Mesut Özil, dazu etliche, die eine beachtliche Schalke-Karriere hingelegt haben: Reinhard Libuda, Olaf Thon, Mike Hanke, Benedikt Höwedes, Joel Matip, Julian Draxler, Thilo Kehrer, Sead Kolasinac, Leroy Sané ... und auch zu Beginn der Saison 2022/23 standen Profis aus der Knappenschmiede unter Vertrag – Ralf Fährmann und Danny Latza –, Leroys Bruder Sidi Sané trainierte bei der Bundesliga-Mannschaft mit.

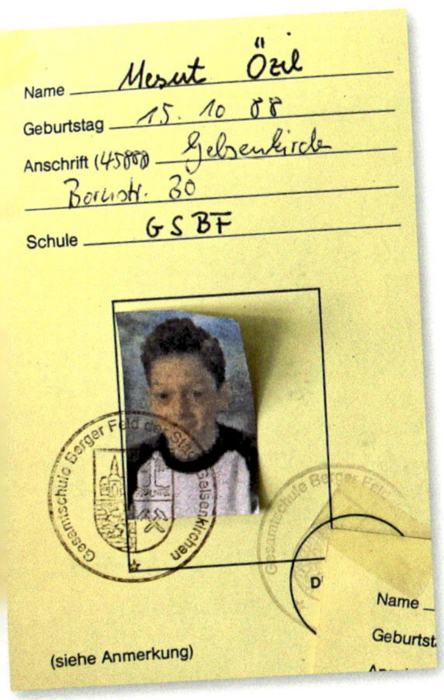

Auch Mesut Özil besuchte die Gesamtschule Berger Feld.

Bei den jüngsten Jahrgängen (U9 bis U12) spielen fast nur Jungs aus Gelsenkirchen oder der näheren Umgebung. Während es in diesen Altersklassen noch nicht ganz so ernst zugeht, wird ab der U15 gezielt auf die Leistungsfähigkeit der Spieler geachtet. Ab diesem Alter gibt es auch bereits Nationalmannschaften. Höchstes Ziel der Talentförderung ist es nun, möglichst viele Eigengewächse auf eine Profikarriere vorzubereiten.

Um Talente möglichst breit zu fördern, arbeitet der FC Schalke 04 mit verschiedenen Amateurvereinen zusammen. 2022/23 waren das Rot Weiss Ahlen, FC Iserlohn 46/49, TSV Marl-Hüls, VfB Waltrop, SuS Stadtlohn, 1. FC Gievenbeck, PSV Wesel, Sportfreunde Hamborn 07, das JLZ Emsland und das JFV Leistungs-Zentrum Neheim-Hüsten. Noch professioneller geht es bei den Königsblauen selbst zu. Da die Spieler der älteren Jahrgänge möglichst intensiv auf den Profiberuf vorbereitet werden sollen, sind hier viele ehemalige Profis als Trainer tätig. Der ehemalige Schalke-Profi Norbert Elgert ist seit Jahren Cheftrainer der U19 und hat schon mehrere Titel geholt. Die U23 tritt in der Regionalliga West an und ist für viele junge Spieler das Sprungbrett zur Bundesliga-Mannschaft.

Neue Spieler werden im Jugendbereich nur dann verpflichtet, wenn sie in Auswahlmannschaften ein außergewöhnliches Können unter Beweis gestellt haben. Das gilt etwa für die beiden Abwehrtalente der U19-Nationalmannschaft, die 2022 zum FC Schalke kamen, David Lelle (von RB Leipzig) und Verthomy Boboy (vom VfL Bochum), beide Jahrgang 2003.

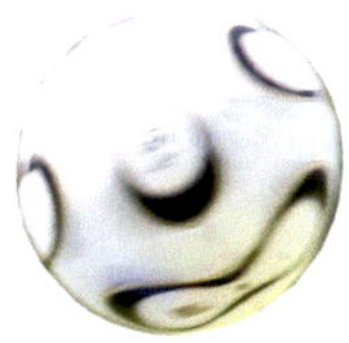

Finale um die U19-Meisterschaft 2006: Benedikt Höwedes (rechts) im Duell mit Mats Hummels, damals noch im Trikot des FC Bayern München.

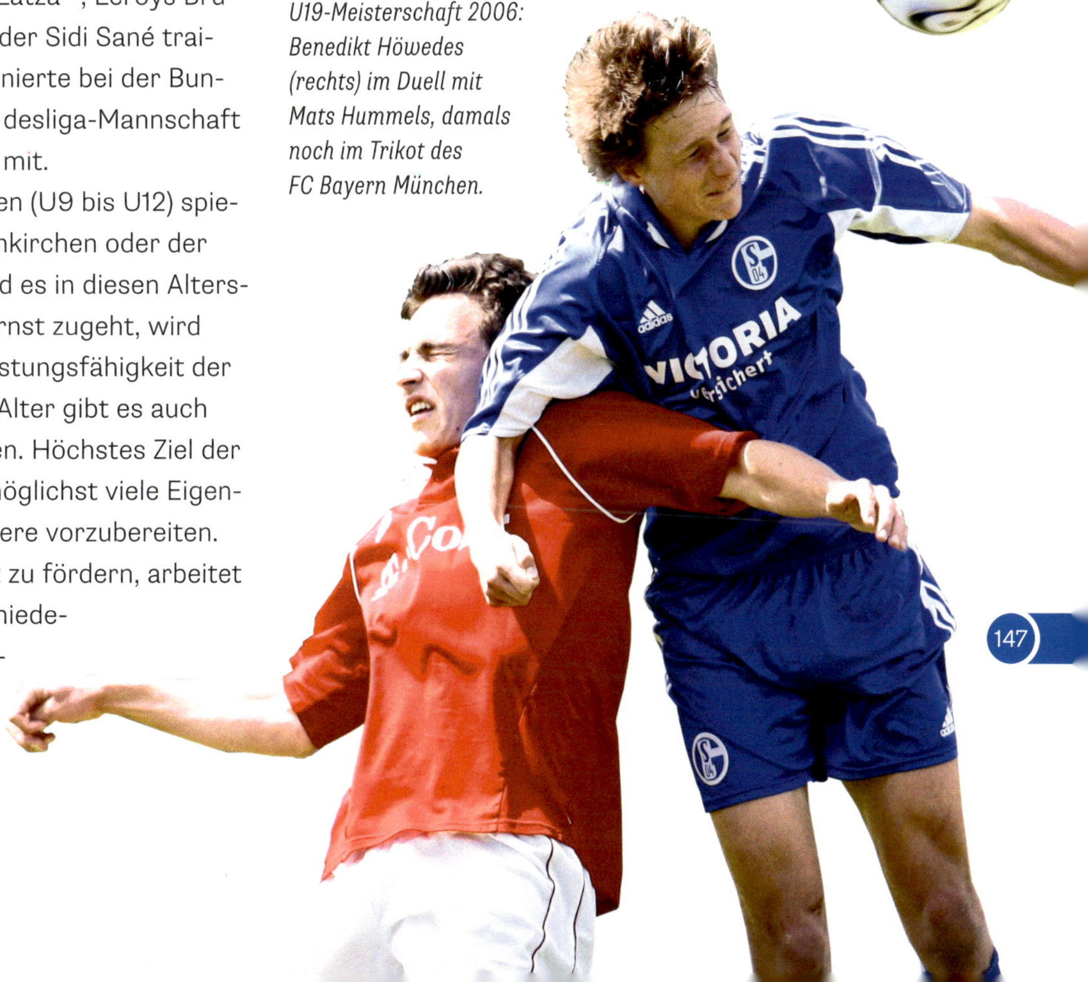

Erfolge der Jugendmannschaften

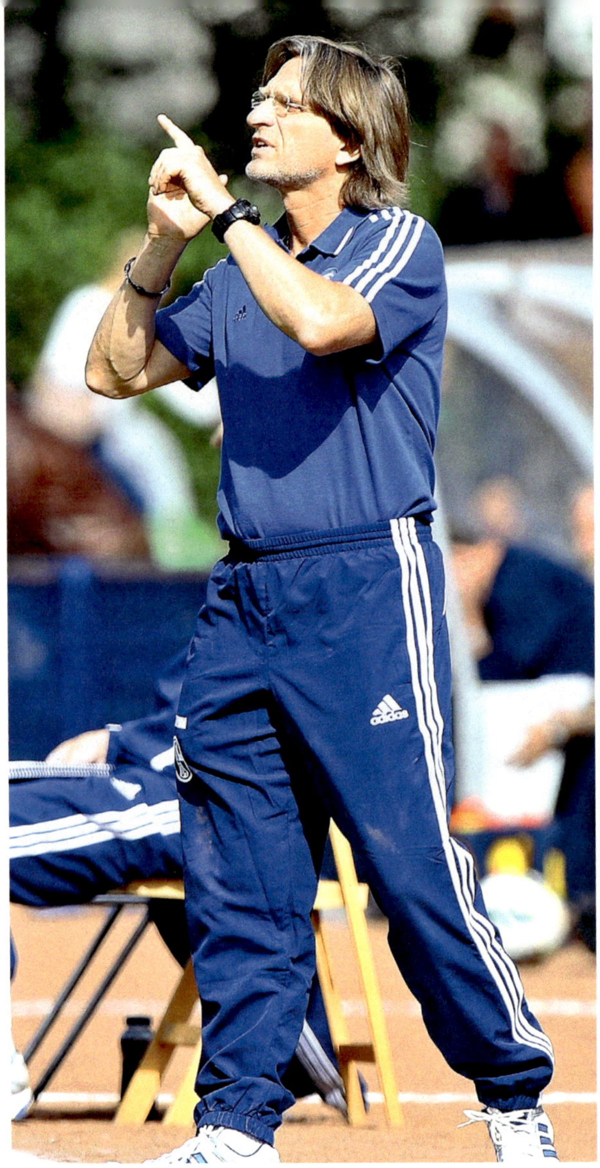

Zeigt, wo's langgeht: U19-Trainer Norbert Elgert.

Sowohl die A-Jugend als auch die B-Jugend des FC Schalke treten heute in der jeweils höchsten Spielklasse für diese Altersstufen an, nämlich in der U17- und in der U19-Bundesliga. In beiden Altersklassen haben die Königsblauen etliche Titel gewonnen. Die A-Jugend holte zwei Pokalsiege und vier Meistertitel. Bekanntester Spieler der U19, die im DM-Endspiel von 1976 Rot-Weiss Essen mit 5:1 besiegte, war der später langjährige Schalke-Spieler Uli Bittcher. Mesut Özil, Benedikt Höwedes sowie Torhüter Ralf Fährmann gewannen 2006 das U19-DM-Finale gegen den FC Bayern München mit 2:1. Am 17. Juni 2012 ging es im Stimberg-Stadion von Erkenschwick erneut gegen die Münchner, und 13.000 Zuschauer sahen, wie die Königsblauen auch dieses Mal wieder mit 2:1 gewannen. Einer der besten Spieler war der Verteidiger Sead Kolasinac, der schon kurz darauf in der Bundesliga debütierte. 2015 schlug die U19 mit Thilo Kehrer und Leroy Sané im Finale die TSG Hoffenheim mit 3:1. Aus dem Team, das 2018 bis ins Finale vordrang, schafften Ahmed Kutucu und Nassim Boujellab den Sprung in die Bundesliga-Mannschaft. 2022 gewann die U19 den Westfalenpokal und schaffte es bis ins Halbfinale um die Deutsche Meisterschaft.

Die B-Jugend steht mit drei Meistertiteln kaum schlechter da. Der letzte Erfolg gelang am 8. Mai 2022, als das U17-Team um Kapitän Armend Likaj das Endspiel im Parkstadion Gelsenkirchen gegen den VfB Stuttgart mit 3:2 im Elfmeterschießen für sich entschied.

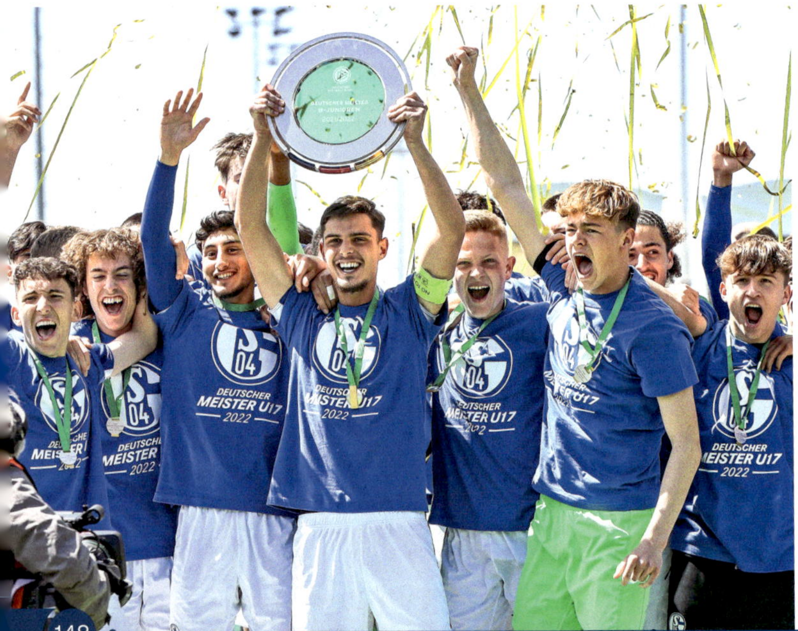

Die B-Junioren des FC Schalke 04 freuen sich am 8. Mai 2022 über die Meisterschaft.

INTERNATE UND SCHULE

Auswärtige Spieler im Alter von 16 bis 19 Jahren haben die Möglichkeit, in einem der nahe dem Trainingsgelände gelegenen vereinseigenen Internate zu wohnen und die dortige Betreuung wahrzunehmen. Viele der Schalker Nachwuchstalente sind Schüler der DFB-Eliteschule Berger Feld, die eine optimale Verknüpfung von Fußballtraining und schulischer Ausbildung garantiert.

Die Youth-League-Halbfinalisten

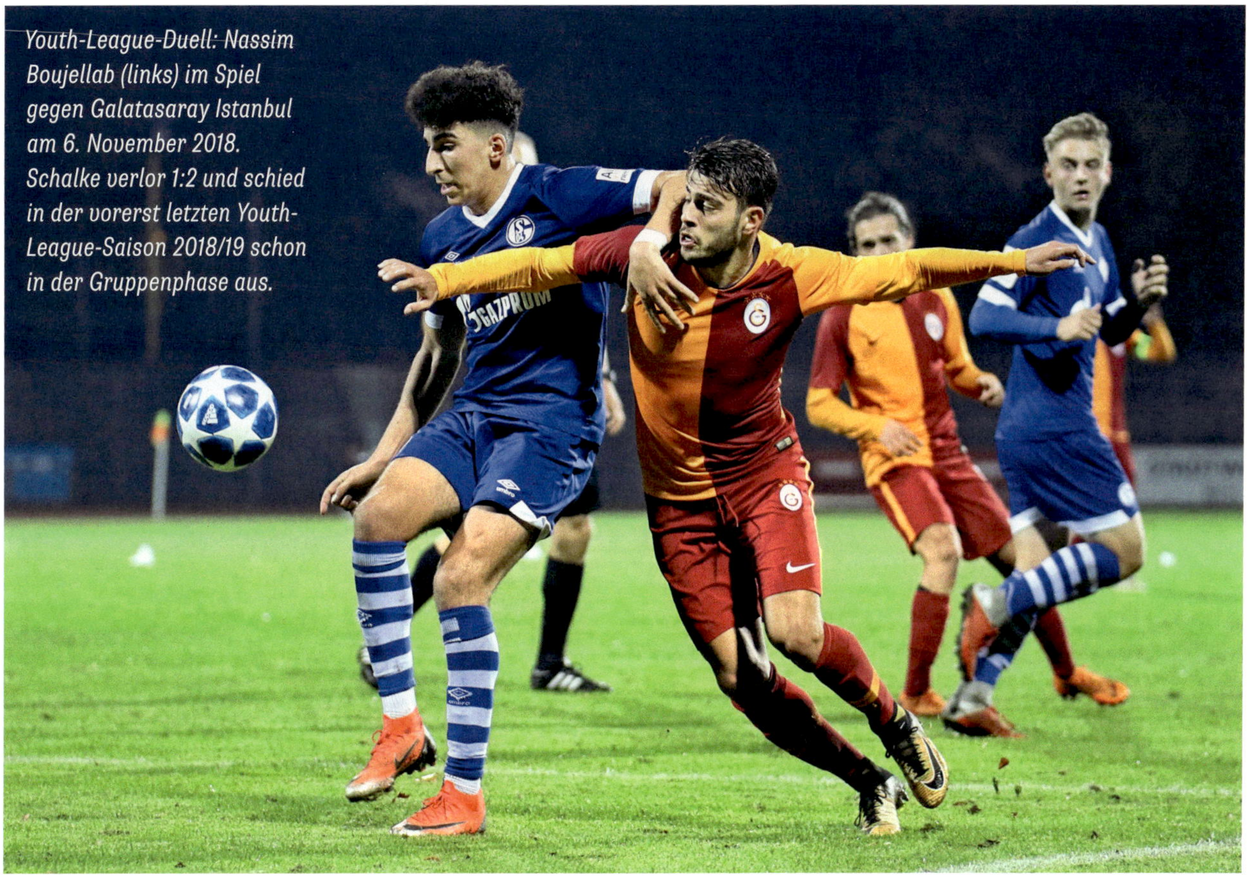

Youth-League-Duell: Nassim Boujellab (links) im Spiel gegen Galatasaray Istanbul am 6. November 2018. Schalke verlor 1:2 und schied in der vorerst letzten Youth-League-Saison 2018/19 schon in der Gruppenphase aus.

In der parallel zur Champions League ausgespielten Youth League kamen bisher nur zwei deutsche Klubs unter die letzten Vier: 2019 die TSG Hoffenheim und in der Premierensaison 2014 der FC Schalke 04. Die Schalker U19 schlug auf dem Weg ins Halbfinale u. a. die Jugend des FC Chelsea mit 3:1 (Tore: Starke Hedlund, Multhaup und Pick) und scheiterte in Nyon gegen den haushohen Favoriten FC Barcelona nur ganz knapp mit 0:1.

Der heute bekannteste Spieler dieser Mannschaft war Leroy Sané. Thilo Kehrer, längst Stammspieler in der deutschen Nationalelf, saß damals nur auf der Bank. Abwehrspieler Marvin Friedrich konnte sich im königsblauen Trikot nicht durchsetzen und machte beim 1. FC Union Berlin Karriere. Der Rest der 2014er-Helden schaffte es nicht auf die große Fußballbühne. Woraus folgt: Selbst diejenigen, die es in der Jugend in die Spitzenklasse schaffen, werden nicht zwingend Profis. Sehr viele fallen auch spät noch durchs Sieb, nur ganz wenige werden zu Stars.

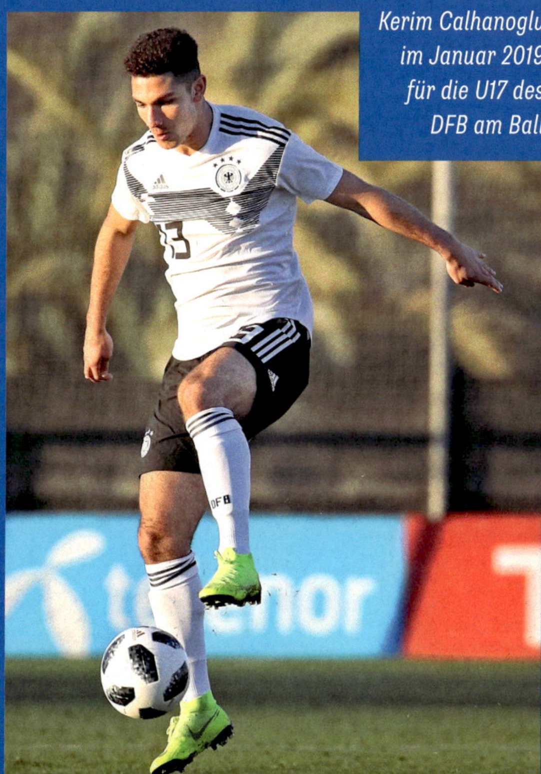

Kerim Calhanoglu, im Januar 2019 für die U17 des DFB am Ball.

JUGEND-NATIONALSPIELER

Die gute Arbeit in der Knappenschmiede schlägt sich natürlich auch in den Junioren-Nationalmannschaften des DFB nieder, die regelmäßig mit Auswahlspielern aus Gelsenkirchen bestückt sind. Einer von vielen: Kerim Calhanoglu.

Schalker Frauenfußball

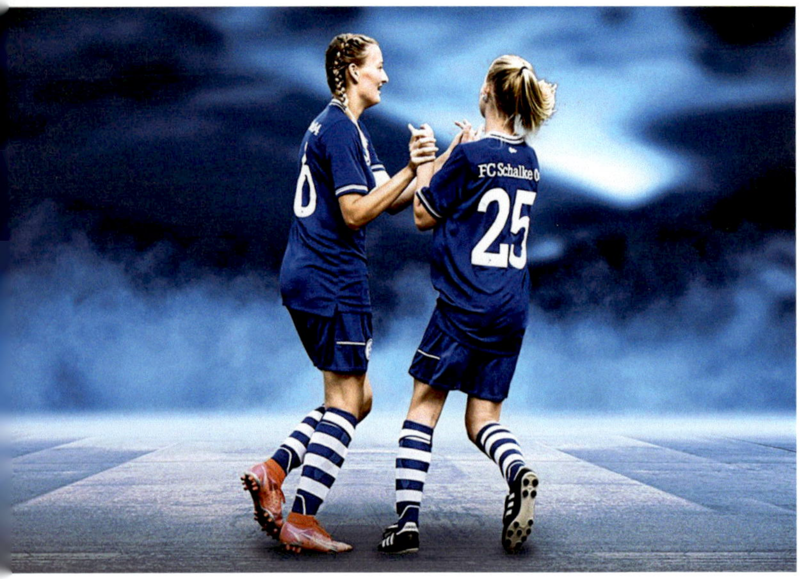

Seit 2020 wieder beim FC Schalke 04: Fußballspielende Frauen und Mädchen.

Frauenfußball in Blau und Weiß

Im Juni 2020 erfolgte nach einer rund dreißigjährigen Pause des Frauenfußballs bei den Königsblauen die Neugründung eine Frauenfußball-Abteilung. Weil sich zu den Sichtungstrainings über 200 Interessentinnen meldeten, beschloss der Verein, gleich zwei Mannschaften für den Spielbetrieb anzumelden – Schalke Blau und Schalke Weiß. Zur Saison 2021/22 ging es ganz unten los, in der Kreisliga A Herne/Gelsenkirchen, meist auf Aschen- und Kunstrasenplätzen. Die Gegnerinnen – etwa Grün-Weiß Baukau, SG Castrop-Rauxel, STV Horst-Emscher, Erle 08, FC Frohlinde, ASC Leone – hatten den beiden S04-Teams kaum etwas entgegenzusetzten, beide Teams eilten mit hohen Siegen durch die Saison. Schalke II holte ohne Niederlage den ersten Platz bei 167:1 Toren und durfte sich über den Aufstieg in die Bezirksliga freuen, Schalke I landete knapp dahinter.

Zur Saison 2021/22 ging dann auch noch ein U21-Team an den Start. Nach und nach sollen weitere Juniorinnen-Teams folgen, um in der Frauenfußball-Abteilung eine nachhaltige Struktur aufzubauen. Interessierte Kickerinnen können sich unter frauenfussball@schalke04.de melden.

Königsblaue Fußball-Pionierinnen

Viele Jahrzehnte galt Fußball als ein für Frauen ungeeignetes, weil von „unweiblicher Rohheit“ geprägtes Spiel. Fußballerinnen gab es trotzdem. Als am 23. September 1956 im Essener Mathias-Stinnes-Stadion ein erstes (inoffzielles) Länderspiel Deutschland gegen die Niederlande ausgetragen wurde, wollten das 18.000 Fußballbegeisterte sehen. Die Herren vom Deutschen Fußball-Bund ärgerte so etwas. Bereits am 30. Juni 1955 hatten sie den Vereinen die Durchführung von sogenannten „Damenfußballspielen“ mit der fadenscheinigen Begründung verboten,

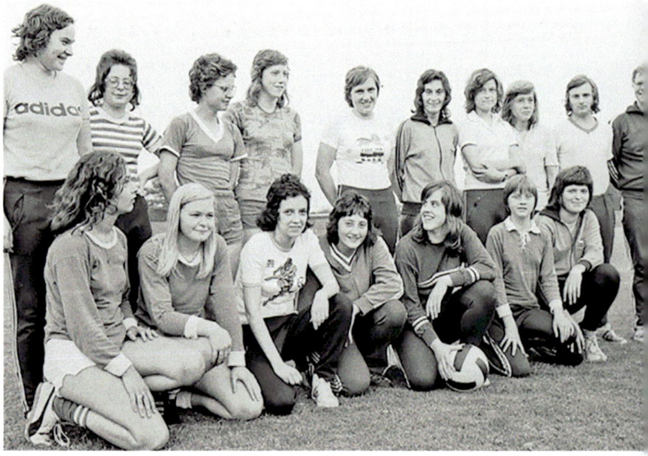

Die Frauen der DJK Eintracht Erle im Jahr 1974.

„Das war Ende Juli 1955. Wir wollten gegen Duisburg-Hamborn spielen, da hat man uns den Platz gesperrt. Gut, haben wir gesagt, dann spielen wir halt auf einem anderen. Von wegen: Da hat man uns auch nicht raufgelassen, sogar ein Schutzmann stand bereit.“

– **Helga Nell,** geborene Tönnies, (inoffizielle) Nationalspielerin von Gruga Essen in Zeiten des vom DFB erlassenen Fußballverbots.

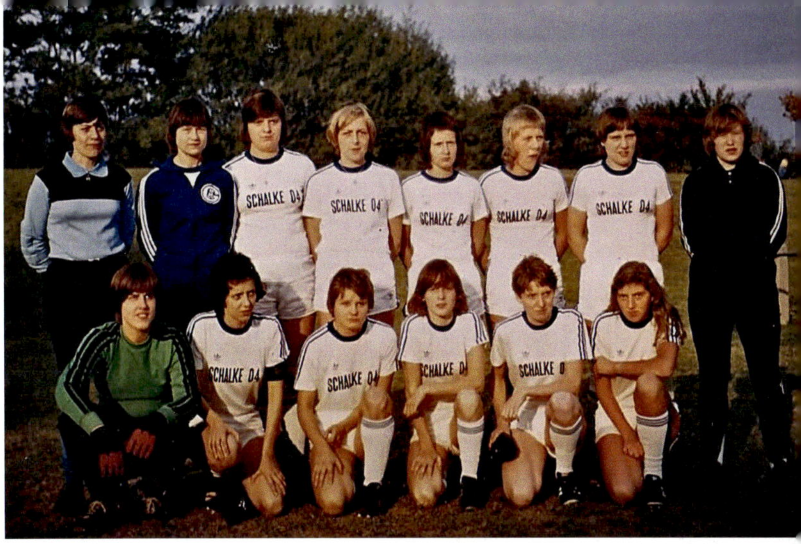

Ein Schalker Frauenfußball-Team in den 1970er-Jahren.

dass Frauen vor der Teilnahme an zweifelhaften Schau-Spielen geschützt werden müssten. Das Verbot galt bis zum 30. Oktober 1970. Wegen der angeblich zarteren Konstitution des weiblichen Geschlechts gab es nach Aufhebung des Verbots allerdings einige Vorgaben: Keine Spiele im Winter, keine Benutzung von Stollenschuhen, leichterer Ball und kürzere Spielzeit.

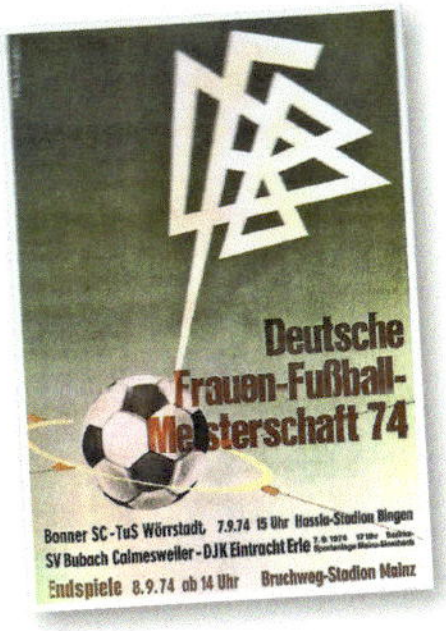

Einige dieser Einschränkungen galten noch, als 1974 erstmals eine Deutsche Meisterschaft ausgespielt wurde. Mit dabei waren die Fußballerinnen der DJK Eintracht Erle aus Gelsenkirchen. Über die Westfalenmeisterschaft und Siege in der Endrunde schafften es die Erlerinnen bis ins Finale am 8. September ins Mainzer Bruchwegstadion. Vor rund 4.000 Zuschauern verloren sie gegen den TuS Wörrstadt mit 0:4.

Die Erfolge der Fußballerinnen aus Erle blieben auch Günter Siebert nicht verborgen, dem damaligen Schalke-Präsidenten. Da der Verein wegen des Bundesliga-Skandals gerade negative Schlagzeilen produzierte, war ihm an ein wenig Ablenkung gelegen. Warum also nicht Frauenfußball, zumal Lothar Dembinski, der Trainer der Erlerinnen, selbst bei den Amateuren der Knappen kickte. Er bot an, die komplette Frauenabteilung in den FC Schalke zu übernehmen. Die Erlerinnen nahmen an und sorgten in den nächsten Jahren für viele Erfolge der Frauenabteilung des FC Schalke 04. Bis 1985 holten die königsblauen Frauen fünfmal den Titel in der Verbandsliga Westfalen. Dadurch waren sie auch fünfmal für die Endrunde der 16 Verbandsmeister um die Deutsche Meisterschaft qualifiziert. Den großen Erfolg von 1974 konnten sie dort aber nicht mehr wiederholen. Jedesmal war die erste Runde - also das Achtelfinale - Endstation für die Fußballerinnen aus Gelsenkirchen. In dem seit 1980/81 ausgespielten DFB-Pokal lief es ähnlich. Zweimal kam das Aus gegen den KBC Duisburg, einem der damals stärksten Frauenteams, das 1983 nach dem Sieg über die Schalkerinnen auch den Pokal gewann.

Die Schalker Frauen kickten noch für zwei Spielzeiten in der 1984 gegründeten Regionalliga West mit, dann wurde die Mannschaft aus dem Wettbewerb abgemeldet. 1987 löste Präsident Günter Siebert im Zuge drastischer Sparmaßnahmen die Frauenfußball-Abteilung der Königsblauen auf.

„Fußball mag ein Spiel für harte Mädchen sein, aber kaum geeignet für zarte Jungs.“

– **Oscar Wilde**

REVIERDERBY 2024?

Wenn alles glatt geht und die Schalkerinnen 2023 die Bezirksliga gewinnen, werden sie in die Landesliga aufsteigen. Wären sie dort erneut siegreich, wartet als nächste Stufe die Verbandsliga. Dort könnte es dann bereits zum Derby gegen Borussia Dortmund kommen - falls die ebenfalls gerade erst gegründete Frauenabteilung des BVB einen ähnlichen Erfolgsweg zurücklegt. Bis zur Bundesliga bräuchte es dann über die Regionalliga West und die 2. Bundesliga noch drei weitere Aufstiege.

Die Originale

Mutter Thiemeyer am Schalker Markt

Auf Initiative des damaligen Vereinsvorsitzenden Fritz Unkel verlegte der FC Schalke 04 seine Geschäftsstelle 1928 in die zweite Etage des Lokals Kaiserhalle am Schalker Markt, das von der Wirtin Henriette Thiemeyer betrieben wurde. Die Gaststätte der fürsorglichen und kommunikativen „Mutter Thiemeyer" wurde fortan zum Mittelpunkt des Vereinslebens. Dort trafen sich Fans und Spieler und feierten gemeinsam. Gleich nebenan hatte Ernst Kurzorra seinen ersten Tabakladen. Der spätere Schalke-Trainer Bumbes Schmidt wurde dort sein bester Kunde und war auch bei den Zusammenkünften in der Stube von Mutter Thiemeyers Vereinslokal regelmäßig dabei. „Wir haben uns Witze erzählt und Volkslieder gesungen", berichtete der gebürtige Franke über die zünftige Stimmung, „und jeder, der dabei war, hatte das Gefühl, dass wir eine große Familie sind." Eine Familie, bei der zu Schmidts Zeiten auch Parteimitglieder gerne gesehen waren. Henriette Thiemeyer selbst trat bereits am 1. Mai 1933 in die NSDAP ein.

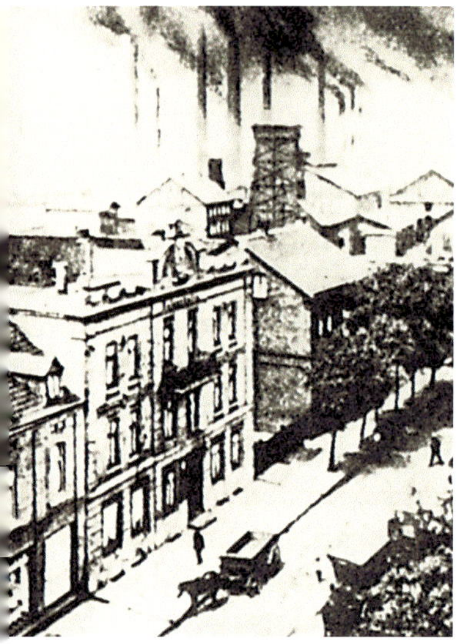

Die Kaiserhalle am Schalker Markt.

Kumpel Anton

Von 1954 an verfasste der Sportredakteur Wilhelm Herbert Koch in der Wochenendausgabe der WAZ die Kolumne über den Bergmann „Kumpel Anton", 25 Jahre lang. Seine im typischen Dialekt gehaltenen Geschichten, die bald in Büchern gesammelt publiziert wurden, waren im Ruhrgebiet ungeheuer populär. Die Figur war so berühmt, dass der „Spiegel" im April 1967 für einen Artikel über das Zechensterben im Ruhrgebiet den Titel „Kumpel Antons Ende" wählte.

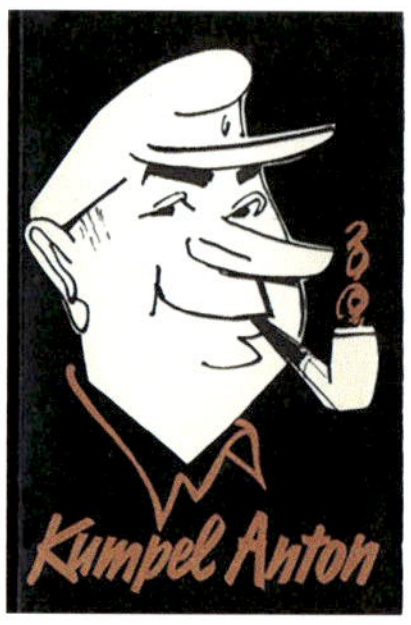

Kumpel Anton (Buchcover des Zeichners Otto Berenbrock).

Natürlich war für Koch auch regelmäßig der FC Schalke ein Thema. Mit der Figur des Anton-Freundes Cervinski gab der Autor im Oktober 1976 einen Einblick in die Schalker Seele: „Wat hierzulande eem drin is, dat is hierzulande drin. Wat unser Oppa wa, Anton, da is auf Schalke gegangen un hat Espede gewählt, dat is gezz über fuffzich Jahre her. Un unser Fatter auch auf Schalke, un Espede hatter auch gewählt. Anton, un ich auch auf Schalke, da kannze dich denken, watt ich gewählt happ. Kuck dich unser dicke Tante Matta an, anne Bratkatoffel tuuze immer Feffer, un dat schmeckt fadammt gut, un dat tuuze noch so lange dazze leept."

Opa Pritschikowski

Paul Schwarz aus Gelsenkirchen-Leithe (1887 - 1983) arbeitete als Bergmann auf der Zeche Graf Bismarck und ging regelmäßig mit einer Glocke in die Glückauf-Kampfbahn, um diese beim Einmarsch der Spieler und bei Toren zu läuten. Berühmt wurde Schwarz, als der Schallplattenproduzent Hans Beukenberg, der zum 65-jährigen Bestehen des FC Schalke die Single „Immer auf Schalke" herausbringen wollte, auf die Idee kam, ein Foto des Schalker Originals auf das Cover zu setzen.

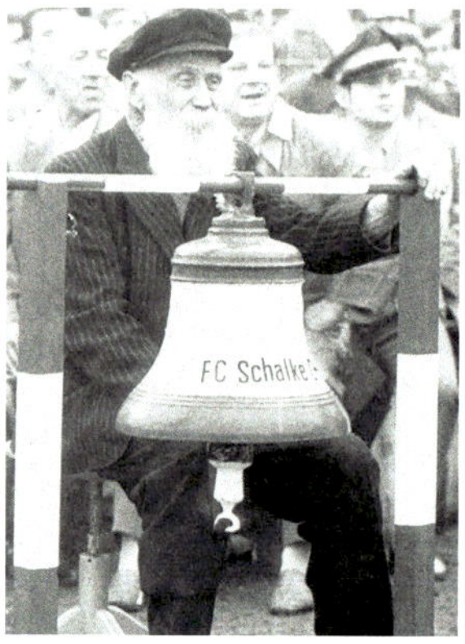

Das Schalke-Original Paul Schwarz mit seiner Glocke.

Damit war der Opa Pritschikowski geboren. Und so sang Rudy Tadday nach dem Text von Leopold Füchslein:

„Opa Pritschikowski, aus dem Ruhrrevier,
kennt die blauen Knappen schon seit 1904.
Niemals tat er fehlen, nur einmal war er krank,
es tat Oma quälen, wenn er schon morgens sang:
Ob ich verroste und verkalke,
ich gehe immer noch auf Schalke.
Ob ich erlahme und ergrau:
Ich liebe Königsblau. ...“

Das lebende Maskottchen

Als lebendes Schalke-Maskottchen galt bereits Paul Schwarz, noch weitaus berühmter geworden ist aber der ebenso beleibte wie beliebte Karl-Heinz „Charly“ Neumann, der sich einmal einem englischen Reporter als „the Maskottchen of Schalke” vorstellte. Der Gastronom und gelernte Bäcker, Vereinsmitglied seit 1950, war zunächst Jugendleiter und dann ab 1976 für drei Jahrzehnte Mannschaftsbetreuer und so etwas wie die gute Seele des Vereins. Auf der Bank jubelte und litt Charly mit seinen Königsblauen auch in schlechten Zeiten so leidenschaftlich, dass er zu einem Symbol für echte Schalke-Liebe und zum wohl berühmtesten Fan der ganzen Bundesliga wurde. Nach seinem Tod am 11. November 2008 liefen die Knappen bei ihrem nächsten Spiel mit einem besonderen Trikot ein. Es trug den Schriftzug „Charly“. Im Juni 2009 wurde der Charly in die Schalker Ehrenkabine gewählt - als erstes Mitglied, das weder als Spieler oder Trainer aktiv war.

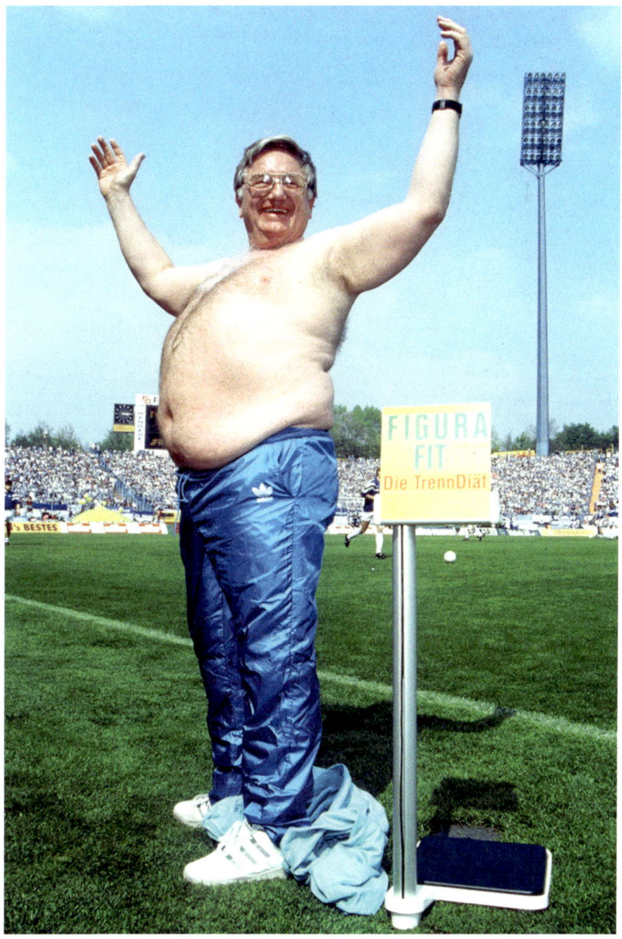

1994 ging Charly Neumann einen Deal mit einer Diätfirma ein. Pro abgenommenes Kilo zahlte das Unternehmen einen satten Geldbetrag in die Schalker Kasse.

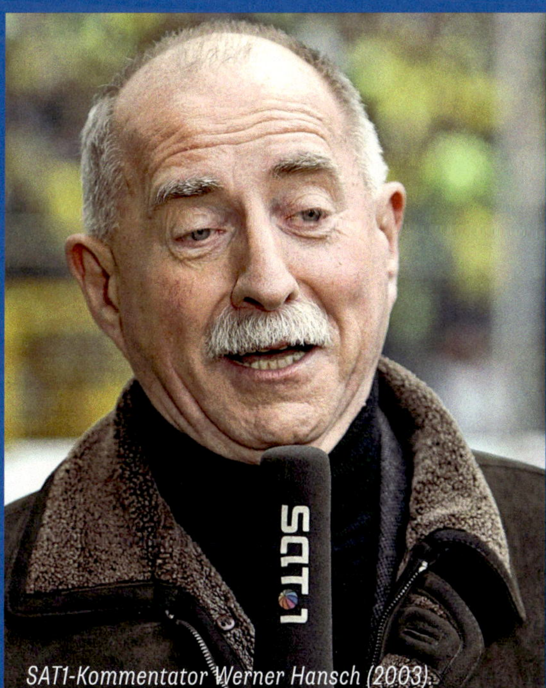

SAT1-Kommentator Werner Hansch (2003).

IMMER SCHALKE?

Alle Königsblauen kennen den Spruch: „Nicht der Bessere soll gewinnen, sondern immer Schalke.“ Gesagt hat ihn der Kult-Reporter Werner Hansch auf die Frage des Reporters Jörg Wontorra, ob er eigentlich BVB-Fan sei. Im Juni 1996 fragte „Schalke Unser“ noch einmal nach. Und bekam diese Antwort: „Ich bin aus Überzeugung ein Ruhrgebietsmensch. Ich war hier immer zuhause, identifiziere mich voll mit der Region. Und es ist mir wirklich völlig scheißegal, ob es der MSV, Rot-Weiß Oberhausen, RWE, Wattenscheid 09, VfL Bochum, der S04 oder der BVB ist - es kann doch nur gut sein für alle, wenn hier die Musik gespielt wird.“

… und der Tod

Alas Heimkehr

Das wie ein Fußballplatz gestaltete und natürlich in den Farben Blau und Weiß gehaltene Gemeinschafts-Grabfeld neben der Arena bietet Platz für 1904 Schalke-Fans, die ihre Liebe auch noch im Tod zeigen wollen. Besondere Fans bekommen sogar Unterstützung auf ihrem letzten Weg. Karl-Heinz „Catweazle" Olschewski etwa, im Januar 2013 im Alter von 69 Jahren nach langem Nierenleiden verstorben, wurde hier mit Unterstützung der karitativen Stiftung „Schalke hilft!" beigesetzt. Der Vorteil dieser Bestattungsart: Angehörige mit Dauerkarte haben mindestens 17 Mal pro Saison die Chance auf einen Grabbesuch. Und zugleich können sie ihren Helden nahe sein. Denn auch Stan Libuda liegt hier, neben den Meisterspielern Ernst Poertgen und Ala Urban.

Urban? Fiel der nicht im Krieg? Ja, am 27. Mai 1943 als Soldat im Infanterie-Regiment 422 an der Front in Russland. Karl Brockmann, ein Schalke-Fan, erlebte das Sterben seines Idols mit und kam selbst heil aus dem Krieg zurück. Als nach dem Tod Ernst Kuzorras im Januar 1990 ein Hype um die Schalker Tradition einsetzte und dabei der Name Urban kaum Erwähnung fand, bat Brockmann die Vereinschefs mehrmals vergeblich darum, bei einem Spiel Ende Mai eine Gedenkminute abzuhalten. Erst am 27. Mai 2013 hatte er mit seinem Ansinnen Erfolg. Schalkes Aufsichtsratschef Clemens Tönnies hörte sich die Klage von Urbans ehemaligem Kameraden an und beschloss: „Wir holen unsern Ala heim." Mit Hilfe der Kriegsgräberfürsorge wurde das Grab ausfindig gemacht, eine Delegation reiste zum deutschen Soldatenfriedhof in Korpowo und sorgte für die Überführung von Urbans sterblichen Überresten in die Heimat. Am 20. November 2013 wurde er auf dem im Jahr zuvor eröffneten „Schalker FanFeld" noch einmal beerdigt. Im Mittelkreis.

Die S04-Beisetzung mit der größten öffentlichen Anteilnahme fand freilich nicht hier statt, sondern auf dem Friedhof Rosenhügel, und sie liegt schon lange zurück. Beim Trauerzug für Willi Nier am 31. August 1930 waren Tausende auf den Beinen, die Schalker Hülsmannstraße habe einer Hauptstraße in New York geglichen, meinte ein Zeitgenosse. Der Schalker Schatzmeister hatte sich im Rhein-Herne-Kanal ertränkt, offensichtlich aus Scham über seine Mitverantwortung beim „Berufsspieler-Skandal": Bis zu 20 statt der erlaubten fünf Mark Handgeld hatte er den Spielern zukommen lassen.

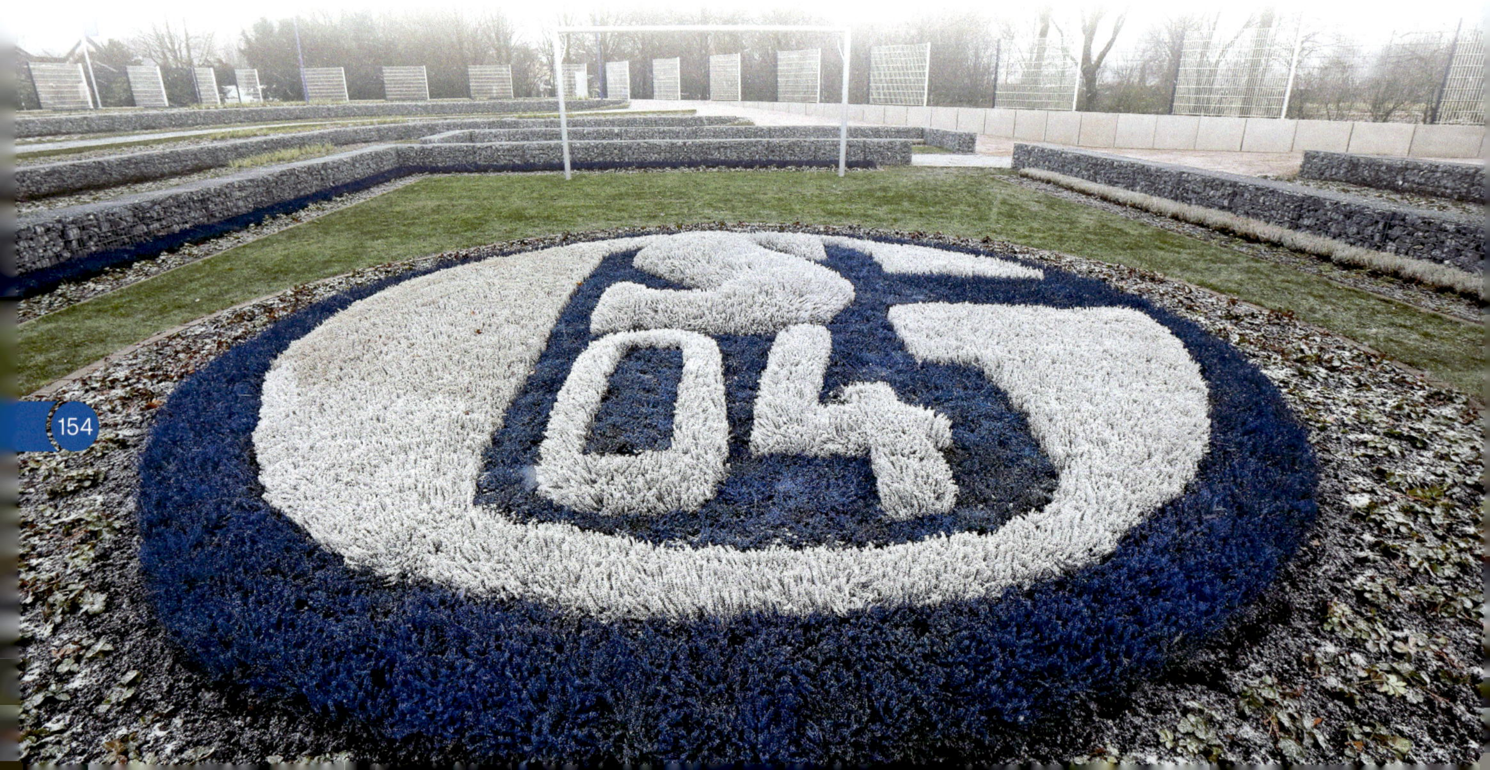

Rekorde & Zahlen

(Daten bis Ende Saison 2021/22)

Bundesliga-Rekorde

Ewige Tabelle der Bundesliga

	Sp.	S	U	N	Tore	Diff.	Punkte
6. Bor. Mönchengladbach	1.840	746	481	613	3.130:2.678	452	2.719
7. FC Schalke 04	**1.798**	**693***	**453**	**652**	**2.607:2.607**	**0**	**2.532**
8. Eintracht Frankfurt	1.798	660	460	678	2.820:2.782	38	2.438
**462 Heimsiege, 231 Auswärtssiege*							

Höchste Heimsiege

6:1 gegen Borussia Dortmund 1985/86, gegen Fortuna Köln 1973/74, gegen Kickers Offenbach 1972/73

Höchste Auswärtssiege

7:0 gegen Bayern München 1976/77

7:1 gegen Karlsruher SC 1976/77

Höchste Heimniederlage

0:6 gegen VfL Bochum 1980/81

Höchste Auswärtsniederlagen

0:11 gegen Borussia Mönchengladbach (1966/67)

0:8 gegen FC Bayern (2020/21), gegen 1. FC Köln (1969/70)

Tabellenführung (1963-2022)

59 Spieltage (Rang 9)

Saison-Rekorde

Die meisten Siege: 24 (1971/72)

Die meisten Unentschieden: 15 (1999/2000)

Die meisten Niederlagen: 24 (2020/21)

Die längste Sieges-Serie: 6 (1990/91, 2004/05, 2006/07, 2017/18)

Die längste Niederlagen-Serie: 6 (1971/72, 1972/73)

Die längste Serie ohne Niederlage: 13 (1997/98, 2006/07)

Die längste Serie ohne Sieg: 16 (2019/20)

Die längste Serie ohne Auswärtssieg: 17 (2020/21)

Die längste Serie ohne Sieg in Folge: 30 (19. Spieltag 2019/20 – 14. Spieltag 2020/21)

Vereinsschreck (Tore gegen S04)

Robert Lewandowski (FCB, BVB): 21 in 24 Spielen

Gerd Müller (FCB): 21 in 27 Spielen

Das 7:0 gegen Bayern München im Oktober 1976 ist bis heute Schalkes höchster Auswärtssieg.

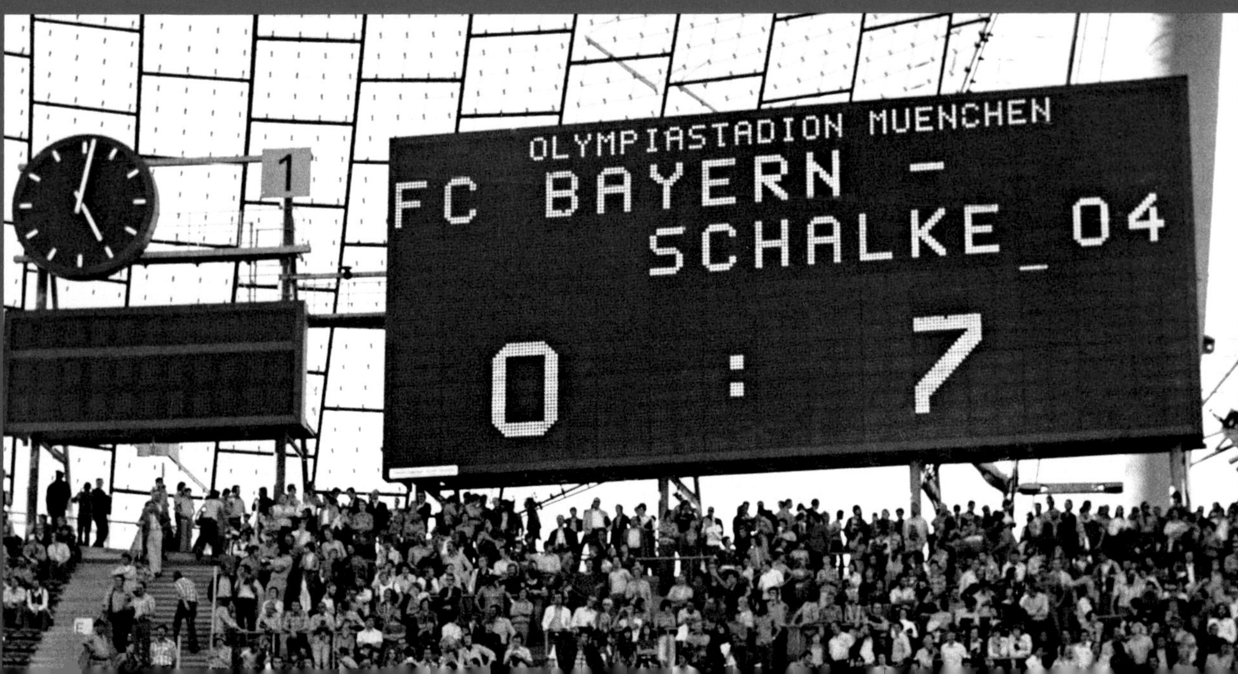

Spieler (Bundesliga)

Die meisten Spiele

Klaus Fichtel (477), Norbert Nigbur (355), Rolf Rüssmann (304), Klaus Fischer, Olaf Thon (je 295), Herbert Lütkebohmert (286), Gerald Asamoah (279), Mike Büskens (257), Jiri Nemec (256)

Die meisten Tore

Klaus Fischer (182), Klass-Jan Huntelaar (84), Ebbe Sand (74), Kevin Kuranyi (71), Olaf Thon (52), Erwin Kremers (50)

Jüngste Spieler

Julian Draxler (2011) 17 Jahre 3 Monate 26 Tage

Max Meyer (2013) 17 Jahre 4 Monate 29 Tage

Rüdiger Abramczik (1973) 17 Jahre 5 Monate 24 Tage

Älteste Spieler

Klaus Fichtel (1988) 43 Jahre 6 Monate 2 Tage

Bernard Dietz (1986) 38 Jahre 7 Monate 17 Tage

Josef Broden (1965) 38 Jahre 4 Monate 25 Tage

Klaas-Jan Huntelaar (2021) 37 Jahre 9 Monate 3 Tage

Jüngste Torschützen

Julian Draxler (2011) 17 Jahre 6 Monate 12 Tage

Rüdiger Abramczik (1974) 17 Jahre 10 Monate 25 Tage

Wolfram Wuttke (1979) 17 Jahre 11 Monate 3 Tage

Ältester Torschütze

Klaas-Jan Huntelaar (2021) 37 Jahre 7 Monate 22 Tage

Die meisten Tore in einem Spiel

Klaus Scheer (5 Tore am 1.9.1971 beim 6:2 gegen den 1. FC Köln)

Bester Elfmeterschütze

Ingo Anderbrügge (20 von 25)

Torschützenkönige

Klaus Fischer (1975/76, 29 Tore),
Ebbe Sand (2000/01, 22 Tore),
Klaas-Jan Huntelaar (2011/12, 29 Tore)

Erster Platzverweis

Günter Karnhof, 11. Spieltag 1963/64 gegen Hertha BSC

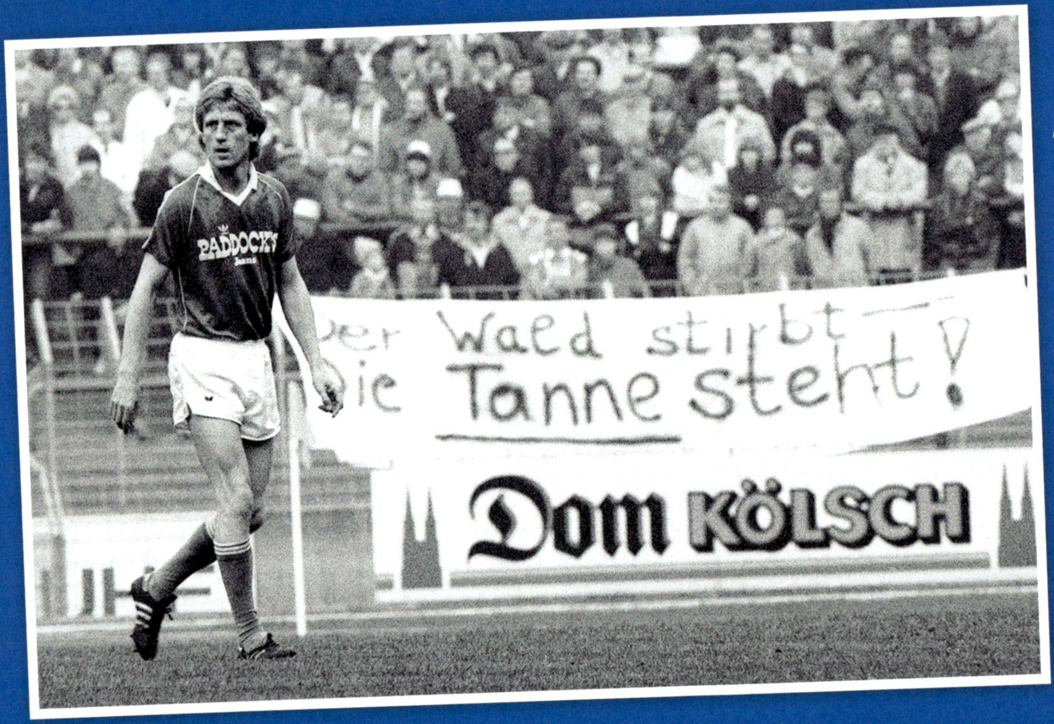

Klaus Fichtel (links), genannt „Tanne“, war mit 43,5 Jahren der älteste aktive Schalker Spieler. Außerdem absolvierte er die meisten Spiele für die Knappen.

DER REKORDTROMMLER

Die Spieler kamen und gingen, „Catweazle“ blieb und trommelte. Über 28 Jahre lang bestimmte Karl-Heinz Olschewski, wegen seines Zottelbartes und seiner langen Haare nach der Hauptfigur einer TV-Serie benannt, in der Herzkammer des Parkstadions, dem Block 5, den Rhythmus des Supports. „Ich habe Kinder neben mir aufwachsen sehen, die haben selbst ir-

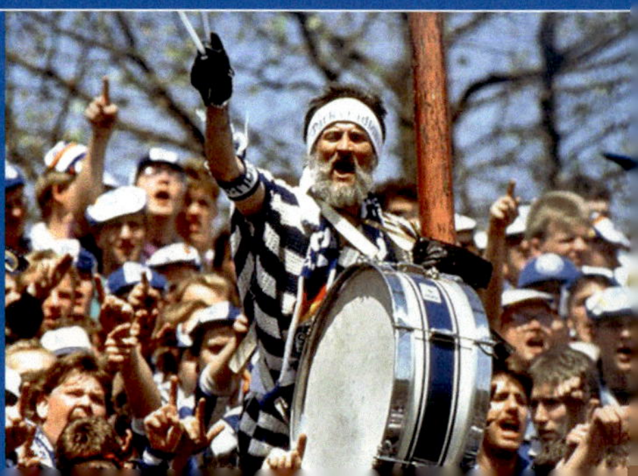

Das „Tor des Jahres 2013“ erzielten Rául und Julian Draxler im Trikot des FC Schalke gemeinsam (Draxler Vorarbeit per Hacke, Raúl vollstreckt) beim Abschiedsspiel des Spaniers am 27. Juli 2013 gegen Al-Sadd SC Doha. Es war der Treffer zum 8:0-Endstand. Was für ein Abgang! https://www.youtube.com/watch?v=mlwrwY9SE9k

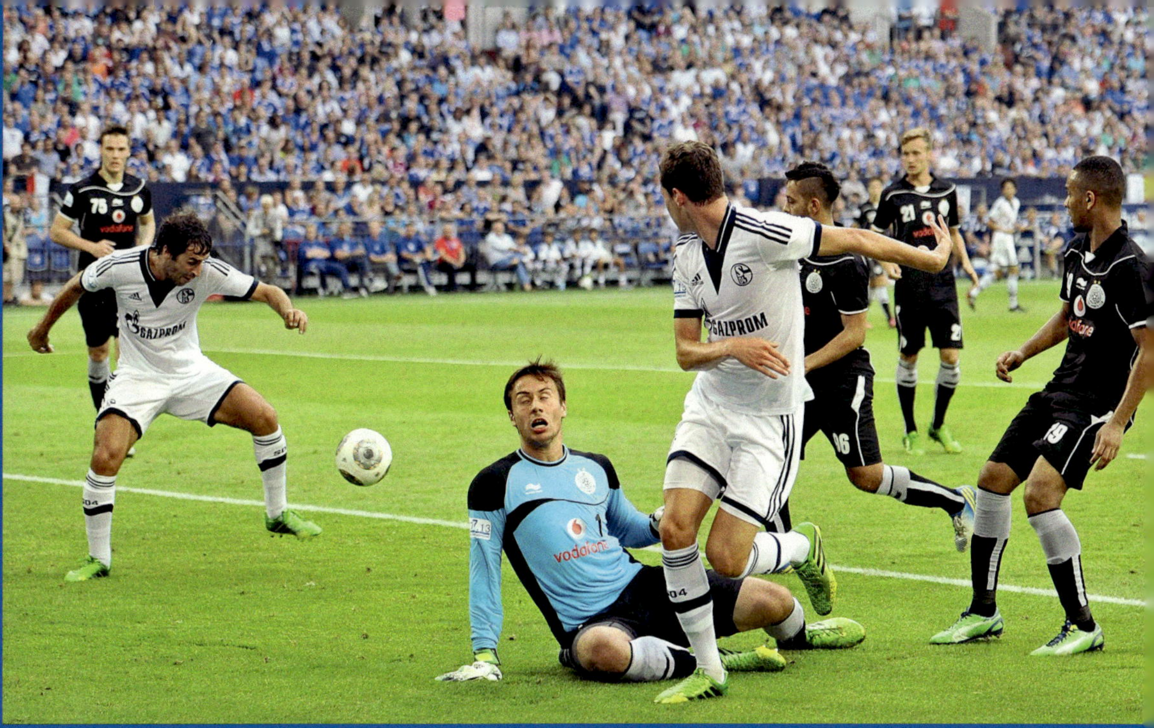

Spieler (Sonstiges)

Die meisten Europapokalspiele

Benedikt Höwedes 66, Gerald Asamoah 51, Klaas-Jan Huntelaar 49

Die meisten Europapokaltore

Klass-Jan Huntelaar 31, Ebbe Sand 10

Die meisten DFB-Pokalspiele

Klaus Fichtel 52

Die meisten DFB-Pokaltore

Klaus Fischer 34

Die meisten Spiele in Folge

Klaus Fischer (134)

Fußballer des Jahres (Deutschland)

Manuel Neuer (2011)

Saison-Rekordtorjäger

Klaas-Jan Huntelaar: 48 in 28 Spielen (2011/12)

Die meisten Tore des Monats (im Trikot von S04):

Raúl: 4

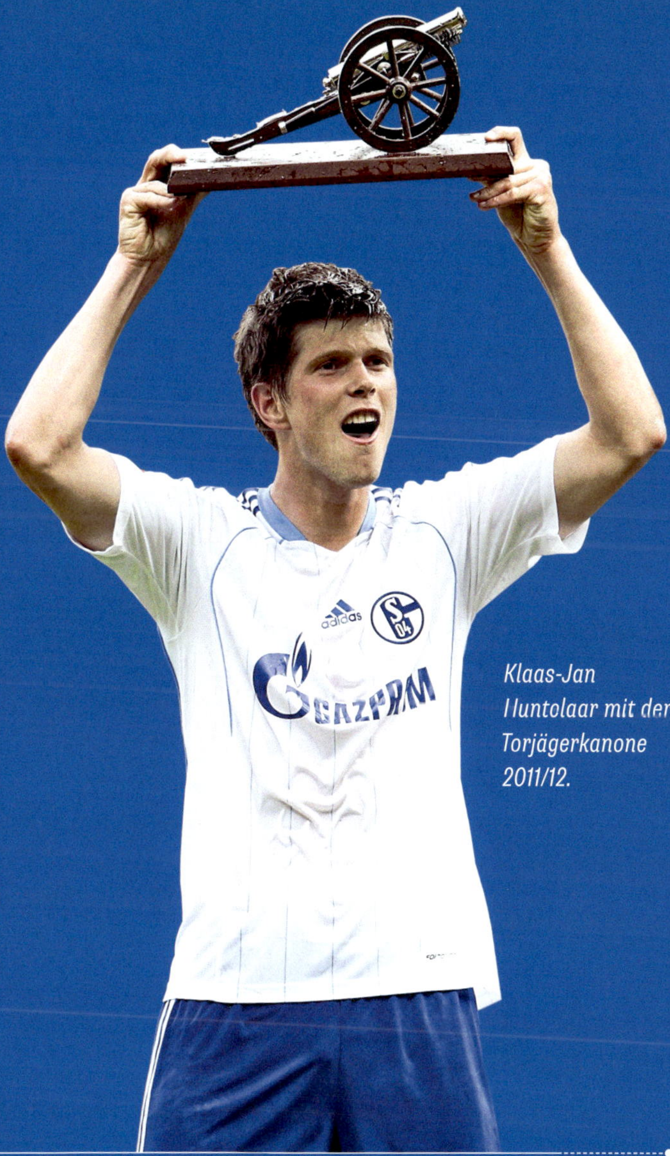

Klaas-Jan Huntelaar mit der Torjägerkanone 2011/12.

gendwann Kinder bekommen und die standen auch wieder neben mir“, sagte der 2013 im Alter von 69 Jahren verstorbene Schalke-Fan, der Kultstatus genoss. Immer als einer der Letzten kam er an, eine Gasse wurde gebildet, er kletterte auf seinen Mast, schlug die Trommel, Tausende klatschten mit, und dann wurde es laut: „Schaaaaaaalke ...“

(Nach einem Spiel sagte einmal ein Schalke-Trainer: „... und das hat uns geflügelt!“)

„Ich bin ganz einfach, aber auch ganz schwierig. Ich versuche alles, um zu gewinnen. Wenn meine Umgebung nicht mitzieht, kann es sein, dass ich etwas lauter werde."

Trainer

Liste der Bundesliga-Trainer von Schalke 04

Georg Gawliczek 1960 - 4/1964
Fritz Langner 4/1964 - 6/1967
Karl-Heinz Marotzke 7/1967 - 11/1967
Günter Brocker 11/1967 - 11/1968
Rudi Gutendorf 11/1968 - 9/1970
Slobodan Cendic 9/1970 - 6/1971
Ivica Horvat 7/1971 - 6/1975
Max Merkel 7/1975 - 3/1976
Friedel Rausch 3/1976 - 12/1977
Uli Maslo 12/1977 - 5/1978
Ivica Horvat 7/1978 - 3/1979
Gyula Lorant 3/1979 - 12/1979
Dietmar Schwager 12/1979 - 4/1980
Fahrudin Jusufi 4/1980 - 5/1981
Rudi Assauer 5/1981 - 6/1981
Sigfried Held 7/1981 - 1/1983
Jürgen Sundermann 1/1983 - 6/1983
Diethelm Ferner 7/1983 - 6/1986
Rolf Schafstall 7/1986 - 12/1987
Horst Franz 12/1987 - 9/1988
Diethelm Ferner 9/1988 - 4/1989
Helmut Kremers 4/1989
Peter Neururer 4/1989 - 11/1990
Klaus Fischer 11/1990 - 12/1990
Aleksandar Ristic 1/1991 - 4/1992
Klaus Fischer 5/1992 - 6/1992
Udo Lattek 7/1992 - 1/1992
Helmut Schulte 1/1993 - 10/1993
Jörg Berger 10/1993 - 10/1996
Hubert Neu 10/1996
Huub Stevens 10/1996 - 6/2002
Frank Neubarth 7/2002 - 3/2003
Marc Wilmots 3/2003 - 6/2003
Jupp Heynckes 7/2003 - 9/2004
Eddy Achterberg 9/2004
Ralf Rangnick 9/2004 - 12/2005
Oliver Reck 12/2005 - 1/2006
Mirko Slomka 1/2006 - 4/2008
Mike Büskens 4/2008 - 6/2008
Fred Rutten 7/2008 - 3/2009
Mike Büskens 3/2009 - 6/2009
Felix Magath 7/2009 - 3/2011
Seppo Eichkorn 3/2011
Ralf Rangnick 3/2011 - 9/2011
Seppo Eichkorn 9/2011
Huub Stevens 9/2011 - 12/2012
Jens Keller 12/2012 - 10/2014
Roberto Di Matteo 10/2014 - 5/2015
André Breitenreiter 6/2015 - 5/2016
Markus Weinzierl 6/2016 - 6/2017
Domenico Tedesco 6/2017 - 3/2019
Huub Stevens 3/2019 - 5/2019
David Wagner 7/2019 - 9/2020
Manuel Baum 9/2020 - 12/2020
Huub Stevens 12/2020
Christian Gross 12/2020 - 2/2021
Dimitrios Grammozis 3/2021 - 3/2022
Mike Büskens 3/2022 - 5/2022
Frank Kramer 7/2022 - 6/2024 (Vertrag)